Jonathan Swift

Satyrische und ernsthafte Schriften

5. Band

Jonathan Swift

Satyrische und ernsthafte Schriften
5. Band

ISBN/EAN: 9783744617086

Hergestellt in Europa, USA, Kanada, Australien, Japan

Cover: Foto ©ninafisch / pixelio.de

Weitere Bücher finden Sie auf **www.hansebooks.com**

Satyrische

und

ernsthafte

Schriften,

von

Dr. Jonathan Swift.

Fünfter Band.

Hamburg und Leipzig, 1761.

Auf Gullivers Bildnis.

Compofitum jus, fasque animi fanctosque re-
                                        ceffus
Mentis, & incoctum generofo pectus honefto.

*   *   *

Inhalt des fünften Bandes.

Das

Inhalt des fünften Bandes.

Das

Inhalt des fünften Bandes.

Das

Das

Das

Reiſe in das Land der Houyhnhnms.

Das

ihn

ihn mit Gewalt auf ein Portugiesisches Schiff. Des Capitains grosse Höflichkeit gegen ihn. Er kömmt in England an,

Das zwölfte Capitel.

Des Verfassers Wahrhaftigkeit. Seine Absicht bey Herausgebung dieses Werkes. Er tadelt die Reise-Beschreiber, welche die Wahrheit beyseite setzen; und vertheidiget sich gegen alle Zulagen schlimmer Absichten bey seiner Schrift. Beantwortung eines Einwurfes. Methode, Colonien zu pflanzen, Lob seines Vaterlandes. Der Anspruch Englands auf die Länder, so er beschrieben, wird gerechtfertigt. Schwierigkeit, sie zu erobern. Der Verfasser nihmt Abschied von dem Leser; erkläret sich, wie er sein übriges Leben zubringen wolle; giebt einen Rath, und beschließt sein Werk.

II. Poetische Stüke, so durch die Reisen Lemuel Gullivers sind veranlasset worden.

I.

II.

III.

Schreiben

des Herrn von Breitenfels

an Herrn * * *

Glauben Sie noch immer, daß Güllivers Reisen bloß zu einem lustigen Zeit-Vertreibe für die Kinder dienen können; und daß, wenn man dieses Buch von seiner moralischen Seite betrachtet, ein Orrery, ein Young, und noch viele andere Recht haben, die dafür halten, daß es seinem Verfasser mehr Schande als Ehre bringe?

Wenn dieses ist, so verspreche ich mir eben kein sonderliches Botten-Brod für die Nachricht, die ich Ihnen von einer neuen Uebersezung desselben zu geben habe. Ich gebe sie Ihnen aber dennoch; und gebe Ihnen noch eine andere zugleich. Würklich wird diese neue Uebersezung auf die nächste Oster-Messe erscheinen. Sie macht den V. Band von Swifts satyrischen und ernsthaften Schriften aus; und hören Sie meine zweyte Nachricht: Der VI. Band wird zugleich aus Licht tretten; und dieser enthält einige wichtige Politische Schriften: Eine Geschichte der vier lezten Jahre unter der Regierung der Königin Anna: Eine merkwürdige Abhandlung von den Zwisten und Mißhelligkeiten der Adelichen und der Gemeinen in Griechenland und zu Rom ꝛc. und noch ein paar kleinere,

auf

auf den Irrländiſchen Horizont gerichtete, aber leicht auf einen jeden andern abzuändernde Schriften. Vermuthlich haben Sie dieſe Stüke noch nie geſehen. Das erſte iſt ein *Opus poſthumum* des Verfaſſers, und erſt vor ein paar Jahren in England abgedrukt worden; und die übrigen, obſchon ſie älter ſind, haben, ſo viel ich weiß, ſonſt noch nie ein deutſches Kleid getragen.

Ich kenne, mein Herr, Ihre Wiſſens-Begierde; und daß Sie aufrichtig dabey zu Werke gehen. Sie machen es nicht, wie viele heuchleriſche Devoten, welche ein Creuz vor ſich zeichnen, wenn man gewiſſe Verfaſſer und ihre Bücher nur nennet, die ſie deſſen ungeachtet ſorgfältig in ihrem Pulte aufheben, und heimlich mit der gröſten Begierde leſen. Sie freuen Sich wenigſtens über den Inhalt meiner zweyten Nachricht: Sie werden dieſen VI. Band leſen, und öffentlich leſen, und dem Verleger Dank wiſſen; geſezt, (denn ſolches vermuthe ich) daß Ihnen das Buch auch nicht durchaus gefallen ſollte; und würde ich Sie bitten, um deswillen auch die neu überſezten Reiſen ohne ein ſauers Geſicht mitgehen zu laſſen, ſo würden Sie vielleicht meine Bitte mir nicht abſchlagen.

Allein ich bitte Sie nicht: Sie ſind billig; und von Ihrer Billigkeit erwarte ich eben daſſelbe. Sie wiſſen, (und vielleicht ſind Sie ſelbſt, ſeit dem wir von dieſem Buche geſprochen, von Ihrer erſten Meynung zurükgekommen;) Sie wiſſen, ſage ich, wie viele
nicht

nicht unvernünftige Leute anders von diesen
Reisen urtheilen; daß die Erfindung dabey,
Genie, und die Ausführung einen Original-
Scribenten verrathe; daß die Haupt-Absicht
dabey wäre, die Menschen zu unterrichten,
das Laster zu strafen, die Tugend zu preisen,
und bey dem Leser einen scharfen Stachel zu
hinterlassen, jenes zu fliehen und zu dieser zurükzukehren. Daß der Verfasser ein ausserordentlicher Kopf, und unter tausenden kaum
einer wäre, der das Kleid seiner Erfindungen, diesen Haupt-Absichten gerecht zu machen, wüßte. Diesen Leuten mißgönnen Sie doch
eine neue Ausgabe nicht; und wenn ich nun
ferner sage, das Buch sey gleich bey seiner ersten Ausgabe in der Original-Sprache von
einem ungeschikten, dem das Manuscript in
die Hände gefallen, verderbt, verändert und
verfälschet worden; von dieser habe man bald
eine französische Uebersezung gemacht, und
von dieser leztern nur haben wir bisher eine
deutsche Uebersezung gehabt, wo die gewöhnlichen Fehler französischer Uebersezungen noch
mit einer nicht geringen Anzahl solcher vermehret worden, die aus Mangel einer genugsamen Kenntnis der französischen Sprache entstanden; werden Sie es wiederum un-
zufrieden seyn können, daß diese Reisen zum
Besten ihrer Liebhaber nach einer von dem
Autor selbst verbesserten Ausgabe, nicht aus dem
Französischen, sondern jezt würklich aus der
Engländischen Original-Sprache einmal ins
Teutsche übersezet worden? Ich denke es nicht;
u. weñ Sie das Schreiben des Verfassers an seinen Vetter Sympson lesen, und die engländi-

)(3   sche-

sche / französische und unsere erstere deutsche
Ausgabe von diesem Buche zusammenhalten
wollen, so werden Sie von dem, was ich
hier sage, vollkommen überzeuget werden.
Nirgend, mein Herr, sollte man sich mehr
hüten, die Arbeit eines geschikten Verfassers
verändern zu wollen, als wenn er im Geist
der Satyre oder eines angenommenen fremden Characters schreibt. Das ist eine Rüstung, darinnen die wenigsten gehen können.
Gulliver ist ein ehrlicher Schifs-Capitain,
der gerade zu redet, und nicht mit vielen noch
ausgesuchten Worten sagt, was er mit gewöhnlichen und wenigen sagen kann. Er ist
gereißt; und die genaue Bemerkung vieler
kleiner Umstände geben seinem Buche eine
besondere Wahrscheinlichkeit. Die Gegenstände, so er gesehen, und die Begegnisse, so
er erzählet, haben einen so tiefen Eindruk auf
ihn gemacht, daß er sie in dem Verfolge seiner Erzählungen nimmer vergißt. Er redet
beständig seinem eigenen Character und dem
Character seiner beschriebenen Personnagen 2c.
gemäß. Alles harmoniert, alles gehet auf
dasselbe Ziel, alles interessiert den Leser für
die Geschichte, und nicht für den Scribenten;
so daß ich nicht gut dafür stehen wollte, daß ge-
winnsüchtige Seefahrer niemals im Ernst darauf gedacht hätten, das Königreich Lilliput, oder
das Land der Houyhnhnms zu entdeken; sollte
es nur seyn, aus jenem so kleine, artige Kühe,
Schäfgen 2c. und aus diesem so schöne, edle
Pferde mit nach Hause zu bringen. Aber
der Engländische Interpolator wollte klüger
seyn. Gullivers kurze und einfältige Sprache
gefiel

gefiel ihm nicht. Er dehnte und schmükte sie
hin und wieder aus; die kleinen zur Sache
dienenden Umstände veränderte er ins absicht-
leere, ins unwahrscheinliche, oder wol gar
ins widersprechende. Er unterschob dem
Autor ganze Stellen, und ließ ihn Sachen sagen, an die er ohne Verläugnung seines Characters niemals hätte denken können. *

)(4   Aber

---

* Man sehe einige Beyspiele in der Reise nach Lilliput, Cap. 3. nach Laputa, Cap. 6. in das
Land der Houyhnhnms, Cap. 5. und die ganz
eingeschobene Stelle, worüber sich Gulliver gegen seinen Vetter Sympson besonders beschweret;
Cap. 6. ist diese: „Ich gab ihm zur Antwort,
„daß unsere Königin, weil sie keinen ungerechten
„Ehrgeiz, noch jemals die Absicht bey sich führte,
„ihre Macht auf Unkosten ihrer Nachbarn, oder
„mit Schaden ihrer eigenen Unterthanen zu ver-
„mehren, einiger übel gearteten Minister zu
„Ausführung oder Bemäntelung unbefügter Un-
„ternehmungen, so wenig nöthig hätte, daß sie
„vielmehr alle ihre Thaten zum Besten ihres Vol-
„kes einrichtete; und anstatt ihre Gewalt etlichen
„Ministern oder Favoriten ganz allein anzuver-
„trauen, derselben Verwaltungen allezeit durch
„ihren gesamten grossen Rath auf das schärffste
„untersuchen liesse. Unter einigen vormaligen
„Regierungen aber, sagte ich weiter, und an vielen
„Höfen Europens hätte es Fürsten gegeben,
„und gäbe es noch, die, weil sie so hochmüthig
„und Sclaven ihrer Begierden wären, daß ihnen
„die Last der Regierung zu schwer fiele, dieselbe
„den Händen eines Premier-Ministers überliessen,
„von welcher einem, wie nicht nur aus den
„Thaten derjenigen, so mit diesem Amte beklei-
„det gewesen, sondern auch aus vielen Briefen,
„Memorialen und Schriften, die sie selbst publi-
„ciert, und an deren Wahrheit noch niemand ge-
„zweifelt hätte, zu schliessen, folgende Abschilde-
„rung zu machen wäre. 2c.

Aber der erste deutsche Uebersezer! Fassen Sie mich recht, mein Herr. Ich sage nicht, daß er kein Englisch verstanden, sondern nur, daß er gut befunden, diese Reisen lieber aus dem Französischen zu übersezen, und dennoch auf das Titel-Blat sezen zu lassen: Mit Fleiß aus dem Englischen in das Teutsche übersezt. Das ist in der That keine Unwahrheit. Er sagt nicht, daß er selbst das Buch aus dem Englischen übersezt habe, sondern nur, daß es daraus übersezt sey, und zwar mit Fleiß. Dieses Compliment macht er als ein höflicher Mann dem Franzosen; das aber seine deutsche Uebersezung aus der französischen entstanden, und daß er vielleicht weniger Fleiß daran gewendet habe als der Franzose an die seinige, dieses war er der Welt nicht schuldig zu sagen. Sie würde es selbst sehen, wenn sie vergleichen wollte, und finden würde, wie artig er z. Ex. aus einem Küssen (Coussin) einen Vetter, (Cousin,) aus den Dünen oder Sandhügeln, eine Stadt, Namens Duyns, und sonst aus noch viel andern französischen Worten und Constructionen gemacht, was ihm beliebte. Besser kann ich ihn nicht rechtfertigen.

Doch auch ein Wörtgen von der moralischen Seite des Buches. Sie scherzen, mein Herr; gewiß scherzen Sie, wenn Sie behaupten, es tauge von dieser nichts; „der „Autor habe in der Reise in das Land der „Houyhnhnms die menschliche Natur degra- „diert, er habe ihrer gespottet, habe ein „Unthier aus der göttlichen Bildung des

„Menschen

„ Menschen gemacht, und den Wolstand
„ verlezet. Sein Temperament habe seine
„ Beurtheilungs-Kraft verdrungen. Hät-
„ ten seine geliebten Houyhnhnms schreiben
„ können, und wäre Swift selbst ein Houy-
„ hnhnm gewesen, so würde iegliches Pferd
„ bey ihm ein Esel gewesen seyn, und er
„ würde eine Lob-Rede auf das menschliche
„ Geschlecht geschrieben, und dem gegenwär-
„ tigen Helden seiner Feder mit vielen Vor-
„ würfen den Sattel aufgeleget haben. ꝛc. „
Das alles müssen Sie behaupten, mein Herr,
wenn sie sagen, Orrery und Young haben
Recht. Denn das alles geben sie dem Verfasser dieser Reisen Schuld. Und ein Mann
von Einsicht, ein Mann, der keine grosse
Namen sich blenden läßt; wie kann er das?
Die Sache ist mir in Ansehung Ihrer ganz
unbegreislich. Der arme Gulliver! Er soll
die menschliche Natur degradiert haben; denn
er hat sie in ihrer Verdorbenheit vorgestellet.
Er hat im Unmuth vielleicht, wegen der vielfältigen Erfahrungen, so er über sich mußte
ergehen lassen, den Menschen vorgeworfen,
sie seyn von ihrer ersten Bestimmung eines
redlichen, einfältigen, vernunftmässigen und
tugendhaften Wesens sehr abgewichen; sie
haben sich ihren Passionen ergeben, welche
alles Gute verdrungen, und wodurch sie einander das Leben bitter machen. Er hat geklagt,
was die tägliche Erfahrung klagt, was die H.
Schrift klagt, was von allen Kirchen-Canzeln
ertönet, kurz was eine unwidersprechliche
Wahrheit ist; und darum hat Swift diese Natur degradiert. Er hat dieses gethan, u. nicht die

Menschen,

Menschen, die ihre natürliche Kräfte so übel anwenden. Was ist doch diese Beschuldigung, mein Herr, wenn sie nicht, (verzeihen Sie den etwas harten Ausdruk,) wenn sie nicht Unsinn ist? Oder will dieser unbestimmte Ausdruk: die menschliche Natur degradieren / so viel sagen: Swift habe die angebornen Kräfte der menschlichen Seele für unfähig erkläret, sich zur Tugend zu erheben, dergestalt daß sie hiezu, auch ohne Absicht auf dieses Verderbnis, worein sie sich gestürzet, wie die Thiere ganz untüchtig sey? Dieses hiesse in der That ihre Natur degradieren, oder sie auf eine Stuffe heruntersezen, wohin sie nicht gehört. Aber ich bitte Sie, mein Herr, wo hat denn Swift solches gethan? Man lasse ihn immer die menschliche Natur in dem unsträflichen Sinne degradiert haben, daß er ihrs Verderbnisse, worein sie mit Beyseitsezung ihrer Vernunft durch ihre Leidenschaften gerathen, mit Abscheu vorgestellet; hat er denn nicht zugleich eben diese Natur in seinen erdichteten Houybnhnms erhöhet? Die edeln Gesinnungen, die tugendhaften Neigungen 2c., welche er ihnen zuschreibt, sind es thierische oder menschenmögliche Sachen? Sezt er nicht eben dieselbe menschliche Natur in seine Houybnhnms? und zeigt im Contraste, wie die Menschen in Ansehung ihrer Gemüths-Eigenschaften seyn könnten und seyn würden, wenn sie Vernunft und Rechtschaffenheit durch ihre blinden Passionen nicht verdrängen? Und heißt dieses denn, sie zu den Thieren herabsezen, oder (wie Young sagt) der menschlichen Natur spotten? • • • Aber Swift hat

ein

ein Unthier aus der göttlichen Bildung des
Menschen gemacht. Und wo denn dieses?
Indem er die willkührliche Unreinlichkeit vieler,
die mit dieser Bildung begabet sind, unter
dem Bilde der Yahoos vorstellet? Oder indem er die menschliche unverdorbene Natur
in die Houyhnhnms dichtet? Oder indem er
die zwar tugendhaften, aber unerfahrenen
Houyhnhnms nach ihren Einsichten von der
Bildung des menschlichen Cörpers urtheilen
läßt, welche ihnen grösser zu leihen unnatür-
lich, und anders zu leihen unwahrscheinlich
gewesen wäre? Wie unbillig ist hier der Poet!
Der Mann, der so viel mit Bildern und
poetischen Maschinen umgeht; der tausend
und tausend derselben vorgebracht, und sich
gewiß mit Recht beschweren würde, wenn
man die Absichten und den Geist derselben
verkennen, und sie ihm zu würklichen Lehr-
Säzen verdrehen wollte. Und glauben Sie
wol, daß, wenn man in einer einfältigen
Erzählung, in einer satyrischen Reise-Beschreibung, nebst anderm gegen die Unreinlichkeit
und Leichtfertigkeit mit behutsamen, doch
kennbaren Ausdrüken und Vorstellungen dieser Abweichungen von Vernunft und Tugend
seinen Unwillen zu verstehen giebt, solches
dem Wolstand so sehr zu nahe getretten sey,
daß Young nöthig gehabt hätte, die erschrek-
liche Straf-Predigt zu halten: „ Wenn dies
„ gewiß ist, o Gulliver! (er appliciert ein
„ Gleichnis,) erzitterst du nicht über deines
„ Bruders Lucians Geyer, die über dich
„ schweben? ja zittere. Sie können dich
„ nicht stärker verlezen, als du den Wolstand
„ verlezet

„ verlezet haſt. Wie haben deine Houy-
„ bnhnms, deinen Verſtand aus ſeinem Size
„ herabgeworfen, und deine Einbildungs-
„ Kraft in den Moraſt geſtürzt. In welchem
„ Pful haſt du deinen Pinſel getaucht ꝛc. „
Was für Apoſtrophen wird es wol für ſchwe-
rere Sünden brauchen, wenn dieſe hier der
Sache angemeſſen iſt; dem Fehler, (wenn
es einer iſt,) daß Swift von obengedachten
Sachen geredet, nicht in einem epiſchen Ge-
dichte, nicht in einem Vortrage von hohen
Gegenſtänden, ſondern in einer Reiſe-Beſchreibung, wo meines Bedunkens die ge-
meinſten Sachen vorkommen dörfen; und in
der Abſicht davon geredet, Abſcheu davor zu
erwekken. Haben denn dieſe Dinge einen Frey-
Brief; oder wird man verunreinigt, wenn
man ihre Häßlichkeit nur nennet? ⸱ ⸱ ⸱ Und
die lezte Beſchuldigung, mein Herr, wie iſt
wol dieſe zu verſtehen? Ich lege ihr ungern
einen Sinn bey; denn ich mag ihr von den
zween möglichen einen geben, welchen ich
will, ſo leidet der berühmte Young darunter.
Laßt uns ſehen: „ Hätten Swifts geliebte
„ Houyhnhnms ſchreiben können, und wäre
„ er ſelbſt ein Houyhnhnm geweſen, „ Und
was für einer? ein tugendhafter; einer in die
er die menſchliche, noch nicht verdorbene, Natur gedichtet hat; einer von denen, bey welchen die Vernunft allein herrſchet, und wo
die blinden Paſſionen nichts zu ſagen haben;
„ ſo würde ein jegliches Pferd, „ jeglicher
andere ebenfalls tugendhafter Houyhnhnm
„ bey ihm ein Eſel geweſen ſeyn; und er
„ würde alsdenn eine Lob-Rede auf das

⸱ menſch-

menſchliche Geſchlecht „ d. i. auf die Menſchen in ihrer Verderbnis „ geſchrieben, und
„ dem gegenwärtigen Helden ſeiner Feder „
d. i. dem tugendhaften Houyhnhnm, oder
der menſchlichen Natur, wie er ſie ſie in der
Bildung eines Houyhnhnms vorſtellet, „ mit
„ vielen Vorwürfen den Sattel aufgeleget
„ haben. „ Glauben Sie nun, Swift
hätte dieſes gethan? Glauben Sie, er hätte
es thun können? O! das iſt nichts: antworten Sie; leihen ſie dem geſchikten, dem berühmten Young nicht einen ſolchen Wider-
ſpruch. Nun ich will es nicht thun. Ich
will der Stelle den zweyten möglichen Sinn
geben. „ Hätten Swifts geliebte Houy-
„ hnhnms „ d. i. Pferde, wie die wahren
würklichen Pferde ſind, Thiere, denen alle
Vernunft verſagt iſt, „ hätten dieſe ſchreiben
„ können, und wäre Swift ſelbſt ein Houy-
„ hnhnm, „ ein ſolches natürliches Pferd ge-
„ weſen, „ ſo würde ꝛc. ꝛc. „ Was kömmt
jezt heraus? Dieſes: Young nehme die erdichteten Houyhnhnms, in welche Swift
menſchlichen Verſtand und ſo viele Tugenden
gedichtet, für würkliche Pferde ohne Verſtand
und Tugend, für Animalia bruta. Hat
Young denn, der groſſe und berühmte Young,
Swift ſo verſtanden? oder vielmehr, hat er
ihn wol jemals geleſen? Und geſezt, Swift
hätte ſeine Dichtung würklich ſo abgeſchmakt
behandelt; geſezt, ſeine Houyhnhnms wären
brute Thiere, und könnten ſchreiben, und
Swift wäre auch ein ſolches geweſen; hätte
er denn ſo groß Unrecht, wenn jegliches ſolches Pferd ein Eſel bey ihm geweſen, und er
eine

eine Lob-Rede auf die menschliche Natur geschrieben hätte? Ich sollte es nicht meynen.

Doch die ganze Stelle, wenn ich etwas sehe,
ist nichts als ein verunglükter wiziger Einfall,
der vielleicht, wenn man den falschen Wiz
davon thut, mehr nicht als dieses sagen will:
Swift habe mit nichts zufrieden seyn können;
würden die Menschen auch noch so vernünftig und tugendhaft leben, so würde er ihnen
dennoch Unvernunft und Laster vorgerükt haben. Warum dieses? Darum; er hat es
gethan gegen Menschen, deßenthalben nicht
zu läugnen ist, daß sie verdorben sind. Ge-
fällt ihnen dieses? Wählen sie nun, und
rechtfertigen denn Young, wie sie wollen,
oder wie sie können.

Indessen beschuldigen Sie mich nicht, daß
ich diesem berühmten Mann übel wolle.
Nein, mein Herr, Sie würden mir Unrecht
thun. Ich verehre sein Talent. Ich lese
seine Schriften mit Vergnügen und Erbauung. Aber ich kann bey dem allem
menschliche Schwachheiten nicht für Stärke,
Fehler nicht für Vollkommenheiten erkennen;
und daß Young als ein Mensch, daß er auch
selbst als ein Schriftsteller von solchen nicht
frey gewesen, das würde er, so viel ich ihn
aus seinen Schriften zu kennen vermeyne,
wol selbst willig gestanden haben. Wissen
Sie, was ich an den Poeten überhaupt aus-
seze? Sie reden mir in sehr vielen Fällen zu
unbestimmt. Ihre Critiken haben noch meistens keine feste Theorie. Sie untersuchen
und

und decidieren poetisch, witzig und blumenreich, wo sie philosophisch seyn sollten. Des Gegensazes will ich sie eben nicht beschuldigen. Ein Genie sollte bey seinen daher entstehenden Original-Werken, wovon uns Young seine Gedanken mitgetheilet, seine Erkenntnis-Vermögen, wie mich dünkt, alle dergestalt in seiner Gewalt besizen, daß sie zum Hauptzwek in einer genauen Harmonie stühnden. Ich vermisse dieses ein biszen in dieses berühmten Manns Schriften. Ein Bild, ein Gleichnis über das andere. Die Einbildungs-Kraft herrscht, und herrscht oft ohne Zügel, herrscht zum Nachtheil andrer Erkenntnis-Kräfte; herrscht so, daß das richtige nicht selten darüber verloren geht. Ich wiederhole es, daß ich Hochachtung für ihn, auch als für einen Schriftsteller habe. Aber nehmen Sie es nicht für eine Beschimpfung desselben auf, wenn ich ihn den Seneca unserer Zeiten nenne.

Von Swifts VI. Bande sage ich Ihnen nichts. Die Stüke, so nach der Geschichte der vier lezten Jahre unter der Königin Anna folgen, können nicht anders als ihren Beyfall erhalten. Von jener zu urtheilen, habe ich zu wenig historische Erkenntnis. Und was mich desto mehr abschrekt, ist, daß ich weiß, wie sehr das Publicum gegen Englands Betragen in der hier beschriebenen Sache eingenommen ist. Hat es Grund, oder hat es keinen? Das wissen Sie, mein Herr, besser als ich? Doch lesen Sie erst ohne Vorurtheile, und sagen mir hernach was Sie gefunden;

funden; und warum Sie auf Ihrer alten Meynung beharren, wenn je Swift Sie nicht auf andere Gedanken hierüber sollte bringen mögen. Doch das werden Sie ohne mein Erinnern thun. Sie wissen allzuwol, daß mit einem blossen Geschrey: Es ist eine Partey-Schrift: Es leuchtet hin und wieder Passion hervor; nichts ausgerichtet wird, so lange man nicht zeiget, wo Partey und Passion auf Irrthum und Abwege geführet habe. Auch im Eifer kann man etwann die Wahrheit reden. Ich bin mit geziemender Hochachtung,

Mein Herr,

x. x.

Hamburg, den 2. Febr.
1761.

Vor-

Vorbericht

des

Engländischen Herausgebers,

Richard Sympsons.

Er Verfaſſer dieſer Reiſebeſchreibungen,
Herr Lemuel Gulliver, iſt ein alter
guter Freund von mir. Wir ſind auch von Mutter-
ſeite her, noch etwas mit einander verwandt. Weil
er des beſtändigen Zulaufes neugieriger Leute in
ſein Haus zu Redriff müde ward, ſo kaufte er ſich
vor ungefehr drey Jahren ein kleines Stük Landes mit einem bequemen Hauſe, nicht weit von
Newark, in der Provinz Nottinghamshire,
daher er gebürtig iſt, und wo er ſich izo in mehrerer

V. Theil.　　　　A　　　　Ein-

Einfamkeit, doch ftets in guter Achtung bey feinen Nachbarn aufhält.

Obfchon Herr Gülliver in Nottinghamshire, wo fein Vater feßhaft war, geboren ward, fo habe ich ihn doch öfters fagen gehört, daß feine Familie von Orfordshire dahin gekommen fey. Zu deffen Beftätigung dienet, daß ich auf dem Kirchhofe zu Banbury, in diefer Provinz verfchiedene Gruften und Grabmäler der Güllivers angetroffen habe.

Ehe er Redrift verließ, übergab er mir nach= ftehende Schriften, mit der Erlaubnis, damit zu machen was ich gut fände. Ich habe fie drey= mal forgfältig durchlefen; der Styl ift fehr na= türlich und einfältig; und der einzige Fehler, den ich wahrnehme, ift, daß der Verfaffer, (wie Reifebefchreiber pflegen) ein wenig zu umftänd= lich ift. Es herrfchet durchgehends in feiner Schreib= art ein gewiffer Schnitt von Wahrhaftigkeit, der dem gefcheiden Lefer nicht entgehen wird; wie denn der Verfaffer würklich wegen feiner Liebe zur Wahrheit fo berühmt war, daß es unter feinen Nachbarn zu Redrift / wenn einer etwas behaup= tete, zum Sprüchwort ward, zu fagen: Es ift fo wahr / als wenn Herr Gülliver felbft es gefagt hätte.

Da mir einige rechtfchaffene Männer, denen ich diefe Papiere mit des Verfaffers Erlaubnis zu

lefen

lesen gab, den Rath ertheilet, sie öffentlich durch
den Druk gemein zu machen; so wage ich nun
solches; in Hofnung, daß sie unsern jungen Herren zu einem (wenigstens für eine Zeitlang) eben
so guten Unterhalt werden dienen mögen, als die
gemeinen Zeitungsblätter und Parteyschriften,
welche alltäglich an das Licht kommen.

Das Buch würde wenigstens noch einmal so
dik geworden seyn, wenn ich mir nicht die Freyheit genommen hätte, eine Menge Stellen, darinnen
der Verfasser von den verschiedenen Winden, von
Ebbe und Fluth, von den Abweichungen der Magnet-
Nadel, dem Absegeln und Anlangen in den See-
häfen auf seinen Reisen; ingleichen, von den verschiedenen Weisen die Schiffe in einem Sturm zu
regieren, in dem Styl der Seefahrer Nachricht
giebet, auszulöschen. Eben dasselbe habe ich auch
gethan in Ansehung der Nachrichten von den Län-
gen und Breiten. Weßwegen ich besorge, der Herr
Gulliver dürfte vielleicht nicht allzuwol mit mir
zufrieden seyn: Ich wollte aber das Werk so viel
möglich einrichten, daß es von jedermann gelesen
und verstanden werden möchte. Sollte indessen
meine eigene Unerfahrenheit in Sachen, welche die
Seefahrt betreffen, mich verleitet haben, einige
Fehler zu begehen, so hat man dieselben mir allein zuzuschreiben. Und wenn irgend ein Seefahrer
verlangen sollte, das ganze Werk so, wie es aus der
Feder des Verfassers geflossen, einzusehen, so bin

ich alle Stunden bereit, ihm die Handschrift desselben vorzuweisen.

Mehrere Nachrichten von dem Verfasser wird
der Leser gleich von Anfange des Werkes finden.

Richard Sympson.

Schreiben

des Capitain Gullivers, an seinen Vetter Sympson.

Ich hoffe, ihr werdet, wenn ihr immer dazu
solltet aufgefodert werden, euch nicht weigern,
öffentlich zugestehen, daß ich mich durch euer an-
gelegenliches und vielfältiges Bitten habe bewegen
lassen, euch die Erlaubnis zu ertheilen, eine sehr
unordentliche und uncorrecte Nachricht von meinen Reisen zum Druke zu befödern, mit der Anweisung, selbige zuvor durch irgend einen jungen
Gelehrten auf entwedrer unsrer Universitäten, in
Ordnung bringen, und den Styl verbessern zu
lassen; so wie mein Vetter Dampier, auf mein
Einrathen mit seinem Buche, Reise um die
Welt, gethan hat. Ich erinnere mich aber nicht,
euch auch die Erlaubnis gegeben zu haben, darein
zu willigen, daß etwas ausgelassen, vielweniger
eingeschoben und hinzugesezt werden sollte; daher
entsage ich hier, was dieses leztere betrift, allem
und

und jedem, was von dieser Art ist; insonderheit einer Stelle von Ihrer Majestät, der Königin Anna, glorreicher Gedächtnis; obschon ich jederzeit die gröste Ehrfurcht und Hochachtung für Sie getragen habe, die irgend ein Mensch auf der Welt für Sie hat hegen können. Allein, ihr, und euer Interpolator, solltet bedacht haben, daß wie es meine Neigung nicht war, also es sich gar nicht geziemet hätte, irgend einem Geschöpfe unsrer Art, vor meinem Herrn Houyhnhm Lobessprüche zu ertheilen; und nebst diesem war auch die ganze Sache eine Unwahrheit. * Denn da ich mich während Regierung Ihrer Majestät, eine Zeitlang in England aufhielt, regierte sie meines Wissens durch einen Staatsminister, ja selbst durch zween nach einander, deren der erste der Lord Godolphin, und der zweyte der Lord Oxford war; so daß ihr mich die Sache habet sagen lassen, die nicht war. Nicht weniger habet ihr in der Nachricht von der Academie der Projectmacher, und in vielen Stellen meiner Gespräche mit meinem Herrn Houyhnhm, verschiedene wesentliche Umstände weggelassen, oder die Sachen verkleinert, oder auf eine solche Weise verändert, daß ich mein eigen Werk kaum mehr kenne. Als ich euch solches vorhin einmal zu verstehen gab, beliebtet ihr zur Antwort zu geben, „ ihr hättet euch gefürchtet jemanden zu beleidigen;

A 3   vor-

_____
* Sehet die Vorrede des Uebersetzers.

vornehme Leute, welche die Gewalt in Händen
haben, wären sehr aufmerksam auf die Presse,
und geneigt, alles und jedes das den Schein einer Anspielung (wie ich glaube daß sie es nennen,)
hat, nicht nur zu deuten, sondern auch zu strafen „.
Ich bitte euch aber, wie ist es doch immer möglich,
daß man Lasjenige, so ich vor so langer Zeit, und
in einem Lande, das mehr als fünf tausend Meilen von dem unsern entfernet ist, geredet habe,
auf irgend einen von denen Yahoos solte ziehen
können, von welchen es heißt, daß sie der Heerde
izo vorstehen? Insonderheit da ich es zu einer
Zeit geredet habe, zu welcher ich so wenig an das
Unglük wieder unter ihnen zu leben gedacht, oder
solches besorget habe. Habe nicht ich vielmehr
Ursache Klage zu führen, wenn ich sehe, daß eben
diese recht eigentliche Yahoos von Gouyhnhms
in Wagen rc. herumgeführt werden, gleich als ob
diese unvernünftige Thiere, und sie hingegen die
vernünftigen Geschöpfe wären? Wie denn in der
That mein vornehmster Bewegungsgrund, mich
hieher in die Einsamkeit zu begeben, der war, damit ich dieses ungeheure und abscheuliche Spectakel
ausweichen möchte.

So viel in Absicht auf euch, und auf das Vertrauen, welches ich auf euch gesetzet hatte.

Izo komme ich auf mich selbst, und beklage
auch meine eigene Schwachheit, nach deren ich mich
auf euer anhaltendes Bitten, und durch euer, und
einiger

einiger anderer falſches Raiſonnieren habe bereden
laſſen, zuzugeben, daß meine Reiſebeſchreibungen
gedruket wuͤrden. Erinnert euch doch, wie oft
ich euch, wenn ihr das gemeine Beſte vorſchuͤz-
tet, gebeten habe, zu bedenken, daß die Yahoos
eine Art Geſchoͤpfe waͤren, welche ſich durch Lehren und Exempel ganz und gar nicht beſſern ließen.
Und dieſes hat nun der Ausgang bewieſen. Denn
anſtatt eine gaͤnzliche Abſchaffung aller Mißbraͤuche
und Verderbniſſe, wenigſtens auf dieſer kleinen
Inſel zu ſehen, wie ich nicht ohne Grund erwartete;
ſo finde ich hingegen von mehr als ſechs Monate,
da mein Buch aus der Preſſe gekommen, nicht,
daß es die geringſte Wuͤrkung gethan, die meiner
Abſicht gemaͤß waͤre. Ich bat euch, ihr ſoltet mich
es durch einen Brief wiſſen laſſen, wenn Parteyen
und Factionen aufgehoͤrt haͤtten, Richter ge-
lehrt und redlich, Advocaten beſcheiden und
ehrlich geworden waͤren, und einige Tinctur von
geſundem Verſtande bekommen haͤtten, und Hauffen juriſtiſche Buͤcher zu Smithfield verbrannt
worden waͤren. Wenn die jungen Herren ganz
anders auferzogen wuͤrden, und die weiblichen
Yahoos ihre Ehre nur in der Tugend, Keuſchheit, Wahrheit und Verſtande ſuchten; wenn Prunk
und Hoͤfe groſſer Miniſter abgeſchaft; Wiz, Verdienſt und Gelehrſamkeit belohnet, und alle elenden Scribenten verurtheilet worden waͤren, ihren
Hunger blos mit ihrem eigenen Geſchmiere, und

A 4 ihren

ihren Durſt mit ihrer Dinte zu ſtillen. Auf dieſe
und hundert andere dergleichen Verbeſſerungen hatte
ich mir, auf euere Ermunterung hin, ſichere Rechnung gemacht, wie ſie denn in der That ganz natürlich aus denen Lehren meines Buches hergeleitet
werden können. Und man kann nicht in Abrede
ſeyn, daß ſieben Monate eine genugſame Zeit
wären, jedes Laſter und jede Thorheit zu verbeſſern,
denen die Yahoos unterworfen ſind, wenn ſie die
geringſte Neigung zur Tugend und zur Weisheit
hätten. Allein, es iſt ſo fern, daß ihr dieſer
meiner Erwartung in irgend einem euer Briefe
ein Genügen gethan, daß ihr vielmehr im Gegentheil unſern Fußbotten alle Wochen mit **Schmäh-
ſchriften, Schlüſſeln, Anmerkungen, Me-
moires und zweyten Theilen** zu meinen Reiſen,
beladet; worinnen man mich beſchuldiget, ich ſti-
chelte auf groſſe Staatsleute, entſezte die menſchliche Natur ihrer Würde, (denn ſo haben dieſe
Scribenten die Dreiſtigkeit es immer zu
heiſſen,) und beſchimpfete das weibliche Geſchlecht.
Ingleichen ſehe ich, daß dieſe Schmierer unter
ſich ſelbſt uneinig ſind, indem einige nicht geſtehen
wollen, daß ich der Verfaſſer meiner ſelbſt eigenen
Reiſebeſchreibungen ſey, und andere mir Bücher
unterſchieben, von denen ich gar nichts weiß.

Ich finde weiter, daß euer Buchdruker ſo gar
nachläßig geweſen, daß er die Zeiten, und an-

gege-

gegebenen Data meiner Abfahrten und Wieder-
kunften stets vermenget hat, indem er hievon niemals weder das Jahr, noch den Monat, noch
den Tag richtig angiebet. Und ich höre, daß seitdem mein Buch aus Licht getreten, meine erste
Handschrift ganz unnüze gemachet worden ist:
Zum Unglük habe ich auch keine Copie davon.
Nichts destoweniger sende ich euch hier einige Verbesserungen, welche ihr bey einer zweyten Ausgabe
des Buches, wenn eine solche erfolgen sollte, ein-
schalten möget; wiewol ich würklich nicht gut für
diese Verbesserungen stehen kann, sondern es dem
vernünftigen und redlichen Leser überlassen muß,
diesen Punct bey sich selbst nach eigenem Belieben
in Richtigkeit zu bringen.

Ich höre, daß einige unsrer See-Yahoos
meine See-Sprache tadeln, und sagen, daß sie
in vielen Stellen unschiklich, und heut zu Tage
nicht im Gebrauch sey. Ich kann nichts dafür.
Bey meinen ersten Reisen, da ich noch jung war,
hatte ich die ältesten Seefahrer zu Lehrmeistern,
und lernete von ihnen reden, wie sie redeten.

Ich habe aber seither befunden, daß die See-
Yahoos, eben wie die auf dem Lande, sehr gern
neumodische Wörter annehmen, welche diese leztern
alle Jahre abändern. Und ich erinnere mich gar
wol, daß so oft ich in mein Vaterland zurük
kam, ihr alter Dialect so sehr verändert war,

A 5.   daß

daß ich den neuangenommenen kaum verstehen
konnte. Wie ich denn auch immer bemerke, daß
wenn irgend ein Yahoo aus Neugierigkeit von
London zu mir herauskömmt, keiner von uns
sich so ausdrüken kann, daß er dem andern ganz
verständlich wäre.

Könnte der Tadel der Yahoos mich im geringsten beunruhigen, so hätte ich grosse Ursache
mich zu beklagen, daß einige derselben so dreist
sind, sich einzubilden, meine Reisen wären ein
lauteres Hirngespinst; und sich nicht entblöden, zu
verstehen zu geben, die Houyhnhms und Yahoos
existirten eben so wenig als die Einwohner des
Schlaraffenlandes.

Es ist wahr, was die Einwohner von Lilliput, Brobdingrag, (denn so muß das Wort
ausgesprochen werden, nicht aber irrig Brobdingnag) und Laputa betrift, so habe ich nicht
gehört, daß irgend ein Yahoo die Dreistigkeit
hätte, ihr Dasein, oder auch dasjenige, so ich
in Ansehung derselben erzehlet habe, in Zweifel
zu ziehen; denn die Wahrheit bemächtiget sich
gleich eines jeden Lesers. Ich bitte aber, ist
denn wol weniger Wahrscheinlichkeit in dem, was
ich von den Houyhnhms und Yahoos berichte?
Da doch offenbar ist, daß, was diese leztern betrift,
viele tausend derselben sich selbst in dieser Stadt
befinden, welche von ihren Brüdern den Yahoos
im

im Lande der Houyhnhms durch nichts anders
als durch eine Art Geschnatter, und daß sie nicht
nakend gehen, unterschieden sind. Ich schreibe zu
ihrer Verbesserung, und nicht ihren Beyfall zu
erlangen. Das Lob dieses gesammten Geschlechtes
würde mich weniger rühren, als das Wiehern der
zween abgearteten Houyhnhms, die ich in meinem Stall halte; weil ich, so abgeartet sie auch
sind, doch immer einige Tugenden von ihnen lernen, und darinnen zunehmen kann, welche sie
ohne Vermischung des Lasters an sich haben.

Bilden sich diese elenden Geschöpfe wol ein, ich
sey wiederum so verdorben, daß ich meine Wahrhaftigkeit gegen sie vertheidigen werde? Ich sey ein
Yahoo: So ist doch in dem ganzen Lande der
Houyhnhms bekannt genug, daß ich vermittelst
der Lehren und des Exempels meines vortreflichen
Herrn im Stande war, binnen zwey Jahren,
(obwol, ich gestehe es, nicht ohne die gröste Mühe)
die teuflische Gewohnheit, zu lügen, Ausflüchte zu
suchen, zu betriegen, und zweydeutige Reden zu
gebrauchen, gänzlich auszurotten; eine Gewohnheit, die in den Seelen aller Yahoos, insonderheit derer in Europa, so tief eingewurzelt ist.

Ich hätte über diese verdrießliche Sache noch
viele andere Klagen zu führen, allein ich will
mir und dem Leser damit nicht weiter beschwerlich
fallen; und es nur frey bekennen, daß seit meiner
lezten

lezten Zurükkunft einige Verderbniſſe meiner Yahoo Natur, durch den Umgang mit einigen wenigen von meiner Art, und beſonders mit meinen Hausgenoſſen, welchen ich nicht ausweichen
kann, wieder aufgelebt haben; ſonſt würde ich wol
nimmermehr auf das abgeſchmakte Project gerathen ſeyn, das Geſchlecht der Yahoos in dieſem Lande zu verbeſſern. Doch dergleichen närri-
ſchen Grillen habe ich nun für immer
Abſchied gegeben.

Den 2. Aprill,
1 7 2 7.

Des

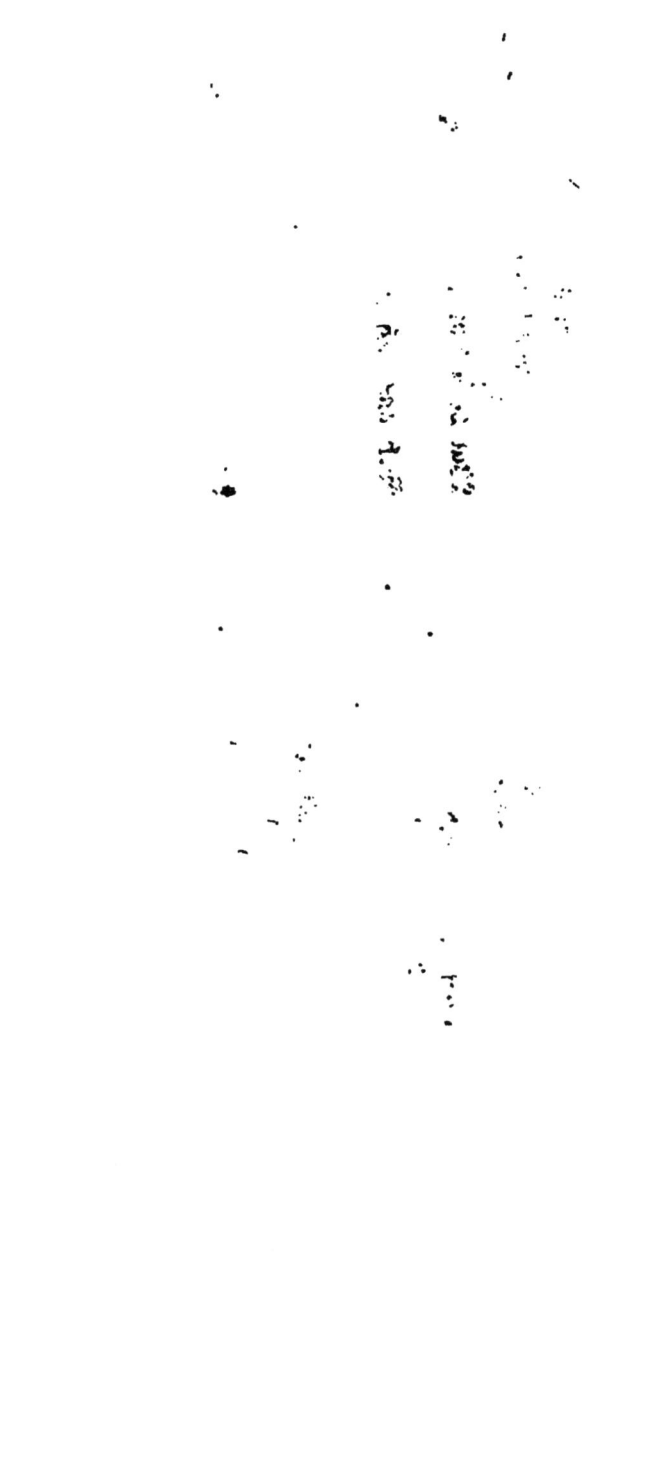

S.g.f

Des Capitain Lemuel Gullivers
Reisen.

Erster Theil.

Reise nach Lilliput.

Das erste Capitel.

Der Verfasser giebet einige Nachrichten von sich und seiner Familie. Seine erste Veranlassung zu reisen. Er leidet Schifbruch, und rettet sich mit Schwimmen auf die Küste von Lilliput; wird gefangen, und darauf tiefer ins Land geführet.

Mein Vater hatte ein kleines Landgütlein in der Provinz Nottinghamshire. Von fünf Söhnen war ich der dritte. In meinem vierzehnden Jahre schikte er mich nach Cambridge, wo ich drey Jahre lang den Studien oblag. Allein da mein Unterhalt (der mir ohne dem knapp genug zugeschnitten ward) für ein so kleines Vermögen, wie mein Vater besaß, allzulästig war, so kam ich bey Herrn Jacob Bates, einem der geschiktesten Wundärzte zu London, in die Lehre. Ich

blieb

blieb vier Jahre bey ihm, und verwendete die kleinen
Summen, die mir mein Vater von Zeit zu Zeit über-
ſchifte, zu Erlernung der Schiffart und andrer Theile
der Mathematik, die Reiſenden nüzlich ſind; wie ich
denn immer glaubte, ich würde mein Glük auf Reiſen
ſuchen müſſen. Meine Lehrjahre waren zu Ende; und
ich kehrte wieder zu meinem Vater zurük, durch deſſen
und meines Oheims Johanns und einiger andrer Verwandten Vorſchub, ich vierzig Pfunde ſamt dem Verſprechen erhielt, mir noch jährlich dreiſſig Pfunde nach
Leyden zu übermachen; woſelbſt ich zwey Jahre und
ſieben Monate die Medicin ſtudierte, als eine Wiſſenſchaft, die mir auf langwierigen Reiſen ſehr wol zu
ſtatten kommen würde.

Nicht lange nach meiner Rükkunſt von Leyden ver-
half mir mein geweſener Lehrmeiſter, der ehrliche Herr
Bates, zur Stelle eines Wundarztes auf dem Schiffe,
die Schwalbe genannt, unter Commando Herrn Ab-
rabam Pannels. Bey dieſem verblieb ich drey und
ein halbes Jahr, und that binnen dieſer Zeit ein par
Reiſen mit ihm nach der Levante und einigen andern
Orten. Als ich wieder nach Hauſe gekommen, redete
Herr Bates mir zu, daß ich mich zu London ſezen
ſollte. Ich entſchloß mich hiezu; und er verſchafte mir
verſchiedene Kunden. Ich mietete ein Zimmer in einem
kleinen Hauſe zu Oldjury. Man rieth mir ein Weib
zu nehmen; und ich beyrathete Maria Burton, Herrn
Edmund Burtons, Strumpfſtrikers in Newgate-
Street zweyte Tochter, die mir vierhundert Pfunde, als
ihre ganze Erbsportion mitbrachte. Allein das Abſterben
meines gutthätigen Lehrherrn, welches nach zwey Jahren
erfolgte, und die kleine Anzahl meiner Verwandten, verurſachte, daß meine Sachen anfiengen zurükzugehen;
denn mein Gewiſſen wollte mir nicht erlauben, in Anſe-

hung

hung meiner Patienten mich nach der unredlichen Gewohnheit nur allzuvieler meiner Professions-Verwandten
zu richten. Nachdem ich es also mit meinem Weibe
und einigen guten Freunden überleget, so faßte ich den
Entschluß wieder auf die See zu gehen. Ich diente
auf zwey Schiffen nach einander als Wundarzt, und
that binnen sechs Jahren verschiedene Reisen nach Ost-
und West-Indien, wodurch ich meine Umstände um
etwas verbesserte. Meine müssigen Stunden wandte
ich auf Lesung guter, so wol alter als neuer Bücher
an, deren ich immer einen ziemlichen Vorrath mit mir
führte; und wenn ich Fuß an Land sezte, so befliß
ich mich, die Sitten und Neigungen der Völker, zu
denen wir kamen, zu untersuchen, und ihre Sprachen
zu lernen; welches mir desto leichter war, weil ich ein
sehr gutes Gedächtnis hatte.

Indessen da meine lezte Reise eben nicht die glüklichste
war, so ward ich des Herumschwärmens auf der See
müde, und gedachte, künftig bey meinem Weibe und
Kindern zu Hause zu bleiben. Ich zog von Old Jury
nach Fetterlane, und von dannen nach Wapping,
in Hofnung, unter den Bootsleuten zu thun zu bekommen; allein die Sachen wollten nicht von statten gehen.
Nach einem dreyjährigen vergeblichen Warten, daß es
besser werden sollte, that mir Herr Wilhelm Pri-
chard, Schiffs-Capitain der Antelope, der eine Reise
nach der Süd-See machen wollte, einen sehr vortheilhaften Antrag. Ich nahm ihn an: Wir giengen den
4ten Mey 1699. von Bristol aus unter Segel, und
unsere Reise nahm einen ganz glüklichen Anfang.

Ich soll billig den Leser nicht aufhalten mit Erzehlung alles dessen, was uns in diesen Gewässern beggeg-
net. Genug, wenn ich ihm melde, daß da wir von
dannen

daunen unſere Fahrt nach Oſt-Indien genommen, uns ein gewaltiger Sturm bis Nord-Weſten des Landes Van Diemen getrieben. Hier befanden wir uns nach einer angeſtellten Beobachtung im 30. Grade 2. Minuten Südlicher Breite. Zwölfe von unſerm Schiff-Volke hatten wegen überaus harter Arbeit und ſchlechter Koſt den Geiſt aufgegeben; die übrigen befanden ſich in einem ſehr ſchlechten Zuſtande. Den 5ten Novembers, in welchem Monate der Sommer in dieſen Gegenden ſich anfängt, wurden unſre Matroſen bey ſehr neblichtem Wetter einer Klippe gewahr, die nicht weiter als etwan ein halbes Ankerthau von uns entfernet lag. Unſere Bemühungen waren vergebens; der Wind war zu heftig, wir ſtieſſen gerade darauf zu, und ſcheiterten den Augenblik. Sechſe von unſrer Geſellſchaft, worunter ich mit war, ſprangen ins Boot, und ſuchten uns vom Schiffe und von der Klippe zu entfernen. Wir ruderten; und möchten ungefehr bis auf neun Meilen weit von der Klippe weggekommen ſeyn, als unſere Kräfte, die wir bereits auf dem Schiffe allzuſehr erſchöpfet hatten, uns nicht mehr zuſtehen wollten. Wir überlieſſen uns alſo der Gnade der Wellen; und ungefehr nach einer halben Stunde ward unſer Boot verſchlungen. Was aus meinen fünf Cameraden, und denen, ſo im Schiffe zurükgeblieben, oder auch denen, die ſich auf die Klippen mögen gerettet haben, geworden ſey, kann ich nicht ſagen; vermuthe aber, daß ſie wol alle umgekommen. Was mich betrift, ſo ſchwamm ich, von Wind und Wellen getrieben, unwiſſend wohin. Ich ließ meine Füſſe etliche mal gerade herunter, um Grund zu fühlen; aber vergebens. Endlich fand ich welchen, da es eben an dem war, daß ich vor Ohnmacht hätte ſinken müſſen, und da der Sturm zum Glüke ſich ziemlicher maſſen geleget hatte. Das Ufer war ſo gähe und ſtozig, daß ich wol noch eine halbe Meile

fort-

fortwaten mußte, ehe ich an Land steigen konnte.
Endlich gelang es mir, da es ungefehr um 8. Uhr
Abends gewesen seyn mag. Ich gieng fast eine halbe
Meile; konnte aber von Häusern oder Einwohnern kein
Merkmal entdeken; wenigstens nahm ich dergleichen vor
Mattigkeit nicht wahr. Ich war äusserst ermüdet; dieses, und das heisse Wetter, und etliche Züge Brandte-
wein, die ich noch gethan, ehe ich aus dem Schiffe
gesprungen, machten, daß ich sehr schläfrig ward. Ich
legte mich ins Gras, das kurz und sehr weich war,
nieder, und schlief so gesund, als ich wol Zeit Lebens
nicht gethan hatte; und zwar, so viel ich schliessen
konnte, ungefehr neun ganzer Stunden lang; denn es
war so eben Tag, als ich erwachete. Ich wollte aufstehen; allein ich konnte mich nicht regen. Ich lag auf
dem Rüken, und fühlte, daß meine Arme und Beine
zu beyden Seiten auf den Boden feste gemacht; und
meine Haare, die lang und dichte waren, ebenfalls
angepflöket wären. Ich fühlte noch ferner einige
dünne Bande, die mir oben von der Achselgrube bis
an die Schenkel herunter, quer über den Leib giengen.
Ich konnte nur aufwärts sehen; die Sonne fieng an
zu stechen, und ihr Glanz mich zu blenden. Ich hörte
ein unverständliches Geräusche um mich her; konnte
aber in der Positur, worinn ich mich befand, weiter
nichts als den freyen Himmel sehen. Nicht lange, so
merkte ich, daß sich auf meinem linken Schenkel etwas
regete, und nachdem es mir ganz sachte über die Brust
wegspazieret, bis vor mein Kinn sich näherte. Ich sah
so gut ich konnte niederwärts vor mich hin, und Himmel! was ich erblikte! Hier stand eine menschliche Creatur, die nicht völlig sechs Daumen groß war, mit Bogen und Pfeil in ihren Händen, und einem Köcher auf
dem Rüken, wobey ich zugleich noch wol bey vierzig
andere fühlete, welche dem ersten nachfolgeten. Meine

V. Theil.　　　B　　　Erstau-

Erstaunung war unaussprechlich, und ich that einen
so lauten Schrey, daß sie vor Entsezen alle zurük eile-
ten, und einige derselben, wie mir hernach berichtet
worden, weil sie gleich oben von der Seite herabspran-
gen, sich Arm und Beine gebrochen. Gleichwol kamen sie bald wieder; und einer darunter, der sich so
weit wagete, daß er mein ganzes Gesicht übersah, hub
Hände und Augen vor Verwunderung gen Himmel,
und rief mit einer kleinen aber dabey deutlichen Stimme: Hekinah Degul. Die andern wiederholten diese
Worte zum öftern; damals aber verstund ich nicht,
was sie bedeuten sollten. Indessen lag ich, wie sich
der Leser wol vorstellen kann, während dieser Zeit recht
sehr unbequem. Endlich da ich alle meine Kräfte an-
wendete loß zu werden, hatte ich das Glük die Bande
zu zerreissen und die Pflökgen herauszuwinden, womit
sie meinen linken Arm an die Erde befestigt hatten;
denn da ich es einmal so weit gebracht, daß ich ihn
wenigstens mir vors Gesicht halten konnte, so sah ich
die Erfindung, wodurch sie mich in diesen Stand gesezet; und zugleich machte ich eine starke Bewegung,
den Kopf frey zu bekommen, welche mich zwar heftig
schmerzte; doch aber die Würkung hatte, daß die Be-
festigung meiner Haare auf der linken Seite etwan
zween Daumen breit nachgab, und mir Raum ließ, den
Kopf ein wenig herumzudrehen. Die kleinen Männergen
aber flohen jezt zum zweyten mal davon, ohne daß ich
einen derselben erhaschen konnte. Worauf ein starkes
Jubelgeschrey in einem sehr hellen Accente erfolgte.
Nachdem dieses aufgehört, hörte ich einen mit lauter
Stimme ausrufen: Tolgo Phonac; und kaum waren
diese Worte ausgesprochen, so empfand ich mehr als
hundert Pfeile, die sie auf meine linke Hand abgeschossen, und die mich ungefehr auf eben die Art stachen,
wie etwan so viele Nadeln hätten thun können. Sie

schossen noch ein mal, jezt aber in die Luft, so wie wir
die Bomben in Europa zu werfen pflegen, da mir
denn, wie ich glaube, ob ich es gleich nicht gefühlet,
eine Menge Pfeile auf den Leib herunter fielen, etliche
aber mich ins Gesicht trafen, welches ich doch bald mit
der linken Hand bedekte. Als dieser Hagel von Pfeilen
aufgehöret, sieng ich jämmerlich zu seufzen an, und da
ich mich von neuem loßzukommen bemühete, mußte ich
noch eine stärkere Salve als die vorige aushalten, und
einige unter ihnen wollten mich mit Spiessen durch die
Seite stechen; zum Glük aber hatte ich ein ledernes
Wammes an, welches sie nicht durchbohren mochten.
Bey diesen Umständen hielt ich für das Beste, mich
stille zu halten, und so die Nacht zu erwarten, da ich
denn, weil ich den linken Arm bereits frey hatte, mich
schon vollends loß würken wollte; und was die Einwohner betraf, so dürfte ich mir wol zutrauen, daß ich
auch der grösten Armee, die sie wider mich aufbringen
könnten, gewachsen seyn würde, dafern sie alle nicht
grösser wären, als diese. Allein das Schiksal hatte es
anders beschlossen. Wie sie sahen, daß ich mich stille
hielt, hörten sie auf zu schiessen; aus dem Geräusche
aber, so ich vernahm, konnte ich merken, daß ihre
Anzahl sich vermehrete; und ungefehr vier Ruthen weit,
meinem rechten Ohre gerade über, hörte ich länger,
als eine Stunde, ein Geklopf, wie wenn man etwas
bauet. Ich drehete den Kopf, so gut ich konnte, nach
dieser Seite zu, und erblikte ein Gerüst, ungefehr
anderthalb Fuß hoch, mit zwo oder drey Leitern versehen, um hinaufzusteigen, und worauf etwann vier
solcher Männergen Plaz haben konnten. Von dannen
hielt einer, so sich darauf befand, und welcher mir

B 2   eine

eine vornehme Standesperson zu seyn schien, eine lange
Rede an mich, wovon ich nicht eine Sylbe verstand.
Ich habe vergessen zu sagen, daß dieser Grosse, ehe er
seine Rede angefangen, zu dreyen malen ausgerufen:
Langro Dehul san; (diese und andre Worte, so ich erwehnet, sind mir nach der Zeit erkläret worden;) worauf den Augenblik ihrer mehr als fünfzig herbeykamen,
und die Strike, womit mir der Kopf auf der linken
Seite befestiget war, entzwey schnitten, welches mir
die Bequemlichkeit verschafte, mich zur Rechten zu kehren und den Redner wol ins Auge zu fassen. Er schien
mir ein Mann in seinen besten Jahren, und länger als
die drey andern zu seyn, die bey ihm standen. Unter
diesen befand sich ein Page, der ihm die Schleppe
hielt, und der mir etwas grösser als mein mittelster
Finger vorkam; die andern beyden aber standen ihm
zur Seite, daß er sich auf sie lehnen konnte. Er that
alles, was ein geschikter Redner thun muß; und ich
konnte merken, daß er bald drohete, bald versprach,
bald Mitleiden, bald andre Affecte zu erregen suchte.
Ich antwortete mit wenig Worten, dabey aber mit
den demüthigsten Geberden, hub meine linke Hand und
meine Augen gegen die Sonne, als ob ich sie zum
Zeugen anriefe; und weil ich vor Hunger schmachtete,
indem ich von der Zeit an, da ich aus dem Schiffe
gesprungen, und noch einige Stunden zuvor, nichts
gegessen hatte, so konnte ich mich nicht enthalten, ihm
mein Verlangen dadurch anzudeuten, daß ich den Finger öfters in den Mund stekte, obschon solches mit den
Regeln der Wolanständigkeit vielleicht nicht allzuwol
übereinkam. Der Hurgo (denn so heissen sie einen
grossen Herrn, wie ich hernach gelernet) verstand
meine

meine Meynung sehr gut, stieg vom Gerüste herunter,
und befahl, daß man verschiedene Leitern an meine
Seite anlehnen sollte; worauf ihrer mehr als hundert
heranstiegen, und mit Körbgen voll Speisen beladen
den Weg vollends bis für meinen Mund machten; angesehen der König hiefür gesorget, und die Speisen her-
beyzuschaffen befohlen hatte, so bald er etwas von mir
gehöret. Ich sah wol, daß es Fleisch von allerley Thieren wäre; konnte es aber durch den Geschmak nicht
unterscheiden. Es waren Schultern, Keulen, Rüken-
stüke, wie von Schafen, und dabey sehr wol zugerichtet, aber kleiner als Viertelchen einer Lerche. Aus
zweyen oder dreyen machte ich einen Bissen, und schob
allemal drey ganze Brode mit einmal hinein, deren jedes ungefehr von der Grösse einer Musqueten-Kugel war.
Sie brachten so viel Speise herbey, als sie nur hatten,
und gaben ihre Verwunderung und Erstaunung über
meine Grösse, und über meinen Appetit, auf tausenderley
Weise zu verstehen. Hierauf gab ich ein andres Zeichen, daß ich gern trinken wollte. Sie schlossen, nach
dem was ich gegessen, würde nur etwas weniges von
Getränke nicht genug für mich seyn; und da es eine
sehr sinnreiche Nation ist, so wanden sie eines ihrer
grösten Fässer mir erst auf den Leib, rollten es hernach
mir oben vor den Mund, und schlugen ihm den Boden aus. Ich leerte es in einem Zuge aus; und das
kostete mir eben nicht viel Mühe, indem es kaum ein
halbes Mössel hielt; das Getränk aber schmekte
wie ein leichter Burgunder Wein; nur daß es viel
angenehmer war. Sie brachten mir noch ein Faß,
welchem ich eben die Ehre anthat, und gab ein Zeichen, daß ich noch wol mehrere haben möchte; allein
es war keines mehr vorhanden.

B 3   Nachdem

Nachdem ich diese Wunderwerke verrichtet, machten
sie ein lautes Freudengeschrey, danzten auf meinem Leibe
herum, und wiederholten die oben gedachte Worte, Hekinah Degul, zum öftern. Hierauf gaben sie mir zu
verstehen, ich möchte die beyden Fässer auf die Erde
werfen; warnten aber vorher die, so unten standen,
daß sie sich auf die Seite begeben möchten, indem sie
ihnen zuriefen: Borach Mevola. Ich that es; und als
sie die Fässer in freyer Luft sahen, ertönete ein allgemeines Hekinah Degul. Ich gestehe, daß indem sie
mir so auf dem Leibe herum spazierten, mir mehr als
ein mal die Lust angekommen, ihrer ein Vierzig oder
Fünfzig, die mir am nächsten kamen, zu erhaschen und
wider den Boden zu werfen. Allein die Betrachtung,
daß dasjenige, was ich bisher erlitten, wol nicht das
ärgste seyn dürfte, so sie mir thun könnten, und das
Wort, so ich von mir gegeben, ihnen nichts Leids zu
zufügen; denn so erklärte ich meine demüthige Geber-
dung gegen sie; löschte diese unzeitige Begierde bald
wieder bey mir aus; zumal da ich mich nunmehr auch
durch die Geseze des Gastrechts dieser Nation verbunden hielt, als welche mich mit dem größten Aufwande
so kostbar bewirthet hatte.

Inzwischen konnte ich die Unerschrokenheit dieser kleinen Mäuse von Menschen nicht genugsam bewundern,
welche zu einer Zeit, da ich die eine meiner Hände
wieder frey hatte, es wagen dürsten, auf dem Cörper
einer so ungeheuern Creatur, als ich ihnen vorkommen
mußte, herum zu klettern und hin und wieder zu laufen.
Einige Zeit hernach, da sie sahen, daß ich nicht weiter
zu essen foderte, erschien eine vornehme Person, welche
Se. Kayserl. Majestät abgeordnet hatten, vor mir.
Se. Excellenz waren zuunterst an meinem rechten Fuße
hinaufgestiegen, und näherten sich mit einem Gefolge

von

von zwölf Personen bis vor mein Gesichte.   So gleich
wies mir dieser Herr sein Credenz-Schreiben unter dem
Kayserlichen Innsigel, und hielt mir es ganz nahe vor
die Augen, redete ungefehr zehn Minuten lange, zwar
ohne die geringsten Zeichen von Zorn, dabey aber mit
einer vollkommnen Entschlossenheit, und deutete, indem er
redete, öfters mit dem Finger nach einer gewissen
Gegend, wodurch er (wie ich nachhin erfahren) die
Hauptstadt anzeigen wollte, welche ungefehr eine halbe
Meile davon lag, und wohin Se. Kayserl. Majestät,
nachdem Sie geheimen Rath versammlet, beschlossen
hatten, mich bringen zu lassen.   Meine Antwort war
kurz; aber von keinem Nuzen.   Ich gab also mit der
Hand, die ich frey hatte, ein Zeichen, daß ich gern
meiner Bande entlediget seyn möchte, indem ich dieselbe
sorgfältig über den Kopf Se. Excellenz hinhub, damit
ich ihm und seinem Gefolge ja keinen Schaden zufügte,
und sie auf meine andere Hand, hernach auf den Kopf
und auf den Leib legte.   Er verstand meine Meynung
ganz gut, denn er schüttelte den Kopf, wie wenn man
etwas mißbilliget, und machte mit der Hand eine Ge-
berde, die mir zu verstehen gab, ich sollte als ein Gefangener weggeführet werden: zugleich aber bedeutete
er mir durch andre Zeichen, daß es mir an Essen und
Trinken nicht fehlen sollte, und daß ich überhaupt sehr
gut würde gehalten werden.   Hierauf that ich noch einen
Versuch, meine Bande zu zerreissen. Allein da so gleich
wieder ein Regen von Pfeilen auf meine Hand und das
Gesicht zugeflogen kam, welche mich nicht wenig
schmerzeten, indem diese beyden Theile davon ganz
aufschwollen, und viele derselben steken blieben, ich
auch über das merkte, daß die Anzahl meiner Feinde
immer stärker ward, so bedeutete ich ihnen, daß sie mit
mir machen möchten, was sie gern wollten; worauf
der Hurgo und sein Gefolge sich sehr vergnügt und mit

B 4

vieler

vieler Höflichkeit wegbegaben: Nicht lange, so hörte ich
ein abermaliges Freudengeschrey, dabey sie öfters die Worte
wiederholten: Peplom Selan, und ward zugleich gewahr,
daß ihrer viele mit die Strike auf der linken Seite so weit
loß machten, daß ich mich auf die rechte wenden, und
mir selbst helfen konnte, mein Wasser zu lassen; welches ich auch in Ueberfluße zu größtem Erstaunen des
Volkes verrichtete, das aus der Bewegung, so ich
mir gab, merkete was ich thun wollte, und so gleich von
dieser Seite rechts und links eine Oeffnung machte,
den Strom durchzulassen, der mit solchem Getöse und
und heftiger Gewalt sich von mir ergoß. Zuvor aber
hatten sie mir noch die Hände und das Gesicht mit einer
gewissen Salbe bestrichen, die einen sehr lieblichen Geruch hatte, und mir in wenig Minuten die Empfindung
des Schmerzens, die ihre Pfeile mir verursachet hatten,
gänzlich benahm. Alle diese Begegnisse, und die ge-
nossene Malzeit, welche sehr nahrhaft war, machten
mich schläfrig. Ich schlief, wie sie mir hernach gesagt,
ungefehr acht Stunden lang, worüber sich eben nicht zu
verwundern, angesehen die Aerzte des Kaysers mir
etwas Schlafbringendes in die Weinfässer gemischet
hatten.

Es ist zu vermuthen, daß alles was man bißher mit
mir vorgenommen, zuvor wol überleget gewesen sey:
Sonder Zweifel wird der Kayser, den Augenblik da man
mich im Grase schlafend gefunden, durch einen Expressen
Nachricht hievon erhalten, den geheimen Rath versam-
melt, und beschlossen haben, daß man mich auf oben
gedachte Weise, in der Nacht und weil ich schliefe,
binden, eine Menge von Speisen und Getränke an den
Ort hinbringen, und ferner eine Maschine verfertigen
sollte, worauf ich nach der Residenz gebracht werden
möchte.

Dieser

Dieſer Entſchluß möchte zwar vielen ſehr gefährlich und
verwegen ſcheinen, und ich bin verſichert, daß kein
Prinz in Europa bey dergleichen Gelegenheit es eben
ſo machen würde.   Indeſſen war es nach meinem Be-
dunken ſehr weißlich und großmüthig gehandelt; denn
geſezt, dieſe Leute hätten ſich bemühet mit ihren Spieſſen
und Pfeilen mich im Schlafe umzubringen, ſo würde die
erſte Empfindung von Schmerzen unfehlbar mich aufgeweket, und ich in der Wuth vielleicht wol ſo viel
Kräfte gehabt haben, die Strike womit ich gebunden
war, zu zerreiſſen, da ſie denn nicht allein mir weiter
keinen Widerſtand hätten thun mögen, ſondern auch
keine Hoffnung der Gnade für ſie übrig geblieben wäre.

Doch ich fahre in der Geſchichte fort: Die Einwohner dieſes Landes ſind vortrefliche Mathematiker, und
haben es unter der Begünſtigung und Aufmunterung des
Kayſers, der ein groſſer Beſchüzer der Wiſſenſchaften
iſt, beſonders in der Mechanik, ſehr weit gebracht.
Dieſer Prinz hat viele Maſchinen, die ſich auf Rädern
bewegen, um Bäume und andere ſchwere Laſten fort-
zubringen.   Er läßt öfters ſeine gröſten Kriegsſchiffe,
deren einige bis neun Fuß lange ſind, gleich im Walde
bauen, wo das Holz dazu wächst, von dannen ſie hernach
auf dieſen Maſchinen bis an die See geführet werden,
welche zuweilen drey bis vierhundert Ruthen davon
entfernet iſt.   So gleich nun hatten fünfhundert Zim-
merleute und andere Werkmeiſter Befehl bekommen, das
allergröſte Fuhrwerk, ſo ſie haben, für mich zuzurüſten:
Dieſes war eine hölzerne Maſchine, ungefehr drey Zolle
hoch, ſieben Fuß lang und vier breit, die ſich auf zwey
und zwanzig Rädern bewegte; und das Freudengeſchrey,
deſſen ich vorhin erwehnet, betraf eben die Ankunft
dieſer Maſchine, welche allem Anſehen nach, gleich vier
Stunden, nachdem ich ans Land geſtiegen war, ab-

B 5   fuhr.

fuhr.   Man hatte sie in gerader Linie neben meinem Kör-
per hingebracht: Die Hauptschwierigkeit aber war, mich
aufzuheben,   und auf dieses Fuhrwerk zu bringen:
Achtzig Stangen, deren jede einen Fuß hoch war, wurden dazu aufgerichtet, und die stärksten Seile, so sie
hatten, von der Dike eines Bindfadens, wurden mit
Haken an das Bindwerk feste gemachet, welches sie mir
um den Hals, um die Arme, den Leib und die Beine
geschlagen hatten.   Neunhundert der stärksten zogen
sodenn an diesen Seilen, die über Rollen giengen, welche an den Stangen feste gemacht waren, und so brachten sie mich in weniger dann drey Stunden Zeit auf die
Maschine, wo sie mich wiederum fest banden.   Alles
dieses ward mir erst hernach erzehlet, denn der Schlaf-
trunk, den sie mir beygebracht, machte, daß ich während der ganzen Operation nicht das geringste davon
fühlete.

Nunmehro wurden fünfzehnhundert der stärksten
Pferde des Kaysers, jedes vier und einen halben Daumen hoch, angespannet, mich nach der Hauptstadt fort-
zuziehen, die, wie ich schon gemeldet, ungefehr eine
halbe Meile weit entfernet war.   Wir mochten nun
ungefehr vier Stunden unterweges gewesen seyn, als
ich durch einen lächerlichen Zufall aufwachte: Man
hatte mit dem Fuhrwerke eine Weile stille halten müßen,
um etwas daran zu verbeßern; bey dieser Gelegenheit kam einige junge Herrchen der Vorwiz an, zu
sehen, was für eine Mine ich machte, wenn ich schlieffe.
Sie kletterten also auf die Maschine hinauf, und da sie
sich gar sachte bis vor mein Gesichte genähert, stekte
mir einer (es war ein Officier von der Garde) die
Spize seines Spontons zimlich weit in das linke Na-
senloch hinauf, welches mich ungefehr wie ein Strohhalm kizelte, und verursachte, daß ich heftig niesen
mußte,

mußte, worauf ſie ſich eilends davon ſchlichen, ohne
daß ich ihrer gewahr ward; wie ich denn würklich erſt
drey Wochen hernach die Urſache dieſes gählingen Auf-
wachens erfuhr. Das übrige des Tages legten wir noch
eine gute Strefe zurüf, und ich brachte die Nacht unter Bewachung von fünfhundert Mann auf jeder Seite
zu; deren die eine Helfte Fakeln, die andere aber Bogen und Pfeile bereit hielten, um auf mich loszuzie-
hen, ſo bald ich die geringſte Bewegung machen ſollte,
mich in Freyheit zu ſezen: Den folgenden Morgen mit
Aufgang der Sonne ſezten wir unſere Reiſe fort, und
langten des Mittags an einem Orte an, der von der
Stadt noch etwan zweyhundert Ruthen entfernet war.
Dahin kam der Kayſer in Begleite ſeiner ganzen Hofſtatt
uns entgegen; Seine Miniſter aber wollten durchaus
nicht zugeben, daß Se. Majeſtät auf mich hinanſteigen,
und ſo Dero allerhöchſte Perſon in Gefahr ſezen ſollten.

An dem Orte, wo unſer Fuhrwerk ſtille hielt, ſtand
ein alter Tempel, der für den größten im ganzen Reiche
gehalten wird; weil aber vor einigen Jahren ein un-
natürlicher Mord darinn begangen worden, ſo ward er,
nach dem Eifer dieſes Volkes, für entweihet gehalten, aller
Zierrathen beraubet, und von derſelben Zeit an nur zu
weltlichen Sachen gebraucht. In dieſem Gebäude nun
ſollte ich mein Quartier haben. Die groſſe Pforte deſſelben, welche gegen Norden zu lag, war ungefehr vier
Fuß hoch, und meiſtens zween breit, alſo daß ich leichtlich hineinkriechen konnte. An jeder Seite der Pforte
war ein kleines Fenſterchen nicht über ſechs Zoll von der
Erde. Und durch das auf der linken Seite, ſtekte der
Hofſchmied ein und neunzig Ketten, ungefehr wie die,
ſo das Frauenzimmer in Europa an den Taſchenuh-
ren trägt, ein, welche mit ſechs und dreißig Vorlage-
Schlöſſern an mein linkes Bein feſte gemachet wurden.

Zwanzig

Zwanzig Fuß weit, dem Tempel gerade gegen über,
auf der andern Seite der Heerstraße, stand ein Thurm,
der zum wenigsten fünf Fuß hoch war; auf diesen hatte
sich der Kayser mit einem grossen Gefolge der vornehmsten
Hofleute begeben, um mich von daher (wie man mir
nachhin erzehlet, denn sehen könnte ich sie nicht,) bequem zu betrachten. Man rechnet, daß mehr als hundert tausend Personen in eben dieser Absicht aus der Stadt
heraus gekommen waren, und ich glaube, daß alles
Abwehrens von der Wache ungeachtet, ihrer mehr als
zehn tausend nach und nach, auf Leitern auf mich her-
aufgestiegen: Es ward aber bald ein Befehl ausge-
ruffen, daß solches bey Lebensstrafe verbotten seyn sollte:
Nachdem endlich die Werkmeister glaubten, daß ich mich
unmöglich loß reissen konnte, zerschnitten sie alle die
Strike, womit ich an das Fuhrwerk gebunden war;
worauf ich denn höchstverdrüßlich, und so übel aufgeräumt als ich Zeit Lebens nicht gewesen, aufstand;
Das Getümmel und Erstaunen des Volkes, da es mich
aufstehen, und hin und wieder gehen sah, war unbeschreiblich. Die Ketten, woran sie meinen linken Fuß
gefesselt hatten, waren ungefehr zwo Ruthen lange, und
erlaubten mir so, nicht nur in einem halben Zirkel vor-
und rükwerts herum zu spazieren, sondern da sie vier
Zoll weit inner der Pforte feste gemachet waren, so
konnte ich auch nach Belieben in den Tempel hineinkriechen, und mich da der Länge nach auf den Boden
niederlegen.

Das

Das zweyte Capitel.

Der Kayser von Lilliput kömmt in Begleit vieler
vornehmen Standespersonen den Verfasser zu
besuchen. Beschreibung der Person und der
Kleidung des Kaysers. Einige Gelehrte werden befehligt, den Verfasser in der Landes-Sprache zu unterweisen. Er machet sich durch seine
Freundlichkeit beliebt. Man durchsuchet seine
Taschen, und nimmt ihm Degen und Pistolen.

Nachdem ich mich einmal wieder auf meinen Füssen befand, schaute ich überall herum; und ich muß
bekennen, daß mir niemals ein angenehmerer Prospect
zu Gesichte gekommen. Die ganze Gegend schien nur
ein einziger Garten zu seyn, und die darauf abge-
theilten Felder, welche insgemein vierzig Fuß ins Gevierte haben möchten, kamen mir vor als so viele Blu-
menbetten. Diese Felder waren mit Wäldern, ungefehr
einer halben Lanze hoch, untermenget, worinnen die
höchsten Bäume, so viel ich urtheilen konnte, bis auf
sieben Fuß aufgeschossen waren. Zur Linken erblikte ich
die Hauptstadt, die ungefehr aussah, wie die Städte,
so man auf einer Schaubühne gemahlet vorstellt.

Ich ward schon einige Stunden von einer gewissen
Noth aufs äusserste gedrängt; worüber sich nicht zu verwundern, indem ich zween ganzer Tage lang mich nicht
hatte entladen können. Schambaftigkeit und Noth sezten
mich in keine geringe Verlegenheit. Das beste Mittel so
ich erfinden konnte, war, in mein Haus zu kriechen;
ich that solches, machte die Thüre hinter mir zu, gieng

so

so weit als meine Ketten gestatteten fort, und befreyte
mich da von dieser beschwerlichen Last. Es ist dieses
das einzige mal in meinem Leben, daß ich mir eine
solche Unreinlichkeit vorzuwerfen habe, wofür ich jedennoch von jedem billigen Leser Verzeihung zu erhalten
hoffe, wenn er die Umstände und die Verlegenheit, worinnen ich mich befand, unparteyisch betrachten will.
Nach der Zeit verrichtete ich eben diese Sache, so bald
ich aufstand, beständig unter freyem Himmel, so weit
von meinem Hause weg, als mir die Ketten erlaubten;
da denn alle Morgen, ehe mich noch jemand besuchte, zween
Knechte kommen, und auf Schubkarren wegschaffen mußten,
was dem Gesicht und Geruche anstößig war. Ich würde
mich indessen über einen dem Ansehen nach so wenig
wichtigen Umstand nicht aufgehalten haben, wenn ich
nicht für nöthig gehalten hätte, mich in Ansehung meiner Reinlichkeit zu vertheidigen, als welche, wie ich
vernommen, einige Mißgünstige bey dieser und andern
Gelegenheiten in Zweifel ziehen wollen.

Nachdem diese Verrichtung vorbey war, begab ich
mich wieder außer mein Haus, um frische Luft zu schöpfen Der Kayser war schon von dem Thurme herunter,
gestiegen, und näherte sich mir zu Pferde, welches ihm
aber bey nahe theuer zustehen gekommen wäre. Denn
das Thiergen, welches sonst sehr wol abgerichtet, aber
gar nicht gewohnt war, dergleichen bewegliche Gebürge
zu sehen, als ich ihm vorkommen mußte; fieng an zu
schnauben, und sich in die Höhe zu bäumen. Jedoch der
Kayser, als ein vollkommen guter Reuter, hielt sich
fest im Sattel, bis seine Leute herzueilten, und das
Pferd beym Zügel kriegten, worauf er von selbigem
herunter stieg. Nachdem er den Fuß zur Erde gesezet,
betrachtete er mich von allen Seiten mit grosser Verwunderung, hielt sich aber ausser dem Bezirk meiner
Ketten.

Ketten. Er gab seinen Küchen = und Kellermeistern, die würklich schon alles in Bereitschaft hielten, Befehl, daß sie mir zu essen und zu trinken darbringen sollten; welches sie thaten, indem sie die für mich zubereiteten Gerichte auf einer Art Wagen vor sich hinschoben, biß ich sie mit den Händen erlangen konnte. Ich ergriff so denn diese Wagen, und machte sie in kurzer Zeit alle leer. Fünfzig derselben waren mit Speisen, und zehn mit Getränke beladen, davon die erstern jeder etwan zween oder drey gute Mundbissen führeten, und das Getränke von zehn Fässern, welches in verschiedenen irrdenen Krüglein auf den Wagen enthalten war, leerete ich so, daß ich jedes derselben auf einen Zug austrank, biß ich mit allen zehn Wagen fertig war.

Die Kayserin und die jungen Prinzen und Prinzeßinnen vom Geblüte, welche eine Menge Hofdamen bey sich hatten, saßen zuerst etwas entfernt auf Lehnstühlen; wie sie aber den Zufall sahen, so dem Kayser mit dem Pferde begegnet, standen sie auf, und versammelten sich alle um ihn her. Man vernehme aber, wie dieser Prinz außsiehet:

Er ist beynahe eines Nagels breit länger, als alle andere an seinem Hofe; welches schon allein genug ist, ihm bey jedermann, der ihn ansiehet, Respect zu erweken. Er hat eine starke und männliche Gesichtsbildung, grosse Lippen, eine Habichts = Nase, und die Farbe des Gesichtes gleichet Oliven. Er trägt sich aufrecht; sein Leib und seine Glidmassen sind wol proportioniert; alle seine Bewegungen macht er mit Anstand, und sein Gang ist majestätisch. Er hatte damals den Lenz seiner Jahre überlebet, und war acht und zwanzig Jahre und etliche Monate alt, wovon er sieben Jahre in erwünschter Glükseligkeit, und meistens sieghaft,

regieret

regieret hatte. Um ihn desto bequemer zu betrachten, legte ich mich auf den Boden nieder, so daß ich den Kopf, in einer Entfernung von drey Ruthen, seinem Leib gerade gegen über hielt. Doch man darf an der Richtigkeit meiner Beschreibung desto weniger zweifeln, weil ich ihn nachher öfters auf meiner Hand hatte. Seine Kleidung war einfärbigt, ohne Pracht; und die Tracht eine Mittelgattung zwischen der Asiatischen und Europäischen; auf dem Haupt aber trug er einen leichten güldnen Helm mit Juwelen, der oben mit einer Feder gezieret war. Er führte den bloßen Degen in der Faust, um sich zu wehren, wenn ich mich etwann los reißen würde. Derselbe war beynahe drey Zoll lang, die Scheide und das Gefäß von Golde, reich mit Diamanten verset. Seine Stimme war klein, aber hell und vernehmlich, so daß ich ihn, wenn ich stand, deutlich hören konnte. Die Damen und Hofleute waren alle aufs prächtigste gekleidet, so daß die Gegend, wo sie standen, einem ausgebreiteten und mit allerhand Figuren von Gold und Silber gestiften Frauenzimmer-Unterröke glich. Seine Kayserl. Majestät hatten öfters die Gnade mich anzureden; worauf ich iedes mal antwortete; aber vergebens. Wir verstanden einander nicht eine Sylbe. Es befanden sich verschiedene Priester und Rechtsgelehrte (so viel ich aus ihrer Kleidung muthmassen konnte) mit zugegen. Diese bekamen Befehl, sich mit mir einzulassen. Ich redete so viele Sprachen zu ihnen, als ich nur wußte, oder wovon ich auch nur das geringste gelernet hatte, als deutsch, holländisch, latein, französisch, spanisch, italiänisch, und die so genannte Franksprache. Aber alles umsonst. Ungefehr nach zwey Stunden begab sich der Hof wieder zurük; und man ließ eine starke Wache bey mir, allem Muthwillen und besorglicher Bosheit des Pöbels vorzubiegen, der vor Begierde, mir näher

zu kommen, faſt raſend war, und worunter einige die
Verwegenheit hatten, da ich vor der Thüre meines
Hauſes auf dem Boden ſaß, ihre Pfeile auf mich ab-
zuſchieſſen, deren einer mich bald um mein Leibes-Aug
gebracht hätte. Allein der Obriſt von der Wache ließ
ſo gleich ſechſe der erſten Anfänger beym Kopf nehmen,
und glaubte, die angemeſſenſte Strafe dieſer Freß-e
wäre, daß er ſie mir gebunden in die Hände lieferte,
welches denn durch die Soldaten geſchah, indem ſie
dieſelben mit ihren Spieſſen ſo weit zu mir hintrieben,
daß ich ſie erlangen konnte. Ich ergrif ſie alle mit
einer Hande; ſtekte fünfe davon in meine Rok-Taſche,
und gegen den ſechſten ſtellte ich mich an, als wollte
ich ihn lebendig freſſen. Der arme Schelm fieng an,
ganz jämmerlich zu ſchreyen; und der Obriſt ſamt ſeinen übrigen Officieren waren in groſſen Aengſten, inſonderheit da ſie ſahen, daß ich mein Federmeſſer her-
vorlangete. Jedoch ich quälete ſie nicht lange, ſondern
nachdem ich eine freundliche Mine angenommen, und
ſo gleich die Strike, womit er gebunden war, zerſchnit-
ten hatte, ſezte ich ihn ganz ſanft auf die Erde nieder, worauf er über Kopf und Hals davon ſprang.
Und eben ſo verfuhr ich auch mit den übrigen, nachdem ich einen nach dem andern aus meiner Taſche her-
vorgelanget hatte. Ich merkte, daß beydes die Soldaten und das Volk von dieſem meinem gnädigen Bezeigen
ganz eingenommen wurden, wie ſolches denn auch auf
die allervortheilhafteſte Weiſe für mich bey Hofe wieder
erzehlet ward.

Mit anbrechender Nacht kroch ich in mein Häusgen,
und ſchlief da auf dem harten Boden. Mit dieſem Lager mußte ich vierzehn Tage lang vorlieb nehmen, bin-

V. Theil. C nen

nen welcher Zeit aber der Kayſer Befehl gab, mir ein
Beth zu verſchaffen.   Sechs hundert Bethen von ordentlicher Gröſſe, wie ſie ſolche hatten, wurden auf
Wagen herbeygeführt, und in meinem Hauſe zubereitet.
Hundert und fünfzig derſelben, die ſie zuſammennäheten,
machten die Länge und Breite des meinen aus; und
legten ſie vierfach über einander, deſſen ungeachtet es
aber beynahe eins und eben daſſelbe blieb, ob ich auf
dem harten Boden, der mit glatten Steinen gepflaſtert
war, oder auf dieſem Beth ſchlief.   Eben dieſes Maaß
beobachteten ſie auch mit den Bethtüchern und Deken;
Gut genug für einen, der ſchon ſo lange abgehärtet
war!

So bald die Zeitung von meiner Ankunft in dem
Königreiche erſchallen, fand ſich eine unzehlbare Menge
reicher, müſſiger und neugieriger Leute bey mir ein,
mich zu ſehen, ſo daß die Dörfer meiſt leer blieben,
und der Akerbau und die Hauswirthſchaft nothwendig
gar ſehr würde vernachläſſiget worden ſeyn, wenn Se.
Kayſerl. Majeſtät dieſer Unordnung durch verſchiedene
öffentliche Mandaten und Verordnungen nicht geſteuert
hätten.   Es ward nemlich befohlen, daß die, ſo mich
bereits geſehen hätten, wieder nach Hauſe kehren, und
ſich nicht unterſtehen ſollten, meiner Wohnung bis auf
fünfzig Ruthen, ohne ausdrükliche Erlaubnis vom Hofe,
zu nähern, welches denn denen Staats-Secretarien
nicht geringe Geld-Summen in den Beutel jagte.

Binnen dieſer Zeit hielt der Kayſer öfters Rath,
was man mit mir anfangen ſollte; und wie ich hernach
von einem meiner Freunde (dieſer war ein vornehmer
Herr, und der überall dafür angeſehen war, daß er
von denen Staats-Geheimniſſen ſo gute Kenntnis hätte,
als irgend einer) vernommen, ſo befand ſich der Hof
in

in Ansehung meiner eben nicht in geringer Verlegenheit.
Man befürchtete, ich möchte mich wol endlich los reif-
sen, oder mein kostbarer Unterhalt würde zuletzt eine
Hungers-Noth verursachen. Zuweilen faßte man den Entschluß mich verhungern zu lassen, oder zum wenigsten
mir Gesicht und Hände mit vergifteten Pfeilen zu verwunden, welches mich bald in die andre Welt befördern
würde; aber denn überlegten sie wieder, daß der Gestank von einem so grossen Cörper die Pest in die Stadt
bringen, und diese sich leicht in das ganze Reich ver-
breiten möchte. Mitten unter diesen Berathschlagungen
hatten sich unterschiedene Officiere vor dem geheimen
Rathszimmer gemeldet, wovon zweene, welche man
vorgelassen, die Nachricht von meinem Betragen gegen
die sechs oben gemeldeten Missethäter überbrachten, welches denn bey dem Kayser und dem ganzen Rath eine
so gute Würkung für mich that, daß alle Dörfer, bey
neun hundert Ruthen um die Stadt herum, Befehl bekamen, jeden Morgen sechs Ochsen, vierzig Schaafe
und andre Lebensmittel, ingleichen Wein und anders
Getränk nach Proportion zu meinem Unterhalte zu liefern; wofür ihnen die Bezahlung in der kayserlichen
Schatzkammer angewiesen ward. Denn es ist zu wissen, daß dieser Prinz meistens von den Einkünften seiner Kammer-Güter lebt, und nur selten anders als bey
vorfallenden wichtigen Umständen Schatzungen von seinen
Unterthanen fodert, die ihm aber auch hingegen auf ihre
eignen Kosten Kriegs-Dienste thun müssen. Ferner ward
mir eine Hofstadt von sechs hundert Personen, die mir zur
Aufwart seyn sollte, zugeordnet, welchen der Kayser
das Kostgeld reichen, und ihnen zu beyden Seiten meiner Hausthüre gar bequeme Zelten aufschlagen ließ.
Ueber das ward befohlen, daß drey hundert Schneider
mir eine völlige Kleidung von Fuß auf, nach der Mode
des Landes verfertigen; daß ferner sechs der gelehrtesten

C 2　　　　Männer

Männer im ganzen Reiche mich die Landes-Sprache
lehren; und endlich, daß die Pferde von Sr. Majestät
Leib-Garde so-wol als auch die Pferde der Edelleute
öfters vor mir sollten getaumelt werden, damit sie meiner gewöhnet würden. Alle diese Befehle wurden pünct-
lich bewerkstelliget; und in einer Frist von ungefehr drey
Wochen war ich in Erlernung ihrer Sprache schon
ziemlich weit gekommen, binnen welcher Zeit der Kayser mich öfters mit seinen Besuchen beehrte, und meinen Lehrmeistern in ihrem Unterrichte öfers behülflich
zu seyn beliebte. Wir fiengen schon an, eine Art Con-
versation unter einander zu halten, und die ersten
Worte, so ich gelernet, brauchte ich mein Verlangen
auszudruken, daß es Sr. Majestät gefallen möchte,
mich wieder in Freyheit zu sezen, welche Bitte ich gegen ihn alle Tage auf den Knien wiederholete. Seine
Antwort, so viel ich begreifen konnte, war, daß solches eine Sache sey, die Zeit erfodere, als woran,
ohne daß seine Räthe es mit ihm gut fänden, nur nicht
zu gedenken wäre; und daß ich vor allen Dingen Lu-
mos Kelmin pesso desmar lon Emposo, das ist, ihm
und dem Reiche einen unverbrüchlichen Frieden schwören müßte. Inzwischen würde mir alles gutes wiederfahren; und wollte er mir gerathen haben, mir seine
und seiner Unterthanen Gewogenheit durch Geduld und
ein kluges Verhalten zu erwerben. Endlich bat er mich,
es nicht übel zu deuten, daß er einigen seiner Officiere
Befehl geben müssen mich zu visitieren, denn es
schiene, ob hätte ich einige Waffen bey mir, welche
höchst gefährlich seyn müßten, wenn sie mit meiner ungeheuern Gestalt übereinkämen. Ich versezte, daß ich
Sr. Majestät hierinn ein Genügen thun wolle, und bereit sey, mich auszuziehen und meine Schubsäke vor
seinen Augen umzukehren. Dieses gab ich halb mit
Worten und halb mit Geberden zu verstehen. Er antwortete,

wortete, daß nach den Reichs-Geſezen die Viſitation
von zween ſeiner Officiere müßte verrichtet werden; daß
er indeſſen wol müßte, wie ſolches ohne Einwilligung
und Hülfe nicht geſchehen könnte; daß er von meiner
Großmuth und Billigkeit gut genug dächte, mir ihre
Perſonen in die Hände anzuvertrauen; daß alles, ſo
ſie mir abnehmen würden, mir bey meiner Abreiſe aus
dem Lande wieder zugeſtellet, oder in dem Preiſe bezahlt werden ſollte, welchen ich ſelbſt darauf ſezen würde.
Hierauf nahm ich die beyden Herren Commiſſarien in
meine Hände, ſtekte ſie erſt in meine Rottaſchen, und
hernach in die andern alle, auſſer in meine beyden Ho-
ſenſäke und noch eine andere verborgene Taſche nicht,
worinn ſich einige Kleinigkeiten befanden, die niemandem als mir allein etwas nüze waren, und welche ich
deswegen nicht gern wollte durchſuchen laſſen: In der
einen Hoſenſile aber hatte ich eine ſilberne Uhr, und
in der andern einige wenige Goldſtüke in einem Beutelgen.   Dieſe Herren nun, welche Papier, Dinte und
Feder bey ſich hatten, machten ein genaues Verzeichnis
von allem, was ſie fanden; und nachdem ſie fertig
waren, baten ſie mich, ſie wieder auf die Erde nieder-
zuſezen, damit ſie ſolches dem Kayſer überliefern könnten.   Ich habe nach der Zeit dieſes Inventarium ins
Engliſche überſezt; und füge es hier bey.   Es lautet
von Wort zu Wort alſo:

Zuerſt, in der rechten Taſche des Ober-Rokes des
groſſen Mannes Berg (denn ſo überſeze ich die
Worte Quinbus Fleſtrin) fanden wir nach der aller-
genaueſten Durchſuchung weiter nichts als ein Stük
groben Zeuges; groß genug in dem räumlichſten
Saale des Pallaſtes Eurer Majeſtät für eine Fuß-

tapete

tapete zu dienen. In der linken Taſche ſahen wir
einen ungeheuer groſſen ſilbernen Kaſten mit ei=
nem Dekel von demſelben Metalle , welchen wir
(die Durchſucher) nicht aufzuheben vermochten.
Wir verlangten, daß er geöfnet würde ; und als
einer von uns hineingeſtiegen war, befand er ſich
bis mitten an die Schenkel in einer Art Staube,
davon einige Theile, ſo uns ins Geſichte flogen,
uns beyde oft nach einander nieſen gemacht. In
der rechten Taſche ſeiner Weſte trafen wir ein ent=
ſezlich groſſes Pak von dünnen weiſſen Subſtan=
zen an, die über einander geleget ſind ; zuſam=
men ſo dike als drey Männer, mit einem ſtarken
Seile gebunden, und mit ſchwarzen Figuren be=
zeichnet, welche wir (alleruntertbänigſt unſere
Meynung zu ſagen) für Schriften halten; und
wovon jeder Buchſtabe halb ſo groß als eine un=
ſerer Hände iſt. Ferner in der linken Taſche eine
Art Maſchine, von deren Rüken zwanzig lange
Pfäle fortgehen, denen Palliſaden vor Eurer Ma=
jeſtät Pallaſte nicht unähnlich; womit der Mann
Berg ſich muthmaßlich die Haare kämmet; denn
wir wollten ihm nicht immer mit Fragen beſchwer=
lich fallen, weil wir Mühe hatten, uns ihm ver=
ſtändlich zu machen. Zur Rechten in dem groſſen
Schubſake ſeines Mittelkleides (ſo gebe ich das
Wort Ranfu-Lo, wodurch ſie meine Hoſen andeuteten)
ſahen wir eine hole eiſerne Säule, ungefehr von
Mannes=Länge, und an ein ſtarkes Holz noch län=
ger als die Säule ſelbſt befeſtiget. An der Seite
dieſer Maſchine ragten noch andere angefügte
groſſe Stüke Eiſen von ſo ſeltſamer Figur hervor,
daß wir nicht wiſſen, was wir daraus machen
ſollen. Zur Linken noch eine ſolche Maſchine. In
der kleinen Taſche zur rechten Hande fanden wir
viele

viele und platte Stüke von weissen und röthlichten
Metallen verschiedener Grösse. Einige von dem
weissen Metalle, welches uns Silber zu seyn be-
dunkte, waren so groß und schwer, daß mein
Collega und ich sie kaum aufzuheben vermochten.
In der linken kleinern Tasche zwo andre schwarze
Säulen unregelmässiger Figur. Den Gipfel derselben mochten wir von dem Boden der Tasche,
wo wir standen, käumerlich erreichen. Eine dieser Säulen war bedekt, und schienen ganz aus einem Stüke zu bestehen. An dem obern Ende
aber der andern fand sich eine weisse runde Substanz, ungefehr zwey mal so groß als unsere Köpfe. Jede dieser Säulen enthielt ein ungeheures
Blech von Stahel, welche wir uns (zufolge unsrer Ordre) weisen liessen, weil wir besorgten, es
möchten schädliche Instrumente seyn. Er zog sie
aus ihren Gehäusen hervor, und sagte, daß er in
seinem Lande das eine gebrauchte, um sich den
Bart zu puzen, das andere aber die Speisen zu
zerschneiden. Es waren noch zwo Taschen, wo
wir nicht hineinkommen konnten. Diese nannte
er seine Fiken. Das waren zwo grosse oben in
sein Mittelkleid eingeschnittene Spalten, die aber
durch den Druk seines Bauches sehr enge zusam-
mengezwängt wurden. Aus der rechten Fike
hieng eine grosse silberne Kette heraus, an deren
Ende sich eine sehr wunderbare Maschine befand.
Wir verlangten, daß er dasjenige, so an dieser
Kette befestiget wäre, was es auch immer seyn
möchte, hervorziehen sollte. Er that es; da wir
denn sahen, daß es eine grosse Kugel wäre, halb
von Silber, und halb von einem gewissen durch-
sichtigen Metalle: denn da wir auf der durchsich-
tigen Seite einiger seltsamer in einem Circul auf-

C 4 gerissener

gerissener Figuren gewahr wurden, und solche betasten wollten, hielt diese durchsichtige Substanz
unsre Finger ab, daß wir nicht dazu kommen
konnten. Er hielt uns die Maschine vor die Ohren; sie machte ein unaufhörliches Getös, ungefehr wie das Getös einer Wassermühle; und wir
glauben, daß es entweder ein unbekanntes Thier,
oder der Gott seyn muß, den er anbetet. Diese
leztere Meynung dünket uns aber die wahrschein-
lichere zu seyn, weil er uns (wenn wir ihn anders recht verstanden, denn er drüket sich sehr un-
deutlich aus) selbst versichert hat, daß er selten etwas vornähme, ohne es Raths zu fragen. Er
nannte es sein Orakel, und sagte, daß es ihm die
Zeit einer jeden Verrichtung seines Lebens bezeich-
nete. Aus der linken Fike zog er ein Netz hervor,
groß genug, daß man sich dessen zum Fischen bedienen könnte. Es ließ sich aber auf und zuziehen, wie ein Schnurbeutel, wozu er es würklich
brauchte. Wir fanden darinn einige klumpichte
Stüke von einem gelblichten Metalle, welche,
wenn sie würklich ächtes Gold sind, von einem
unschäzbaren Werth seyn müssen.

Nachdem wir so, Eurer Majestät allergnädig-
stem Befehl zufolge, alle seine Taschen genau durchsucht hatten, bemerkten wir noch einen Gürtel um
seine Weste, der von der Haut eines ungeheuern
Thieres gemacht seyn muß. An der linken Seite
dieses Gürtels hieng ein Schwerdt, fünf Männer lang, und an der Rechten ein Sak oder Beutel, der in zwey Fächer abgetheilet war, in deren
jedem drey Eurer Majestät Unterthanen räumlich
Plaz hätten. In dem einen dieser Fächer befanden sich viele Ballen oder Kugeln von einem über-

aus

aus schweren Metalle, jede ungefehr von der Dike eines unserer Köpfe, und welche aufzuheben eine recht starke Hand erfodert wird. Das andere Fach enthielt eine Menge gewisser schwarzer Körner, die aber nicht sonderlich groß noch schwer waren, angesehen wir deren mehr als fünfzig in unster flachen Hand halten kounten.

Dieses ist das richtige Verzeichnis aller derjenigen Sachen, so wir bey dem Mann Berg gefunden haben, welcher sich übrigens ganz höflich gegen uns, und mit einer der Commißion Eurer Majestät gebürenden Ehrerbietung aufgeführet hat. Unterzeichnet und besiegelt, den vierten Tag des neun und achzigsten Monden Eurer Kayserlichen Majestät allerdurchlauchtigsten Regierung.

Clefrin Frelock, Marsi Frelock.

Nachdem man dem Kayser dieses Inventarium vorgelesen hatte, gab er mir, wiewol auf eine ganz höfliche Weise zu verstehen, daß ich alles überliefern sollte. Er foderte mir zuerst den Degen ab, welchen ich zusamt der Scheide und allem hervornahm: Zu gleicher Zeit hatte er befohlen, daß drey tausend seiner besten Völker, welche ihn damals begleiteten, mich umzingeln, und Bogen und Pfeile in Bereitschaft halten sollten. Ich war aber solches nicht gewahr, weil ich meine Augen allein auf den Kayser gerichtet hatte. Hierauf verlangte er, daß ich den Degen ausziehen möchte, welcher ob er schon von dem Seewasser an einigen Orten verrostet war, nichts destoweniger noch heftig blinkerte. Ich that es, und in dem Augenblik erhub sich unter den gesammten Truppen ein Geschrey, welches von Schreken und Erstaunen zugleich zeugete; denn die Sonne schien sehr hell, und die zurükprellenden Stralen blizten ihnen in die Augen, indem ich den Degen hin und her

C 5 schwung.

schwung. Der Kayser, welcher ein sehr beherzter Prinz
ist, war dabey weniger erschroken, als ich geglaubt
hätte. Er befahl mir den Degen wieder einzustelen,
und ihn so sachte als möglich, etwann sechs Fuß weit
von dem äusseristen Ende meiner Ketten auf die Erde hin-
zuwerfen. Das zweyte Stük, so er foderte, war eine
von denen ausgehöleten eisernen Säulen, wodurch er
meine Sakpistolen verstand. Ich zog eine hervor, gab
ihm auf sein Verlangen, so gut ich konnte, den
Gebrauch davon zuverstehen, und nachdem ich sie nur
mit Pulver geladen hatte, (welches von der Beschlüßig-
keit meiner Pulvertasche von dem Seewasser nicht naß
geworden war ; ein Zufall, den zu verhüten sich alle
klugen Seefahrer bestens werden angelegen seyn lassen,)
warnete ich erst den Kayser, daß er nicht erschreken
möchte, und schoß sie loß in die Luft. Izo war der Schreken weit grösser, als da sie den blinkernden Degen sahen.
Sie fielen bey hunderten zur Erde, als ob sie vom Donner geschlagen wären. Und der Kayser selbst, obschon
er sich auf den Füssen hielt, konnte sich nicht gleich
wieder erholen. Ich überlieferte folgends meine Pistolen auf eben die Weise, als ich mit dem Degen gethan
hatte; ingleichen meine Pulver- und Bleytasche, mit
Verwarnung, daß man sich wol in Acht nehmen möchte,
damit kein Feuer zum Pulver käme, weil ein einiges
Fünkgen dasselbe entzünden, und dadurch der ganze
Kayserliche Pallast in die Luft gesprenget werden könnte.
Ich übergab ferner meine Taschenuhr, welche zu sehen
der Kayser sehr begierig war, und zween der grösten
von seiner Leibwache Befehl gab, sie ihm an einer
Stange auf den Schultern herbey zu tragen, welches
fast eben so ließ, als wenn die Brauerknechte in England eine Tonne Bier tragen. Er verwunderte sich
sehr über das beständige Geräusche dieser Maschine,
ingleichen über die Bewegung des Minuten-Zeigers,

welche

welche er leicht sehen konnte, indem das Gesicht der
Einwohner dieses Landes weit schärfer ist als das un=
sere, und fragte seine Gelehrten, die bey ihm waren,
um ihre Meinung über diese Stüke; welche denn sehr
verschieden und übel getroffen herauskamen, wie sich
der Leser wol vorstellen mag, ohne daß ich nöthig habe
sie hier zu beschreiben, und anbey gestehe, daß ich sie
auch nicht ganz vollkommen verstanden habe.

Endlich gab ich auch mein Silber = und Kupfergeld,
meinen Goldbeutel, worinnen sich neun grosse und et=
liche kleinere Goldstüke befanden, mein Sakmesser,
mein Scheermesser, meinen Kamm, meine silberne
Tabaksdose, mein Schnupftuch und mein Tagebuch.
Mein Degen, meine Sakpistolen und Pulvertasche wur=
den auf Wagen geladen, und in Sr. Majestät Zeug=
haus geliefert; das übrige aber von meinem Geräthe
gab man mir wieder zurük.

Ich hatte, wie schon gemeldet, noch einen heimli=
chen Schubsak, der ihrer Untersuchung entgangen war,
worinn sich ein paar Brillen, deren ich mich wegen
der Schwachheit meines Gesichts zuweilen bediente;
ein Fernglas, und noch einige andere Kleinigkeiten be=
fanden, welche zu entdeken ich mich nicht für verbun=
den hielt, weil sie dem Kayser von keinem Nuzen seyn
konnten, und ich besorgen müssen, daß sie verloren oder
verderbt werden möchten, wenn ich sie von mir gäbe.

Das

Das dritte Capitel.

Seltsame Lustbarkeiten, womit der Verfasser den
Kayser und seine Hofleute beyderley Geschlechtes
unterhält. Beschreibung der Lustbarkeiten, womit der Hof sich zu ergözen pflegt. Der Verfasser erlangt seine Freyheit, unter gewissen Bedingungen.

Meine Freundlichkeit und mein gutes Betragen hatten mir nicht allein die Gewogenheit des Kaysers und
der Hofleute, sondern auch der Armee und des Volkes
überhaupt, so weit zugezogen, daß ich Hofnung zu schöpfen anfieng, meine Freyheit in kurzer Zeit wieder zu
erlangen. Ich that all mein möglichstes sie bey dieser
guten Gesinnung zu erhalten: Die Einwohner verloren
nach und nach ihre Furcht vor mir. Ich legte mich
zuweilen auf die Erde nieder, und ließ ihrer fünf oder
sechs auf meiner Hand danzen; zulezt erkühnten sich so
gar die jungen Knaben und Mäydchen in meinen Haaren zu spielen. Nunmehro verstand ich ihre Sprache
ziemlich gut, und konnte sie auch sprechen. Der Kayser bekam einst Lust, mich durch verschiedene ihrer
Landlustbarkeiten zu ergözen, worinnen sie alle andern
mir bekannten Nationen, sowol an Pracht als Geschiklichkeit weit übertreffen: Nichts aber hat mich so sehr
belustiget, als das Schauspiel ihrer Seildänzer, die
auf einem dünnen weissen Faden herumspringen, der
zween Fuß lang und zwölf Zoll hoch über der Erde
ausgespannet ist; und wovon ich mit Vergünstigung des
Lesers noch etwas weitläufiger reden werde.

Diese

Diese Lustbarkeit siehet man nur von denjenigen, welche sich um besondere Gunst und vornehme Bedienungen
bey Hofe bemühen : Sie werden von Jugend auf in
dieser Kunst geübet, und sind eben nicht immer Personen von hoher Geburt, oder der besten Auferziehung.
Wenn ein wichtiges Amt ledig wird, es sey, daß der
so es bekleidet hatte, mit Tode abgeht, oder daß er
(wie öfters geschiehet) in Ungnade fällt, so melden
sich fünf oder sechs solcher Candidaten bey dem Kayser, und bitten um Erlaubnis, sich vor ihm und dem
Hofe mit Seiltanzen sehen zu lassen; da denn der, so
am höchsten springt, sonder zu fallen, das Amt erlanget. Sehr öfters bekommen die vornehmsten Minister selbst Befehle, ihre Geschiklichkeit zu zeigen, und
vor Sr. Majestät Proben abzulegen, daß sie ihre vorige
Fertigkeit nicht verloren haben: Flimnap, der Groß-
Schazmeister, wird einmüthig für den besten Springer
gehalten, indem er auf dem ausgespannten Seile, wenigstens einen Zoll höher Capriolen schneidet, als alle
andern Herren des Reiches; ich habe ihn gesehen vielmal hinter einander den Hasensprung auf einem hölzernen an das Seil fest gemachten Teller machen, welches nicht viel diker war, als ein gemeiner Bindfaden
in England. Mein Freund Reldresal, erster geheimer Secretair, ist meines Erachtens, dafern die
Liebe mich nicht parteyisch machet, der zweyte nach
ihm; die übrigen grossen Minister kommen einander
ungefehr alle gleich.

Indessen sind diese Lustbarkeiten nicht selten mit unglüklichen Zufällen begleitet, wovon man in ihren Geschichten sehr viele Exempel lieset. Ich selbst habe
gesehen, daß zween oder drey Candidaten sich dies oder
jenes Glied zerbrochen: Die Gefahr aber ist noch weit
grösser, wenn die Minister selbst befehliget werden, ihre
Geschik-

Geschiklichkeit zu zeigen, indem sie aus Begierde, ihre Nebenbuhler, und in gewisser Masse sich selbst zu übertreffen, so erstaunliche Säze thun, daß kaum einer ist, der nicht ein und andere wol zwey bis dreymal gefallen wären. Man hat mich versichert, daß Flimnap ungefehr zwey Jahre vor meiner Ankunft unfehlbar den Hals würde gebrochen haben, wenn nicht eines von des Kaysers Hauptküssen, das von ungefehr auf der Erde lag, die Gewalt des Falles geschwächet hätte.

Sie haben noch eine andere Art von Belustigung, welche aber nur bey besondern Gelegenheiten, und in Gegenwart des Kaysers, der Kayserin, und des vornehmsten Ministers vorgenommen wird. Der Kayser leget nemlich drey hübsche Seidenfaden auf die Tafel, deren einer blau, der andre roth, und der dritte von grüner Farbe ist. Diese Faden sind als so viele Preise für diejenigen ausgesezet, welche der Kayser mit besondern Gnadenzeichen beschenken will. Die Ceremonie geht in Sr. Majestät Staatssaale vor, wo die Candidaten eine Geschiklichkeits-Probe ablegen müssen, welche von der vorigen gar sehr unterschieden ist, und dergleichen ich mich nicht erinnere, weder in der alten noch neuen Welt jemals gesehen zu haben. Der Kayser hatte quer in gerader Linie über den Boden, einen Stok in der Hand, izt tiefer dann höher, über welchen die Candidaten zu widerholten malen einer nach dem andern wegspringen, bald vorwärts bald rükwärts darunter hinschlüpfen, je nachdem derselbe hoch oder niedrig gehalten wird. Zuweilen hält der Kayser das eine, und der vorderste Minister das andere Ende des Stokes; zuweilen aber hält ihn Der Minister allein. Wer nun die meiste Behändigkeit beweiset, und es mit Springen und Schlüpfen am längsten aushalten mag, der bekömmt den blau seidenen Faden, der folgende den rothen, und der dritte den grünen; alle schmüken sich damit
mit

mit, indem sie dieselben sich doppelt um den Leib binden, und man siehet wenig vornehme Herren an diesem Hofe, welche nicht mit einer solchen Leibbinde gezieret wären.

Die Pferde von der Cavallerie und aus dem Kayserl. Stalle, nachdem sie mir täglich unter das Gesicht geführet worden waren, hatten nun ihre Schüchternheit verloren, und kamen mir, ohne auf die Seite zu springen, selbst bis vor die Füsse. Die Reuter liessen sie über meine Hand weg sezen, die ich zu dem Ende hin auf die Erde legte, und einer von Sr. Majestät Jägern sezte auf einem grossen Springer so gar über meinen Fuß, Schuh, und alles weg, welches in der That ein entsetzlicher Sprung war. Ich hatte einmal das Glük, den Kayser auf eine ganz ungewöhnliche Weise zu belustigen: Ich ersuchte ihn, Befehl zu geben, daß mir einige Stifel, zween Fuß hoch und von der Dike eines gemeinen Wanderstabes, geliefert würden, worauf Se. Maj. dem Oberforstmeister sogleich auftrugen, die nöthige Anstalt darzu zu machen: Den Morgen darauf sahe ich würklich sechs Förstner mit so viel beladenen Wägen ankommen, deren jeder von acht Pferden gezogen ward. Ich nahm neun dergleichen Stifel, und stekte sie in einem Quadrate von zween Fuß und einen halben fest in die Erde; vier andere befestigte ich oben quer über, etwan zween Fuß von dem Erdboden. Nach diesem band ich mein Schnupftuch an die neun Stöke, die aufrecht standen, und spannete es überall so steif an, als eine Trommelhaut: Da denn die vier andern Stöke, welche quer über fest gemachet, und etwan fünf Zoll höher waren, als das Schnupftuch auf jeder Seite statt eines Geländers dieneten. Als mein Gebäude fertig war, bat ich den Kayser, er möchte eine Compagnie seiner besten Cavallerie, vier und zwanzig an der Zahl, auf diesen Plaz heraufkommen, und sie da tummeln lassen. Se. Majestät genehmigten diesen Vorschlag, und ich

hob

hob so denn jeden Reuter samt dem Pferd und ganzer
Rüstung einen nach dem andern, mit ihren Officierern
auf der Hand, und sezte sie auf das Schnupftuch nieder: So bald sie in Ordnung gestellet waren, theile-
ten sie sich in zween Haufen, scharmuzierten zum Schein
gegen einander, schossen stumpfe Pfeile, zogen ihre
Säbel, flohen, verfolgten, griffen an, zogen sich zurük, und zeigten mit einem Worte, daß sie die Kriegs-
Kunst recht aus dem Grunde verstühnden; die quer
befestigten Seitenstieken verhinderten, daß sie mit den
Pferden nicht herabstürzen konnten, und der Kayser
ergözte sich dermassen an diesem Schauspiele, daß er
es etliche Tage hinter einander wiederholen ließ, ja er
wollte selbst einmal auf diesen Tummelplaz aufgehoben
seyn, und das Commando führen: Und beredete auch
die Kayserin, wiewol nicht ohne Mühe, daß sie sich
von mir in ihrem beschlossenen Tragsessel zwo Ruthen
weit von dem Schnupftuch in die Höhe halten ließ,
von dannen sie alles was vorgieng ganz bequem sehen
konnte: Zum Glüke lief auch diese Lustbarkeit sonder
allen Schaden ab; einmal nur riß ein hiziger Gaul eines Rittmeisters, indem er die Hufe wezte, ein Loch in
das Schnupftuch, glitschte mit dem Fuß hinein, und
fiel samt seinem Reuter über den Haufen, ich hob aber
beyde den Augenblik wieder auf, dekte das Loch mit
der einen Hand zu, und sezte mit der andern den ganzen Trupp auf eben die Weise wieder zur Erde nieder,
wie ich sie aufgehoben hatte. Das Pferd so gefallen
war, hatte sich an der linken Schulter etwas gequetscht;
dem Reuter aber war nichts übels begegnet; mein
Schnupftuch flikte ich hernach so gut ich konnte,
hütete mich aber, solches zu dergleichen gefährlichen
Spielen weiter zu gebrauchen.

Zween

Zween oder drey Tage, ehe ich meine Freyheit erhielt, und den Hof durch allerley dergleichen Wunderwerke belustigte, langte ein Expresser an, dem Kayser
die Nachricht zu bringen, daß einige Seiner Majestät
Unterthanen, indem sie bey dem Plaze, wo man mich
zuerst gefunden hatte, vorbey geritten, ein grosses
schwarzes Ding gesehen hätten, welches auf der Erde
läge, und sehr wunderlich aussähe. Es dehnte die
Eken rund herum in einem Umfange, der wol so groß
wäre als Seiner Majestät Schlafzimmer, und in der
Mitte wäre es ungefehr so hoch als ein Mann: Eine
lebendige Creatur wäre es nicht, wie sie anfänglich besorget gehabt; denn es läge auf dem Grase ohne die
geringste Bewegung, und einige von ihnen wären etliche
male rund um dasselbe herumgegangen; sie wären einer dem andern auf die Schultern gestiegen, und hätten sich so einander auf den Gipfel desselben hinauf geholfen, der rund und flach sey; und da sie mit den Füssen darauf gestossen, hätten sie gefunden, daß es inn-
wenndig hohl seyn müßte. Sie dächten in aller Unterthänigkeit, es wäre etwas, daß dem Mann Berg
zugehörte; und wenn Seine Majestät es für genehm
hielten, so getrauten sie sich, solches mit nicht mehr
als fünf Pferden nach Hofe zu bringen. Ich begrif so
gleich was sie sagen wollten, und war von Herzen froh
über diese Zeitung. Ich muß nemlich, da ich mich
nach erlittenem Schifbruch endlich an Land gebogen,
so bestürzt gewesen seyn, daß mein Hut, welchen ich
während dem Rudern mit einer Schnur an den Kopf
gebunden hatte, und der die Zeit über, da ich geschwom-
men, fest geblieben war, mir hernach, ehe ich an den
Ort gekommen, wo ich einschlief, entfallen, und die
Schnur, womit er gebunden war, loß geworden seyn
muß, ohne daß ich es gewahr ward, und dabey immer dachte, ich hätte ihn im Schwimmen verloren.

V. Theil.   D   Ich

Ich ersuchte daher Se. Kayserl. Majestät, Befehle zu
geben, daß man mir ihn je eher je lieber herbeybringen
möchte; und beschrieb ihm die Beschaffenheit und den
Gebrauch desselben.   Den folgenden Tag langten die
Fuhrleute auch würklich damit an; und ich bekam ihn,
aber eben nicht wol zugerichtet.   Sie hatten binnen
anderthalb Zoll hoch an demselben zwey Löcher in den
Rand gebohret, und zween Haken hinein gestekt, woran
ein langes Seil gebunden war, welches sie hernach an
das Pferd-Geschirr fest gemacht.   Auf diese Weise ward
mein Hut mehr als eine halbe Engländische Meile
fortgeschleppet; weil aber das Erdrich dieses Landes sehr
glatt und eben ist, so hatte er hievon weniger Schaden
genommen, als ich vermuthete.

Zween Tage nach dieser Begebenheit hatte der Kayser Befehl ertheilet, daß diejenigen Truppen, welche
in und um seine Residenz cantonierten, sich auf den ersten Wink fertig halten sollten, weil er sich eine ganz
besondere Ergözlichkeit ausgedacht hatte. Er verlangte,
daß ich einen Colossus vorstellen, und die Beine so weit
von einander gesperret halten möchte, als ich bequem
thun könnte.   Hierauf beorderte er seinen General, der
ein versuchter Feldherr und mein gar guter Freund
war, die Truppen geschlossen in Ordnung zu stellen,
und sie unter mir durchmarschieren zu lassen; das Fuß-
volk vier und zwanzig, und die Cavallerie sechszehn in
einem Gliede, mit klingendem Spiele, fliegenden Fah-
nen, und marschmässig gehaltenen Spiessen. Das
ganze Corps bestand aus dreissig tausend Mann Fuß-
volk und ein tausend Reuter.   Seine Majestät hatten
bey Lebens-Strafe gebieten lassen, daß jeder Soldat,
währenden Durchmarsches, die Regeln geziemender
Ehrbarkeit in Ansehung meiner auf das genaueste beobachten sollte; welches aber doch nicht hindern konnte,

daß

daß nicht einige junge Officier im Durchmarschieren ihre Augen in die Höhe gerichtet haben sollten; und die Wahrheit zu sagen, so befanden sich damals meine Ho. sen in so schlechtem Zustande, daß sie zum Gelächter und zur Verwunderung Gelegenheit genug geben konnten.

Indessen hatte ich meine Freyheit zu erlangen, so viele Memoriale und Bittschriften eingesendet, daß Se. Majestät endlich davon Anregung thaten; und zwar erstlich in Dero Cabinete, und hernach bey völliger Si. zung des geheimen Rathes. Es war niemand, der sich darwider sezte, ausser der einige Skyresh Bolgolam, welchem beliebte, wiewol, ohne daß ich ihm die geringste Ursache dazu gegeben hatte, einen tödtlichen Haß gegen mich zu hegen. Jedoch die Sache ward gegen ihn von dem ganzen Rath durchgesezet, und der Schluß von dem Kayser bestätiget. Dieser Minister war Gal. bet, oder Reichs-Admiral, ein Herr von grosser Ge. schiklichkeit, und der bey dem Kayser in grossen Gna. den stand, dabey aber von einem verdrüßlichen und rauhen Temperament. Nichs desto weniger bequemte er sich zulezt; doch erhielt er dabey, daß er es seyn sollte, der die Artikel und Bedingnisse, unter denen ich meine Freyheit haben, und dieselben beschwören sollte, aufsezte. Skyresh Bolgolam überbrachte mir diese Arti kel in eigener Person; von zween Unter-Secretarien und einigen andern Personen von Ansehen begleitet. Nachdem sie mir waren vorgelesen worden, mußte ich sie beschwören; und zwar erstlich nach der Weise mei. nes Vaterlandes, hernach aber auch so, wie ihre Ge. seze solches verordnen, nach welchen ich meinen rechten Fuß in der linken Hand halten, den Mittelfinger mei. ner rechten Hand oben auf den Wirbel des Kopfs, und den Daumen auf die Spize meines rechten Ohres le. gen mußte. Weil aber der Leser vielleicht begierig seyn

D 2 möchte,

möchte, einige Nachricht zu haben von dem Styl und
der Manier dieses Volks sich auszudrüken, und auch die
Bedingungen zu wissen, unter denen ich meine Freyheit
wieder erlangte, so habe ich dafür gehalten, es dürfte
ihm nicht unangenehm seyn, wenn ich hier das ganze
Instrument beyfügte, so wie ich es mit aller möglichen
Treue übersezet habe. Es lautet von Wort zu Wort
also:

Golbasto Momaren Evlame Gurdilo Shefin Mully
Ully Gue, Großmächtigster Kayser von Lilliput,
die Lust und das Schreken der Welt, dessen
Reich sich auf fünf tausend Blustrugs (ungefehr
zwölf Meilen im Umkreise) bis an die Gränzen
der Erde erstreket, Monarch aller Monarchen,
grösser als alle Menschenkinder, dessen Füsse den
Mittelpunct der Erde berühren, und dessen Haupt
bis an die Sonne reichet; auf dessen Wink den
Fürsten der Erde die Knie zittern, lieblich wie der
Frühling, erfreulich wie der Sommer, fruchtbar
wie der Herbst, und schreklich wie der Winter:
Unsere allerhöchste Majestät leget dem Mann Berg,
welcher unlängst in unserm glänzenden Reiche angelanget, folgende Artikel zu beschwören und treu-
lich zu halten vor:

I. Der Mann Berg soll aus unsern Landen sich
nicht wegbegeben, er habe denn unsere Erlaubnis unter dem grossen Reichs-Insigel dazu erhalten.

II. Er soll sich nicht erkühnen, in unsere Residenz
zu kommen ohne unsern ausdrüklichen Befehl;
und

und wenn er solchen erhält, sollen die Einwohner zwo Stunden Zeit haben, sich in ihre Häuser zu begeben.

III. Soll gedachter Mann Berg sich in seinen Gän-
gen nur an unsre breitesten Landstrassen halten, und sich hüten, irgend in einer Matte oder
einem Kornfelde zu wandeln, oder sich darauf
niederzulegen.

IV. Wenn er durch die Landstrassen gehet, soll
er sich äusserst in Acht nehmen, ja nicht unsere
getreuen Unterthanen, oder ihre Pferde und
Wagen zu zertreten; auch soll ihm nicht vergönnet seyn, einen derselben in seine Hände zu
nehmen; es geschehe dann mit desselben eigener
Bewilligung.

V. Wenn etwas durch einen Expressen in grosser
Eile zu bestellen vorfällt, so soll der Mann Berg
jeden Monat ein mal gehalten seyn, den Boten
samt seinem Pferde, sechs unsrer Tagreisen weit
in seiner Tasche fortzutragen; und Falls es nöthig seyn möchte, ihn auch auf eben die Weise
ohne Schaden bis vor unsere Kayserliche allerhöchste Gegenwart zurückzubringen.

VI. Soll er gegen unsere Feinde, die Einwohner
der Insel Blefuscu unser Verbündeter seyn, und
sein äusserstes thun, ihre Flotte zu ruinieren,
mit welcher sie drohen, eine Landung in unser
Reich vorzunehmen.

VII. Soll mehr gedachter Mann Berg bey seinen
müssigen Stunden unsern Arbeitsleuten behülflich
seyn, grosse Steine aufzuheben, womit die
Mauer unsers grossen Thiergartens und andre

D 3   unsrer

unsrer Königl. Gebäude gedeket und gezieret
werden sollen.

VIII. Soll er binnen zween Monaten einen genauen Entwurf von dem Umfange unsers ganzen Reiches einliefern, wobey er zum Maas-
Stabe rund um die Küsten seine eigenen Schritte
nehmen wird.

IX. Und leztens: Wenn oft gedachter Mann Berg
alle diese Artikel feyerlich wird beschworen haben,
so soll ihm täglich eine Portion Speise und Getränkes gereichet werden, die so viel austrägt,
als ein tausend sieben hundert vier und zwanzig
unsrer Unterthanen sich zu sättigen nötbig haben. Es soll ihm auch der freye Zutritt zu unsrer Kayserl. Majestät vergönnet, und er sonst
aller Gnaden-Bezeugungen von uns gewärtig
seyn. Gegeben in unserm Pallaste Belfaburac, den
zwölften Tag des ein und neunzigsten Monden
unsrer Regierung.

Ich beschwur und unterzeichnete diese Artikel mit
grosser Bereitwilligkeit und Zufriedenheit; obgleich einige
derselben nicht so ehrenhaft für mich waren, als ich
hätte wünschen mögen, welches ich einzig der Bosheit
des Groß-Admirals Skyresh Bolgolam zu zuschreiben
hatte. Hierauf wurden mir die Ketten so gleich abgenommen, und ich befand mich in völliger Freyheit.
Der Kayser that mir die Ehre, der ganzen Ceremonie
in Selbst allerhöchster Person beyzuwohnen. Ich warf
mich zu Sr. Majestät Füssen, meine Danksagung abzustatten. Allein er befahl mir aufzustehen; und nachdem er mir vielerley vorgesagt, welches ich (alle Beschuldigung von Eitelkeit auszuweichen) übergehe, fügte
er noch hinzu; wie er hofte, daß ich ein treuer und
nuzlicher

nüzlicher Diener seyn, und mich aller der Gnaden würdig machen würde, die er mir bereits erwiesen, und
welche er mir noch künftig erweisen möchte.

Der Leser beliebe zu bemerken, daß der Kayser in
dem lezten Artikel, so ich beschworen hatte, mir jeden
Tag so viel an Essen und Trinken ausgemachet, als
eintausend siebenhundert und vier und zwanzig Lilliputier gebrauchen.   Ich fragte einige Zeit hernach einen meiner Freunde am Hofe, wie es gekommen wäre,
daß sie es so gerade auf diese Zahl bestimmet hätten;
und erhielt zur Antwort, daß die Mathematiker Sr.
Majestät vermittelst eines Quadranten erst die Höhe
meines Cörpers gemessen, und nachdem sie gefunden,
daß sich dieselbe gegen einen von den ihrigen wie zwölfe
zu eines verhielt, so hätte sich ferner durch ihre Rech-
nungen ergeben, daß mein ganzer Cörper zum wenigsten bey tausend siebenhundert und vier und zwanzig
der ihrigen ausmachte, und folglich daß derselbe auch
eben so viel zum Unterhalt bedürfte, als eine solche
Anzahl Lilliputier; welches mithin dem Leser von
der Scharfsinnigkeit dieses Volkes so wol, als von der
klugen und genauen Haushaltung dieses grossen Prinzen
einen etwelchen Begrif geben kann.

D 4   Das

Das vierte Capitel.

Beschreibung der Hauptstadt des Lilliputischen Reiches Mildendo, und des Kayserlichen Pallastes.
Unterredung zwischen dem Verfasser und einem
der vornehmsten Staats-Secretarien, über die
Angelegenheiten dieses Reiches. Der Verfasser
anerbietet dem Kayser seine Dienste wider dessen
Feinde.

Die erste Bitte, welche ich that, nachdem ich meine
Freyheit erhalten, war, daß ich um Erlaubniß ansuchte,
Mildendo die Hauptstadt zu besehen; der Kayser wil-
ligte sonder Schwierigkeit darein, doch mit der ausdrüklichen Verwarnung, daß ich weder den Einwohnern noch ihren Häusern einigen Schaden zufügen
möchte. Mein bevorstehender Besuch ward dem Volke
durch öffentlichen Ausruf zu wissen gethan. Die Mauer,
welche Mildendo umschliesset, ist dritthalben Fuß hoch,
und wenigstens eilf Zoll dike, so daß man mit Kutschen
und Pferden sicher darauf herumfahren kann; und
jede zehn Fuß weit, hat sie starke Thürme. Ich schritt
über das grosse Thor gegen Abend hinein, und gieng so
behutsam und schmiegend als mir möglich war durch
die zwo Hauptstrassen nur in meinem Brustwammes,
aus Beysorge, ich möchte mit den Enden meines Oberroks die Dächer und Zinnen der Häuser beschädigen:
Ich nahm mich auch gar sehr in Acht, damit ich nicht
etwan auf jemanden treten möchte, der auf der Strasse
geblieben wäre, wiewol der Befehl ausdrüklich lautete,

daß

daß jeder in seinem Hause bleiben, und wofern er solches nicht thäte, es sich selber zuschreiben sollte, wenn ihm etwas übels widerführe. Die Kappfenster auf denen Dachböden und die Giebel der Häuser waren so voller Zuschauer, daß ich glaubte, ich hätte auf allen meinen Reisen einen volkreichern Ort wol nirgends angetroffen. Die Stadt ist ein genaues Viereck, und jede Seite der Mauer fünfhundert Fuß lang. Die zwo grossen Strassen, welche einen Creuzweg machen, und die Stadt in vier gleiche Theile theilen, sind fünf Fuß breit. Die Nebengäßgen aber, in welche ich nicht kommen konnte, sondern im Vorbeygehen nur hinein sah, hielten in der Breite zwölf bis achtzehn Zolle. Es können fünfmal hundert tausend Seelen in der Stadt wohnen; die Häuser sind drey bis fünf Stokwerke hoch, und die Marktpläze und Kramläden mit allem wol versehen.

Der Kayserliche Pallast lieget in dem Mittelpunkte der Stadt, wo die beyden Hauptstrassen sich creuzweise durchschneiden. Er ist mit einer zwo Fuß hohen Mauer umschlossen, und diese ist rund um zwanzig Fuß weit von den Gebäuden entfernet. Seine Majestät hatten mir erlaubt über diese Mauer hinüber zuschreiten, und weil der Raum zwischen derselben und dem Pallaste groß genug war, so konnte ich diesen von allen Seiten ganz bequem betrachten, der äussere Hof ist ein Viereck von vierzig Fuß, und begreift zween andere in sich. In dem innersten sind die Kayserlichen Zimmer, welche ich sehr gerne sehen wollte, zugleich aber befand, daß die Sache höchst schwer zu bewerkstelligen wäre, indem die grossen Pforten, welche aus einem Vierecke in das andere führen, nicht höher als achtzehn Zoll und sieben breit waren. Ich dachte aber darauf, daß

D 5   ich

ich über die Gebäude des äussern Hofes herüber stei=
gen wollte; allein da sie zum wenigsten fünf Fuß hoch
waren, so gieng dieses nicht an, ohne daß ich denselben
den grösten Schaden zugefüget hätte, obschon die
Mauern von gehauenen Steinen feste gebauet, und
vier Zoll dik waren. Zu eben der Zeit trug der Kay=
ser ein grosses Verlangen, daß ich die Pracht seines
Pallastes sehen möchte; es wollte sich aber nicht eher
schiken, als drey Tage hernach, binnen welcher Zeit ich
einige der diksten Bäume in dem Kayserlichen Park,
der ungefehr hundert Ruthen von der Stadt lag, mit
meinem Messer abschnitt, und mir daraus ein paar
Schemel zurichtete, deren jeder bis drey Fuß hoch,
und mich zu tragen stark genug war. Nachdem das
Volk zum zweyten mal gewarnet worden, begab ich mich
wieder durch die Stadt nach der Kayserlichen Burg,
mit meinen beyden Schemeln in den Händen: Als ich
bey dem äussersten Gebäude angelanget war, stieg ich
auf den einen Schemel; den andern hielt ich in der
Hand, hub ihn über das Dach herüber, und sezte ihn
sachte auf der andern Seite zwischen das erste und an=
dere Gebäude, wo ein acht Fuß breiter Raum war,
nieder. Alsdenn schritt ich ganz bequem über das Ge=
bäude von einem Schemel auf den andern weg, und zog
den erstern mit einem hakichten Steken nach mir:
Auf diese Weise gelangte ich bis in den innersten
Burgplaz, legte mich daselbst auf die Seite nieder, hielt
das Gesicht vor die Fenster des mittelsten Stokwerkes,
welche zu dem Ende offen gelassen wurden, und er=
blikte dadurch so prächtige Zimmer, als man sich nur
einbilden kann. Ich sah die Kayserinn, und die jungen
Prinzen und Prinzessinnen in ihren verschiedenen Zimmern
von ihren Staatsdamen umgeben. Ihre Kayserliche
Majestät hatten die Gnade, mich auf das allerfreund=
lichste

lichſte anzulächeln, und reichten mir ihre Hand, dieſelbe
zu küſſen, zum Fenſter heraus.

Doch ich will mit dergleichen Beſchreibungen nicht
voreilen, ſondern verſpare dieſelben auf ein gröſſeres
Werk, das nächſtens herauskommen wird, und welches die allgemeine Hiſtorie dieſes Reiches von ſeinem erſten Urſprung an, durch eine lange Reihe von
Prinzen, die es beherrſchet, ſamt einer umſtändlichen
Beſchreibung der Kriege, Staatsmaximen, Geſeze,
Gelehrſamkeit, Religion ꝛc. dieſer Nation; wie nicht
weniger ihrer beſondern Sitten und Gebräuche; item
der Pflanzen und Thiere, ſo daſelbſt angetroffen werden, und noch viele andere und ſelzame Dinge mehr
enthält. Vorizo iſt mein Hauptzwek, nur ſolche Begebenheiten zu erzehlen, welche ſich in Abſicht auf die
öffentlichen Angelegenheiten, und auf meine eigene Perſon, binnen denen neun Monaten ungefehr, die ich mich
daſelbſt aufgehalten, zugetragen haben.

Einſt an einem Morgen, ungefehr vierzehn Tage, nachdem ich meine Freyheit wieder erlanget hatte, kam Reldreſal, geheimer Staats-Secretair (wie ſie ihn nennen) in Begleit nur eines einzigen Dieners zu mir:
Er befahl dem Kutſcher in einer etwelchen Entfernung
auf ihn zu warten, und erſuchte mich, ihm ein Stünd-
gen Audienz zu geben. Ich ließ mich in Betrachtung ſeines Standes und ſeiner perſönlichen Verdienſte, ſo wol
als auch wegen der vielen guten Dienſte, die er mir
während meines Sollicitierens bey Hofe geleiſtet, ſehr
willig dazu finden. Ich wollte mich auf die Erde niederlegen, damit es ihm deſto weniger beſchwerlich fiel,
mit mir zu reden; allein er bat mich, ich möchte ihn
während der Zeit unſerer Unterredung lieber in der
Hand halten. Er fieng erſtlich an, mir wegen Wieder-
erhaltung

erhaltnng meiner Freyheit Glück zu wünschen, wozu er
zwar, wie er sagte, wol etwas beygetragen, mir aber
dennoch nicht verhalten wollte, daß wenn gewisse Umstände nicht wären, darinnen sich das Reich gegenwärtig befinde, ich dieselbe vielleicht so bald nicht würde
erlanget haben: Denn, fuhr er fort, so blühend auch
immer unser Zustand denen Fremden scheinen möchte;
so werden wir doch von zwey gefährlichen Uebeln gar
sehr gedrület: Das eine ist eine heftige Faction von innen, das andere die Gefahr eines Ueberfalls von einem
mächtigen Feinde von aussen. Was das erstere betrift, so
müsset ihr wissen, daß seit mehr als siebenzig Monaten
zwo Parteyen unter den Namen der Trameckfan,
und Slameckfan, von den hohen und niedern Absäzen
ihrer Schuhe, wodurch sie sich unterscheiden, in diesem
Reiche gegen einander gestritten haben: In der That,
man will zwar behaupten, daß die hohen Absäze mit
unserer alten Verfassung am besten übereinkommen;
allein Se. Majestät haben beschlossen, sich zu Verwaltung der Regierungs-Geschäfte, und aller übrigen
Aemter, die von der Crone vergeben werden, nur solcher Personen zu bedienen, welche niedrige Absäze tragen; wie ihr leicht beobachten und besonders sehen werdet, daß die Absäze Sr. Kayserl. Majestät selbst, noch
zum wenigsten einen Drur (dieses ist ungefehr der
vierzehnte Theil eines Zoles) niedriger sind als aller
Hofleute ihre: Die Erbitterung dieser beyden Parteyen
gegen einander gehet so weit, daß sie mit einander weder essen noch trinken, ja nur nicht mit einander reden
wollen. Wir finden, daß die Trameckfan oder Hoch-
geschuheten, uns an Anzahl überlegen sind; die Macht
aber ist gänzlich auf unserer Seite. Wir besorgen, daß
Se. Hoheit der Cronprinz einige Neigung für die hohen
Absäze hege: Wenigstens können wir deutlich sehen,
daß er den einen Absaz höher trägt als den andern, wel-

ches

ches denn machet, daß er würklich einen hinkenden Gang hat.

Mitten aber unter diesen innerlichen Unruhen werden wir noch von den Einwohnern der Insel Blefuscu mit einem Einfalle bedrohet; welches das andere mächtige Reich in der Welt ist, und an Grösse und Macht dem Lilliputischen nicht viel nachgiebet. Denn was ihr uns von noch andern Königreichen und Staaten erzehlet habet, die auf dem Erdboden sich befinden, und von dergleichen menschlichen Creaturen, wie ihr seyt, bewohnet seyn sollen, so zweifeln unsere Weltweisen sehr daran, und vermuthen vielmehr, daß ihr von dem Monde oder einem Sterne herunter gefallen seyn möget, weil gewiß ist, daß hundert Menschen eurer Grösse in kurzer Zeit alle Früchte und alles Vieh in Sr. Majestät ganzem Gebiete aufzehren würden; zu geschweigen, daß unsere Geschicht-Bücher, die wir von sechs tausend Monaten her haben, von keinen andern Ländern als denen zwey grossen Reichen Lilliput und Blefuscu Meldung thun, welche (damit ich fortfahre) nun länger als sechs und dreissig Monate in dem hartnäckigsten Kriege gegen einander verwikelt sind. Derselbe entspann sich aus folgender Ursache: Es wird überall zugestanden, daß man von Alters her, wenn man Eyer essen wollte, dieselben allemal an dem breitern Ende aufmachte. Es trug sich aber einst zu, daß Sr. jezt regierenden Kayserl. Majestät Großvater, wie er noch ein junger Knabe war, und nach der alten Weise ein Ey öffnen wollte, sich darüber in den Finger schnitt. Der Kayser, sein Vater, ließ deswegen ein Edict publicieren, wodurch er allen seinen Unterthanen bey hoher Strafe gebott, künstig ihre Eyer nur an dem spizigen Ende aufzumachen. Dieses Edict erbitterte das Volk dergestalt, daß wir in unsern Geschichten von 6,

Rebellionen

Rebellionen leſen, die deswegen entſtanden; wobey es
einen unſrer Kayſer das Leben, und einen andern die
Crone gekoſtet hat. Dieſe innerlichen Unruhen wurden
von dem Blefuſciſchen Monarchen beſtändig unterhalten; und wenn ſie gedemmet waren, ſo flüchteten die
Verbanneten immer in dieſes Reich. Man hat ausgerechnet, daß bey eilftauſend Menſchen zu verſchiedenen
Zeiten lieber den Tod leiden, als gehorchen, und ihre
Eyer an dem ſpizigen Ende aufmachen wollen. Es ſind
viel hundert Bände über dieſe Streitigkeit ans Licht
gekommen. Die Schriften aber derer, welche die alte
Weiſe vertheidigen, ſind nun lange her verbotten; und
ihre ganze Partey iſt durch ein formales Geſez aller
öffentlichen Bedienungen unfähig erkläret worden.

Während dieſer Zerrüttung ließen die Kayſer von
Blefuſcu durch ihre Geſandten ſich öfters gegen uns be-
ſchweren, und klagten uns an, als ob wir eine Spal-
tung in der Religion machten, indem wir einem Fun-
damental-Artikel der Lehre unſers groſſen Propheten Lu-
ſtrog, in dem vier und fünfzigſten Capitel des Blunde-
cral, (dieſes iſt ihr Alcoran) zuwiderhandelten. Dieſe
Anklage gründet ſich aber bloß auf eine Rand-Gloſſe;
denn der Text lautet alſo: Alle Rechtglaubige öfnen
ihre Eyer an dem gebührenden Ende; und welches
daſſelbe ſey wird meines wenigen Erachtens dem Gewiſſen eines jeden, oder zum wenigſten der höchſten
Landes-Obrigkeit zu beſtimmen überlaſſen. Indeſſen
haben die Flüchtlinge, welche ihre Eyer nach der alten
Weiſe öfnen, an dem Hofe des Kayſers zu Blefuſcu
immer ſo viel Credit gefunden, und ſind dabey von ihrer Partey, die in Lilliput zurückgeblieben, dermaſſen
unterſtüzt worden, daß beyde Reiche nun ſechs und
dreiſſig Monate einen blutigen Krieg mit abwechſelndem
Glüke gegen einander führen. Wir haben während
dieſer

dieſer Zeit vierzig Schiffe vom erſten Range, und eine
weit gröſſere Anzahl kleinerer, nebſt dreiſſig tauſend un.
ſrer beſten Matroſen und Soldaten eingebüſſet; und
man rechnet, daß der Verluſt, welchen die Feinde ge.
litten, den unſern noch um etwas übertreffe. Deſſen
ungeachtet haben ſie jezt aufs neue eine zahlreiche Flotte
ausgerüſtet, und ſtehen würklich in Bereitſchaft, eine
Landung bey uns zu thun; welchen Zuſtand der Sa.
chen Se. Kayſerl. Majeſtät, die auf euere Stärke und
Herzhaftigkeit ein groſſes Vertrauen ſezen, mir befoh.
len haben, euch zu eröfnen.

Hierauf erſuchte ich den Herrn Secretair; Seiner
Majeſtät, nebſt Vermeldung meines allerunterthänigſten
Reſpects, zu hinterbringen, daß ich, was das erſtere
beträfe, glaubte, wie es mir als einem Fremden nicht
geziemen würde, mich in Parteyhändel zu mengen;
hingegen aber, daß ich bereit ſey zu Beſchützung Dero
Perſon und Staaten gegen alle diejenigen, die ſich un.
terſtehen möchten dieſelben anzufallen, Leib und Leben
zu wagen.

Das

Das fünfte Capitel.

Der Verfasser kömmt durch eine seltsame Kriegs-
list einem feindlichen Einfall zuvor. Hoher
Ehrentitel, der ihm beygeleget wird. Der Kayser von Blefuscu schiket Gesandte und bittet um
Friede. In der Kayserinn Zimmer kömmt Feuer
aus. Wie der Verfasser solches gelöschet, und
das übrige des Pallastes gerettet habe.

Das Kayserthum Blefuscu ist eine Insel Nord-Ost-
wärts gegen Lilliput, von welchem Reiche es nur durch
einen Canal achthundert Ruthen breit getrennet ist. Ich
hatte dieses Land damals noch nicht gesehen; und auf
die Nachricht von dem bevorstehenden Einfalle nahm
ich mich in Acht, mich an derselben Seite der Küste
ja nicht bliken zu lassen, damit nicht etwan dieß oder
jenes Schif des Feindes meiner gewahr würde, der zur
Zeit noch nichts von mir gehöret hatte, weil während
des Krieges alle Handlung und Gemeinschaft zwischen
beyden Reichen bey Lebens-Strafe verbotten war, und
der Kayser von Lilliput alle und jede Schiffe anhalten
ließ. Ich sagte Sr. Majestät von einem Project, welches ich ausgedacht hätte, mich der ganzen feindlichen
Flotte zu bemächtigen, von der unsere Kundschafter versicherten, daß sie in ihrem Hafen vor Anker lige und
in fertigem Stande sich befinde, mit erstem guten Winde
abzusegeln. Ich erkundigte mich bey den erfahrensten
Seeleuten, wie tief der Canal wäre, als welchen sie
öfters mit dem Senkbley gemessen hatten, und vernahm, daß er bey hohem Wasser in der Mitte sieben-

alg Glumgluffs (welches nach Europäischem Maaße
ungefehr sechs Fuß beträgt) und sonst durchgehends
zum höchsten fünfzig Glumgluffs tief sey.   Ich begab
mich so denn nach der Nord-Ost-Küste, Blefuscu gegen
über, verbarg mich da hinter eine kleine Höhe, langte
mein Fernglas hervor, und sah dadurch die feindliche
Flotte vor Anker ligen, welche aus fünfzig Kriegs-
und einer weit größern Anzahl Transport-Schiffen
bestand.   Hierauf gieng ich wieder nach meiner Wohnung zurük, und ertheilte Befehl, (ich hatte von dem
Hofe eine Vollmacht dazu erhalten) daß man mir eine
Menge der stärksten Thauen und eiserner Stangen her-
beyschaffe.   Die Thauen, so sie mir brachten, waren
ungefehr von der Dike eines Bindfadens, und die
Stüke Eisen etwann so lange und dike als eine Strik-
nadel.   Die Thauen nahm ich dreyfach, um sie desto
haltbarer zu machen; und auß eben der Ursache flochte
ich auch drey Stüke Eisen über einander, und bog die
Ende davon in einen Haken zusammen.   Nachdem ich
nun fünfzig Thauen an so viel Haken befestiget, gieng
ich wieder nach dem Canal, zog meinen Rok, Schuh
und Strümpfe aus, und begab mich in meinem ledernen Brustwammes, etwann eine halbe Stunde vorher,
ehe die Fluth kam, in die See.   Ich waddete in möglichster Eile fort; und in der Mitte des Canals schwamm
ich ungefehr dreissig Ruthen weit, bis ich wieder Grund
fühlete, und in weniger als einer halben Stunde gelangte ich zur Flotte.   Die Feinde, da sie mich sahen,
entsezten sich dermassen, daß sie über Bord sprangen,
und an Land schwammen, wo bald ihrer wol nicht
weniger als dreissigtausend beysammen waren. Ich nahm
mein Seil-Geräth hervor, machte an das Vordertheil
eines jeden Schiffes einen Haken fest, und knüpfte
die Seile an ihren Enden alle in eines zusammen.
Während dieser Arbeit schossen die Feinde viel tausend

V. Theil.   E   Pfeile

Pfeile auf mich ab, deren einige mir in die Hände und andere ins Gesicht fuhren, und mich nebst dem heftigen Schmerzen, den sie mir verursacheten, an meiner Arbeit sehr hinterten. Meine meiste Sorge war für meine Augen, welche ich unfehlbar würde verlohren haben, wenn ich mich nicht gleich auf ein gutes Verwahrungs-Mittel besonnen hätte. Ich hatte nemlich neben anderm kleinen Geräthe ein paar Brillen in einem geheimen Schubsake, welcher (wie ich oben gemeldet) der Durchsuchung der Kayserl. Commissarien entgangen war. Diese nahm ich hervor, befestigte sie, so stark ich konnte, auf meine Nase, und sezte so denn, mit diesen Augen-Schildern bewafnet, meine Arbeit, troz der feindlichen Pfeile, dapfer fort, deren viele wider die Gläser meiner Brillen aufuhren, weiter aber keine Würkung thaten, als daß sie dieselben ein wenig in Unordnung brachten. Ich hatte nun alle meine Haken angeklammert, nahm den Knoten der Strike in die Hand, und fieng an zu ziehen; aber umsonst: Kein einziges Schif wollte sich bewegen, denn sie hielten zu feste an ihren Ankern, so daß das kühnste von meinem Unternehmen noch übrig blieb. Ich ließ also die Thauen der an den Schiffen fest gemachten Haken fahren, und schnitt mit meinem Messer beherzt die Anker-Seile, woran die Schiffe sich hielten, entzwey; bey welcher Verrichtung ich wol hundert Lagen von Pfeil-Schüssen auf Hände und Gesicht empfieng. Jezt hob ich den Knotten der Strike, die an den Haken hiengen, wieder auf, und zog mit spielender Leichtigkeit fünfzig der größten Kriegs-Schiffe hinter mir her.

Die Blefuscier, welche sich gar nicht vorstellen konnten, was das werden sollte, waren anfänglich von

Erstaunen

Erstaunen ganz betrofen. Sie hatten mich die Anker-
Thauen abschneiden gesehen, und sich eingebildet, meine
Absicht wäre nur, die Schiffe Wind und Wellen preiß
zu geben, oder daß sie an einander stossen und eines
das andere zerscheitern sollte. Allein da sie gewahr wurden, daß die ganze Flotte sich in guter Ordnung bewegte, und sahen, daß ich sie hinter mir her zog, so
huben sie ganz verzweifelt ein solches Zettergeschrey an,
welches zu beschreiben oder sich vorzustellen bey nahe
eine Unmöglichkeit ist. Nachdem ich ausser Gefahr
war, hielt ich eine Weile stille, zog die Pfeile, so mir
im Gesichte und in den Händen steken geblieben, heraus, und schmierte auf die Wunden etwas von der
Salbe, welche man mir, wie ich vorhin gemeldet, bey
meiner Ankunft in diesem Lande gegeben hatte. Hierauf nahm ich meine Brille wider ab; und nachdem ich
etwann eine Stunde, biß das Wasser ein wenig fiel,
verzogen, wattete ich, wo es am tiefsten war, durch,
und gelangte gesund und frisch in dem Kayserl. Hafen
vor Lilliput an.

Der Kayser und seine sämtlichen Hofleute standen an
dem Ufer und erwarteten den Ausgang dieser seltsamen
Begebenheit. Sie sahen die Schiffe in Gestalt eines
grossen halben Mondes sich vorwärts bewegen; mich
aber konnten sie nicht erkennen, weil ich biß an die
Brust unter Wasser war. Wie ich in die Mitte des Canals
kam, waren sie noch in grössern Sorgen, weil mir das
Wasser da biß an den Hals gieng. Der Kayser glaubte
nicht anders, als daß ich ertrunken wäre, und daß die
Feinde nun kämen eine Landung zu thun: Doch ver-
schwand seine Furcht bald; denn weil der Canal auf jeden Schritt, den ich that, seichter ward, kam ich bald
nahe genug, daß man mich hören konnte, hob den
Knotten von den Striken, an welche die Flotte befe-

stigt

ſtigt war, in die Höhe, und rief mit lauter Stimme:
Es lebe der großmächtigſte Kayſer von Lilliput.
Dieſer groſſe Prinz empfieng mich darauf an dem Ufer
mit allen erſinnlichen Lobes-Erhebungen, und machte
mich gleich auf der Stelle zum Nardac, welches der
höchſte Ehrentitel in dieſem Reiche iſt.

Seine Majeſtät verlangten, ich möchte Gelegenheit
nehmen, auch noch den ganzen Ueberreſt der feindlichen
Flotte in ſeine Häfen herüberzubringen. Und es ſchien,
(ſo gränzenloß pflegt der Ehrgeiz der Fürſten zu ſeyn)
daß dieſer Kayſer in ſeinen Gedanken mit nicht weniger
umgieng, als das ganze Blefuſciſche Reich zu einer Provinz zu machen, und es durch einen Statthalter
regieren zu laſſen; die Flüchtlinge dahin zu vertilgen, und
dieſes Volk zu zwingen, ihre Eyer an dem ſpizigen
Ende aufzumachen; da er denn der einzige Beherrſcher
des ganzen Erbodens ſeyn würde. Ich bemühete mich
aber, ihn durch viele in der Politic ſo wol, als in der
Billigkeit gegründete Vorſtellungen von ſeinem Vorhaben abzubringen; und erklärte mich rund, daß ich mich
niemals zum Inſtrument würde brauchen laſſen, ein
freyes und dapferes Volk in die Sclaverey zu bringen.
Und als hernach die Sache bey völliger Raths-Verſammlung unterſuchet ward, fiel der vernünftigere
Theil der Räthe meiner Meynung bey.

Indeſſen war dieſe meine freye Erklärung denen Abſichten und der Politic des Kayſers ſo ſehr entgegen,
daß er mir ſolche niemals verzeihen konnte. Er that
in geſeſſenem Rathe auf eine künſtliche Weiſe Meldung
davon, wo die weiſeſten (wie man mich berichtet) wenigſtens durch ihr Stillſchweigen ſchienen zu verſtehen
zu geben, daß ſie mir Recht gäben: Andere aber, die
meine heimlichen Feinde waren, konnten ſich nicht
enthalten,

enthalten, einige mir nachtheilige Reden fallen zu laſſen, ob ſie zwar ziemlich verdeckt herauskamen. Und
von der Zeit an entſtand zwiſchen Sr. Majeſtät und
einigen Miniſtern, die mich boshafter Weiſe anfeinde-
ten, ein heimliches Verſtändnis wider mich, welches
in weniger dann zween Monat Zeit losbrach, und
mir beynahe das Leben gekoſtet hätte. So wenig achten groſſe Herren die allerwichtigſten Dienſte, welche
man ihnen leiſtet, wenn man nur ein mal ſich weigert,
ihren Neigungen zu willen zu werden.

Ungefehr drey Wochen nach dieſer Heldenthat langte
eine ſolenne Geſellſchaft von Blefuscu an, Frieden anzubieten; welcher denn auch in kurzem unter ſehr vortheilhaften Bedingungen für unſern Monarchen (womit ich aber den Leſer nicht aufhalten will) geſchloſſen
ward. Der Geſandten waren ſechs an der Zahl, mit
einem Gefolge von ungefehr fünfhundert Perſonen. Ihr
Einzug war ſehr prächtig, und wie es ſich für die Hoheit ihres Herrn, und für die Wichtigkeit ihres Anbrin-
gens ſchickte. Nachdem die Tractaten, wobey ich ihnen vermöge des Anſehens, ſo ich bey Hofe hatte,
oder wenigſtens zu haben ſchien, gute Dienſte leiſtete,
geſchloſſen waren, ſo machten mir Ihre Excellenzen
(denen man durch beſondere Nachrichten hinterbracht
hatte, daß ich mich zu ihrem Vortheil angenommen
hätte) einen öffentlichen Beſuch. Sie fiengen an, mir
viele Complimenten vorzuſagen, wegen meiner Stärke
und meines großmüthigen Betragens; luden mich im
Namen ihres Herrn ein, daß ich in ſein Gebiet her-
überkommen möchte; und baten mich, ihnen einige
Proben von der ungeheuern Stärke, womit ich begabt
wäre, und wovon ſie ſo viele Wunder gehört, ſehen

E 3   zu

zu laſſen, worinn ich ihnen auch gern zu willen ward; dem Leſer aber mit Erzehlung dieſer abgelegten Proben eben nicht beſchwerlich fallen will.

Nachdem ich ſo Ihre Excellenzen zu Dero unbeſchreib-lichen Vergnügen und Erſtaunen eine Zeit lang unter-halten, erſuchte ich ſie hinwiederum dem Kayſer ih-rem Herrn, deſſen groſſe Eigenſchaften die ganze Welt ſo billig mit Bewunderung eingenommen hätte, meine alleruntertbänigſte Empfeblung zu machen, und ihm zu binterbringen, daß ich entſchloſſen wäre, in mein Va-terland nicht wieder zurükzukehren, ohne die Ehre ge-noſſen zu haben, Ihm meine Aufwartung zu machen. Dem zufolge bat ich Se. Kayſerl. Majeſtät bey der er-ſten Gelegenheit, da ich die Ehre hatte Sie zu ſehen, um Dero ſelbſteigene allergnädigſte Erlaubniß den Mo-narchen von Blefuſcu beſuchen zu dürfen. Der Kayſer geruhete zwar mir dieſelbe zu ertheilen, that es aber (wie ich deutlich merken konnte) auf eine ſehr kaltſinnige Weiſe, wovon ich die Urſache nicht eher wußte, bis mir einer meiner Freunde im Vertrauen ſagte, daß Flimnap nud Bolgolam meine Bekanntſchaft mit dieſen Blefuſciſchen Geſandten als ein Merkmal meiner übeln Geſinnung vorgeſtellet hätten, wovon mein Gewiſſen mich doch gänzlich frey ſprach. Indeſſen war dieſes das erſte mal, da ich anfieng mir die Höfe und Mi-niſter unter einem Begrif vorzuſtellen, der nicht gar alle Vollkommenheiten in ſich ſchlieſſet.

Ich muß hier anmerken, daß die Blefuſciſchen Ge-ſandten durch einen Dollmetſcher mit mir ſprachen, weil die Sprachen dieſer beyden Reiche ſo ſehr von ein-ander unterſchieden ſind, als immer zwo Sprachen in

Europa;

Europa ; wobey iede Nation auf das Alter, die
Schönheit und Nachdrüklichkeit ihrer Sprache stolz ist,
und die Sprache der andern von Herzen verachtet.
Gleichwol zwang unser Kayser die Gesandten, indem
er sich den Vortheil, welchen er durch Bezwingung
ihrer Flotte erhalten hatte, zu Nuze machte, daß sie
ihre Credenz-Schreiben in Lilliputischer Sprache ab-
gefaßt, überliefern, und in eben derselben die Anrede
an ihn halten mußten.   Indessen ist nicht zu läugnen,
daß wegen der starken Handlung, die zwischen beyden
Reichen geführet wird, des Unterschlaufs, welchen man
denen beydseitigen Vertriebenen giebet, und der Gewohnheit beyder Länder, einander ihre vornehmsten jun,
gen Leute zu zuschiken, damit sie die Welt kennen und
Manieren lernen, es dennoch wenige Personen von Ansehen, oder Kaufleute und Seefahrer, die an den Küsten
wohnen, giebt, welche nicht beyder Sprachen mächtig
seyn sollten; gleich ich einige Wochen hernach auf meiner
Reise zu dem Kayser von Blefuscu erfahren, welche bey
aller der Bosheit meiner Feinde, woburch sie mein Unglük suchten, zu meinem gröſten Glüke ausschlug, wie
ich an seinem Ort erzehlen werde.

Der Leser wird sich noch erinnern, daß unter denen
Artikeln, welche ich zu Erlangung meiner Freyheit un-
terzeichnen mußte, einige waren, die mir nicht sonderlich anstanden, indem sie allzuknechtisch heraus
kamen ; und ich würde mich auch denenselben ohne
die äusserste Nothwendigkeit niemals unterzogen haben.
Nachdem ich aber jezt zum Nardac vom höchsten Range
in diesem Reiche geworden war, hielt man dergleichen
Dienste für allzuniedrig, als daß sie mit meiner Würde
bestehen könnten ; und der Kayser, welchem ich es zum
Ruhm nachsagen muß, ließ sich auch niemals kein
Wort davon gegen mir verlauten.   Inzwischen hatte

ich doch Gelegenheit, Sr. Majestät einen (so glaubte
ich wenigstens damals) sehr wichtigen Dienst zu erweisen. Ich ward nemlich ein mal um Mitternacht durch
das Geschrey vieler hundert Leute vor meiner Thüre
plözlich aufgeweckt und in eine Art Schrecken gebracht.
Sie riefen unaufhörlich: Burglum, Burglum. Einige
Bediente des Kaysers drangen sich durch den Haufen,
und kamen mich inständig zu bitten, ich möchte mich
doch unverzüglich nach dem Kayserlichen Pallast verfü-
gen, wo der Kayserin Zimmer durch Nachlässigkeit einer Staats-Dame, die über dem Lesen eines Romans
eingeschlafen, in Brand gerathen waren. Ich stand
den Augenblick auf; und weil man Befehle gegeben,
mir aus dem Wege zu weichen, und es überdem heller
Mondschein war, war ich vermittelst grosser Behutsamkeit so glücklich, zu dem Pallast zu kommen, ohne eine
lebendige Seele erttetten zu haben. Ich fand, daß die
Leute bereits Leitern an die Mauern gelehnet, und mit
ledernen Wasser-Eimern wol versehen waren; das Wasser aber mußten sie ziemlich weit herholen. Diese Ei-
mer waren ungefehr so groß als ein Fingerhut; und die
armen Leute reichten mir solche so hurtig nach einander
als sie konnten. Allein das Feuer war so heftig, daß
sie wenig Würkung thaten. Ich hätte es leicht mit
meinem Oberrocke ersticken mögen; zum Unglük aber
hatte ich ihn aus Eilfertigkeit zurükgelassen, und mich
nur in meinem ledernen Brustwammes geschwinde davon gemacht. Die Sache schien ganz hofnunglos und
bejammernswürdig zu seyn; und dieser prächtige Pallast
würde unfehlbar von den Flammen bis auf den Grund
verzehret worden seyn, wenn ich mich nicht plözlich
durch eine Gegenwart des Geistes, die mir sonst nicht
allzugewohnt ist, auf ein Mittel bedacht hätte. Ich
hatte den Abend zuvor eine gute Portion von einem
sehr delicaten Wein, welchen die Lilliputier Glimigrim,

die

die Blefuscier aber Flunec nennen, (der Lilliputische aber.wird für besser gehalten) zu mir genommen, der den Urin stark treibet; und zum grösten Glüke hatte ich noch nichts von mir gelassen. Die Hize, welche mir die nahen Flammen verursachten, und die Bemü, bung, so ich mir gab, sie zu löschen, würkten auf den Wein, daß ich gereizt ward, mein Wasser zu lassen. Ich that es; und zwar in solchem Ueberflusse, und mit so schiklicher Richtung desselben an die Orte, wo es am nötbiasten war, daß das Feuer in drey Minuten gänzlich gelöschet, und das übrige dieses herrlichen Ge-bäudes, über dessen Erbauung so viele Menschen-Alter verstrichen, glüklich gerettet ward.

Der Tag war nun würklich angebrochen, und ich kehrte wieder in mein Quartier zurük, ohne zu warten, bis ich dem Kayser mein Glükwünschungs-Compliment abgestattet hätte; weil ich ungeachtet des wichtigen Dienstes, den ich geleistet, nicht wissen konnte, wie Se. Majestät mit der Art und Weise, wie solches geschehen, zufrieden seyn möchten. Denn vermöge eines Fundamental-Gesezes in diesem Reiche, ist es eine halsbrüchige Uebelthat, wenn jemand, wer es auch sey, in dem Bezirk des Kayserlichen Pallastes sein Wasser läßt. Ich ward aber dieser Sorge in etwas befreyet, da der Kayser mir zuentbieten ließ, er wollte Ordre stellen, daß das Hofgericht mir einen förmlichen Pardon ausfertigte. Ich konnte aber denselben niemals erhalten; und man sagte mir ingeheim, die Kayserin hätte meine That mit solchem Abscheu aufgenommen, daß sie sich an den entferntesten Ort des Pallastes hin begeben, mit dem festen Vorsaze, daß die Gemächer, wo ich das Feuer gelöschet, zu ihrem Gebrauche nie. mals wieder gebauet werden sollten; und daß sie in Gegenwart ihrer Vertrautesten sich so gar nicht hätte enthalten können zu schwören, daß sie sich an mir rä-chen wollte.

E 5   Das

Das sechste Capitel.

Von der Gelehrsamkeit, den Gesezen und Gewohnheiten der Einwohner in Liliput. Ihre Weise, die Kinder zu erziehen. Die Lebensart des Verfassers in diesem Lande. Ehrenrettung einer vornehmen Dame.

Obschon ich die Beschreibung dieses Reiches in einem besondern Tractate geben werde, so kann ich doch, die Neugier des Lesers zu stillen, nicht umhin, überhaupt etwas davon zu gedenken. Gleichwie die Grösse der Einwohner insgemein etwas unter sechs Zoll ist, also befindet sich bey allen übrigen so wol Thieren als Bäumen und Pflanzen eine genaue Proportion gegen dieselbe. Zum Exempel die grösten Pferde und Ochsen daselbst sind zwischen vier und fünf Zoll hoch; die Schafe anderthalb Zoll, drüber und drunter. Ihre Gänse sind so groß als unsere Sperlinge, und so herunter bis zu den kleinsten Thieren, welche meinen Augen beynahe unsichtbar waren. Hingegen hat die Natur denen Lilliputiern ein Gesicht gegeben, wie es sich zu allen denen Gegenständen schiket, welche sie sehen sollen. Sie sehen sehr deutlich, aber nicht in die Weite. Und zum Beweise wie scharf ihre Augen auf nahe Gegenstände sind, will ich nur anführen, daß ich einst mit grossem Vergnügen zugesehen, wie ein Küchenjung einer Lerche die Federn abgepflükt, welche nicht so groß war als eine gemeine Fliege; und wie ein junges Mädchen einen mir unsichtbaren Faden in eine mir ebenfalls unsichtbare Nehnadel eingefädelt hat. Ihre höchsten Bäume sind ungefehr sieben Fuß hoch. Ich verstehe nemlich solches von einigen in dem Kayserlichen

Parke,

Barke, deren Gipfel ich so gerade, wenn ich den Arm
ausstrekte, oben mit der Fauſt anfaſſen konnte. Die andern Gewächſe ſind in gleichmäſſigem Verhältniß.
Ich überlaſſe aber die Beſtimmung deſſelben der eigenen
Einbildungs-Kraft des geneigten Leſers.

Von ihrer Gelehrſamkeit, die nun viele Menſchen-
Alter her, nach allen Theilen der Wiſſenſchaften bey ihnen im Flor geſtanden, will ich hier nicht viel erweh-
nen. Ihre Schreibart iſt etwas ganz beſonderes. Sie
ſchreiben nemlich weder von der Linken zur Rechten
wie die Europäer, noch von der Rechten zur Linken
wie die Araber, noch von oben herunter wie die Chi-
neſer, ſondern ſeitswärts von einer Ele des Papiers
zu der andern, wie die Damen in England. Ihre
Todten begraben ſie, den Kopf unten und die
Füſſe oben; weil ſie glauben, daß die Erde, welche
ſie für eine ganz ebene Fläche halten, nach Verfluß
eilftauſend Monaten (da nach ihrer Meynung die
allgemeine Auferſtehung erfolgen ſoll) ſich umwenden,
und die obere Fläche unten ſeyn werde; folglich ſie ſich
alsdenn gerade aufrecht auf ihren Füſſen befinden werden. Die Gelehrten unter ihnen geſtehen zwar, daß
ſolches eine ungereimte Meynung ſey. Indeſſen bleibt
die Gewohnheit, aus Gefälligkeit gegen das gemeine
Volk, beſtändig in Uebung.

Es giebt einige Geſeze und Gewohnheiten in dieſem
Reich, welche demſelben ganz eigen ſind. Und wären
ſie nicht denen in meinem wehrten Vaterlande ſchnur-
ſtraks entgegen, ſo hätte ich Verſuchung genug, etwas zu ihrer Vertheidigunge zu ſagen. Nur wäre zu
wünſchen, daß ſie eben ſo genau exquirt würden. Das
erſte, ſo ich anführen will, betrift die Angeber. Alle
Staats-Verbrechen werden mit äuſſerſter Schärfe be-
ſtraft.

ſtraft. Allein wenn die angeklagte Perſon ihre Unſchuld vor Gericht klärlich darthut, ſo wird der Ver-
kläger gleich mit einer ſchmählichen Todes-Strafe be-
leget, und dem unſchuldig erfundenen ſein Zeit-Verluſt,
die Gefahr, ſo er ausgeſtanden, das Ungemach ſeiner
Gefangenſchaft, und alle Unkoſten, die er zu ſeiner
Rechtfertigung hat aufwenden müſſen, von den Gütern
des Verklägers vierfach erſezet; und wenn dieſe nicht
zureichen, ſo erſezet der Kayſer was daran fehlet. Ferner ertheilet der Kayſer einem ſolchen ein öffentliches
Gnaden-Zeichen, und ſeine Unſchuld wird durch öffentlichen Ausruf in der ganzen Stadt kund gemachet.

Betriegerey wird bey dieſem Volke für ein gröſſeres
Verbrechen gehalten als Diebſtal, und deswegen ſelten
anders als mit dem Tode geſtrafet. Denn (ſagen ſie)
mit ein wenig Sorgfalt und Verſtand kann ein Menſch
verhüten, daß man ihn nicht beſtiehlet; aber gegen einen verſchmizten Betrieger hat ein ehrliches Gemüth
keine Waffen: Und da Handel und Wandel in der
menſchlichen Geſellſchaft eine beſtändig nothwendige
Sache iſt, ſo muß ein ehrlicher Mann, wo der Betrug erlaubet oder geduldet wird, ſtets zu Schaden und
ins Verderben, ein ſchelmiſcher Kaufmann hingegen zu
Gewinn kommen. Ich erinnere mich, daß ich einmal
für einen Verbrecher, der ſeinem Herrn mit einer ſtarken Summe Geldes, welche er auf ſeinen Befehl in
Empfang genommen, durchgegangen war, bey dem
Kayſer eine Fürbitte eingeleget. Zu Verringerung ſeines
Fehlers ſagte ich unter anderm, daß es doch mehr nicht
als ein Mißbrauch des Vertrauens wäre, welches ſein
Herr zu ihm gehabt hätte. Se. Majeſtät aber hielten
es für etwas ganz ungeheuers, daß ich zu Verringerung
des Verbrechens etwas anführte, wodurch es gerade
am allermeiſten vergröſſert würde. Und in der That,
ich

ich wußte wenig anders zu antworten, als was man
insgemein zu sagen pflegt: jedes Land habe seine eigene
Sitten. Denn ich gestehe, daß ich von Herzen beschä-
met war.

Obschon wir gemeiniglich Belohnung und Strafe
die zween grossen Angel nennen, um welche alle Regierungen sich drehen; so muß ich doch bekennen, daß
die Lilliputier das einzige Volk sind, welches ich diesen Grund würklich in Uebung bringen gesehen. Wer
bey ihnen hinlänglich beweisen kann, daß er die Geseze
des Landes drey und siebenzig Monat lang genau beobachtet habe, der hat Anspruch auf gewisse Vorrechte,
nach Beschaffenheit seines Standes und seiner Lebens-
Art. Nebst diesen bekömmt er aus einem hiezu gewid-
meten Fond eine gewisse Summe Gelds, und dabey
noch den Ehren-Titel eines Snillpals, oder Getreuen,
der seinem Namen beygesezet, aber nicht fortgeerbt wird.
Die Lilliputier hielten es für einen entsezlichen Mangel
an unserer Policey, da ich ihnen sagte, daß unsere Geseze bloß
unter angedroheten Strafen, ohne einige Meldung von
Belohnungen, eingeschärfet würden. Aus dieser Ursache
siehet man in ihren Gerichtshöfen das Bildnis der Gerechtigkeit mit sechs Augen vorgestellet. Zwey von
vorne, so viel von hinten, und auf jeder Seite eines,
die Vorsichtigkeit anzudeuten; ferner mit einem offenen
Gold-Beutel in ihrer Rechten, und einem eingestekten
Schwerd in der Linken, zum Zeichen, daß sie mehr
zu belohnen als zu bestrafen geneigt sey.

Bey Bestellung aller ihrer Aemter sehen sie in der
Wahl der Personen mehr auf Tugend als auf grosse
Geschiklichkeit. Denn weil unter denen Menschen Re-
giment und Obrigkeiten etwas unentbehrliches sind, so
glauben sie, daß das gemeine Maaß des menschlichen
Verstandes

Verstandes bequem gemachet seyn müsse, einem oder
dem andern Amt vorzustehen; und daß die Absicht der
göttlichen Vorsehung niemals habe seyn können, die
Verwaltung öffentlicher Geschäfte zu einem solchen Geheimniß zu machen, welches nur wenige Menschen von
sublimem Geist, deren in einem Jahrhundert kaum
drey geboren werden, könne begrifen werden: Da hingegen Wahrheit, Gerechtigkeit, Mässigung und andere
dergleichen Tugenden in eines jeden Gewalt stehen, und
deren Ausübung, wenn sie von etwas Erfahrung und
einem guten Vorsaz unterstüzet würden, einen jeden
tüchtig machen, seinem Vaterlande zu dienen; man
nehme dann die wenigen Bedienungen aus, wozu Gelehrte erfodert werden. Der Mangel aber sittlicher Tugenden würde durch ausserordentliche Verstandes-Kräfte
so wenig ersezet, daß vielmehr die Aemter niemals in
gefährlichere Hände, als solcher Personen, können übergeben werden; und daß wenigstens die Fehler, welche
ein Tugendhafter aus Unwissenheit begehet, niemals
von so verderblichen Folgen für das gemeine Wesen
seyn werden, als die Handlungen eines Mannes, der
von seinen Neigungen getrieben wird böses zu thun,
und dabey grosse Geschiklichkeit besizt, seine bösen Thaten auszuführen, zu vervielfältigen, und zu vertheidigen.

Imgleichen bleiben alle diejenigen von Bedienung öffentlicher Aemter ausgeschlossen, welche keine göttliche
Vorsehung glauben. Denn da die Könige selbst behaupten, daß sie derselben Statthalter sind, so könnte
(sagen die Lilliputier) wol nichts ungereimter seyn,
als daß ein Fürst solche Leute zu seinen Unterbeamten
machte, welche die Gewalt verneinen, unter deren er
selbst stehet.

Bey

Bey Anführung aber dieser und folgender Geseze gehe
ich nur auf die ursprüngliche Einsezung derselben,
nicht aber auf die höchst ärgerlichen Verderbnisse, worein
dieses Volk nach dem allgemeinen Verderben der menschlichen Natur gefallen. Denn was zum Exempel die
schändliche Gewohnheit betrift, sich hohe Ehrenstellen
und besondere Gnadenzeichen dadurch zu erwerben, daß
man auf dem Seile danzet, über den Stok springet
und drunter wegkriechet, so beliebe der Leser zu bemerken, daß dieselben zuerst von dem Großvater des jezt regierenden Kaysers eingeführet worden, und durch das
allmählige Zunehmen der Factionen und des Partey-
geistes auf den gegenwärtigen hohen Grad gestiegen ist.

Die Undankbarkeit ist ein Capital-Verbrechen bey
ihnen; so wie sie nach der Historie auch in einigen andern
Ländern gewesen. Denn sie machen den Schluß, daß
wer seinem Wolthäter übel begegnet, der müsse nothwendig ein Feind des ganzen menschlichen Geschlechtes
seyn, als von welchem er keine besondern Gutthaten
empfangen habe; daher man einem solchen das Leben
nicht lassen könne.

Ihre Begriffe von den Pflichten der Eltern und der
Kinder gegen einander, sind von den unsrigen äusserst
unterschieden: Denn da die Paarung beyderley Geschlechtes sich auf das grosse Natur-Gesez gründet, daß
die Gattung (Species) fortgepflanzet werde; so behaupten die Lilliputier, daß Mann und Weib gleich andern Thieren durch die natürliche Begierde, eines zu dem
andern gezogen werde, und daß die zärtliche Liebe zu
ihren Kindern von dem nemlichen Gesez der Natur herrühre: Daher sie nimmer gestehen, daß ein Kind gegen
seinen Vater, darum daß er es gezeuget; und gegen
seine

feine Mutter , darum daß ſie es geboren , in einiger
Verbindlichkeit ſtehe ; indem ſolches in Betrachtung
des Elendes des menſchlichen Lebens weder eine Wol-
that an ſich ſelbſt ſey, noch als eine ſolche von den Eltern ſelbſt gegeben worden, als welche bey ihrer Begat-
tung an ganz was anders gedacht hätten.   Dieſen und
andern dergleichen Vernunft-Schlüſſen zufolge, glauben
ſie, daß man die Auferziehung der Kinder ihren eigenen
Eltern am allerwenigſten anvertrauen dörfe ; und haben
deswegen in allen ihren Städten öffentliche Schulen angeleget, wohin alle und jede Eltern (die Bauern und Taglöhner ausgenommen) verbunden ſind, ihre Kinder benderley
Geſchlechts zur Auferziehung zu ſchiken, ſo bald ſie das
Alter von zwanzig Monden erreicht haben, als nach
welcher Zeit man ſie für fähig hält, einigen Unterricht
annehmen zu können.   Dieſe Schulen ſind von verſchie-
dener Gattung, je nach dem Unterſchied des Standes
und des Geſchlechtes der Kinder.   Und es finden ſich
da geſchikte und erfahrne Lehrmeiſter, die Kinder zu
einer Lebens-Art vorzubereiten, welche dem Stand ihrer Eltern, und zugleich denen Fähigkeiten und Neigungen der Kinder ſelbſt gemäß iſt.   Ich will zuerſt von
den Knaben - und hernach von den Mägdgen-Schulen
etwas inſonderheit gedenken :

Die Schulen für Knaben von vornehmer Geburt,
ſind mit ernſthaften und gelehrten Profeſſoren, welche
ihre Unter Lehrmeiſter unter ſich haben , verſehen. Die
Kleider und Speiſen der Kinder ſind ſchlecht und gerecht.   Man präget ihnen die Grundſäze der Religion,
der Tugend, der Ehre, der Gerechtigkeit, Dapferkeit,
Beſcheidenheit, Barmherzigkeit und der Liebe des Vaterlandes ein.   Man giebt ihnen immerfort etwas zu
thun ; die Zeit, da ſie eſſen oder ſchlafen, welche ſehr
eingeſchränkt iſt, und die zwo Stunden ausgenommen,

ſo ihnen täglich zu ihrer Ergötzlichkeit vergönnet werden,
welche in Leibes-Uebungen beſtehet. Sie werden von
Mannsperſonen bis in das vierte Jahr angekleidet; alsdenn aber müſſen ſie ſich ſelbſt ankleiden, ſo vornehmen
Standes ſie auch immer ſeyn mögen: Und die Bedienten weiblichen Geſchlechtes, welche nach Proportion
unſrer Weibsleute funfzig Jahre alt ſind, werden blos
zu Verrichtung der gemeinen häuslichen Geſchäfte
gebraucht. Mit denen Bedienten dürfen die Kinder
ſich nicht gemein machen, ſondern ſie kommen in mehrerer oder weniger Anzal zuſammen, ſich unter einander ſelbſt zu beluſtigen; und das allezeit in Gegenwart
eines Profeſſors oder Unter-Lehrmeiſters, wodurch ſie
denen frühzeitigen ſchlimmen Eindrüken von Thorheit
und Laſter, welchen unſere Kinder ausgeſezet ſind, vorbeu-
gen. Die Eltern dürfen ihre Kinder nicht mehr als des
Jahrs zwey mal beſuchen; und dieſer Beſuch muß nicht
länger als eine Stunde währen. Beym Weggehen iſt ihnen erlaubt, ihre Kinder zu küſſen; es iſt aber allezeit
ein Profeſſor dabey gegenwärtig, welcher nicht duldet,
daß ſie ihnen in die Ohren flüſtern, ihnen eine närri-
ſche Zärtlichkeit bezeugen, oder Zuker und ander dergleichen Genäſche zuſtelen.

Wenn das Geld für den Unterhalt und die Erzie-
hung der Kinder von ihren Eltern nicht richtig bezahlt
wird, ſo tragen die Beamten des Kayſers Sorge, daß
es eingetrieben wird.

Die Schulen für Kinder geringern Standes, als
der gemeinern Edelleute, der Kaufleute, Krämer und
Handwerker, ſind nach Proportion auf eben dieſe Art
eingerichtet. Nur daß diejenigen, ſo zu einer Begau-
genſchaft gewidmet ſind, im eilften Jahre ihres Alters
in die Lehre gethan werden; da hingegen die Kinder
vornehmen Standes bis in ihr fünfzehendes, welches

V. Theil.　　　F　　　unſerm

unserm ein und zwanzigsten entspricht, in denen Anstalten bleiben. In den drey lezten Jahren aber läßt
man von der Strengigkeit gegen sie allmählig nach.

In den Mädgen-Schulen werden die jungen Fräulein beynahe eben so erzogen wie die jungen Herrgen,
nur daß sie von Personen ihres Geschlechtes, doch allezeit in Gegenwart eines Professors oder Unter-Lehr-
meisters, bis in das fünfte Jahr angekleidet werden,
da sie solches denn selbst thun müssen. Und wenn es sich
findet, daß ihre Hofmeisterinnen sich jemals unterstehen,
dieselben mit Erzehlungen von Gespenster-Historien,
dummen Mährgen, und andern dergleichen Frazen zu
unterhalten, wie unsere Kinderwärterinnen in Europa
im Gebrauche haben, so werden diese drey mal öffentlich gestäupet, ein Jahr lang gefangen gesezet, und
hernach Zeit Lebens an den unbewohntesten Ort des
ganzen Reiches ins Elend verwiesen. Dadurch erhalten sie, daß ihre jungen Frauenzimmer sich eben so
sehr schämen furchtsam und närrisch zu seyn, als das
Mannsvolk, und daß es ausser der Reinlichkeit und dem
Wolstand allen andern Puz verachtet. Ich konnte auch
keinen andern Unterschied ihrer Auferziehung in Ansehung ihres Geschlechtes wahrnehmen, als nur daß ihre
Leibes-Uebungen nicht so stark sind, wie des männlichen
Geschlechtes; daß man ihnen einige Regeln giebt, die
Haushaltung wol zu führen, und das sie den Wissenschaften nicht eben so stark obligen müssen, als die
Mannspersonen: Denn es ist eine Grundregel bey diesem Volke, daß ein Frauenzimmer von Stande stets eine
vernünftige angenehme Ehegattin seyn müsse, weil sie
nicht immer jung und schön bleiben kann. Wenn die
Fräulein ihr zwölftes Jahr erreicht haben, in welchem
Alter sie mannbar sind, so nehmen ihre Eltern oder Vor-
münder sie wieder zu sich, statten denen Professoren
den

den verbindlichsten Dank ab; und bey dem Abschiede
geschiehet es selten, daß das junge Fräulein und ihre
Gespielen nicht zärtliche Thränen vergiessen.

In denen Anstalten für Mädgen von geringerer Her=
kunst lernen dieselben allerley Arbeit, so ihrem Ge=
schlechte und dem verschiedenen Grade ihres Standes
angemessen ist. Die, so in die Lehre gethan werden
sollen, schikt man in ihrem siebenden Jahre dahin; die
andern aber behält man bis in ihr eilftes Jahr.

Die gemeinern Familien, welche Kinder in denen
Anstalten haben, müssen nebst dem iährlichen Kostgelde,
so sich nicht hoch beläuft, auch noch alle Monate ein
Theil von demjenigen, was sie gewinnen, an die
Schafner dieser Schul=Häuser abgeben, welches für
ihre Kinder als eine billige Erbsportion aufbehalten,
und ihnen heraus gegeben wird, wenn sie selbst Nah=
rung zu treiben anfangen: Daher den Eltern durch
ein Gesez vorgeschrieben ist, wie weit ihr Aufwand sich
erstreken soll; denn (sagen die Lilliputier) es könnte
nichts unbilligers seyn, als daß gemeine Leute, um
ihren Begierden ein Genügen zu thun, einen Haufen
Kinder in die Welt sezen, und die Last, sie zu erhalten dem
gemeinen Wesen überlassen. Was die Personen vor=
nehmen Standes betrift, so geben diese genugsame
Versicherung, daß jedes ihrer Kinder eine gewisse sei=
nem Stande gemässe Summe bekommen soll. Und
diese obgedachten Fonde werden iederzeit mit der grö=
sten Treue und genauesten Richtigkeit besorget.

Die Bauern und Taglöhner behalten ihre Kinder
bey sich zu Hause, weil sie blos zur Anbauung des
Landes bestimmet sind, und an ihrer Auferziehung dem
gemeinen Wesen weniger gelegen ist. Alte und kranke

F 2   aber

aber von dieser Art Leute, werden in Hoßßtälern versorget: Denn Betteln ist eine in diesem Lande unbekannte
Begangenschaft.

Und hier vielleicht ist der Ort, wo es dem Leser
einiges Vergnügen bringen mag, wenn ich auch etwas
von meiner eigenen Haußhaltung und Lebensart erzehle,
welche ich die neun Monate und dreyzehn Tage über, so
ich in diesem Lande zugebracht, geführt habe. Da die
Natur mir ein etwelches Geschike zur Mechanik verliehen, und jezt die Noth dazu gekommen war, so hatte
ich mir selbst von den stärksten Bäumen in dem Kayserlichen Parke einen Tisch und einen Stul verfertiget,
womit ich mich so ziemlich behelfen konnte. Zweyhundert Näherinnen mußten mir Hemden, und Beth-
und Tischtücher, alles von dem stärksten und gröbsten
Leinen, so sie bekommen konnten, verfertigen, welches sie dessen ungeachtet vielfach über einander legen
und mit der Nadel stoppen mußten. Denn das dikste
war doch noch einige Grade feiner als das zärteste
Cambray-Tuch. Ihre Leinwand ist ordentlich drey
Zoll breit; und drey Fuß in die Länge machen ein
ganzes Stük aus. Ich mußte mich auf die Erde niederlegen, damit mir die Näherinnen zu den Hemden
das Maaß nehmen könnten; da mir denn eine oben
an dem Halse, und eine andere an der Mitte des
Schenkels mit einem starken außgespannten Faden stand,
welchen sie an beyden Enden hielten, indessen daß eine
dritte die Länge desselben mit einer Elle maß, die einen
Zoll lang war. Nach diesem maßen sie mir den rechten Daumen, und verlangten weiter nichts. Denn
nach mathematischer Berechnung, daß der Umfang des
Daumens zwey mal genommen, die Dike des Gelenkes

an

an der Hande, diese gedoppelt den Umfang des Halses,
und diese zwey mal genommen, die Dike des Leibes
ausmache; wie auch mit Hülfe meines alten Hemdes,
welches ich ihnen zum Muster auf die Erde ausbreitete,
staffierten sie mich würklich vollkommen wol aus. Ingleichem arbeiteten dreyhundert Schneider an einer Kleidung für mich. Allein diese hatten eine andere Weise
mir das Maaß zu nehmen: Ich mußte mich auf die
Knie niederlassen, da sie denn eine Leiter gegen mir
aufrichteten, die mir bis an den Hals reichte. Hernach stieg einer derselben auf diese Leiter hinauf, und
ließ von meiner Halsbinde ein Senk-Bley bis auf die
Erde herunter, welches gerade die Länge zu meinem
Ober-Rok war. Die Länge und Weite aber der Weste,
und meine Arme maß ich selbst. Wie das Kleid
(woran sie in meinem Hause arbeiteten, weil sie auch
in dem räumlichsten der ihrigen nicht Plaz gehabt hätten.) fertig war, so sah es wie die Stük-Arbeit der
Damen in England aus; nur daß die Stüke, wovon
mein Kleid zusammengesezt war, alle einerley Farbe
hatten.

Dreyhundert Köche mußten mir das Essen zubereiten,
welche mit ihren Familien nahe an meinem Hause unter kleinen bequemen Zelten sich aufhielten; und jeder
derselben hatte zwo Schüsseln für mich zu besorgen.
Ich nahm, wenn ich speisete, zwanzig Aufwärter in
die Hand, und sezte sie auf den Tisch; und mehr als
hundert warteten auf der Erde auf, theils mit Schüsseln voll Speisen, theils mit Tonnen voll Wein oder
andern Getränkes, welche sie von den Schultern ab-
hangen hatten; und dieses alles zogen die Aufwärter,
so auf der Tafel standen, je nachdem ich etwas nöthig
hatte, an gewissen Winden geschikt herauf, ungefehr
wie man die Wasser-Eimer an den Zieh-Brunnen in

F 3 Europa

Europa herauszsiehet. Eine ihrer Schüsseln voll machte
einen guten Mundbissen aus; und eine Tonne mit
Getränke konnte ich auf einen Zug ausleeren. Ihr
Schaaf=Fleisch ist nicht so gut als das unsrige; Das
Rind=Fleisch hingegen ist vortreflich. Einmal bekam
ich ein Rüken=Stük, welches so groß war, daß ich drey
Bissen daraus machen muste; dergleichen aber ist et=
was seltenes. Meine Aufwärter standen ganz erstau=
net, da sie mich dasselbe mit Knochen und allem essen
sahen, so wie wir bey uns etwann mit einem Lerchen=
Beingen zu thun pflegen. Aus einer Gans oder einem
welschen Hane machte ich ordentlich nur einen Bissen;
und ich muß bekennen, daß dieses Flügelwerk weit de=
licater schmeket als das unsrige. Von ihren kleinern
Vögeln konnte ich wol zwanzig bis dreissig an der
Spize meines Messers zum Munde führen.

Eines Tages wollten Se. Kayserl. Majestät, die von
meiner Art zu leben gehört hatten, das Glük (wie
Sie es nennten) haben, nebst Dero Gemalin und gan=
zen Durchlauchtigsten Familie mit mir zu speisen. Sie
erschienen demnach; und ich sezte sie auf ihren Lehn=
Sesseln mir gerade gegen über auf meinen Tisch, und
ihre Leib=Wachen hinter ihnen. Flimnap, der Crone
Groß=Schazmeister befand sich mit seinem weissen
Stabe mit unter dem Gefolge zur Aufwart; und ich
beobachtete, daß er mich öfters mit einer sauern Mine
anblitte; stellte mich aber an, als ob ich es nicht be=
merkte, und aß meinem werthen Vaterlande zu Ehre,
und den anwesenden Hof recht in Verwunderung zu
sezen, mehr als gewöhnlich. Indessen habe ich beson=
dere Gründe zu glauben, daß dieser Besuch von Sr.
Kayserl. Majestät dem Flimnap Gelegenheit gegeben,
mich übel bey seinem Herrn anzuschreiben. Dieser Mi=
nister war stets mein heimlicher Feind gewesen, ob=

schon

schon er äusserlich sich freundlicher gegen mich bezeigte, als sonst mit seinem natürlichen morosen Wesen übereinkam. Er stellte dem Kayser den Zustand der Schatzkammer vor: Daß er Gelder auf starke Interessen aufnehmen müßte; daß die Bankzedel auf die Kayserliche Schatzkammer nicht mehr unter neun pro Cent, Cours hätten; daß ich in so kurzer Zeit Se. Majestät über anderthalb Millionen Sprugs (welches ihre grösten Goldstüke, ungefehr so dik als ein Goldflittergen, sind) gekostet hätte; und kurz, daß Se. Majestät wol thun würden, wenn sie die erste die beste Gelegenheit ergriffen, mir meinen Abschied zu geben.

Ich halte mich verpflichtet, hier die Ehre einer vortreflichen Dame zu retten, welche unschuldiger Weise um meinetwillen in einen übeln Ruf gekommen war: Der Schatzmeister hatte sich die Grille in den Kopf kommen lassen, auf seine Gemalin eifersüchtig zu werden, weil ihm böse Zungen beygebracht, als ob sie heftig in mich verliebt wäre; und es gieng einige Zeit lang am ganzen Hofe das Gerücht herum, sie hätte mir einst ingeheim einen Besuch in meinem Hause abgestattet. Ich protestire aber, daß solches die allerschändlichste Unwahrheit und ohne alle weitere Begründnis ist, als daß Ihre Gnaden beliebten, mich mit Zeichen der unschuldigsten Freymüthigkeit und Freundschaft zu beehren. Ich gestehe, daß sie öfters zu mir in meine Wohnung gekommen, jedoch allezeit öffentlich, und kein mal ohne ein Begleit von drey andern Personen in der Kutsche bey sich zu haben, welche gemeiniglich ihre Schwester, ihre kleine Tochter und eine ihrer guten Freundiunen waren; dieses aber thaten noch viele andre Damen von Hofe mehr: Und ich darf mich keklich auf meine Bedienten insgesamt berufen, ob sie jemals eine Kutsche vor meiner Thüre gesehen, ohne zu wissen was

für

für Perſonen ſich darinnen befunden? Bey dergleichen
Gelegenheit, wenn mir einer meiner Bedienten meldete,
daß eine Kutſche vor meiner Thüre hielt, war meine
Gewohnheit, mich ſo gleich heraus zu begeben, und
nach geſchehener Bewillkommung derer, die ſich darinn
befanden, die Kutſche mit zwey Pferden (denn wenn
ihrer ſechſe davor waren, ſo mußte der Kutſcher viere
davon außſpannen) ſorgfältig in meine Hände zu nehmen, und ſie auf den Tiſch zu ſezen, um welchen ich
zu Verhütung alles Unglükes einen Rand fünf Zoll
hoch, und den man jedes mal wieder wegnehmen
kounte, einſtekte. Es hat ſich öfters zugetragen, daß
ich vier ſolcher Caroſſen voller Leute mit ihren Pferden
auf einmal auf meinem Tiſche ſtehen gehabt, indeſſen
daß ich alsdenn auf meinem Stule ſaß, und das Geſicht gegen ſie zuneigete; und indem ich ſo dieſe oder
jene Partey von ihnen unterhielt, fuhren die Kutſcher
indeſſen mit denen andern ſehr artig um den Tiſch herum. Ich habe manchen Nachmittag in dergleichen
Unterhalt auf die angenehmſte Weiſe zugebracht; fo-
dere aber den Groß-Schazmeiſter und ſeine beyden
Spionen den Cluſtrill und Drunlo (denn ich will ſie
nur nennen, und erwarten was ſie thun wollen) hier
öffentlich auf, zu beweiſen, daß jemals ein Menſch
incognito zu mir gekommen; den Secretair Reldreſal
ausgenommen, der, wie ich ſchon gemeldet, auf Sr.
Kayſerl. Majeſtät ausdrüklichen Befehl mir einen Beſuch abſtatten mußte. Ich würde mich über dieſem
Puncte nicht ſo lange aufgehalten haben, wenn es
nicht eine Sache wäre, wobey die Ehre einer vornehm-
men Dame intereſſiert iſt; von mir ſelbſt nichts zu gedenken, der ich damals gleichwol die Ehre hatte, ein
Nardac zu ſeyn, welches der Groß-Schazmeiſter ſelbſt
nicht iſt; denn es weiß jedermann, daß er nur ein
Glumlum iſt, ein Titel, der nach um einen Grad weniger

niger ist, als der Titel eines Marquis, zu rechnen gegen einen Herzog in England; wie wol ich gestehe,
daß er wegen des Amts, so er bekleidet, den Rang vor
mir hatte.   Diese Verleumdungen nun, welche mir
durch einen gewissen Zufall, der sich hier eben nicht zu
erzehlen schiket, zu Ohren kamen, waren Ursache, daß
Flimnap eine Zeit lang seiner Gemalin eine saure, mir
aber eine noch saurere Mine gemacht; und wie wol
man ihm endlich seinen falschen Verdacht benommen,
und er mit ihr wiederum ausgesöhnet worden, so verlor ich doch allen Credit bey ihm; und fand, daß die
Gunst des Kaysers selbst gegen mir abnähme, als welcher (die Wahrheit zu sagen) sich von diesem Liebling
allzusehr regieren ließ.

F 5   Das

Das siebende Capitel.

Der Verfasser höret, daß man ihn des Hochverraths beschuldigen will, und flüchtet nach Blefuscu. Wie er daselbst empfangen worden.

Ehe ich meine Abreise von Lilliput erzehle, mag
nicht undienlich seyn, daß ich den Leser von einer geheimen Intrigue benachrichtige, welche sich seit zween
Monaten wider mich angesponnen hatte.

Bißher war mir das Hofleben eine ganz unbekannte
Sache, weil die Niedrigkeit meines Standes mir nicht
erlaubt hatte, jemals an einen Hof zu kommen. Von
der Art und Beschaffenheit grosser Prinzen und Minister hatte ich zwar viel genug gehört und gelesen; das
aber hätte ich nimmermehr vermuthet, daß ich in einem so entfernten und (wie ich glaubte) nach ganz
andern als in Europa gebräuchlichen Staats-Maximen regierten Lande solche entsezliche Würkungen davon
würde zu erfahren haben.

Da ich mich so eben fertig machte, dem Kayser von
Blefuscu meine Aufwart zu machen, kam einst in der
Nacht ein gewisser bey Hofe hoch angesehener Herr
(welchem ich ehedem, da er bey dem Kayser gar sehr
in Ungnade gefallen war, einen wichtigen Dienst erwiesen hatte) in einem beschlossnen Tragsessel vor mein
Haus, und verlangte (ohne seinen Namen zu melden)
Audienz. Die Träger wurden zurükgeschikt. Ich nahm
den Tragsessel, samt dem Herrn, so darinn saß, stekte
ihn in die Tasche; und nachdem ich einem Bedienten,
auf den ich mich verlassen konnte, befohlen zu sagen;

ich

ich sey etwas unpäßlich, und hätte mich in die Ruhe
begeben, verriegelte ich die Thüre, sezte den Tragseſſel
(nach meiner Gewohnheit) auf den Tiſch, und ließ
mich auf meinem Stul ebenfalls dabey nieder. Nach
beyderſeits abgeſtatteten gewöhnlichen Complimenten
bemerkte ich, daß dieſer Herr ganz betroffen ausſah;
und da ich ihn um die Urſache fragte, bat er mich,
ich möchte ihn mit Gedult über eine Materie anhören,
die meine Ehre und wol gar mein Leben beträfe. Und
hier folget der wörtliche Inhalt seiner Rede, wie ich
ſie gleich nach seinem Abſchiede aufgezeichnet habe.

„ Ich muß euch (ſagte er) anzeigen, daß die Zeit
„ her euertwegen zu gar verſchiedenen malen Ausſchüſſe
„ von dem geheimen Rathe in möglichſter Stille ſind
„ verſammlet geweſen ; und es iſt nicht länger als
„ zween Tage, daß Se. Majeſtät endlich zu einem
„ Entſchluſſe gekommen.

„ Ihr wiſſet wol, daß Skyresh Bolgolam (Galbet
„ oder Groß-Admiral) beynahe von dem Augenblike
„ euer Ankunft an, euer Todfeind geweſen. Die erſten Ur-
„ ſachen ſeines Haſſes ſind mir unbekannt. So viel aber
„ iſt gewiß, daß ſich ſolcher ſeit dem glorwürdigen Er-
„ folge euers Unternehmens gegen die Flotte von Ble-
„ fuſcu vermehret hat, indem ſeine eigene als Groß-
„ Admirals, Ehre, dadurch ſehr iſt verdunkelt worden.
„ Dieſer Herr, und Flimnap, der Groß-Schazmei-
„ ſter, deſſen Feindſchaft gegen euch, um ſeiner Ge-
„ malin willen jedermann bekannt iſt ; ingleichem der
„ General Limtoc, der Kammerherr Lalcon, und der
„ Ober-Gerichts-Präſident Bälmuff haben Klagepuncten
„ wider euch aufgeſezet, worinn ſie euch des Hochver-
„ raths und andrer Capital-Verbrechen beſchuldigen.

„ Da

Da ich mir meiner Verdienste, und zugleich meiner Unschuld vollkommen bewußt war, so erwekte diese Vorrede eine solche Ungeduld bey mir, daß ich ihm ins Wort fallen wollte; er ersuchte mich aber, ihn weiter reden zu lassen, und fuhr also fort:

„ Aus Dankbarkeit für die Dienste, so ihr mir ge-
„ leistet, habe ich von der ganzen Sache umständliche
„ Nachricht eingezogen, und eine Abschrift der Anklag-
„ puncten zur Hande gebracht, welches mir, wenn es
„ auskäme, wol den Kopf kosten würde.

Anklag=Puncten wider Quinbus Fle-strin, oder den Mann Berg.

Erster Punct.

Obschon unter der Regierung Sr. Kayserl. Majestät Calin Deffar Plune, glorwürdigen Unden-kens, ein Gesez ist einregistriert worden, daß wer immer sich unterstehen würde, in dem Bezirke des Kayserl. Pallastes sein Wasser zu lassen, des Hochverraths schuldig seyn soll; so hat sich doch er-wehnter Quinbus Flestrin troz dieses Gesezes er-kühnet, unter dem Vorwande das Feuer, so sich in den Gemächern Sr. Majestät allertheuersten Gemalin entzündet hatte, zu löschen, eben dieses Feuer boshafter, verrätherischer und teuflischer Weise durch Entlassung seines Urins auszulöschen, da er sich inner dem Bezirke des Kayserl. Pal-lastes befand; zuwider dem klaren Buchstaben des Gesezes; zuwider der schuldigen Ehrerbietung ꝛc.

Zweyter

Zweyter Punct.

Nachdem ermeldter Quinbus Fleſtrin die Flotte von Blefuſcu in den Kayſerl. Hafen gebracht, und darauf von Sr. Kayſerl. Majeſtät Befehl bekommen, ſich aller noch übrigen feindlichen Schiffe ebenfalls zu bemächtigen, damit dieſes Reich zu einer Provinz gemachet, folgends durch einen Statthalter regieret, und nicht allein alle Rädelsführer der Faction von der alten Weiſe die Eyer zu öfnen, die ſich in gedachtes Reich geflüchtet, ſondern auch alle daſigen Einwohner, welche dieſe Kezerey nicht den Augenblik abſchwören würden, getödet und ausgerottet werden möchten; ſo hat doch gedachter Fleſtrin, als ein treuloſer Verräther an Sr. allerhöchſten Kayſerl. Majeſtät, ſich geweigert, dieſen Dienſt zu leiſten; unter dem Vorwande, daß er die Gewiſſen nicht zwingen, noch ein freyes, unſchuldiges Volk um Leben und Freyheit bringen wolle.

Dritter Punct.

Als einige Geſandte von Blefuſcu gekommen, bey Sr. Majeſtät um Frieden zu bitten, ſo hat er (mehr gedachter Fleſtrin) verrätheriſcher Weiſe ſich dieſer Geſandten angenommen, ihnen aufs eifrigſte geholfen, Muth eingeſprochen, und ſie mit Luſtbarkeiten unterhalten; obſchon er gewußt, daß ſie Diener eines Prinzen wären, der kurz zuvor ſich gegen Sr. Kayſerl. Majeſtät als ein Feind bezeiget, und in öffentlichem Kriege gegen Dieſelbe geſtanden.

Vierter

Vierter Punct.

Auch machet ſich gedachter Quinbus Fleſtrin (der Pflicht eines treuen Unterthanen gerade zuwider) fertig, eine Reiſe an den Hof zu Blefuſcu zu thun, welches ihm doch Se. Majeſtät nur mündlich zugeſtanden; und unter dem Vorwande dieſer Erlaubnis ſuchet er dieſe Reiſe treuloſer und verrätheriſcher Weiſe ins Werk zu ſezen, um dem Kayſer von Blefuſcu zu helfen, zu rathen und beyzuſpringen; ungeachtet der ſo neuerlichen Feindſeligkeiten und des öffentlichen Krieges, welchen derſelbe gegen allerhöchſte Kayſerl. Majeſtät geführet.

„ Es waren noch einige andre Puncte mehr; doch
„ dieſe viere, von denen ich euch hier den Extract vor-
„ geleſen, ſind die wichtigſten.

„ Man muß geſtehen, daß Se. Kayſerl. Majeſtät
„ bey dem Streit, welchen es ſezte, ſo oft dieſe An-
„ klage aufs Tapet gebracht ward, viele Kennzeichen
„ Dero groſſen Gelindigkeit gaben, indem Sie eure
„ geleiſteten Dienſte erhoben, und eure Verbrechen zu
„ verringern ſuchten. Der Schazmeiſter und der Ad-
„ miral wollten durchaus haben, daß man euch den
„ grauſamſten und ſchmählichſten Tod anthun, und
„ zu dem Ende euer Haus mit Feuer anſteken ſollte.
„ Der General wollte mit zwanzig tauſend Mann
„ kommen, und euch Geſicht und Hände mit vergifte-
„ ten Pfeilen verwunden. Eine andere Meynung war,
„ man ſollte einigen von euern Bedienten, heimlichen
„ Befehl zuſtellen, eure Hemden und Bethtücher mit
„ einem vergifteten Safte zu beſtreichen, welches ma-
„ chen

„ chen würde, daß ihr bald euer eigen Fleisch zerreissen
„ und unter der empfindlichsten Marter sterben würdet;
„ und mit dieser Meynung conformierte sich der Ge-
„ neral, so daß die Mehrheit der Stimmen eine lange
„ Zeit wider euch war; doch Se. Majestät um euch,
„ wo möglich, das Leben zu erhalten, machten den Kam-
„ merherrn von der Partey euer Feinde abwendig,
„ und brachten ihn auf Ihre Seite.

„ Auf dieses hin befahl der Kayser dem Ober-Se-
„ cretair Reldresal, welcher sich jederzeit als einen auf-
„ richtigen Freund von euch bewiesen, seine Mey-
„ nung zu sagen, welches er mithin that; und zwar
„ auf eine Weise, welche die gute Meynung, so ihr
„ von ihm gefaßt habet, rechtfertiget. Er gestand, daß
„ eure Verbrechen groß wären; daß aber dennoch
„ Gnade, die allerschönste Tugend an einem Fürsten,
„ und welcher wegen der Ruhm-Sr. Kayserl. Majestät
„ billig so groß wäre, immer noch statt hätte. Die
„ zwischen ihm und euch geflogene Freundschaft,
„ sagte er, wäre so bekannt, daß ihn vielleicht die er-
„ lauchte Versamlung, vor deren er redete, der Par-
„ teylichkeit beschuldigen möchte; indessen wollte er
„ dem Befehl Sr. Kayserl. Majestät zu gehorchen,
„ doch seine Meynung frey heraussagen. Wenn nem-
„ lich Se. Majestät in Betrachtung der von euch ge-
„ leisteten Dienste, und nach Ihrer angebornen Gna-
„ de, euch das Leben schenken, und euch nur die Au-
„ gen ausstechen lassen wollten, so hielte er in aller
„ Unterthänigkeit dafür, daß dadurch der Gerechtigkeit
„ einiger massen ein Genügen geschehen, und zugleich
„ die ganze Welt die Gelindigkeit des Kaysers so wol,
„ als auch das schöne und großmüthige Betragen derer

„ A

„ ſo die Ehre hätten, ſeine Räthe zu ſeyn, bis in den
„ Himmel erheben würde.   Der Verluſt eurer Augen
„ würde euch von eurer Stärke nichts benehmen, welche
„ ihr alſo fernerhin zu Sr. Majeſtät Dienſten anwen-
„ den könntet.   Blindheit vermehre den Muth,
„ indem ſie uns die Gefahren verberge. Die Furcht,
„ welche ihr eurer Augen wegen gehabt, ſey die gröſte
„ Schwierigkeit geweſen, welche ihr gefunden, die
„ feindliche Flotte herüber zu bringen. Und es würde
„ genug für euch ſeyn, durch die Augen der Miniſter
„ zu ſehen, indem ſelbſt die gröſten Fürſten ſich damit
„ begnügten.

„ Dieſer Vorſchlag ward von den geſamten Räthen
„ mit dem äuſſerſten Unwillen angehöret. Bolgolam,
„ der Admiral, konnte ſeinen Zorn nicht hinterhalten.
„ Er ſtand mit Hize auf, und ſagte: Er wunderte
„ ſich, wie der Secretair ſo kühn ſeyn dürfte, ſich
„ Mühe zu geben, einem Verräther das Leben zu er-
„ halten.   Eure geleiſteten Dienſte wären nach allen
„ wahren Staats-Maximen gerade das, was eure
„ Verbrechen am meiſten vergröſſerte. Da ihr im
„ Stande geweſen, mit euerm Urin das Feuer in den
„ Gemächern der Kayſerin zu löſchen, (wovon er mit
„ Abſcheu redete,) ſo möchtet ihr wol ein ander mal
„ euch eben dieſes Mittels bedienen, eine Ueberſchwem-
„ mung aufzurichten, um den ganzen Pallaſt wegzu-
„ ſpülen. Dieſelbe Stärke, wodurch ihr die feindliche
„ Flotte zu uns herüber gebracht, könnte euch bey dem
„ erſten Mißvergnügen dienen, ſie denen Feinden wie-
„ derum zurük zu führen. Er hätte gute Gründe zu
„ glauben, daß ihr im Herzen der Kezerey, die Eyer
„ auf die alte Weiſe aufzumachen, zugethan wäret;
„ und weil die Verrätherey ſich erſt im Herzen ent-
„ ſpönne, ehe ſie durch Thaten zum Ausbruch käme,

„ ſo

„ so klage er aus diesem Grunde auf euch, als einen
„ Verräther, und beharre darauf, daß man euch mit
„ der Todes-Strafe belegen soll.

„ Der Groß-Schazmeister trat dieser Meynung bey.
„ Er stellte vor, wie sehr die Schaz-Kammer durch
„ die Kosten euers Unterhalts erschöpfet würde, und
„ daß die Einkünsten Sr. Majestät dieser Last bald
„ nicht mehr würden gewachsen seyn: Daß der Vor-
„ schlag des Secretairs, euch die Augen auszustechen,
„ dieses Uebel nicht nur nicht hinnehmen, sondern
„ wahrscheinlich dasselbe nur noch vergrössern würde,
„ wie man an dem Exempel einigen Geflügels sehe,
„ welches, wenn man es blendet, nur desto mehr
„ isset, und so desto eher fett wird: Daß Se. gehei-
„ ligte Majestät und der gesamte Rath, so eure Rich-
„ ter wären, sich im Gewissen überzeuget befänden,
„ daß ihr der Anklag-Puncten schuldig seyt; welches
„ Grunds genug wäre, euch zum Tode zu verurthei-
„ len, ohne daß man nöthig hätte, einen förmlichen
„ Beweis, wie solches der genaue Buchstabe der Ge-
„ seze erfoderte, deswegen zu führen.

„ Jedoch Se. Kayserl. Majestät, welche fest ent-
„ schlossen waren, euch das Leben zu erhalten, hatten
„ die Gnade hierauf zu sagen, daß da die Raths-Ver-
„ sammlung das Außstechen eurer Augen für eine all-
„ zugelinde Strafe hielte, so könnte man euch hernach
„ noch mit einer andern belegen. Und euer Freund,
„ der Secretair, welcher sich die Erlaubnis ausbat,
„ noch etwas auf das, was der Groß-Schazmeister
„ von den grossen Kosten euers Unterhalts vorgebracht
„ hatte, zu erwiedern, that hinzu, daß Se. Excel-
„ lenz, welche ja die Verwaltung Sr. Majestät Ein-
„ künfte allein in den Händen hätten, diesem Unheil
V. Theil.   G   „ leicht

„ leicht steuern könnten, wenn sie nach und nach
„ die verordnete Portion euers Unterhaltes vermindert-
„ ten, da ihr denn durch Abgang der Nahrung
„ schwach und kraftlos werden, den Appetit verlieren,
„ und euch so in wenig Monaten abzehren würdet;
„ in welchem Fall man auch von euerm Cörper keinen
„ so gefährlichen Gestank zu besorgen hätte, nachdem
„ derselbe mehr als um die Helfte mägrer geworden
„ wäre; und gleich nach euerm Tode würden ein fünf
„ bis sechs tausend Mann von Sr. Majestät Unter-
„ thanen leicht im Stande seyn, binnen zween oder
„ drey Tagen Zeit das Fleisch von euern Knochen ab-
„ zulösen, es auf Karren fortzuführen, und an ent-
„ fernten Orten in die Erde zu vergraben, um eine
„ anstekende Seuche zu verhüten; das Gerippe aber
„ könnte zu einem ewigen Denkmal der Bewunderung
„ für die Nachkommen ligen bleiben.

„ Also ward durch des Secretairs gegen euch tra-
„ gende besondre Freundschaft das ganze Geschäft über-
„ geben. Es ward sehr scharf eingeknüpft, daß das
„ Project, euch einen langsamen Tod anzuthun, ein
„ Geheimnis bleiben sollte; das Urtheil aber, euch die
„ Augen auszustechen, gehörig in die Acten einregistriert
„ würde. Niemand sezte sich darwider, ausser Bolgo-
„ lam, der Admiral, dem, als einer Creatur der Kay-
„ serin, von Ihrer Majestät stets unter den Fuß gege-
„ ben ward, dabey zu bleiben, daß man euch unver-
„ züglich den Tod anthun sollte, indem Sie wegen der
„ unehrbaren und widergesezlichen Manier, womit ihr
„ das Feuer in Ihren Zimmern ausgelöschet, einen un-
„ versöhnlichen Haß auf euch geworfen hatte.

„ Nun wird binnen drey Tagen euer Freund, der
„ Secretair, zu euch geschikt werden, um euch die
„ Anklag-

„ Anklag-Puncten vorzulesen, und denn die grosse
„ Gnade und Gelindigkeit Sr. Majestät und des ge-
„ heimen Raths zu wissen zu thun, nach welcher sie
„ euch blos zum Verlust eurer Augen verurtheilet ha-
„ ben; und diesem Urtheil, zweifeln Se. Majestät kei-
„ nesweges, werdet ihr euch dankgenehm und allerun-
„ terthänigst unterwerfen, wie denn auch zwanzig von
„ Sr. Majestät Wund-Aerzten Befehl erhalten werden,
„ der Operation beyzuwohnen, und zu zusehen, daß
„ dieselbe durch Abschiessung der schärfsten Pfeile in
„ eure Augapfel gehörig verrichtet werde, indem ihr
„ auf der Erde liget.

„ Ich überlasse mithin eurer eignen Klugheit, was
„ ihr für Maßregeln ergreiffen wollet; und kehre nun
„ gleich, allen Verdacht zu vermeiden, so geheim, als
„ ich gekommen bin, wieder zurück.

Dieser Herr that so; und ich ward, von tausend
Zweifeln und unruhigen Gedanken gequälet, allein gelassen.

Es war eine unter diesem Prinzen und seinen Ministern eingeführte Gewohnheit, (welche aber, wie ich
versichert worden, von der Uebung voriger Zeiten sehr
abgieng) daß wenn der Hof, es sey der Rache des
Kaysers, oder dem Haß eines Günstlings ein Opfer
zu bringen, ein grausames Urtheil ausgesprochen, der
Kayser allemal bey völliger Raths-Versammlung eine
Rede hielt, worinnen er seine Gnade und Gelindigkeit,
als eine der ganzen Welt bekannte Sache, hoch an-
pries. Diese Rede ward hierauf so gleich im ganzen
Reiche bekannt gemacht. Nichts aber erschreckte das
Volk mehr als dergleichen Lobes-Erhebungen der Kayserlichen Gnade; weil man bemerket hatte, daß je
mehr dieselbe herausgestrichen und angepriesen ward,

G 2 je

je unmenschlicher allemal die Strafe, und je grösser die
Unschuld der verurtheilten Person zu seyn pflegte. Und
was mich betrift, so muß ich gestehen, daß da mich
weder Geburt noch Auferziehung zum Hofmann hat
werden lassen, ich mich so gar schlecht auf diese Sachen verstand, daß ich die Gelindigkeit und Gnade bey
dem über mich ausgefällten Urtheil nicht einsehen
konnte, sondern im Gegentheil (vielleicht irrig) glaubte,
es wäre solches vielmehr streng als gelind. Zuweilen
wollte ich vor Gericht lehren und meine Sache vertheidigen; denn obschon ich die Thaten nicht läugnen konnte,
die mir in den Artikeln Schuld gegeben wurden, so
hoffete ich doch, daß das Fehlerhafte derselben einiger
Milderung fähig seyn möchte. Doch da ich in meinem
Leben viele Staats-Processe gelesen, und bemerket, daß
dieselben stets einen Ausgang gewonnen, wie die Richter es gerne haben wollten, so dürfte ich es bey so cri-
tischen Umständen und gegen so mächtige Feinde, wie
ich hatte, auf einen so gefährlichen Ausspruch nicht ankommen lassen. Ein ander mal kam es mir stark an,
mich mit Gewalt zu wehren: Denn so lange ich frey
war, konnte wol die ganze Macht dieses Reiches nichts
wider mich ausrichten; und es wäre mir leicht gewesen, die Hauptstadt mit Steinen über den Haufen zu
werfen. Jedoch ich verwarf dieses Project bald mit Abscheu, da ich mich meines gethanen Eides, der Gnaden-Bezeugungen, so ich von dem Kayser erhalten,
und des hohen Titels eines Nardac erinnerte, womit
er mich beehret hatte. Noch hatte ich auch die Hof-
Regel in Ansehung der Dankbarkeit nicht so geschwinde
erlernen können, daß ich geglaubt hätte, wie Se. Majestät gegenwärtige Strengigkeit mich aller meiner vorigen Verpflichtungen gegen Dieselbe los und ledig spreche.

Endlich

Endlich faßte ich einen Entschluß, der mir vielleicht,
und zwar eben nicht unbillig, einigen Tadel zuziehen mag.
Denn ich bekenne, daß ich die Erhaltung meiner Augen,
und folglich meine Freyheit, meiner grossen Uebereilung
und geringen Erfahrung zu danken habe. Hätte ich damals die Gemüths-Art der Fürsten und Minister, ingleichem ihre Weise, mit Verbrechern umzugehen, die
noch weniger verschuldet haben als ich, gekannt, wie
ich sie seither an vielen andern Höfen kennen gelernet,
so würde ich mich einer so gnädigen Strafe mit der
grösten Bereitwilligkeit und Dankbarkeit unterzogen haben. Allein aus jugendlicher Hize, und weil Se. Majestät mir erlaubet hatten, dem Kayser von Blefuscu
meine Aufwart zu machen, machte ich mir diese Gelegenheit zu Nuze, und schrieb noch vor Verlauf der
drey Tage an meinen Freund, den Secretair, einen
Brief, worinn ich ihm meldete, daß ich zufolge der
Erlaubnis, welche ich hätte, diesen Morgen nach Blefuscu abreisen würde; und begab mich würklich, ohne
die Antwort zu erwarten, nach derjenigen Gegend der
Insel, wo unsere Flotte lag. Hier nahm ich eines der
grösten Kriegs-Schiffe, band einen Thau an das Vordertheil; und nachdem ich den Anker aufgezogen, klei-
dete ich mich aus, legte die Kleider, nebst meiner
Beth-Deke, welche ich unter dem Arm mitbracht, in
das Schiff, zog es hinter mir her; und halb gehend,
halb schwimmend erreichte ich endlich den Hafen von
Blefuscu, allwo mich das Volk schon lange erwartet
hatte. Man gab mir zween Wegweiser mit, um nach
der Hauptstadt eben dieses Namens zu kommen. Ich
trug sie in meiner Hand, bis wir zwohundert Ruthen weit
von der Stadt waren, allwo ich sie bat, meine Ankunft einem der Secretarien zu melden und ihm zu sagen, daß ich hier Sr. Majestät Befehle erwartete.
Nach einer Stunde ungefehr hatte ich Antwort, daß

G 3 Se.

Se. Majeſtät in Begleit der ganzen Kayſerlichen Familie und der vornehmſten Herren vom Hofe heraus
kämen, mich zu empfangen. Auf dieſe Nachricht gieng
ich noch hundert Ruthen näher.   Der Kayſer und ſein
Gefolge ſtiegen von Pferde ; die Kayſerin aber und
ihre Damen aus den Caroſſen, und ich konnte nicht ſehen, daß ſie die geringſte Furcht oder Beſorgnis met-
netwegen hätten.   Ich legte mich auf die Erde nieder,
Sr. Majeſtät dem Kayſer, und der Kayſerin die Hand
zu küſſen, und ſagte Sr. Majeſtät, daß ich meinem
Verſprechen zufolge, und mit Erlaubnis des Kayſers
meines Herrn, gekommen wäre, die Ehre zu haben,
einen ſo mächtigen Monarchen zu ſehen, und ihm meine möglichen Dienſte anzubieten, ſo weit ſolche mit der
Treue, welche ich meinem Herrn ſchuldig wäre, beſte-
hen konnten; daß ich aber in Ungnade gefallen wäre,
davon ſagte ich kein Wort, weil ich bisher keine förmliche Nachricht davon erhalten hatte, und mich deswegen
wol anſtellen konnte, als ob ich gar nichts davon wüßte ;
wie ich mir denn auch gar nicht einbilden konnte, daß
der Kayſer das Geheimnis entdeken würde, nachdem
ich nicht mehr in ſeiner Gewalt war; worinnen ich
mich gleichwol, wie ſich bald erſcheinen wird, betrogen
hatte.

Ich will den Leſer mit Erzehlung der Umſtände meiner Aufnahm an dieſem Hofe, welche der Großmuth
eines ſo mächtigen Fürſten gemäß war, nicht aufhalten ; und auch eben ſo wenig von den Unbequem-
lichkeiten melden, die ich erdulden mußte, weil ich aus
Mangel eines Hauſes und Bethes genöthiget war,
mich nur in meine Deke eingehüllet auf die bloſſe Erde
niederzulegen.

Das

Das achte Capitel.

Der Verfaſſer findet durch einen glücklichen Zufall
Gelegenheit, Blefuſcu zu verlaſſen; und kömmt
nach einigen überſtandenen Schwierigkeiten ge-
ſund und friſch in ſeinem Vaterlande wieder an.

Drey Tage nach meiner Ankunft zu Blefuſcu, als
ich die Gegend zu beſehen, an der nord-öſtlichen Küſte
der Inſel ſpazieren gieng, nahm ich, ungefehr eine
halbe Meile weit in der See, etwas wahr, welches
mir wie ein umgeſtürztes Boot vorkam. Ich zog meine
Schuhe und Strümpfe aus, watete zwey bis dreyhundert Ruthen im Waſſer gegen daſſelbe zu, und fand,
daß die Fluth es immer näher herantrieb, bis ich endlich erkannte, daß es würklich ein Boot wäre, welches
(wie ich dachte) etwann in einem Sturm von ſeinem
Schiffe möchte abgekommen ſeyn. Ich eilte ſo gleich
nach der Stadt zurük, und bat den Kayſer, mir 20.
der gröſten Schiffe, welche ihm nach dem Verluſt ſeiner Flotte übrig geblieben, ſamt 3000. Matroſen unter Commando des Unter-Admirals zukommen zu laſſen. Dieſe Flotte ſegelte rund um die Küſte herum,
indeſſen daß ich den kürzeſten Weg wider nach der Gegend nahm, wo ich das Boot zuerſt entdekt hatte. Ich
fand, daß die Fluth es immer näher heran getrieben
hatte. Die Matroſen waren alle mit Seilen wol verſehen, welche ich noch zuvor über einander gedrehet,
damit ſie die gehörige Stärke hätten. Wie die Schiffe
herbey gekommen, zog ich mich aus, und gieng ſo
weit im Waſſer fort, bis ich noch etwann hundert Ru-

G 4   then

then vom Boote entfernet war, da ich denn schwim=
men mußte, bis ich vollends hinankam. Die Matro=
sen warfen mir ein Seil zu, dessen eines Ende ich
vorne durch ein Loch an das Boot, und das andere
an ein Schiff befestigte. Alle meine Mühe aber wäre
beynahe vergebens gewesen; denn weil ich mit den Füs=
sen nicht Grund fassen konnte, so konnte ich auch zu
Fortbringung des Bootes meine Kräfte nicht anwenden.
Bey solcher Beschaffenheit mußte ich von hinten her=
bey schwimmen, und das Boot, so oft ich konnte,
mit der einen Hand vorwärts stossen; da ich denn, weil
die Fluth mich begünstigte, bald so weit kam, daß ich
wieder Grund fand, und das Wasser mir nicht weiter
als bis an das Kinn gieng. Hier ruhete ich ein paar
Minuten aus, und stieß hernach das Boot weiter und
weiter fort, bis ich nur noch bis unter die Arme Was=
ser hatte; und nachdem jezt das schwerste gethan war,
so nahm ich meine andern Seile, die auf ein Schiffe
geladen waren, und machte solche erst an das Boot,
und hernach an mein Schiff, so ich zu dem Ende
heranrüken ließ, fest. Der Wind war günstig; die
Matrosen ruderten; und ich schob hinten nach, bis wir
nicht mehr als vierzig Ruthen noch zum Ufer hatten.
Hierauf wartete ich bis Ebbe war; da ich denn troke=
nen Fußes bis zu dem Boote kommen konnte; und
mit Hülfe von zweytausend Menschen, die mit Striken
und allerley Werkzeugen versehen waren, kehrte ich es
um, und fand, daß es nur wenig beschädigt war.

Ich will dem Leser nicht beschwerlich fallen mit Er=
zehlung, was ich zehn Tage lang für Mühe gehabt,
eine Art Ruder zu verfertigen, mein Boot endlich in
den Hafen vor Blefuscu zu bringen, wohin bey mei=
ner Ankunft eine unzehlige Menge Volkes sich versam=
melt hatte, dessen Verwunderung bey Erblikung eines

so ungeheuern Schiffes nicht auszusprechen war. Ich
sagte dem Kayser, das Glük hätte mir dieses Boot zu-
gesendet, mich etwann an einen Ort zu bringen, von
dannen ich vielleicht wieder in mein Vaterland gelangen könnte; und ich bäte Se. Majestät allerunterthänigst, Befehle zu ertheilen, daß mir die nöthigen Materialien es auszubessern gereichet würden, zugleich aber
auch allergnädigst zu erlauben, daß ich abreisen dürfte;
welches Sie mir denn nach einigen freundlichen Vor-
wiesen, wegen des Vorhabens so bald wieder wegzugehen, zu verwilligen geruheten.

Ich wunderte mich sehr, diese ganze Zeit über, nichts
von irgend einem Expressen gehört zu haben, den der
Kayser von Lilliput an den Blefuscischen Hof meinetwegen geschikt haben möchte; erfuhr aber nachhin, daß
Se. Kayserl. Majestät, da sie sich nicht einbilden können, daß ich von Dero Anschlägen wider mich das geringste wüßte, geglaubt, ich wäre nur meinem Versprechen gemäß, zufolge der erhaltenen Erlaubnis, die
an dem dortigen Hof jedermann bekannt war, nach
Blefuscu gegangen, und würde in wenig Tagen, nachdem die Ceremonie vorbey wäre, mich wiederum ein-
finden. Endlich setzte ihn doch mein langes Ausbleiben in Verlegenheit; und nachdem er sich mit dem
Groß-Schazmeister und denen übrigen von der Cabale
berathen, ward ein vornehmer Herr mit einer Copie
der Anklag-Puncten wider mich an den Blefuscischen
Hof abgefertiget. Dieser Gesandte hatte Befehl, dem
Kayser von Blefuscu die ganz ungemeine Gelindigkeit
seines Herrn vorzustellen, der sich begnügte mich blos
zum Verlust meiner Augen zu verurtheilen; ich hätte
mich den Händen der Gerechtigkeit entrissen; und wenn
ich binnen zwo Stunden nicht wieder zurükkäme, sollte
ich meines Nardac-Titels beraubet und als ein Ver-

G 5   räther

räther erkläret werden.   Der Gesandte sezte noch ferner hinzu, wie sein Herr erwarte, daß sein Bruder der
Kayser von Blefuscu zu Erhaltung des Friedens und der
Freundschaft zwischen beyden Reichen, Ordre geben
würde, mich gebunden und gefangen nach Lilliput zurükzubringen, damit ich als ein Verräther gestrafet
werden möchte.

Der Kayser von Blefuscu nahm sich drey Tage Be-
denk-Zeit, nach deren Verfliessung er eine Antwort gab
die in lauter Complimenten und Entschuldigungen bestand.   Er sagte, was den Punct, mich zu binden,
beträfe, so wüßte sein Bruder von Lilliput wol, daß
dieses eine unmögliche Sache wäre: Daß er, obschon
ich ihn um seine Flotte gebracht, dennoch in grossen
Verpflichtungen gegen mir stünde, wegen der vielen
guten Diensten, die ich ihm bey Schliessung des Friedens geleistet hätte: Daß aber dennoch ihre beyderleitige
Majestäten meinetwegen bald würden beruhiget werden, indem ich an der Küste ein ungeheuer grosses
Schiff angetroffen hätte, welches im Stande wäre,
mich über See an einen andern Ort zu bringen; zu
dessen Verbesserung und Ausrüstung unter meiner Hülfe
und Anweisung, er schon würklich die nöthigen Befehle
ertheilet hätte, und mithin hofete, daß beyde Reiche
binnen wenig Wochen von einer so unerträglichen Last
würden befreyet werden.

Mit dieser Antwort kehrte der Gesandte wieder nach
Lilliput zurük.   Und der Kayser von Blefuscu erzählete
mir alles was vorgegangen war, mit dem Anerbieten,
(wie wol dieses in geheimstem Vertrauen) daß er mich
allergnädigst in seinen Schutz nehmen wollte, wenn ich
weiter

Weiter in seinen Diensten zu verbleiben Lust hätte. Obschon
ich nun glaubte, daß er es aufrichtig meynte, so war
ich doch entschlossen, auf Fürsten und Minister mich
niemals mehr zu verlassen, wo ich es überhoben seyn
konnte; und ersuchte daher Se. Majestät mit aller ge=
ziemenden Unterthänigkeit und Danks=Bezeugung für
Dero gnädigen Willen, daß sie mich möchten für ent=
schuldiget halten.	Ich sagte, daß weil das Schicksal
(es sey ein glückliches oder unglückliches) mir ein
Fahrzeug an die Hand geboten, so wäre ich ent=
schlossen, mich lieber auf die See zu wagen, als die
Ursache der Mißhelligkeit zweener so mächtigen Poten=
taten zu werden; worüber der Kayser nicht nußver=
gnügt schien; und bey einem gewissen Vorfall entdeckte
ich, daß er vielmehr über meinen Entschluß sehr froh
war, so wie die meisten seiner Minister ebenfalls.

Dieses bewog mich, meine Abreise nur etwas mehr
zu beschleunigen, als ich sonst würde gethan haben,
worinn mir der Hof, welcher nichts mehr wünschte,
als mich bald weggehen zu sehen, auf alle Weise befö=
derlich war. Fünfhundert Arbeiter mußten daran seyn,
mir ein paar Segel=Tücher auf mein Boot zu verfer=
tigen, und zwar wie ich ihnen angab, so, daß sie die
stärkste Leinwand, so man haben konnte, dreyzehnfach
über einander näheten.	Ich meinerseits machte die
Thauen und Seile; indem ich zehn, zwanzig bis dreiß
sig der dicksten und stärksten von den ihrigen zusammen
drehete.	Ein grosser Stein, den ich nach langem
Suchen am Ufer fand, mußte mir statt eines Ankers
dienen.	Man gab mir das Unschlitt von dreyhundert
Kühen, mein Boot einzuschmieren, und mich dessen
zu andrer Nothdurft mehr zu bedienen. Ich hatte eine
ungläub=

ungläubliche Mühe, einige der gröſten Bäume zu fäl
len, und Maſten und Ruder daraus zu machen, wo
rinnen mir jedoch Sr. Majeſtät Schiffs-Zimmerleute
wol an die Hand giengen, indem ſie mir halfen dieſel
ben abzuglätten, nachdem ich ſie aus dem gröbſten
gehauen hatte. Binnen Monats Friſt war alles fertig;
und ich ſchikte jemanden an den Kayſer ab, zu mel
den, daß ich Sr. Majeſtät Befehle erwarte, und gern
meinen allerunterthänigſten Abſchied nehmen wollte. Der
Kayſer kam mit ſeinem ganzen durchlauchtigſten Hauſe
aus dem Pallaſt heraus. Ich legte mich ganz auf die
Erde nieder, ihm die Hand zu küſſen, welche er mir
allergnädigſt darbot. Die Kayſerin mit den jungen
Prinzen und Prinzeſſinnen thaten desgleichen. Seine
Majeſtät beſchenkten mich mit fünfzig Beuteln, jeden
von zweyhundert Sprugs, ingleichen mit ſeinem Por
trait in Lebens-Gröſſe, welches ich ſo gleich in einen
meiner Handſchuhe ſtelte, damit es keinen Schaden
nehmen möchte. Der Ceremonien bey meiner Abreiſe
waren zuviel, als daß ich den Leſer hier mit Erzehlung
derſelben aufhalten ſollte.

Ich verproviantierte mein Boot mit hundert geſchlach
teten Ochſen, dreyhundert Schafen, nebſt Brodt und
allerley Getränke nach Proportion, und ſo viel zuberei
teten Gerichten, als vierhundert Köche fertig machen
konnten. Sechs Kühe und zween Stiere, und eben ſo
viel Schafe und Widder nahm ich lebendig mit, des
Vorhabens, ſie in mein Vaterland überzubringen, und
da ihr Geſchlecht ſich vermehren zu laſſen. Sie unter
weges zu fättern, war ich mit einem guten Bund Heu
und einem Sak voll Getreide verſehen. Ich hätte ſehr
gern auch ein Duzend von den Einwohnern des Lan
des mitgenommen; allein dieſes wollte der Kayſer durch
aus nicht geſchehen laſſen; und nebſt dem, daß mir
meine

meine Taschen aufs genaueste durchsucht wurden, mußte
ich es Sr. Majestät bey meiner Ehre zusagen, daß ich
keinen einzigen von Dero Unterthanen mit fortnehmen
wolte, wenn es auch schon dessen eigener guter Wille
und Verlangen wäre.

Nachdem ich nun alles und jedes aufs beste, als mir
möglich war, zu recht gemacht, gieng ich den vier
und zwanzigsten Septembers 1701. um sechs Uhr des
Morgens unter Segel; und nachdem ich ungefehr vier
Meilen nordwärts (der Wind blies von Süd-Osten)
gefahren seyn möchte, entdekte ich, ungefehr noch einer
halben Meile nördlicher Entfernung, eine kleine Insel. Ich segelte darauf zu, und ließ den Anker auf
der Seite fallen, die der Insel zugekehret war. Sie
schien mir unbewohnet zu seyn. Ich nahm hierauf
einige Erfrischungen, und legte mich in die Ruhe. Ich
schlief sehr wol, und wie ich vermuthete, zum wenigsten sechs Stunden; denn ich fand, daß der Tag, nachdem ich aufgewachet, in zwo Stunden anbrach. Der
Mond schien sehr hell; ich nahm mein Frühstük noch
vor Aufgang der Sonne, lichtete den Anker, und sezte
bey günstigem Winde meine Fahrt nach eben der Richtung fort, nach welcher ich sie Tages vorher angefangen hatte, wobey mein Taschen-Compaß mir gute
Dienste leistete. Meine Absicht war, wo möglich, eine
von denen Inseln zu erreichen, welche (wie ich Grund
hatte zu glauben) nordostwärts gegen Van Diemens
Land zu ligen mußten. Diesen ganzen Tag konnte ich
nichts entdeken; den folgenden aber gegen drey Uhr
Nachmittags, da ich nach meiner Rechnung etwan
vier und zwanzig Meilen von Blefuscu entfernet war,
erblikte ich ein Segel, das nach Süd-Osten zustrich.
Mein Lauf gegen dasselbe war gerade Osten. Ich
lief ihm zu, konnte aber keine Antwort erhalten.

Indessen

Indeſſen fand ich doch, daß ich Weg über das Schiff
gewann; denn der Wind hatte etwas nachgelaſſen. Ich
jagte, ſo viel ich konnte, darauf zu; und nach einer
halben Stunde ward es meiner gewahr, ſtekte ſeine
groſſe Flagge auf, und that einen Schuß. Die Freude
iſt nicht auszuſprechen, welche ich über der unerwar-
teten Hofnung empfand, mein geliebtes Vaterland und
die wehrten Meinigen einmal wieder zu ſehen. Das
Schiff zog verſchiedene Segel ein; und zwiſchen fünf
und ſechs Uhr Abends, den ſechs und zwanzigſten
Septembers, gelangte ich an daſſelbe. Mein Herz
hüpfte vor Freuden, da ich ſah, daß es Engländiſche
Flaggen führte. Ich ſtekte meine Kühe und Schafe
in meine Rok-Taſchen, und ſtieg mit meinem ganzen
kleinen Vorrath an Boord. Das Fahrzeug war ein
Kauffardey-Schiff, welches von Japan durch die
Nord- und Süd-See zurükkehrte. Der Capitain darauf, Herr Johann Biddel von Deptford, war ein ſehr
höflicher und in der Seefahrt ungemein erfahrner Mann.
Wir befanden uns damals im dreiſſigſten Grad ſüd-
licher Breite; auf dem Schiffe mochten etwann
fünfzig Perſonen ſeyn, worunter ich einen meiner alten
Cameraden, Namens Peter Williams antraf, der
dem Capitain eine günſtige Beſchreibung von mir
machte. Dieſer Herr begegnete mir ſehr freundlich;
und bat mich, ihn wiſſen zu laſſen, von wannen ich
zulezt herkäme, und wo ich hin gedächte? Ich that es
mit wenig Worten; allein er glaubte, ich wäre nicht
recht bey Sinnen, und die Gefahren, die ich ausgeſtanden, hätten mir das Gehirn verrüket; worauf ich
mein groß und kleines Vieh aus der Taſche hervorlangte, worüber er erſtaunete und überzeuget ward,
daß ich die Wahrheit geredet hätte. Ich zeigte ihm
ferner das Gold, ſo mir der Kayſer von Blefuſcu geſchenket, Sr. Majeſtät Portrait in Lebens-Gröſſe, und
noch

noch einige andere seltsame Sachen, welche ich aus
dem Lande mitgenommen.   Ich schenkte ihm zween
Beutel, jeden mit zweyhundert Sprugs; und versprach,
so bald wir in England angekommen seyn würden,
ihm von meinen Kühen und Schafen zwey trächtige
Stüke zu verehren.

Ich will den Leser nicht aufhalten mit einer umständ-
lichen Erzehlung dieser Reise, die grösten Theils sehr
glüklich von statten gieng.   Wir langten den drey-
zehnden Aprills 1702. in den Dünen an.   Das
einzige Unglük, so ich unterweges gehabt, war, daß
mir die Ratten auf dem Schiffe eines meiner
Schafe gefressen hatten, wovon ich die Beine rein
abgenaget in einem ihrer Löcher fand.   Meine übrige
Heerde aber bracht ich frisch und gesund an Land,
und sezte solche auf einen Flek Rasen zu Greenwich
auf die Weyde, wo sie sich von dem zarten Grase, das
da wächst, vollkommen wol mästete, ungeachtet ich
stets das Gegentheil gefürchtet hatte; wie ich sie denn
vermuthlich bey einer so langen Reise auch nicht würde
lebendig davon gebracht haben, wenn mir nicht der Capitain von seinem feinsten Zwieback gegeben hätte, welcher
rein zerstossen und mit Wasser vermischet dem Viehe beständig zum Futter gedienet.   Die kurze Zeit über, da
ich in England blieb, gewann ich ein ansehnliches
Stük Geld damit, daß ich die Thiere vielen vornehmen
und andern Personen zeigte; und ehe ich meine zweyte
Reise unternahm, verkaufte ich sie zusammen für sechs-
hundert Pfunde.   Nach meiner lezten Zurükkunft hab
ich gefunden, daß sie sich beträchtlich vermehret; und
sonderlich die Schafe, welche wegen ihrer zarten Wolle,
wie ich hoffe, nicht wenig zu Beförderung der Wolle-
Manufacturen beytragen werden.

J 4

Ich blieb nur zween Monate bey meiner Frau und und Kindern; denn meine unerſättliche Begierde, fremde Länder zu ſehen, geſtattete mir nicht, mich länger zu Hauſe aufzuhalten. Ich hinterließ meiner Frau fünfzehnhundert Pfunde, und ſetzte ſie zu Redriff in eine gute Wohnung ein. Mein übriges Vermögen nahm ich theils an Geld, theils an Waaren mit, in Hofnung meine Umſtände noch mehr zu verbeſſern. Mein älteſter Oncle Johann, hatte mir zu Epping ein Stük Landes hinterlaſſen, das jährlich etwann dreiſſig Pfunde einbracht; und zu Fetter-Lane hatte ich eine Miete (*) auf viele Jahre, welche mir doppelt ſo viel abwarf; ſo daß ich gar nicht beſorgen mußte, daß meine Familie der Gemeine zur Laſt werden dürfte. Mein Sohn Hänogen, den ich alſo nach ſeinem Oncle nennen laſſen, gieng damals in die lateiniſche Schule, und war ein gutes gelerniges Kind. Meine Tochter Eliſabeth (die nunmehr verheyrathet iſt, und ſchon Kinder hat) lernte nähen. Ich nahm Abſchied von meiner Frau, von meinem Knaben und Töchtergen, unter Vermiſchung unſrer allerſeits Thränen, und begab mich an Bord eines Kaufmanns-Schiffes, der Waghals genannt, welches dreyhundert Tonnen trug, und nach Surate gehen ſollte; der Schiffs-Capitain war Johann Niclaus von Liverpool. Doch die Geſchichte dieſer Reiſe wird der Leſer im zweyten Theile zu vernehmen haben.

Ende des erſten Theils.

(*) Of Black Bull.

S. Göbner f.

Reisen.

Zweyter Theil.

Reise nach Brobdingrag.

Das erste Capitel.

Beschreibung eines heftigen Sturms. Das Boot
wird an Land geschikt, frisch Wasser einzunehmen. Der Verfasser gehet mit, die Beschaffenheit des Landes zu erkundigen. Er wird darauf zurük gelassen, von einem Einwohner gefangen, und in eines Meyers Haus gebracht.
Wie er daselbst empfangen worden, und was
ihm verschiedenes begegnet. Beschreibung der
Einwohner des Landes.

Natur und Verhängnis hatten mich dazu versehen,
daß ich ein mühsames und rastloses Leben führen sollte.
Ich verließ also, zween Monate nach meiner Heimkunft,
mein Vaterland abermals, und tauschete es an die
Seefahrt. Ich stieg den 20. Junii 1702. an Bord
des Waghalses, eines Schiffes, das nach Surate zu
gehen bestimmt war, unter Commando Herrn Johann

V. Theil.   H   Niclaus,

Niclaus, aus Corn.Wallis gebürtig. Wir hatten
bis auf die Höhe des Vorgebürges der guten Hofnung vollkommen günstigen Wind, und landeten daselbst nm frisch Wasser einzunehmen. Weil wir aber
zugleich gewahr wurden, daß unser Schiff etwas lec
geworden, so luden wir die Güter aus, und überwin-
terten daselbst. Denn da der Schiffs-Capitain von
einem Fieber befallen ward, so konnten wir vor Ende
des Märzen nicht wegkommen. Wir giengen so denn
unter Segel, und reiseten glüklich bis wir in die Meer-
Enge von Madagascar kamen. Nachdem wir aber diese
Insel südwerts zurükgeleget, und bis auf den 5ten Grad
südlicher Breite herauf gekommen waren, fiengen die
Winde, welche sonst in diesen Gewässern von Anfang
des Decembers, bis zu Anfang des Mayen beständig
zwischen Norden und Westen gleich sanft hinwehen,
den 9. Aprills an, weit heftiger und mehr westwerts zu blasen als gewöhnlich, welches zwanzig Tage
lang so fortdauerte. Binnen dieser Zeit wurden wir, gegen die Moluccischen Inseln gerechnet, etwas ostwerts
getrieben, und befanden uns ungefehr drey Grade nördlicher Breite, wie unser Capitain nach einer Beobachtung fand, welche er den 2. May angestellet. An welchem Tage der Wind sich legte, und eine gänzliche Stille
erfolgte, worüber ich nicht wenig erfreuet war; allein
unser Schiffs-Capitain, der diese Gewässer schon mehr
befahren hatte, ließ uns alle wissen, daß wir uns auf
einen Sturm gefaßt halten sollten, welcher auch des
andern Tags würklich erfolgte, indem sich ein Wind
von Mittag, der südliche Moussop genannt, einlegte.

Wie wir sahen, daß er zu stark ward, und das Schiff
umkehren möchte, nahmen wir das Bogspritt ein,

und

und machten uns fertig, den Fokmast niederzulassen;
weil aber das Ungestüm zu groß war, konnten wir
nichts ausrichten, und machten uns an das Vorder-
Segel, ꝛc. ꝛc. (*)   Der Sturm war sehr heftig, und
drohete uns den Untergang, ꝛc. ꝛc.   Doch legte er sich
endlich, und ꝛc. ꝛc.

Während dieses Sturms, auf welchen ein starker
Wind, West-Süd-West folgte, waren wir noch meiner Rechnung wol bis fünfhundert Meilen gegen
Osten fortgetrieben worden, so daß auch die ältesten unsrer
Boots-Leute nicht zu sagen wußten, in welcher Welt-
Gegend wir uns befänden.   Wir hatten noch Proviant
genug; unser Schiff befand sich in gutem Stande, und
das sämtliche Schiffs-Volk war vollkommen gesund; nur
litten wir große Noth wegen Mangel des Wassers. Wir
hielten für rathsamer, in der gleichen Richtung fort-
zusegeln, als uns mehr gegen Norden zu wenden,
weil uns dieses leicht in die nordwestlichen Gewässer
der großen Tartarey und bis in das Eis-Meer hätte
führen mögen.

Den 16. Junii 1703. entdekte ein Junge oben auf
dem großen Maste, Land.   Den 17. konnten wir eine
große Insel oder festes Land (denn welches es wäre
ließ sich nicht unterscheiden) ganz deutlich erkennen, an
dessen mittäglicher Seite eine schmale Erdzunge in
die See hinaus lief, und einen kleinen Meerbusen for-
mirte, welcher kaum die Tiefe für ein Schiff von hundert Tonnen hatte.   Ungefehr eine Meile von diesem
Meerbusen warfen wir Anker, und unser Capitain

H 2   schikte

_____

(*) Hier befinden sich im Original einige Stellen, die
  in der Sprache der Seefahrer verfasset sind, und welche
  der Uebersezer weggelassen; weil er bekennet, daß er sie
  nicht genugsam verstehe.

schikte das Boot mit zwölf wol bewafneten Schiffs-
leuten und Gefässen an Land, um Wasser einzunehmen,
wenn welches zu finden wäre.   Ich bat ihn um Erlaubnis mitgehen zu dürfen, das Land zu besehen, und
etwann diese oder jene Entdekung zu machen.   Nachdem wir Fuß an Land gesezt, sahen wir weder Flüsse
noch Quellen, noch einiges Merkmal, daß es bewohnt
wäre.   Unsere Leute spazierten deswegen an der Küste
hin, zu sehen, ob sie nicht etwan nahe an der See
frisch Wasser entdeken könnten; und ich gieng auf der
andern Seite ganz allein etwann eine Meile weit fort,
ohne daß ich etwas anders, als ein dürres und steinich-
tes Erdrich zu sehen bekam.   Ich fieng an müde zu
werden; und weil ich nichts entdeken konnte, meine
Neugier zu sättigen, so kehrte ich allmählig nach dem
Meerbusen zurük.   Da die See mir offen vor den Augen lag, so sah ich, daß unsere Leute bereits wieder im
Boote wären, und aus allen Kräften nach dem Schiffe
zuruderten.   Ich wollte ihnen so eben zuruffen, obschon
es wenig genuzet hätte, als ich die Gestalt eines Riesen
erblikte, der ihnen in der See, so geschwinde er konnte,
nacheilete.   Er gieng nicht viel tiefer im Wasser als
bis an die Knie, und nahm Schritte, die mit Entsezen anzusehen waren.   Unser Volk aber hatte einen
Vorsprung von einer halben Meile vor ihm; und weil
nebst diesem, der Grund des Meers in dieser Gegend
voll spizer Klippen ist, so konnte das Ungeheuer sie
nicht einholen.   Dieses ist mir nach der Zeit erzehlet
worden; denn ich hatte das Herz nicht, den Ausgang
dieser Begebenheit abzuwarten; sondern lief so geschwinde, als ich konnte, auf den Weg wieder zurük,
auf welchem ich gekommen war; und kletterte so denn
auf einen steilen Hügel, von wannen ich eine Streke
Landes übersehen konnte.   Ich fand, daß sie ganz an-
gebauet wäre; was mich aber zuerst in Erstaunen sezte,

was

war die Länge des Grases, welches in diesen Gütern, die zum Heumachen bestimmet zu seyn schienen,
bey 20. Fuß hoch war.

Ich gerieth in eine Heer-Straffe, denn dafür hielt
ich sie wenigstens, obschon sie den Einwohnern nur zu
einem kleinen Fußsteige durch ein Feld voll Gersten
diente. Ich spazierte auf diesem Wege eine Weile fort,
konnte aber zu beyden Seiten wenig weit hin sehen,
weil es gleich um die Erndte-Zeit, und das Getreyde
bey 40. Fuß hoch war. Ich gieng eine Stunde lang
fort, ehe ich das Ende dieses Feldes erreichte, welches mit einem zum wenigsten 120. Fuß hohen Zaune
umgeben war; und die Bäume stiegen so weit in die
Luft empor, daß ich ihre Höhe nicht berechnen konnte.
Hier war eine Stiege, welche aus diesem Felde in
das benachbarte herüber führte. Sie hatte vier Stuffen; und oben lag ein Stein, den man noch über-
schreiten mußte. Für mich war es eine gänzliche Unmöglichkeit, über diese Stiege herüberzukommen; indem
jede Stuffe 6. und der Stein oben über, wol 20. Fuß
hoch war. Ich suchte deswegen etwann eine Oefnung
in dem Zaune, als ich so eben einen Einwohner erblickte, der von dem benachbarten Felde auf die Stiege
herbey kam, und von eben der ungeheuern Statur
war, wie derjenige, den ich in der See unser Boot
verfolgen sah. Er schien mir von der Höhe eines mit-
telmässigen Kirchen-Thurms zu seyn; und jeder Schritt,
den er that, war ungefehr 10. Ruthen weit, so vie
ich abnehmen konnte. Von Furcht und Erstaunen
äusserst betroffen, rannte ich eilends davon, und ver-
steckte mich in das Getreyde; wo ich ihn oben auf der
Stiege in das nächste Feld rechter Hand zurückschauen
sah, und ihn etwas ruffen hörte mit einer Stimme,
die ungleich stärker war, als der Schall eines Sprach-

H 3 Rohrs;

Rohrs; das Getöse aber war so hoch in der Luft, daß ich anfänglich nicht anders dachte, als es wäre ein Donnerschlag. Hierauf kamen noch sieben solche Ungeheuer zu ihm, mit Sicheln in ihren Händen, deren jede so groß war, als 6. unsrer Sensen. Diese leztern waren nicht so wol bekleidet wie er, dessen Knechte oder Arbeits-Leute sie zu seyn schienen. Denn so bald er einige Worte ausgesprochen, giengen sie, das Getreyde in dem Felde, wo ich mich verstecket hatte, abzuschneiden. Ich entfernte mich von ihnen, so weit ich konnte, hatte aber meine grosse Noth dabey; denn weil die Halmen hin und wieder nicht über einen Fuß breit von einander abstanden, so konnte ich mich zuweilen kaumerlich zwischen denselben durchdrängen. Indessen arbeitete ich mich immer durch, bis ich an eine Gegend des Feldes kam, wo das Getreyde von Wind und Regen zu Boden geleget war. Hier war es eine gänzliche Unmöglichkeit, einen Schritt weiter zu thun; denn die Halmen lagen so verwirrt unter einander, daß ich nicht durchkriechen konnte; und die Spizen der abgefallenen Aehren waren so stark und stachlicht, daß sie mich durch die Kleider hindurch auf den Leib stachen. Zu gleicher Zeit hörte ich, daß die Schnitter nicht mehr über hundert Ruthen weit von mir weg waren. Ich legte mich ganz ermüdet, voll Kummer und hofnungslos zwischen zwo Furchen nieder, und wünschte herzlich, daß ich da sterben möchte. Ich beklagte meine verlassene arme Witwe, und meine vaterlosen Kinder. Ich bejammerte meine eigene Thorheit und meinen Eigensinn, wodurch ich mich hatte verleiten lassen, alles Widerrathens meiner Verwandten und Freunde ungeachtet, diese zweyte Reise zu unternehmen. Bey dieser grausamen Gemüths-Bewegung konnte ich mich auch nicht enthalten, an Lilliput zu gedenken, dessen Einwohner mich für das größe Wunder hielten, das jemals in der Welt gesehen

worden;

worden; wo ich vermögend war, eine ganze Kayserliche
Flotte in der Hand nach mir zu ziehen, und so viel
andere Thaten zu verrichten, die in den Zeit-Büchern
dieses Reiches zu ewigem Andenken aufgezeichnet bleiben werden, und welche die Nachkommenschaft kaum
glauben wird, obschon sie durch so viel tausend Zeugen bekräftiget sind. Ich stellte mir vor, was für eine
drükende Demüthigung es für mich seyn würde, dieser
Nation eben so gering und schlecht vorzukommen, als
ein Cilliputier bey uns aussehen würde. Doch dieses,
begrif ich, würde wol das geringste Unglük seyn, das
auf mich wartete. Denn da die Erfahrung lehret,
daß die menschlichen Creaturen desto wilder und grausamer sind, je grösser sie von Statur sind; was könnte
ich anders erwarten, als daß ich dem ersten dieser Un-
gebeuer, so mich ertappen würde, für einen kleinen
Mund-Bissen dienen würde? Und gewiß haben die
Philosophen recht, wenn sie sagen, es sey nichts weder groß noch klein, als nur in Vergleichung mit andern Dingen. Es könnte sich zugetragen haben, daß
die Cilliputier eine Nation angetroffen hätten, welche
gegen sie so klein wäre, als sie in Ansehung meiner waren. Und wer weiß, ob dieses ungeheure Riesen-Ge-
schlecht nicht ebenfalls eine Gattung Zwerge gegen irgend eine andere Nation in der Welt seyn mag, die
man bisher noch nicht entdelet hat?

Dergleichen Gedanken, in was Furcht und Verwirrung ich auch stak, hängte ich noch, bis einer der Schnitter,
welcher der Furche, worinnen ich lag, nunmehr auf weniger als 10. Ruthen nahe gekommen war, mich fürchten
machte, er möchte, wo er noch einen Schritt weiter thäte,
mich mit den Füssen zertretten, oder mit seiner Sichel entzwey schneiden. Ich schrie deswegen so laut, als die
Furcht es mir immer eingab; worauf das Ungeheuer stille

stand,

stand, eine Weile rund unter sich herumsah, und mich
endlich auf der Erde ligend erblikte. Er betrachtete mich
da einige Augenblike, mit einer Art von Behutsamkeit,
welche man gebraucht, wenn man etwann ein kleines
gefährliches Thiergen haschen will, daß es uns nicht
kraze oder beisse ; und wie ich es selbst öfters in England gemachet, wenn ich ein Wieselgen fangen wollte.
Endlich wagte er es, mich mit dem Daumen und Zeige-
finger von hinten in der Mitte anzufassen; und hub
mich, um mich desto genauer zu betrachten, bis auf
3. Ruthen weit vor seine Augen auf. Ich errieth seine
Meynung; und zum Glüke behielt ich noch so viel Gegenwart des Geistes, daß ich mich entschloß, die Zeit
über, da er mich höher als 60. Fuß in der Luft hielt,
nicht die geringste Bewegung zu machen, obschon er
mich abscheulich klemmte, damit ich ihm nicht zwischen
den Fingern durchfallen möchte. Alles, was ich zu
thun das Herz hatte, war, daß ich meine Augen gegen die Sonne aufhub, meine Hände als ein armer
Supplicant zusammen that, und mit einer demüthigen
kläglichen Stimme (wie es dem Zustande, darinnen
ich mich befand, angemessen war) einige Worte vorbrachte. Denn ich fürchtete alle Augenblike, er möchte
mich wider den Boden schmeissen, wie wir gemeiniglich mit einem kleinen verhaßten Thiere zu thun pflegen, wenn wir es umbringen wollen. Mein gutes
Schiksal aber fügte es, daß meine Stimme und Geberden ihm gefielen, und daß er mich anfieng für
eine Curiosität zu halten, indem er sich verwunderte,
mich ordentliche Worte sprechen zu hören, obschon er
nichts davon verstand. Zugleich konnte ich mich nicht
enthalten, zu seufzen und Thränen zu vergiessen, und

den

den Kopf gegen beyde Schultern zu neigen, um ihm, so
gut ich konnte, zu verstehen zu geben, wie sehr wehe
er mir durch das Drüken seiner Finger thäte. Es
schien als ob er mich verstünde; denn er hub einen Zipfel von seinem Roke auf, legte mich ganz sanft darein,
und lief strals mit mir zu seinem Herrn, der ein be-
mittelter Pachter und eben derselbige war, den ich zu
erst in dem Kornfelde gesehen hatte.

Nachdem dieser von seinem Knecht, wie ich aus
ihrem Gespräche schloß, so viel Nachricht von mir eingezogen, als er ihm geben konnte, nahm er einen kleinen Strohhalm, ungefehr von der Dike eines Spazier-
stokes bey uns, und hub damit die Zipfel meiner Kleider auf, in der Beglaubniß, wie es scheint, daß sie
eine Art von Haut wären, womit die Natur mich bedeket hätte. Er blies mir auch die Haare auf die Seiten, damit er mein Gesicht desto besser betrachten
möchte, rief hierauf sein ganzes Geschnitt zusammen,
und fragte sie, (wie mir nachhin erzehlt worden) ob
sie wol jemals auf dem Felde eine so kleine Creatur,
die mir gliche, gefunden hätten? Hierauf sezte er
mich ganz sachte auf alle Viere auf die Erde nieder;
ich stand aber sogleich auf, und spazierte mit langsamen Schritten hin und her, damit sie sähen, daß ich
nicht Willens wäre davon zu lauffen. Sie hatten sich
alle in einen Kreis um mich herum gesezet, meine
Bewegungen desto besser zu beobachten. Ich nahm
meinen Hut ab, und machte vor dem Meyer eine tiefe
Reverenz. Ich fiel auf die Knie, hub meine Hände
und Augen gegen ihn auf, und sprach etliche Worte so
laut und nachdrüklich aus, als ich nur konnte. Ich
zog aus meiner Tasche einen Beutel mit Gold, und

bot

bot ihm denselben auf das demütbigste zum Geschenke
an. Er nahm ihn in die Fläche seiner Hand, hob ihn
ganz nahe für das Auge, um zu sehen was es wäre,
und kehrte ihn nachher mit der Spize einer Nadel, die
er aus seinem Ermel zog, öfters um; wußte aber gar
nichts daraus zu machen. Ich gab ihm ein Zeichen,
daß er seine Hand auf die Erde legen möchte; alsdenn
nahm ich den Beutel, machte ihn auf, und schüttelte
alles darinnen befindliche Gold ihm darauf aus. Es
waren 6. spanische Quadrupel und 20. bis 30. kleinere Stüke. Er nezte hierauf seinen kleinen Finger an
der Zunge, und dupfte von meinen größten Goldstüken
eines nach dem andern auf; es schien aber, daß er
ganz und gar nicht wußte was es wäre. Er gab mir
zu verstehen, ich sollte sie wieder in den Beutel, und
diesen in die Tasche steken; welches ich auch, nachdem
ich ihm sie noch etliche male angebotten hatte, für das
beste hielt, zu thun.

Binnen dieser Zeit ward der Meyer überzeuget, daß
ich ein vernünftiges Geschöpfe seyn müßte. Er redete
öfters zu mir; und obwol der Ton seiner Stimme
mich so sehr betäubte als eine Wasser-Mühle, so war
die Aussprache seiner Worte doch deutlich genug. Ich
antwortete in verschiedenen Sprachen, so laut als mir
möglich war, und er bükte sein Ohr manchmal bis auf
2. Ruthen zu mir herunter; alles aber umsonst, denn
wir konnten einander nicht das geringste verstehen. Er
schikte hierauf seine Leute wieder an die Arbeit, nahm
sein Schnupftuch aus der Tasche, breitete es gedoppelt
über seine linke Hand, welche er plat auf die Erde
legte, die Fläche aufwärts gekehret; und gab mir ein
Zeichen, daß ich darauf hinschreiten sollte, welches ich
auch leicht thun konnte, weil die Hand nicht über einen
Fuß dik war. Ich dachte, ich müßte gehorchen; und
damit

damit ich nicht fallen möchte, legte ich mich die Länge
lang über das Schnupftuch hin, worinn er mich hernach mit dem übrigen zu mehrerer Sicherheit bis an
den Kopf einwikelte, und dergestalt verwahret beim in
sein Haus trug. Hier rief er seine Frau, und zeigte mich
ihr; allein sie schrie und sprang zurük, wie die Damen
in England zu thun pflegen, wenn sie etwann eine
Kröte oder Spinne sehen. Gleichwol nachdem sie mein
Betragen eine Zeit lang beobachtet, und gesehen hatte,
wie genau ich den Zeichen folgte, welche ihr Mann
mir gab, ward sie bald wieder gut, und gewann mich
nach und nach zärtlich lieb.

Es war nun ungefehr Mittags-Zeit, und einer von
dem Gesinde trug das Essen auf. Dieses bestand in
einem einzigen nahrhaften Gerichte, (so wie es sich
für die einfältige Lebens Art eines Bauersmanns schiket.) Die Schüssel hatte etwann 24. Fuß im Durch-
messer. Die Gesellschaft bestand aus dem Meyer, seinem Weib, drey Kindern, und einer alten Großmut-
ter. Nachdem sie sich niedergesezet, stellte mich der
Meyer etwas entfernet von ihm auf den Tisch, der
wol 30. Fuß hoch war. Ich fürchtete mir ganz ent-
sezlich, und hielt mich so weit von dem Rande entfernet als möglich, damit ich nicht herunter fallen
möchte. Die Frau schnitt ein Stük von dem Gerichte
in kleine Bissen, bröselte auch etwas Brod dazu auf
einen Teller, und sezte mir denselben vor. Ich machte
ihr eine tiefe Verbeugung, langte mein Messer und
meine Gabel heraus, und fieng an zu speisen, welches
ihnen ein ganz ausserordentliches Vergnügen erwekte.
Die Frau befahl einer Magd, ein kleines Brantenwein-
gläsgen, in welches etwann 4. Kannen voll giengen,
herzubringen; und füllete es mit Getränke. Ich hob
das Geschirr in beyden Händen mit grosser Mühe auf,

und

und trank mit der größten Ehrerbietigkeit auf die Gesundheit der gnädigen Frau vom Hause; wobey ich die
Worte in Engländischer Sprache so laut außsprach,
als mir möglich war; welches bey der Gesellschaft ein
solches Gelächter erwekte, daß ich von dem Getöse beynahe um das Gehör zu kommen vermeynte. Dieses
Getränk schmekte wie Birnmost, und war gar nicht
unangenehm. Hierauf gab mir der Herr des Hauses
ein Zeichen, neben seinen Teller hinauf zu kommen;
indem ich aber über die Tafel hingieng, und (wie der
geneigte Leser leicht begreifen und es entschuldigen wird)
diese ganze Zeit über noch voll Furcht und Schreken
war, stolperte ich über eine Brodt-Rinde, und fiel auf
die Nase, doch ohne Schaden zu nehmen. Ich stand
sogleich wieder auf; und da ich sah, daß die guten
Leute meinetwegen sehr besorget waren, nahm ich meinen Hut, den ich aus Höflichkeit bisher unter dem
Arme behalten hatte, und schwung ihn mit einem
Freuden-Geschrey zwey bis drey mal über dem Kopfe
herum; zum Zeichen, daß mir kein Leid widerfahren.
Indem ich aber nun weiter auf meinen Herrn (wie ich
ihn künftig immer nennen werde) zugieng, faßte mich
sein jüngster Sohn, der ihm zur Seite saß, und ein
Erzbärnheuter von etwann zehn Jahren war, bey den
Füssen, und hielt mich so hoch in die Luft, daß mir
alle Glieder am Leibe zitterten. Jedoch sein Vater
entriß mich ihm, und versetzte ihm zugleich eine so derbe
Ohrfeige, daß ein ganzer Trupp Europäischer Reuter
davon hätte zu Boden fallen müssen; befahl ihm anbey, sich vom Tische wegzupaken. Weil ich aber besorgte, der Junge möchte einen Groll wider mich behalten; und mich zugleich erinnerte, wie boshaft und
grausam die Kinder bey uns überhaupt, gegen Sperlinge, Kaninchen, junge Kazen, Hunde und andere
kleine Thiere wären, so warf ich mich auf die Knie,
und

und gab meinem Herrn, indem ich auf den Jungen
mit dem Finger deutete, so gut ich konnte, zu verstehen, daß ich um Verzeihung für ihn wollte gebeten
haben.   Der Vater verwilligte solche, und der Junge
nahm seinen Plaz wieder ein ; worauf ich zu ihm hingieng, und ihm die Hand küßte, welche mein Herr
nahm, und ihn damit liebkosend mich streicheln machte.

Um die Mitte der Mahlzeit sprang meiner Frau Meisterin Lieblings - Kaze ihr auf den Schooß. Ich hörte
ein Getöse hinter mir, wie wenn ein Duzend Strümpf-
weber an der Arbeit szen ; und fand, da ich mich umsah, daß es nur von dem Brummen entstünde, womit
diese Thiere ihre Zufriedenheit zu verstehen geben. Sie
schien mir, nach ihrem Kopfe und einer ihrer Pfoten
zu urtheilen, während daß die Frau sie streichelte und
fütterte, drey mal grösser als ein Ochse zu seyn. Das
grimmige Aussehen dieser Bestie sezte mich ganz in
Furcht und Verwirrung, obschon ich an der andern
Ele des Tisches mehr als 50. Fuß weit weg stand,
und die Frau sie fest hielt, damit sie nicht etwann einen Sprung thun, und mich in ihre Klauen fassen
möchte.   Doch es hatte zum Glüke keine Gefahr, denn
die Kaze ward meiner gar nicht gewahr, obschon mein
Herr mich so nahe zu ihr hinsezte, daß sie nur noch
3. Ruthen von mir weg war.   Dieweil ich auch immer sagen gehört, und es auf meinen Reisen selbst erfahren hatte, daß davon fliehen und sich von Furchtsamkeit etwas merken lassen, gerade das rechte Mittel
sey, wodurch man machet, daß böse Thiere einen verfolgen oder angreifen, so faßte ich den Entschluß, bey
diesen kizlichten Umständen mich anzustellen, als ob ich
ganz gleichgültig wäre.   Ich spazierte mit unerschroke-
nen Geberden 5. bis 6. mal im Gesichte des Thiers
vorbey, und näherte mich ihr so gar bis auf eine halbe

Ruthe;

Ruthe; worauf sie sich zurükzog, und grössere Furcht
für mir mir als ich für ihr zu haben schien. Für den
Hunden, deren 3. oder 4. in die Stube kamen, (wie solches
auf Meyerhöfen gewohnt ist) fürchtete ich mir weniger.
Einer derselben, so ein Schäfer-Hund, hatte die Grösse
von 4. Elephanten; und ein andrer, so ein Windspiel
war, war noch höher, aber nicht so dike.

Wir hatten fast abgespeist, als die Amme mit einem
Kind von ungefehr einem Jahre in den Armen, herein trat. Daselbe ward mich sogleich gewahr, und
sieng ein so ungestümes Geschrey an, daß man es von
der Brüke zu London wol bis gen Chelsea hätte hören mögen; die gewöhnliche Redekunst der Kinder,
wenn sie gern etwas haben wollen damit zu spielen.
Seine Mutter, blos um ihm den Willen zu thun,
nahm mich und sezte mich vor ihm hin, da es mich
denn straks bey der Mitte faßte, und meinen Kopf in
sein Maul stekte; worüber ich so jämmerlich schrie, daß
das Kind erschrak und mich fallen ließ; wobey ich unfehlbar den Hals würde gebrochen haben, wenn die
Mutter nicht geschwinde ihre Schürze untergehalten
hätte. Die Amme, um das Kind zu besänftigen, bediente sich einer Klapper, welche eine Art Fasses, mit
grossen Steinen angefüllt, und mit einem diken Seile
um den Leib des Kindes fest gemacht war. Allein es
wollte alles nichts helfen; daher sie das lezte Mittel er-
greifen, und ihm die Brust geben mußte. Ich muß
bekennen, daß ich in meinem Leben nichts gesehen,
wovor mir mehr geekelt, als diese ungeheure Brust:
und ich weiß sie mit gar nichts zu vergleichen, dem Leser
einen genugsamen Begrif von ihrer Dike, Figur und
Farbe zu geben. Sie stand 6. Fuß hervor, und im
Umkreise konnte sie nicht weniger als 16. Fuß haben; die Warze war ungefehr halb so groß als mein

Kopf,

Kopf, und diese so wol als das übrige, so voller Fle-
ken, Blätergen ꝛc., daß wol nichts ekelhafters konnte
gesehen werden.   Denn ich war so nahe dabey, daß ich
solche recht eigentlich betrachten konnte, indem sie sich
niedergesezt hatte, das Kind desto bequemer zu stillen,
und ich auf dem Tische stand.   Dieses gab mir Anlaß
über die schöne Haut unsrer Engländischen Damen
die Betrachtung zu machen, daß sie uns in der That
sehr schön vorkäme; aber nur daher, weil dieselben
nicht grösser sind als wir selbst, und wir sie nicht durch
ein Vergrösserungs-Glas ansehen; als wobey die Erfahrung lehret, daß auch die glätteste und weisseste Haut
rauh, uneben und übel gefarbet aussiehet.

Ich erinnere mich, daß da ich noch in Lilliput
war, die Gesichter dieser kleinen Leute mir als die
schönste Sache von der Welt vorgekommen; und da
ich einst mit einem Gelehrten daselbst, der mein sehr
guter Freund war, über eben diese Materie zu Rede
worden, sagte er mir, daß ihm mein Gesicht weit schöner und ebener vorkäme, wenn er mich von der Erde
auf betrachtete, als wenn ich ihn auf meiner Hand
für das Gesicht brächte, da er mich in der Nähe sehen
könnte. Alsdenn sagte er, erblikte er grosse Gruben
in meiner Haut; die Haare meines Barts wären wol
10. mal grösser als die Borsten eines wilden Schwei-
nes; und mein ganzes Gesicht hätte so vielerley Farben, daß es sehr unangenehm anzuschauen wäre; obschon ich sonder Pralerey sagen kann, daß ich so gut
aussehe als die meisten meiner Landsleute von meinem
Geschlechte; und daß mein Gesicht durch das Reisen,
von der Sonne nicht sehr verbrannt ist. Und wenn er
ferner etwann von den Damen des Lilliputischen Hofes redete, so sagte er mir öfters, daß die eine Som-
merflecken, die andere ein grosses Maul, und eine

dritte eine übel gestalte Nase hätte, welches alles ich
nicht zu unterscheiden im Stande war. Ich gestehe,
daß die Betrachtung, welche ich hier mache, etwas
sehr gemeines ist; indessen konnte ich sie doch nicht weg
lassen, damit der Leser nicht denken möchte, daß diese
Riesen-Geschöpfe in der That häßlich wären. Denn
ich muß, ihnen Recht widerfahren zu lassen, sagen,
daß es ein recht wol gemachtes Volk ist; und sonderlich was meinen Herrn betrift, so schienen mir die
Züge seines Gesichtes, ob er wol nur ein Meyer war,
die beste Proportion zu haben, wenn ich sie 60. Fuß
weit davon, in die Höhe betrachtete.

Nach Tische gieng mein Herr wieder zu seinen Arbei-
tern; und so viel ich an seiner Stimme und Geberden
merken konnte, befahl er seiner Frau, mich sorgfältig
in Acht zu nehmen. Ich war sehr müde, und wollte
gern schlafen. Meine Frau merkte solches, legte mich
auf ihr eigenes Bethe, und dekte mich mit einem saubern weissen Schnupftuch zu, welches aber noch grösser und gröber war, als das grosse Segel-Tuch eines
Kriegs-Schiffes.

Ich schlief ungefehr 2. Stunden, und träumete,
ich wäre zu Hause bey meinem Weib und Kindern,
welches meine Traurigkeit hernach vergrösserte, da ich
erwachete, und sah, daß ich mich allein in einem Zimmer befände, welches zwey bis dreyhundert Fuß breit,
und über zweyhundert hoch war, und in einem Bethe,
das bey zwanzig Ruthen in der Breite hatte. Die
Frau war weggegangen, ihre Haus-Geschäfte zu besorgen, und hatte mich in die Kammer verschlossen. Das
Beth war 16. Fuß hoch von der Erde. Es stieß mich
eine Noth an, daß ich herunter sollte. Ich hatte das
Herz nicht zu ruffen; und wenn ich es gehabt hätte,

so

so würde es doch umsonst gewesen seyn, weil meine
kleine Stimme in eine solche Entfernung, wie die von
der Kammer wo ich lag, bis in die Küche wo die
Leute alle waren, wol nicht gelanget seyn würde. Indem ich mich in diesen Umständen befand, kamen zwo
Ratten an den Fürhängen des Betbes heraufgeklettert,
und liefen spürend auf dem Bethe hin und wieder. Eine
derselben kam mir bis nahe vor das Gesicht hinauf.
Ich sprang voll Schreken auf; und zog, mich zu beschützen, meinen Degen aus. Diese abscheulichen Thiere
hatten die Verwegenheit, mich von beyden Seiten anzufallen; und eine derselben hielt mir ihre Pfoten an
den Hals. Ich hatte aber das Glük, ihr den Bauch
aufzuschlizen, ehe sie mir etwas Leides zufügen konnte.
Sie fiel zu meinen Füssen nieder; und die andre, als
sie sah, wie es ihrer Gesellin ergangen, sprang davon;
jedoch mit einer wichtigen Wunde auf ihren Hinter-
theil, welche ich ihr noch auf ihrer Flucht versezte,
daß das Blut, so weit sie den Weg nahm, davon
herab träufelte. Nach Vollendung dieser dapfern That
spazierte ich langsam auf dem Bethe hin und her, um
mich von dem Schreken und der Bemühung, so ich
gehabt, wieder zu erholen. Diese Thiere waren von
der Grösse eines grossen Kettenhundes, aber weit böser und grausamer, so daß wenn ich meinen Degen
von mir gethan hätte, da ich mich schlafen gelegt, ich
unfehlbar in Stüke zerrissen und aufgefressen worden
wäre. Ich maß den Schwanz von der todten Ratte;
und fand, daß er zwo Ruthen, weniger ein Zoll, lang
war. Es ekelte mir aber, den Cörper zum Bethe hinaus zu schleppen, wo er noch immer blutend lag. Ich
sah, daß die Ratte noch etwas Lebens hätte; welches
ich ihr mit einem starken Hieb über den Hals vollends
benahm.

V. Theil.　　　　**J**　　　　　　**Kurz**

Kurz darauf kam die Frau wieder in die Kammer; und da sie mich voll Blut sah, lief sie geschwinde, und nahm mich in ihre Hand. Ich wies auf die todte Ratte, lächelte, und gab noch andre Zeichen, daß ich keinen Schaden gelitten. Sie freute sich hierüber gar sehr, und rief die Magd, daß sie die Ratte mit einer Zange aufheben und zum Fenster hinaus werffen sollte. Nach diesem sezte sie mich auf einen Tisch, wo ich ihr meinen blutigen Degen zeigte, welchen ich abwischte, und wieder in die Scheide einstekte. Ich sollte etwas verrichten, das kein andrer für mich thun konnte; und bemühete mich, der Frau zu verstehen zu geben, daß ich gern auf den Boden niedergesezet seyn wollte. Nachdem sie solches gethan, ließ mir die Schamhaftigkeit nicht zu, mich weiter zu erklären, als daß ich auf die Thüre wies, und mich vielmal niederbükte. Die gute Frau begrif endlich nach vieler Mühe meine Meynung, hob mich wieder auf in ihre Hand, und gieng mit mir in den Garten, wo sie mich auf die Erde sezte. Ich entfernte mich so denn 200. Ruthen weit in eine Eke; und nachdem ich ihr zugewunken, daß sie nicht nach mir sehen, noch mir nachfolgen sollte, verstekte ich mich in einen Hauffen Sauerampfer-Blätter, und verrichtete da meine Nothdurft.

Ich hoffe, der geneigte Leser wird mich entschuldigen, daß ich diese und andere dergleichen besondere Umstände etwas weitläufig erzehle, welche, ob sie zwar in den Augen des niedrigen Pöbels von schlechter Erheblichkeit seyn mögen, doch dem Nachsinnen und der Einbildungs-Kraft eines Philosophen aufhelfen, und ihm Gelegenheit geben können, sie zum allgemeinen oder besondern Vortheil des menschlichen Lebens anzuwenden;

den; welches die einzige Absicht ist, warum ich diese
und andere meiner Reise-Beschreibungen ans Licht treten lasse, und mich darinne besonders der geraden
Wahrheit beflissen habe, ohne die Zierathen der Gelehrsamkeit, oder einer scheinenden Beredsamkeit zu affectie-
ren. Inzwischen hatte die ganze Scene dieser Reise
einen so lebhaften Eindruk bey mir gemachet, und sich
so tief in mein Gedächtnis eingepräget, daß ich, indem ich sie zu Papier brachte, keinen einzigen Umstand,
der mir nur einiger massen der Mühe werth geschienen, zurükgelassen; wiewol ich nachhin bey einer genauen Wiederübersehung der Sachen, verschiedene Stellen, so nicht viel zu bedeuten hatten, aus meiner ersten Handschrift ausgestrichen habe, damit man mich
nicht als einen langweiligen und schlechte Lumpereyen
vorbringenden Scribenten tadeln möchte, welches man
Reise-Beschreibern so oft (und vielleicht nicht ohne
Grund) vorzuwerfen pflegt.

J 2				Das

Das zweyte Capitel.

Beschreibung der Tochter des Meyers. Der Verfasser wird in eine Markt-Stadt, und hernach in die Residenz geführet. Nachrichten von dieser Reise.

Meine Frau Meisterin hatte eine Tochter von 9. Jahren; ein Mägdgen von recht guter Hofnung für ihr Alter; sehr geschickt bey ihrem Nadel-Werk, und besonders verständig, ihre Puppe wol zu puzen. Ihre Mutter und sie verstanden sich gegen die Nacht, die Wiege ihrer Puppe für mich zu rechte zu machen. Die Wiege ward in eine kleine Schublade, und diese auf ein Hang-Gesims gesezet, damit die Ratten mir nicht beykommen möchten. Dies war mein Bette die ganze Zeit über, da ich bey diesen Leuten war, wiewol ich es mir nach und nach bequemlicher zubereiten ließ, nachdem ich etwas von der Landes-Sprache gelernet hatte, und was mir fehlete zu verstehen geben konnte. Dies junge Mägdgen war so gelehrig, daß sie in zwey oder drey malen, da ich mich in ihrer Gegenwart ausgezogen, mich vollkommen aus- und anzukleiden wußte; wiewol ich ihr diese Mühe niemals zumuthete, wenn sie mir überlassen wollte, das eine oder das andere selbst zu thun. Sie machte mir 7. Hemder, und noch andere Wäsche von so feiner Leinwand, als sie bekommen konnte, welche aber doch noch gröber war, als unser gröbstes Paktuch; und diese wuschte sie stets selbst. Sie war auch meine Lehrmeisterin in der Landes-Sprache. Wenn ich mit dem Finger auf etwas zeigte,

zeigte, so sagte sie mir den Namen davon, so daß ich
in wenig Tagen alles fodern konnte, was ich verlangte.
Sie war ein sehr gutes Kind, und nicht über 40. Fuß
hoch, welches klein hieß für ihr Alter. Sie gab mir
den Namen Grildrig, welchen die Familie mir bey-
behielt; und unter dem ich auch nachhin im ganzen
Königreiche bekannt ward. Dieses Wort will so viel
sagen, als der Lateiner Nanunculus, der Italiäner
Homunceletino, und der Engländer Mannikin. Diesem Mädgen habe ich die Erhaltung meines Lebens
in diesem Lande vornehmlich zu danken. Wir trenne-
ten uns nicht, so lange ich hier war. Ich nennete sie
meine Glumdalclitch, oder meine kleine Pflegmutter;
und es würde sehr undankbar von mir seyn, wenn ich
ihrer zärtlichen Liebe und Sorgfalt für mich nicht auf
die ruhmlichste Weise gedächte; wie ich denn auch von
Herzen wünschte, im Stande zu seyn, ihr meine Erkenntlichkeit, so wie sie es verdienet, werkthätig bezeugen
zu können; anstatt daß ich nur allzuviel Grund zu befürchten habe, ich sey nach der Zeit ein unglükliches,
wiewol unschuldiges Mittel worden, daß es ihr sehr
übel gegangen.

Nunmehr fieng es an bekannt und zum Gespräche
zu werden, mein Herr hätte auf dem Felde ein seltsames Thier gefunden, welches nicht grösser als ein
Splacnuck, sonst aber vollkommen wie ein Mensch gestaltet wäre, und auch in seinem ganzen Thun und
Wesen einem Menschen gliche. Es schiene eine
ihm angeborne kleine Sprache zu reden, hätte schon
einige Worte von ihrer Landes-Sprache gelernet, gieng
aufrecht auf zween Füssen, wäre zahm und freundlich,
käme wenn man es riefe, thäte alles was man es hiesse,

hätte

hätte die allerniedlichsten Glieder von der Welt, und
ein Gesicht, das noch schöner wäre als eines vornehmen Fräuleins von 3. Jahren. Ein andrer Meyer,
welcher nächst bey uns wohnte, und meines Herrn
vertrauter Freund war, kam einmal ihn zu besuchen,
um die Wahrheit dieses Gerüchtes zu erkundigen. Ich
ward sogleich hervorgebracht, und auf einen Tisch gesezet, wo ich hin und her spazierte, (wie man mir es
befahl) meinen Degen auszog, wieder einstekte, dem
Gast meines Herrn die Reverenz machte, ihn in seiner
eigenen Sprache fragte, wie er sich befände, und ihn
willkommen hieß, genau wie meine kleine Wärterinn
mich unterrichtet hatte. Dieser Mann nun, weil er
alt war, und kein gutes Gesicht mehr hatte, langte
seine Brille hervor, und sezte sie auf die Nase, um
mich desto eigentlicher zu betrachten. Ein Anblik,
darüber ich mich nicht hinterhalten konnte, recht herzlich zu lachen; denn seine Augen sahen nicht anders
aus, als wie der Voll-Mond, wenn er in eine Kammer von 2. Fenstern scheinet. Unsere Leute, welche
merkten, warum ich lachte, fiengen an mit zu lachen;
worüber der Alte närrisch genug war böse zu werden,
und in eine etwelche Verwirrung zu gerathen. Man hielt
ihn für einen geizigen Filz; und zum Unglüke machte er
diese Nachrede an mir nur allzuwahr, indem er meinem Herrn den verwünschten Rath gab, mich auf einen
Markt-Tag in der nächsten Stadt, ungefehr 22. Meilen weit von unserm Hause, wohin sie aber in einer
halben Stunde ritten, als eine Rarität um Geld sehen zu lassen. Ich merkte, daß etwas nicht gutes sich
anspönne, da ich meinen Herrn und seinen Freund
lange leise mit einander schwazen, und diesen öfters

auf

auf mich deuten sah; und aus Furcht bildete ich mir
ein, daß ich würklich einige Worte, die sie sprachen,
hörte und verstünde. Doch den Morgen darauf erzehlte mir Glumdalclitch, meine kleine Pflegmutter,
die ganze Sache, welche sie von ihrer Mutter geschikt
ausgeforschet hatte. Das arme Mädgen sezte mich
auf ihren Schoos, und fieng an auf das beweglichste
zu weinen und zu klagen. Sie besorgte, es möchte
mir von gemeinen groben Leuten ein Unglük begegnen,
die mich zerdrüken, oder mir dieses oder jenes Glied
brechen möchten, wenn sie mich in die Hände nähmen.
Ingleichem hatte sie beobachtet, wie schamhaft ich
wäre; wie sehr ich auf meine Ehre hielte; und wie sehr
ich es mithin für Schande rechnen würde, dem niedrig-
sten Pöbel für Geld öffentlich zur Schaue ausgestellet
zu werden. Sie sagte, ihr Papa und ihre Mamma hätten ihr versprochen, daß Grildrig ihre seyn sollte.
Nun sähe sie aber wol, daß es eben so gemeynet wäre,
wie vor einem Jahre, da sie ihr ein Lamm geschenket,
solches aber gleichwol, so bald es fett gewesen, einem
Fleischer verkaufft hätten. Was mich selbst betrift,
so kann ich aufrichtig versichern, daß ich weniger besorgt war als meine kleine Pflegmutter: Denn ich
nährete stets eine starke Hofnung, einmal meine Freyheit wieder zu erlangen; und was die Schande betraf,
daß ich als eine Mißgeburt herumgeführt werden sollte,
so betrachtete ich mich als einen Fremden, der ganz
unbekannt in diesem Lande wäre; und glaubte, daß
mir dieses Unglük niemals würde können vorgerüket werden, wenn ich je wieder nach England zurük kommen
sollte, indem der König von Großbritannien selbst,
sich dergleichen würde haben unterziehen müssen, wenn
er an meiner Stelle gewesen wäre.

J 4　　　　Mein

Mein Herr folgte dem Rath seines Freundes, und führte mich also in einem Kästgen auf den ersten Markttag in die benachbarte Stadt; wobey er seine kleine Tochter, meine Pflegemutter, auf einem Küssen hinter ihm mit auf das Pferd nahm. Das Kästgen war überall feste zugemacht, biß auf eine kleine Thüre, durch welche ich aus- und einkommen konnte, und etliche kleine Luftlöcher. Das Mägdgen hatte die Sorgfalt, daß es die Matraz von ihrer Puppen Bethe hinein geleget, damit ich darauf ligen konnte. Dessen ungeachtet ward ich auf dieser Reise erschreklich herumgeworfen und ermüdet, obschon sie nicht länger als eine halbe Stunde dauerte; denn das Pferd legte auf jeden Schritt etwann vierzig Fuß Weges zurüke, und trabete so hoch einher, daß die Bewegung dem Steigen und Fallen eines Schiffes bey einem heftigen Sturme ähnlich, dabey aber weit öfterer war. Unsere Reise war etwas weiter als von London biß nach St. Albans. Mein Herr kehrte in seiner gewöhnlichen Herberge ein; und nachdem er sich eine Weile mit dem Wirthe berathschlaget, und einige nöthige Zubereitungen vorgekehrt worden, mietete er den Grultrud oder öffentlichen Ausruffer, durch die ganze Stadt kund zu thun: „Im „Gasthofe zum grünen Adler wäre ein sehr seltsames „Geschöpfe, nicht so groß als ein Splacnuck„ (dieses ist ein wol gestaltes, etwann 6. Fuß langes Thier in diesem Lande) „zu sehen, welches an allen Theilen „seines Leibes einem Menschen gliche, verschiedene „Worte spräche, und tausenderley artige Possen ma„chen könnte.

Man sezte mich in dem geräumigsten Zimmer des Gasthofes, der wol 300. Fuß ins Gewierte haben möchte, auf einen Tisch. Meine kleine Pflegemutter stand auf einem Schemel hart daneben, damit sie auf
mich

mich Acht haben, und mir befehlen könnte, was ich
thun sollte. Um das Gedränge zu vermeiden, wollte
mein Herr nicht zugeben, daß mehr als 30. Personen
auf einmal mich sehen sollten. Ich spazierte auf dem
Tische hin und wieder, so wie das Mädgen solches
befahl. Sie that verschiedene Fragen an mich, von
denen sie wußte, daß ich sie verstand, welche ich denn
so laut beantwortete, als mir möglich war. Ich wendete mich öfters gegen die Zuschauer, machte ihnen
die Reverenz, hieß sie willkommen, und bediente mich
noch einiger anderer Redens-Arten, die ich gelernet
hatte. Ich hob einen Fingerhut voll Getränk, welchen mir Glundalclitch für einen Becher gegeben hatte,
auf, und trank auf der Ehrengesellschaft Gesundheit.
Ich zog meinen Degen aus, und schwung ihn, wie
die Fechtmeister in England zu thun pflegen. Meine
Pflegemutter reichte mir etwas von einem Strohhalm,
womit ich mich als ein Pikenirer exercierte, welche
Kunst ich in meiner Jugend gelernet hatte. Ich ward
diesen Tag 12. Parteyen hinter einander gezeiget, und
mußte meine Schule eben so viel mal durchmachen,
bis ich vor Plagerey und Müdigkeit halb todt war:
Denn diejenigen, so mich gesehen, erzehleten den andern so viel seltsames Zeug von mir, daß diese bald
die Thüre aufgesprenget hätten, um hineinzukommen.
Mein Herr wollte um seines eigenen Nuzens willen
nicht zugeben, daß mich jemand anrühren sollte, als
nur seine Tochter; und, allem Unglüke vorzubeugen,
ließ er rings um die Tafel Bänke in einer Entfernung
stellen, daß niemand bis zu mir hinreichen konnte.
Nichts desto weniger warf mir einmal ein leichtfertiger
Schuljunge eine Haselnuß nach dem Kopfe, die mich
bey einem Haar getroffen hätte. Sie fuhr mit einer
solchen Heftigkeit daher, daß sie mir die Hirn-
schale unfehlbar würde zerschmettert haben, indem sie

J 5   beynahe

beynahe so groß als ein kleiner Kürbis war. Ich hatte
aber das Vergnügen zu sehen, wie dieser kleine Galgen-
vogel wacker abgeschmiert, und zum Zimmer hinaus-
gejaget ward.

Mein Herr ließ öffentlich ausruffen, daß er mich
den nächst künftigen Markt-Tag wieder sehen lassen
wollte; und verfertigte unterdessen ein bequemeres Fahrzeug für mich auf die Reise; welches zu thun er hohe
Ursache hatte; denn ich war von meiner ersten Reise,
und von der Kurzweil, womit ich die Leute 8. Stunden lang hinter einander unterhalten mußte, so sehr
abgemattet, daß ich mich kaum aufrecht halten, oder
auch ein Wort sprechen konnte. Es währete zum wenigsten 3. Tage, ehe ich mich wieder erholte; und
gleichsam damit ich auch keine Ruhe zu Hause haben
möchte, kam der ganze benachbarte Adel, so in die
100. Meilen im Umkreise um uns herum wohnete,
und von mir gehört hatte, mich zu sehen, zu meinem
Herrn ins Haus. Es waren gewöhnlich nicht weniger als 30. Personen mit ihren Weibern und Kindern;
(denn das Land ist sehr volkreich) und mein Herr ließ
sich, wenn er mich so zu Hause zeigte, jedes mal beza-
len, als wenn das ganze Zimmer voll Zuschauer wäre;
obschon oft nur eine einzige Familie zugegen war. So daß
ich eine Zeit lang alle Tage in der Woche wenig Ruhe
hatte; (die Mittwoche ausgenommen, welches ihr
Sabbath ist,) obschon ich nicht wieder nach der Stadt
geführt ward.

Als mein Herr den Profit überlegte, welchen ich ihm
einbringen könnte, nahm er sich vor, mich in alle
die vornehmsten Städte des Landes herum zu führen.
Er versah sich deswegen mit allem, was zu einer langwierigen Reise erfodert wird, brachte seine Haus-Geschäfte in Richtigkeit, und nach gemachtem Abschied —
　　　　　　　　　　　　　　　　　　　　von

Von seiner Frau reiseten wir den 17. August 1703. ungefehr zween Monate nach meiner Ankunft, nach der Residenz ab, welche fast in der Mitte dieses Reichs und etwann 3000. Meilen von unserm Meyerhofe gelegen war. Mein Herr ließ Glumdalclitch, seine Tochter, hinter ihm auf das Pferd sitzen; und mich führte sie auf ihrer Schoosse in einem Kästgen, welches sie sich mit einem Strike um den Leib gebunden hatte. Das gute Mädgen hatte es überall mit dem weichesten Zeuge, so sie finden konnte, ausstaffieret, ihrer Puppe Bethe hineingelegt, mich mit leinen Zeug und andern Nothwendigkeiten versehen, und alles und jedes so bequem angeordnet, als sie nur immer konnte. Wir hatten zur Gesellschaft sonst niemanden als noch einen Hausjungen, der mit der Reise-Geräthschaft hinter uns herritt.

Meines Herrn Absicht war, mich in allen Städten, die am Wege lägen, sehen zu lassen; auch wol 50. bis 100. Meilen von der Landstrasse abzugeben, um etwann ein Dorf oder Schloß eines vornehmen Herrn zu erreichen, wo er etwas mit mir verdienen könnte. Wir machten nur kurze Tagreisen von nicht mehr als 140. bis 160. Meilen. Denn Glundalclitch beklagte sich, mich zu schonen, daß der Trab des Pferdes sie allzusehr ermüdete. Sie nahm mich öfters aus dem Kästgen heraus, wenn ich es gern haben wollte, ließ mich frische Luft schöpfen, und die Gegend besehen, wobey sie mich aber stets an einem Strike fest hielt. Wir kamen über 5. oder 6. Flüsse, welche viel breiter und tieffer waren als der Nil oder Ganges; und es gab wenig Bäche, die schmäler gewesen wären, als die Themse unter der Brüke zu London. Wir brachten 10. Wochen auf unsrer Reise zu; und ich ward in 18. grossen Städten zur Schaue ausgestellet; viele Dörfer und Landhäuser nicht gerechnet.

Der

Den 26. Weinmonats langten wir in der Residenz,
welche in ihrer Sprache Lorbrulgrud oder das Wunder der Welt heißt, an.   Mein Herr nahm das
Quartier in der vornehmsten Gasse der Stadt, nicht
weit von dem königlichen Pallast, und ließ nach Gewohnheit Zeddel ausstreuen, worinn meine Person und
meine Künste auf das genaueste beschrieben waren. Er
miethete ein geräumiges Zimmer von drey bis vierhundert Fuß breit ; ließ einen Tisch hinein sezen, der 60.
Fuß im Durchschnitt hatte, worauf ich spielen sollte,
und verpallisadierte denselben rings umher 3. Fuß hoch,
damit ich nicht etwann herunter fallen möchte.   Ich
ward 10. mal des Tages gezeiget; zu gröstem Erstaunen und vollkommenen Vergnügen des Volkes.   Ich
konnte nunmehr die Landes-Sprache ziemlich gut sprechen, und verstand was man zu mir redete alles sehr
wol.   Ich hatte nebst diesem ihr Alphabet gelernet,
und konnte mit einiger Mühe hier und dar auch etwas gedruktes erklären.   Denn Glumdalclitch hatte
mir hierinne so wol zu Hause, als wenn wir sonst
eine müssige Stunde im Quartier hatten, fleissig Lection gegeben.   Sie führte ein kleines Büchelgen, welches nicht viel grösser als ein geographischer Atlas von
Sanson seyn möchte, bey sich in der Tasche.   Dieses
war eine Gattung Catechismus für junge Mädgen,
um ihnen einen kurzen Begrif von ihrer Religion
beyzubringen; und aus diesem Buche ließ sie mich die
Buchstaben kennen lernen, und erklärte mir die Wörter.

Das

Das dritte Capitel.

Der Verfasser wird noch Hofe beruffen. Die Königin kauft ihn dem Meyer ab, und zeiget ihn dem König. Er disputiert mit den vornehmsten Gelehrten Sr. Majestät; wird bey Hofe einquartiert, und stehet bey der Königin in grossen Gnaden. Er redet rühmlich von seinem Vaterlande. Verdrießlichkeiten, die er mit dem Zwerge der Königin gehabt.

Die mühsame Uebung, welche ich alle Tage vornehmen mußte, schwächte meine Gesundheit binnen wenig Wochen gar sehr. Je mehr ich meinem Herrn einbrachte, je unersättlicher ward er. Ich hatte meinen Appetit gänzlich verloren, und ward so mager wie ein Todten-Gerippe. Der Meyer bemerkte solches; und weil er glaubte, ich würde es so nicht mehr lange machen, beschloß er, mich von Hand zu schlagen, so gut er könnte. Indem er mit diesen Gedanken umgieng, kam ein Slardral oder Page vom Hofe, mit Befehl an meinen Herrn, mich unverzüglich dahin zu bringen, der Königin und ihren Damen Kurzweil zu machen. Einige dieser letztern hatten mich bereits gesehen, und von meiner Schönheit, meinem Betragen und Verstande ganz ausserordentliche Dinge erzehlet. Ihre Majestät und alle die, welche zur Aufwart sich bey Ihr befanden, wurden durch mein Betragen ganz ungemein eingenommen. Ich fiel auf meine Knie, und bat mir die Gnade auß, Dero Königlichen Füsse zu küssen. Allein diese gnädige Princeß-

sin

hin reichte mir, nachdem man mich auf einen Tisch sezen müssen, ihren kleinen Finger, welchen ich in meine
beyden Arme schloß, und mit dem allertiefsten Respect
die Spize desselben mit meinen Lippen berührte. Sie
that einige allgemeine Fragen von meinem Vaterlande
und von meinen Reisen an mich, worauf ich so deutlich und kurz als mir möglich war, antwortete. Sie
fragte mich, ob ich wol Lust hätte bey Hofe zu bleiben. Ich machte eine tiefe Reverenz, und antwortete
allerunterthänigst, daß ich meinem Herrn zugehörte;
stünde es aber bey mir, so würde ich mich glüklich
schäzen, mein Leben zu Ihrer Majestät Diensten zu
widmen. Hierauf fragte sie meinen Herrn, ob er mich
nicht um eine gute Summe Gelds verkauffen wollte?
Weil dieser besorgte, daß ich wol schwerlich noch einen
Monat leben würde, so machte er keine grosse Schwierigkeit, und foderte 1000. Goldstüke für mich. Diese
wurden ihm auf der Stelle ausgezalet; und jedes dieser Stüke war ungefehr so dik und groß als 800. Moy-
dors, die aber nach Proportion aller Dinge dieses Landes gegen das, was man in Europa hat, und in Ansehen des Unterscheids des Preises des Golds in diesen
verschiedenen Gegenden, kaum die Summe von 1000.
Guinéen in England ausmachten. Ich sagte hierauf
der Königin, daß weil ich nun Ihrer Majestät aller-
unterthänigstes Eigenthum und Sclave wäre, so
wollte ich mir demüthigst die Gnade ausgebetten haben, daß Glumdalclitch, welche jederzeit die gröste
Sorgfalt und Zärtlichkeit für mich gehabt, und sich
auch, mich in Acht zu nehmen, am besten verstünde,
in Dero Dienste mit aufgenommen und mir zur Pflegemutter und Lehrmeisterin noch weiter gelassen werden
möchte. Die Königin gewährete mir meine Bitte;
und erhielt auch leichtlich die Einwilligung des Meyers,
welcher froh genug war, seine Tochter bey Hofe un-
　　　　　　　　　　　　　　　　　　　tergebracht

tergebracht zu haben; und das arme Mädgen selbst
konnte seine Freude darüber nicht verbergen. Mein
ehemaliger Herr gieng darauf weg; und beym Abschied
von mir sagte er noch, er dächte, er hätte mich recht
gut versorget.   Ich antwortete nicht ein Wort hierauf;
und machte ihm blos eine kleine Reverenz.

Die Königin ward meinen Kaltsinn gewahr; und
nachdem der Meyer fortgegangen war, fragte sie mich
um die Ursache.   Ich nahm mir die Freyheit, Ihrer
Majestät zu sagen, wie ich diesem Manne keinen andern Dank schuldig wäre, als daß er eine so armselige
unschuldige Creatur, wie ich wäre, nicht wider den
Boden geschmissen hätte, da er mich von ungefehr auf
dem Felde gefunden; wofür er aber durch den Ge-
winnst, welchen er durch die Ausstellung meiner Person zur Schaue, fast in dem halben Königreiche, von
mir gezogen, und durch die Summe, so er von Ihrer Majestät erhalten, reichlich bezahlet wäre.   Das
Leben, so ich seither bey ihm geführet, sey so mühsam
und beschwerlich gewesen, daß ein Geschöpfe von zehn
mal mehrern Kräften, als ich, darüber hätte sterben
mögen. Durch die unaufhörliche Arbeit, den ganzen Tag
über den Pöbel zu belustigen, wäre meine Gesundheit sehr
geschwächet; und Ihre Majestät hätte mich wol nicht so
wolfeilen Kaufes von dem Meyer bekommen, wenn er
mein Leben nicht in Gefahr zu seyn geglaubt hätte.
Allein da ich jezt, unter dem Schuze einer so mächtigen und gütigen Königin, der Zierde der Natur,
der Freude der Welt, der Lust Ihrer Unterthanen, des Phönix der Schöpfung, nicht weiter
fürchten dürfte übel gehalten zu werden, so hoffete
ich auch, daß die Besorgnis meines gewesenen Herrn
vergebens seyn würde; weil ich jezt schon spürete, daß ich
durch den Einfluß Dero allerhöchsten Gegenwart
wiederum aufzuleben anfieng.

                                        Dieses

Dieſes war der Innhalt meiner Rede, welche ich
mit vielen Sprach-Fehlern und öftern Stoßen vorbrachte. Der leztere Theil derſelben war völlig nach
dem Styl dieſes Volkes eingerichtet; wovon mir Glumdalclitch einige Redens-Arten vorſagte, da ſie mich
nach Hoſe trug.

Die Königin, welche für die Fehler, ſo ich im Reden begieng, gütige Nachſicht hatte, ward übrigens
ganz erſtaunet über den Wiz und Verſtand, ſo ſie bey
einem ſo kleinen Thiere antráfe. Sie nahm mich in
in ihre Hand, und trug mich zu dem König, der damals in ſeinem Cabinet ſaß. Se. Majeſtát, ein
Herr von ernſtem Weſen und Ausſehen, der meine
Geſtalt nicht gleich beobachtete, fragte die Königin auf
eine kaltſinnige Weiſe, wie lange es wäre, ſeit dem ſie
ſich ſo in einen Splacnuck verliebt hätte; denn dafür,
ſcheint es, hielt er mich, derweil ich in der rechten
Hand Ihrer Majeſtät auf meinem Bauch geſtrelet
lag. Doch dieſe Princeſſin, welche ungemein viel Wiz
und Munterkeit hatte, ſezte mich ſanft auf einen
Schreibtiſch auf die Füſſe, und befahl mir, Se.
Majeſtät von dem was mich angieng, ſelbſt Rechen-
ſchaft zu geben, welches ich mit ſehr wenig Worten
that; und Glumdalclitch, welche vor der Thüre des
Cabinets wartete, und es nicht ausſtehen kounte, daß
ich ihr auſſer dem Geſichte wäre, bekräftigte, nachdem
ſie hereingelaſſen worden, alles was ſich ſeit dem ich
in ihres Vaters Haus gekommen war, mit mir zugetragen hatte.

Der König, obſchon er ſo viel Gelehrſamkeit beſaß,
als irgend einer in ſeinem Reiche, und bey der Phi-
loſophie, beſonders den mathematiſchen Wiſſenſchaften
auferzogen war, glaubte anfänglich, da er meine Geſtalt genau betrachtet, und mich aufrecht einhergeben
ſah,

sah, ich würde wol eine Art Uhrwerkes seyn, (welche Kunst in diesem Lande zu einer grossen Vollkommenheit gediehen) so etwann ein sinnreicher Künstler verfertiget hätte. Allein da er mich reden hörte, und fand, daß, was ich vorbrachte, ordentlich und vernünftig wäre, konnte er sein Erstaunen nicht verbergen. Gleichwol war er mit der Erzehlung, die ich ihm von der Art und Weise machte, wie ich in sein Land gekommen, gar nicht zufrieden; sondern hielt es für ein Gedicht, das zwischen Glumdalclitch und ihrem Vater, die mich einige Worte gelehret hätten, wäre verabredet worden, damit sie mich desto theurer verkauffen möchten. Weil er diesen Verdacht hegete, so legete er mir verschiedene andere Fragen vor; erhielt aber stets vernünftige Antworten; nur daß ich eine üble Außsprache hatte, die Landes-Sprache nicht genugsam verstand, und mich einiger bäurischen Redens-Arten bediente, welche ich auf dem Meyerhofe gelernet hatte, und die sich zu dem politen Hof-Styl nicht gut schickten.

Se. Majestät liessen hierauf drey gelehrte Professoren ruffen, welche damals nach Gewohnheit des Landes, die Woche hatten. Diese Herren, nachdem sie meine Gestalt einige Zeit sehr genau betrachtet und untersucht hatten, waren meinethalben unterschiedener Meynung. Darinne aber stimmeten sie alle überein, daß ich nicht nach den ordentlichen Gesezen der Natur hervorgebracht worden seyn müsse, indem ich nach meiner Bildung unvermögend wäre, weder durch Geschwindigkeit, noch durch Klettern auf die Bäume, noch dadurch, daß ich Löcher in die Erde machen könnte, mir selbst das Leben zu erhalten. Aus meinen Zähnen, welche sie mit grosser Sorgfalt besahen, urtheilten sie, daß ich ein fleischfrässiges Thier sey; doch da die meisten vierfüssigen Thiere mir zu stark, die Feldmäuse

V. Theil.   K   aber

aber und einige andere kleine Bestien zu geschwind waren, so konnten sie nicht begreifen, wie ich leben könnte,
wenn ich mich nicht von Schneken und andern Insecten nährete, welches sie gleichwol mit vielen gelehrten
Gründen als etwas unmögliches verwarffen. Einer
dieser geschikten Männer schien zu glauben, daß ich ein
Embryo oder unzeitige Frucht seyn möchte. Allein diese
Meynung ward von den beyden andern widerlezet,
welche beobachteten, daß meine Glieder nach ihrer Art
vollkommen und ausgewachsen wären; und daß ich
schon etliche Jahre gelebet haben müßte, wie solches
aus meinem Bart erhellete, dessen Stumpen sie durch
ein Vergrösserungs-Glas deutlich erkennen konnten.
Für einen Zwerg wollten sie mich nicht halten, weil ich
so aus der Masse klein wäre; denn der Königin Favo-
rit-Zwerg, der kleinste, den man jemals in diesem
Reiche gesehen, hatte beynahe die Länge von 30. Fuß.
Nach langem Disputieren machten sie einmüthig den
Schluß, daß ich bloß ein Relplum Scalcatch, oder
(wörtlich übersezt) ein Lusus Naturæ wäre. Ein Ausspruch, der mit der heutigen Philosophie in Europa
aufs genaueste übereinkömmt, deren Professoren mit
Verwerffung der elenden Ausflucht, welche die Schüler des Aristoteles in den Causis occultis gesucht, und
dadurch ihre Unwissenheit zu bedeken sich vergeblich
bemühet, diese vortrefliche Auflösung aller Schwierigkeiten zu unglaublichem Vortheil und Beföderung der
menschlichen Wissenschaften erfunden haben.

Nach dieser endlichen Entscheidung bat ich um Erlaubnis, ein par Worte sagen zu dürfen: Ich kehrte
mich gegen den König; und versicherte Se. Majestät,
daß ich aus einem Lande käme, welches von viel Millionen

tionen Geschöpfen meiner Art, beyderley Geschlechtes,
und von meiner Grösse bewohnet wäre; wo die Thiere,
Bäume und Häuser gegen sie die gehörige Proportion
hätten; und wo ich folglich im Stande wäre, mich
selbst zu vertheidigen, und Unterhalt zu finden, so gut
als irgend ein Unterthan Sr. Majestät in diesem
Lande; welche Antwort ich für genugsam hielt, die
Argumente dieser Herren gänzlich zu widerlegen. Auf
dieses antworteten sie bloß mit einem verächtlichen Lächeln, daß ich die Lection wol behalten, die mir der
Meyer aufgegeben hätte. Der König, welcher mehrere
Einsicht hatte, entließ seine Gelehrten, und schikte
nach dem Meyer, der zum Glüke noch nicht fortgerei-
set war. Nachdem er ihn also zuerst allein examiniert,
und hernach ihn und Glumdalclitch und mich zusammen verhört, so fiengen Se. Majestät endlich an zu
glauben, daß das, so wir erzehleten, wol wahr seyn
möchte. Er bat die Königin, Befehle zu geben, daß
man genaue Sorge für mich tragen sollte; und hielt
für rathsam, daß Glumdalclitch ihr Amt mich in
Acht zu nehmen beybehalten sollte, weil er beobachtet
hatte, daß wir eine besondere Zuneigung für einander
trügen. Es ward ihr ein bequemes Zimmer bey Hofe
eingeräumet, und eine Gattung Hofmeisterin für ihre
Auferziehung Sorge zu tragen, ein Mädgen sie anzukleiden, und noch zween andre Bedienten für die
häuslichen Geschäfte zugeordnet; die Aufsicht aber und
Sorge für mich sollte ihr ganz allein anvertrauet seyn.
Die Königin befahl ihrem eigensten Schreiner, ein
Kästgen für mich zu machen, welches mir für eine
Schlafkammer dienen könnte, so wie ich und Glum-
dalclitch es am bequemsten für mich finden würden.
Dieser Mann war ein ausnehmend geschikter Künstler,

und verfertigte nach meinem Angeben binnen 3. Wochen eine Kammer für mich, die 16. Fuß ins Gevierte, 12. in die Höhe, die Fenſter mit Rahmen, eine Thüre und zwey Cloſette hatte, vollkommen wie ein Schlafzimmer zu London. Die Deke derſelben konnte vermittelſt 2. Angeln auf und zugemachet werden, um ein Bethe hinein zu ſezen, welches Ihrer Majeſtät Tapezierer ſchon in Bereitſchaft hatte; und dieſes nahm Glumdalclitch jeden Morgen heraus, hängte es an die Luft, machte ſolches mit eigener Hand; und nachdem ſie es auf den Abend wieder hinein gethan, ſchloß ſie die Kammer-Deke über mir zu. Ein gewiſſer Künſtler, der wegen ſeiner Geſchiklichkeit in kleiner Arbeit ſehr berühmt war, unternahm es, mir ein par Lehnſtüle und zween Tiſche, nebſt einem Schranke von einer Materie zu verfertigen, die dem Helffenbein nicht ungleich war. Die Wände, Deke und der Boden meiner Kammer waren überall ausgeſtoppet und überzogen, um allen übeln Zufällen vorzubeugen, welche aus Unachtſamkeit derer, die mich trügen, begegnen möchten, und die Heftigkeit der Stöſſe zu brechen, wenn ich etwann auf einem Wagen gefahren würde. Ich bat um ein Schloß für meine Kammerthüre, damit die Ratten und Mäuſe nicht hineinkämen. Nach verſchiedenen Verſuchen bracht der Schloſſer endlich ein ſo kleines heraus, dergleichen man in dieſem Lande noch keines geſehen hatte; denn ich kenne einen Edelmann in England, der würklich ein gröſſeres an ſeiner Hausthüre hat. Ich ſchaute, wie ich es anſtellete, den Schlüſſel in meiner eigenen Taſche zu verwahren; aus Furcht, Glumdalclitch möchte ihn verliehren. In gleichem gab die Königin Befehl, den allerfeinſten Seidenzeug, den man finden konnte, anzuſchaffen, um mir Kleider daraus zu verfertigen, welche herauskamen als unſere Bethdeken in England, mir aber

ſehr

sehr beschwerlich waren, bis ich sie gewohnt war. Sie
waren nach der Mode des Landes gemacht, die sehr
ehrbar und eine Mittelgattung von der Persischen und
Chinesischen Tracht ist.

Die Königin bekam so viel Belieben an meiner Gesellschaft, daß sie nicht mehr ohne mich speisen konnte.
Man sezte mir ordentlich einen Tisch auf die Tafel,
woran Ihre Majestät speisete, gerade an Ihrer linken Hand; und einen Stul, mich daran niederzusezen.
Glumdalclitch stand auf einem Schemel bey der Tafel, mir aufzuwarten, und mich in Acht zu nehmen.
Ich hatte mein vollkommenes Tafel-Geräth an silbernen Schüsseln, Tellern und andern Bedürfnissen, welche in Vergleichung gegen das Geräth der Königin
nicht viel grösser waren als die kleinen Spiel-Sachen zu
Aufpuzung eines Puppen-Häusgen, dergleichen ich in
der Bude eines Puppen-Krämers zu London gesehen.
Meine kleine Pflegemutter hub solche in ihrem Schubsake in einer silbernen Büchse verwahret auf, und gab
mir sie bey den Mahlzeiten, je nachdem ich etwas davon benöthigt war; wie sie denn dieselben auch stets mit
eigener Hand wusch und rein machte. Es speisete niemand mit der Königin, als die beyden Königlichen
Princessinnen, deren die ältere damals sechszehn, und
die jüngere dreyzehn Jahre und einen Monat alt war.
Ihre Majestät hatten die Gewohnheit, mir jedes mal
auf eine meiner Schüsseln ein klein Stülgen von dem
Gerichte hinzulegen, davon ich mir denn nach eigenem
Belieben schnitt; und ihre Lust war, mich so en mig-
nature essen zu sehen. Denn die Königin, obwol sie
in der That einen schwachen Magen hatte, und daher
nur eine schlechte Esserin war, stekte doch auf einmal
so viel in ihren Mund, als 12. Engländische Bauern
zusammen bey einer Mahlzeit kaum thun würden, wel-

ches

ches ich eine Zeit lang nicht sonder Ekel ansehen konnte.
Sie nahm ein Vörder-Vierthel von einer Lerche, und
zerknirschte es, Knochen und alles, auf einmal mit ihren Zähnen, obschon das Stük neun mal grösser war,
als ein solches Viertheil von einem grossen fetten Cale-
lecutischen Hahne; und ein Bissen Brod, den sie hin-
einschob, war so groß als zween Laibe, die man bey
uns, jeden für 12. Pfenninge kauft. Sie trank auß
einem göldenen Becher auf einen Zug mehr als eine
Tonne bey uns hält. Ihr Tisch-Messer war zwey mal
so lang als eine Senie, gerechnet daß das Eisen gerade am Stiel fortgieng. Löffel, Gabel und andre Instrumente hatten alle die gleiche Proportion.
Ich erinnere mich, daß, da Glumdalclich mich einst
auß Curiosität einige Speise-Tafeln bey Hofe zu besehen führte, wo zehn bis zwölfe solcher ungeheuern Messer und Gabeln auf einem Haufen beysamen lagen,
ich glaubte, daß ich in meinem Leben nichts so schrekliches gesehen hätte.

Es ist die Gewohnheit, daß alle Mittwochen (welches wie ich vorhin erwehnet, der Sabbath in diesem
Lande ist) der König und die Königin samt der Königlichen Familie beyderley Geschlechtes, in dem Zimmer
Sr Majestät, welche mich bereits sehr lieb hatten,
beysamen speisen; und an diesen Tagen ward mein kleiner Stul und Tisch dem König zur Linken, gerade vor
ein Salzfaß hingesezet. Dieser Prinz hatte im Unterhalt mit mir, seine Lust daran, daß er sich von
den Sitten, Gesezen, von der Religion, der Regierungs-
Art, und denen Wissenschaften in Europa erkundigte,
wovon ich ihm auf das best mögliche Nachricht ertheilte.
Er begrif so deutlich, und hatte eine so scharfe Urtheils-
Kraft, daß er über alles, was ich ihm sagte, sehr
weise Anmerkungen und Beobachtungen machte. Jedennoch

dennoch gestehe ich, daß da ich mich einmal über der
Beschreibung meines lieben Vaterlandes, unsrer Handlung, Kriegen zur See und zu Lande, unsrer Secten
in der Religion, und Factionen in Ansehung des Staates, etwas allzulange aufgehalten, die ihm von seiner
Auferziehung anklebende Vorurtheile so weit den Mei-
ster spielten, daß er sich nicht enthalten konnte, nach
einem herzlichen Gelächter mich in seine rechte Hand zu
nehmen, und unter einem freundlichen Streicheln mit
der andern Hand mich zu fragen, ob ich ein Whig
oder Tory wäre? Hierauf wandte er sich zu seinem
Premier-Minister, welcher mit einem weissen Stabe
(der bey nahe so groß war als der Haupt-Mast des
Kriegs-Schiffes le royal Souverain,) hinter ihm stand,
und machte die Anmerkung, welch ein verächtliches
Ding es doch um alle menschliche Hoheit wäre, da
sie selbst von so kleinen Insecten, wie ich wäre, könnte
nachgeäffet werden; und dennoch, sagte er, wollte ich
wetten, daß eben diese Würmer ihre Titel und Vorzüge
unter sich haben, sich kleine Nester und Löcher bauen,
welche sie Häuser und Städte nennen, daß sie mit ihren Kleidern und Geräthschaften prangen, daß sie lieben,
kriegen, disputieren, betrügen, verrathen &c. Und so
fuhr er eine Weile fort, da mir indessen vor Unwillen
und Verdruß bald alle Farben ins Gesicht stiegen, daß
ich so hören mußte, wie verächtlich unser berühmtes
Vaterland, die Meisterin der Künste und der
Kriegs-Wissenschaft, die Geisel Frankreichs, die
Schiedrichterin Europens, die Wohnung der Tugend, Frömmigkeit, Ehre und Wahrheit, die
Zierde und die Beneidung der ganzen Welt, ge-
tractiert ward.

Allein gleichwie ich mich gar nicht in einem Zustande
befand, Unbillen rächen zu können; also fieng ich nach

reiser

reifer Ueberlegung auch an zu zweifeln, ob ich würklich dergleichen empfangen hätte oder nicht? Denn nach
Verfluß einiger Monate ward ich des Anblikes und
Umgangs dieses Volkes so gewohnt; und sah auch,
daß jeder Gegenstand, der mir in die Augen fiel, eine
so genaue Proportion mit ihrer Grösse hatte; daß das
Entsezen, welches ich anfangs davor bekommen, dergestalt verschwunden, daß wenn ich damals eine Gesellschaft Engländischer Herren und Damen sollte gesehen
haben, sich nach der Mode Reverenze machen, stolzie-
ren, plaudern u. s. f. ich (die Wahrheit zu sagen) in
heftige Versuchung gerathen seyn würde, eben so herzlich über sie zu lachen, als der König und seine Hofleute über mich thaten. Wie ich mich denn auch nicht
enthalten konnte, heimlich über mich selbst zu lachen,
wenn die Königin mich etwann auf ihrer Hand vor den
Spiegel hielt, da mir unsere beyde Personen zugleich
vollkommen ins Gesicht fielen, und wol nichts lächerli-
chers seyn konnte, als die Bemerkung des ungeheuern
Unterschiedes, dergestalt daß ich würklich zu glauben anfieng, ich wäre noch selbst um viel kleiner geworden,
als ich sonst war.

Nichts ärgerte und quälete mich mehr als der Zwerg
der Königin, welcher, da er an Kleinheit seines gleichen nicht hatte, (denn ich glaube würklich, daß er
nicht einmal 30. Fuß hoch war) so ausgelassen ward,
eine Creatur zu sehen, die so weit unter ihm wäre,
daß er niemals fehlete, sich zu brüsten, und eine stolze
Mine zu machen, so oft er in der Königin Vorzimmer
bey mir vorübergieng, indessen daß ich auf einem Tische
stand, und mit den Herren und Damen vom Hofe
schwazte; wobey er auch selten unterließ, mir einige
Stichel-Reden über meine Kleinheit zu zuruffen; wofür
ich mich nicht anders zu rächen wußte, als daß ich ihn

Herr

Herr Bruder hieß, ihn herausfoderte, und sonst mit
andern dergleichen Antworten bezahlte, welche unter
Hofpagen gewöhnlich sind. Eines Tages über der Tafel verdroß diesen kleinen Bösewicht etwas, das ich ihm
gesagt hatte, so sehr, daß er an dem Stule der Königin auffkletterte, mich, da ich eben saß, und mich gar
nichts übels versah, in der Mitte faßte, und mich in
eine grosse silberne Schüssel voll Milchrahm fallen ließ,
worauf er Hals über Kopf davon lief. Ich fiel bis
über die Ohren hinein; und wäre ich nicht ein guter
Schwimmer gewesen, so dürfte es wol um mich geschehen gewesen seyn, denn Glumdalclitch stand eben in
dem Augenblike in einer andern Eke des Zimmers, und
die Königin war so erschroken, daß sie sich nicht besinnen konnte mir zu helfen. Doch meine kleine Pflegemutter kam bald herzugelauffen und zog mich heraus,
nachdem ich über eine Kanne voll Rahm eingeschlukt
hatte. Man legte mich zu Bethe; gleichwol hatte ich
keinen andern Schaden genommen, als daß es mit
meinen Kleidern dahin war, welche gar sehr verderbt
worden; der Zwerg ward tüchtig mit Ruthen gestri-
chen, und mußte noch ferner zur Strafe die ganze
Schüssel voll Rahm, worein er mich geworffen hatte,
ausfauffen. Er kam auch niemals wieder zu Gnaden;
Denn die Königin schenkte ihn bald hernach einer vornehmen Dame, so daß ich ihn weiter nicht mehr zu
sehen bekam; welches mir ein grosses Vergnügen war,
indem ich nicht wissen konnte, wozu die Rache diesen
kleinen boßhaften Taugenichts sonst möchte angetrieben
haben.

Er hatte mir schon vorher einen leichtfertigen Streich
gespielet, der die Königin lachen machte, obschon sie
zugleich sehr böse auf ihn ward, und ihn den Augenblik fortgejaget hätte, wenn ich nicht die Großmuth
gehabt hätte für ihn zu bitten. Ihre Majestät hat-

K 5   ten

ten einen Marksknochen auf ihren Teller genommen,
und nachdem Sie das Mark herausgeklopfet, setten Sie
den Knochen aufgerichtet wieder in die Schüssel, wie
er zuvor gestanden. Der Zwerg lauerte seine Gelegenheit ab, und stieg, da Glumdalclitch zu dem Neben-
tische hineingegangen war, geschwinde auf ihren Stuhl,
darauf sie zu stehen pflegte, um mich bey den Mahlzeiten in Acht zu nehmen; nahm mich in seine beyden
Hände, drükte mir meine Schenkel zusammen, und
stekte mich so bis über die Mitte in den Marksknochen
hinein, wo ich eine Zeit lang blieb, und eine höchst-
lächerliche Figur machte. Ich glaube, daß es wol eine
Minute angestanden, ehe jemand gewahr wurde, was
mit mir vorgegangen, denn ich hielt es mir für
Schande zu schreyen. Wie aber die Speisen selten
warm auf fürstliche Tafeln kommen, so wurden meine
Schenkel auch nicht verbrannt, nur befanden sich meine
Hosen und Strümpfe in übelm Zustande. Auf meine
Fürbitte wiederfuhr dem Zwerge keine andere Strafe,
als daß er eine gute Tracht Schläge bekam.

Die Königin trieb öfters Scherz wegen meiner
Furchtsamkeit; und pflegte mich zu fragen, ob meine
Landes-Leute auch so verzagte Memmen wären wie ich?
Der Anlaß war dieser: Man ist zur Sommers-Zeit
in diesem Lande grausam von den Fliegen geplagt; und
dieses verhaßte Ungeziefer, davon jedes so groß als ein
Sperling bey uns ist, ließ mir unter währendem Essen
mit seinem unaufhörlichen Gesumme um die Ohren keinen Augenblick Ruhe. Zuweilen sezten sie sich auf meine
Speisen, und liessen ihren Unflath darauf fallen, der
mir sehr sichtbar war, obschon den Einwohnern des Landes nicht, als deren grosse Augen nicht so scharf waren,
wie die meinigen, solche kleine Sachen zu beobachten.
Zuweilen sassen sie mir auf die Nase oder auf die

Stir.ne,

Stirne, allwo sie mich bis auf das Blut stachen, und
daben einen sehr übeln Geruch von sich gaben. Ich
konnte auch diejenige klebrichte Materie sehr leicht mit
dem Finger fühlen, welche sie von sich lassen, und wodurch sie (wie die Naturkündiger lehren) im Stande
sind, an den Deken und Wänden herum zu kriechen.
Ich hatte alle Mühe, gegen diese verwünschten Thiere
mich zu beschüzen, und konnte mich nicht enthalten auf-
zufahren, wenn sie mir ins Gesicht kamen. Es war
eine gewöhnliche Büberey von dem Zwerge, daß er
eine gute Anzahl dieser Insecten mit der Hande fieng,
wie die Schul-Knaben bey uns zu thun pflegen, und
sie mir hernach auf einmal unter die Nase fliezzen ließ,
mich zu erschreken, und der Königin eine Lust zu machen. Das Mittel, dessen ich mich gegen sie bediente,
war dieses, daß ich sie mit meinem Messer in Stüke
hieb, indem sie in der Luft herumschwermeten; worinn
man meine Geschiklichkeit sehr bewunderte.

Ich erinnere mich, daß da Glumdalclitch einmal
des Morgens mich in meinem Kästgen vor das Fenster
gesezt hatte, um frische Luft zu schöpfen, wie sie bey
schönem Wetter immer that, (denn ich dürfte es nicht
wagen, das Kästgen an einen Nagel für das Fenster
hinaus hängen zu lassen, wie wir mit Kefichten in
England thun,) und ich eines meiner Fenster aufgema-
chet, und mich an den Tisch niedergesezet hatte, eine
Butter-Kuche zu frühstüken, mehr als 20. Wespen,
die der Geruch herbey lokete, hineingeflogen kamen,
und mit ihrem Gesumme ein solches Lermen machten,
als kaum so viel Sakpfeifen hätten thun können. Einige derselben wanten sich an meine Kuche, und schnapp-
ten ein Stük nach dem andern davon weg; die andern
flogen mir um den Kopf und das Gesicht herum, be-
täubten mich mit ihrem Gesumme, und sezten mich
wegen

wegen ihrer Stachel in die äufferſte Furcht. Jedennoch
hatte ich das Herz aufzuſtehen, meinen Degen auszuziehen, und ſie in der Luft anzupaken. Ich erlegte
ihrer viere; die andern entwiſchten durch den Weg, wo
ſie hergekommen waren; und ich machte das Fenſter
gleich hinter ihnen zu. Dieſe Inſecten waren ſo groß
als Rebhüner. Ich nahm ihre Stachel, und fand,
daß ſie anderthalb Zoll lang, und ſo ſpizig wie Nadeln
waren. Ich hob ſie alle ſorgfältig auf; und nachdem ich
ſolche ſeither nebſt einigen andern ſeltſamen Dingen an
vielen Orten in Europa gezeiget, verſchenkte ich bey
meiner Zurükkunft nach England drey davon an das
Collegium zu Gresham; den vierten aber behielt ich
für mich.

Das

Das vierte Capitel.

Beschreibung des Landes. Vorschlag, die neuern
geographischen Charten zu verbessern. Der
Königliche Pallast, und einige Nachrichten von
der Residenz-Stadt. Auf was Art der Verfasser
in diesem Lande gereiset. Beschreibung des
vornehmsten Tempels in der Hauptstadt.

Jezt gedenke ich, dem Leser eine kurze Beschreibung
dieses Landes zu geben, so weit ich es selbst durchreiset
habe, welches nicht über 2000. Meilen im Umkreise
von Lorbrulgrud, der Hauptstadt gewesen seyn mag;
weil die Königin, welche mich überall mitnahm, niemals weiter gieng, wenn sie den König auf seinen Reisen begleitete, sondern auf dieser Weite allemal still lag,
bis Se. Majestät von Besichtigung der Gränzen wieder zurükkam. Das ganze Gebiet dieses Fürsten er-
strekt sich ungefehr sechs tausend Meilen in die Länge,
und von drey bis auf fünf tausend in die Breite. Daher ich notbwendig schliessen muß, daß unsere Europäische Erdbeschreiber sich gewaltig irren, indem sie
zwischen Japan und California nichts als See sezen.
Denn ich war auch sonst immer der Meynung, daß
es hier grosse Länder geben müsse, um dem festen Lande
von der grossen Tartarey das Gegengewicht zu halten.
Sie mögen also ihre Charten hierinnen wol verbessern,
und diese grosse Streke Landes gegen Nord-Westen
von America anzeichnen, worinn ich ihnen gern hülf-
liche Hand bieten will.

Dieses

Dieses Reich nun ist eine Halb-Insel, und gränzet gegen Nord-Ost an eine Reihe Gebürge bey 30. Meilen hoch, über welche man wegen ihrer Feuer speyenden Gipfel unmöglich kommen kann. Es wissen auch ihre Gelehrtesten nicht, was für Menschen hinter diesem Berge leben, oder ob es würklich Einwohner daselbst giebet. An den 3. übrigen Seiten aber stößt es an das grosse Welt-Meer. In dem ganzen Königreiche giebt es nicht einen einzigen Hafen; und die Gegenden, wo die Flüsse sich in die See ergiessen, sind überall so voller Klippen, und die See überhaupt so wild, daß es unmöglich ist, auch mit dem kleinsten ihrer Boote durchzukommen, so daß dieses Volk von der Gemeinschaft mit der übrigen Welt gänzlich abgesöndert ist. Ihre grossen Flüsse aber sind voller Schiffe, und haben Ueberfluß an den besten Fischen; denn der See-Fische bedienen sich die Einwohner selten, weil solche nicht grösser sind, als die in Europa, und folglich es sich der Mühe nicht lohnet dieselben zu fangen; woraus erhellet, daß die Natur mit Hervorbringung lebendiger und lebloser Geschöpfe von so ungeheurer Grösse, sich ganz allein auf dieses Land einschränket, dessen Ursachen die Philosophen ausmachen mögen. Gleichwol fangen sie zuweilen etwann einen Wallfisch, der sich an den Klippen zerstossen; und der gemeine Mann thut sich was sonderliches damit zu gute. Ich habe welche solcher Wallfische bey ihnen gesehen, die so groß waren, daß ein Mann genug zu thun hatte, einen auf dem Bukel davon zu tragen. Und zuweilen bringet man sie als etwas neues in Körben nach Lorbrulgrud. Einmal ward einer in einer Schüssel auf die Königliche Tafel aufgetragen, welchen man für ein sehr rares Stük hielt; ich sah aber nicht, daß der König sich sonderlich davon belieben ließ; und glaube, die Grösse des Fisches möchte ihm einen etwelchen Ekel davor

vor verurſachet haben; wiewol ich in Grönland einen geſehen, der noch etwas gröſſer war.

Das Land iſt wol bevölkert, denn es hat hundert
und fünfzig Städte, groſſe und kleinere zuſammengerech-
net; und eine Menge Dörfer. Dem Leſer einen Begrif zu machen, will ich nur die Hauptſtadt Lorbrulgrud beſchreiben. Mitten durch dieſelbe geht ein Fluß,
der ſie in zween bey nahe gleiche Theile ſcheidet. Sie
enthält über achtzig tauſend Häuſer, und ungefehr ſechs
mal hundert tauſend Einwohner. Ihre Länge iſt drey
Glomglums, welche ungefehr vier und fünfzig Engliſche Meilen ausmachen, und die Breite zween und
ein halber, wie ich ſie ſelbſt auf meiner Charte gemeſ-
ſen habe, die der König verfertigen laſſen, und welche
zu dem Ende für mich auf die Erde gebreitet ward,
und auf hundert Fuß ſich erſtrecte. Ich ſpazierte verſchiedene male barfuß quer und im Umkreiſe darüber
hin, berechnete hernach meine Schritte nach der Mei-
len-Leiter, und maß ſo die Stadt auf das genaueſte.

Der Königliche Pallaſt iſt kein regelmäſſiges, ſondern
ein Hauffen abſönderlicher Gebäude in einem Umkreiſe
von ungefehr ſieben Meilen. Die vornehmſten Zimmer
ſind durchgehends zweyhundert und vierzig Fuß hoch,
und nach Proportion breit und lange. Glumdalclitch und ich hatten einen eigenen Wagen, worinn ihre
Hofmeiſterin öfters mit ihr, vor die Kramläden oder
die Stadt zu beſehen, herumfuhr. Ich war beſtändig
mit von der Parten, und ſaß in meinem Käſtgen, wiewol das gute Mädgen, ſo oft ich es verlangte, mich
herausnahm, und in ihrer Hand hielt, damit ich die
Häuſer und das Volk deſto bequemer ſehen konnte, indem wir durch die Straſſen fuhren. Ich rechnete, daß
unſer Wagen ungefehr einen vierten Theil des Raums

von

von Westmünster-Hall einnehmen möchte, dabey aber
nicht völlig so hoch war ; doch kann ich es nicht ganz
eigentlich bestimmen.　Eines Tages ließ die Hofmeisterin den Kutscher vor verschiedenen Buden stille halten,
wo die Bettler ihre Gelegenheit absahen, sich von allen
Seiten herbey zu drängen, und mir das abscheulichste
Schauspiel darstelleten, so jemals ein Europäisches
Auge mag gesehen haben.　Hier stand eine Frau mit
einem Krebsschaden an ihrer Brust, die zu einer ungeheuern Grösse aufgeschwollen und voller Löcher war;
zwey oder drey derselben von solcher Grösse, daß mein
ganzer Leib Raum genug darinne würde gefunden haben.　Dort ein Mann mit einem Gewächs am Halse,
grösser als 5. Wollen-Säke.　Dort einer mit einem
par hölzerner Schenkel; jeder etwann 20. Fuß hoch ꝛc.
Doch das häßlichste, so mir zu Gesichte kam, war das
Ungeziefer, so auf ihren Kleidern herum lief. Ich
konnte die Gliedmassen dieser Thiere, und ihre Rüssel,
womit sie wühleten wie die Schweine, von blossen Augen deutlicher erkennen, als wenn man sich bey uns
eines Vergrösserung-Glases hiezu bedienet.　Es waren
die ersten von dieser Gattung, die ich hier sah; und
ich würde wol gern eines derselben anatomiert haben,
wenn ich die nöthigen Instrumente (welche ich unglüklicher Weise im Schiffe zurük gelassen) dazu gehabt
hätte; wiewol sie so ekelhaft aussahen, daß würklich
in meinem Magen eine Aufruhr entstand.

Ausser dem grössern Kästgen, darinn ich gemeiniglich
mitgeführet ward, ließ die Königin noch ein kleineres
von etwann 12. Fuß ins gevierte, und 10. Fuß in die
Höhe, für mich verfertigen, damit man desto bequemer
mit mir reisen könnte; weil das andere für Glumdalclitchs

lichs Schooß etwas zu breit und unschiebig in der
Kutsche war.   Der gleiche Werkmeister verfertigte dasselbe unter meiner Aufsicht, und wie ich es angab.
Dies Reise-Closet war ein vollkommenes Viereck, mit
einem Fenster in der Mitte von 3. Seiten; und jedes
Fenster von außen mit eisernen Stäben vergittert, allen
besorglichen Zufällen vorzubauen. An der vierten Seite,
welche kein Fenster hatte, waren zween starke eiserne
Ringe, fest gemacht, durch welche die Person, welche mich führte, wenn ich zu Pferde seyn wollte, einen
ledernen Riemen schob, und diesen sich um den Leib
band.   Dieses Amt ward allemal einem bescheidenen,
treuen Bedienten aufgetragen, auf welchen ich mich
verlassen konnte, ich möchte nun den König und die
Königin auf ihren Reisen begleiten, oder gern die Felder und Gärten besehen, oder einer vornehmen Hof-
Dame oder einem Staats-Minister die Visite geben,
wenn Glumdalclitch etwann nicht wol auf war. Denn
ich ward bey den vornehmsten Cron-Bedienten bald
bekannt und hoch angesehen, wiewol meines Erachtens mehr um der Gnade willen, die Se. Majestät
für mich hatten, als wegen einiger Verdienste, die sie
an meiner Person wahrgenommen hätten.   Auf ganzen
Tage-Reisen, wenn ich des Fahrens müde war, mußte
ein Reit-Knecht mein Kästgen mit einer Schnalle sich
um den Leib fest machen, und es vor sich auf das
Pferd auf ein Küssen setzen, da ich alsdenn das Land
von drey Seiten durch meine Futter offen sehen
konnte.   Ich hatte in diesem Closet ein Feldbeth, und
eine an die Deke befestigte Hangmatte, ingleichem
zween Stüle und einen Tisch, welche fest auf den Boden angeschraubt waren, damit sie durch die Bewegung des Pferdes oder des Wagens nicht herumgesto-
ßen würden.   Und weil ich des Seefahrens gewohnt
war, so fielen mir diese Bewegungen, obschon sie zuweilen gar heftig waren, nicht sehr beschwerlich
     V. Theil.   L   Wenn

Wenn ich mich gern in der Stadt umsehen wollte, so geschah solches beständig in meinem Reise-Closet, welches Glumdalclitch auf ihrem Schoosse, in einer Art offenen Tragsessel nach Landes-Mode hielt. Dieser ward von 4. Männern getragen; und 2. andere in der Königin Liberey giengen darneben her. Das Volk, welches viel von mir gehört hatte, drang sich aus Neubegierde um uns her; und das Mädgen war gefällig genug, die Träger halt machen zu lassen, und mich auf ihre Hand zu nehmen, damit mich jedermann desto besser sehen möchte.

Ich war sehr begierig, den vornehmsten Tempel in der Stadt, und sonderlich den Thurm davon, der für den höchsten im ganzen Königreiche gehalten wird, zu sehen. Glumdalclitch führte mich also eines Tages dahin; ich kann aber mit Wahrheit sagen, daß die Sache meiner Erwartung nicht entsprochen. Denn der Thurm ist, von unten bis auf die oberste Spitze zu rechnen, nicht über 3000. Fuß hoch, welches in Betrachtung des Unterschieds der Grösse zwischen diesem Volke und uns Europäern, eben kein sonderliches Wunderwerk ist; und nach Proportion kömmt er (wenn ich mich recht erinnere) nicht einmal dem Gloken-Thurm zu Salisbury bey. Doch muß ich, um einer Nation nicht Unrecht zu thun, welcher ich mich Zeit Lebens höchst verbunden erkennen werde, gestehen, daß was diesem berühmten Thurm an Höhe abgehet, hingegen durch seine Schönheit und Stärke vollkommen ersezet wird. Denn die Mauern sind beynahe 100. Fuß dike von gehauenen Steinen, deren jeder ungefehr 40. Fuß ins Gevierte hat, und dabey auf allen Seiten mit Statuen von ihren Göttern und Kaysern gezieret, welche mehr als in Lebens-Grösse aus Marmor ge-

hauen

hauen in ihren verschiedenen Nitschen zu sehen sind.
Ich maß einen kleinen Finger, der von einer solchen
Statue herabgefallen war, und unbemerket unter etwas Mauer-Koth lag; und fand, daß er gerade die
Länge von 4. Fuß und einem Zoll hatte. Glumdalclitch wikelte ihn in ihr Schnupftuch ein, und nahm
ihn in ihrer Tasche wol verwahrt mit sich nach Hause,
um damit ihr Puppenzeug zu vermehren, worein das
gute Mädgen gar sehr verliebt war, wie Kinder von
ihrem Alter insgemein zu seyn pflegen.

Die Küche des Königs ist unstreitig ein prächtiges
Gebäude. Sie ist gewölbet, und bey 600. Fuß hoch;
Der gröste Ofen darinn ist bey 10. Schritten nicht
so weitläufig als die Kuppole bey der St. Paulus
Kirche; denn ich maß diese nach meiner Zurükkunft
expreß. Sollte ich aber den Küchen-Rost, die ungeheuern Töpfe, Kessel, Bratspisse, und Stüken Fleisch
daran, samt andern dergleichen Dingen beschreiben, so
würde man mir kaum Glauben zustellen. Zum wenigsten würde ein strenger Critiker denken, daß ich die
Sache ein Bißgen übertriebe, wie man von den meisten Reise-Beschreibern glaubt. Ich sorge aber, daß
ich, um diesen Tadel außzuweichen, nur allzusehr in
das andere Extremum gefallen, und daß wenn diese
meine Reise-Beschreibung in die Sprache von Brobdingrag (welches der Name des ganzen Landes ist)
übersetzet und dahin gebracht werden sollte, der König und die Nation Ursache finden würden, sich zu beschweren, daß ich ihre Sachen durch Verkleinerung
verfälschet, und ihnen Unrecht gethan hätte.

Se.

Se. Majeſtät hält ſelten mehr als 600. Pferde
in ihren Ställen.　Dieſe ſind überhaupt 54. bis 60.
Fuß hoch.　Erſcheint aber der König bey feyerlichen
Anläſen, ſo begleitet ihn allemal eine Garde von 500.
Reutern; welches ich in der That ſo lange für den
prächtigſten Aufzug gehalten, der immer konnte geſehen werden, bis ich einmal einen Theil ſeiner Armee
in Schlacht-Ordnung zu Geſichte bekam.　Hievon aber
werde ich ein ander mal reden.

Das

Das fünfte Capitel.

Verschiedene Begebenheiten, welche sich mit dem
Verfasser zugetragen. Hinrichtung eines Mis-
sethäters. Der Verfasser läßt seine Geschiklichkeit in der Schiffahrt sehen.

Ich würde ein nicht unangenehmes Leben in diesem
Lande gehabt haben, wenn meine Kleinheit mich nicht
allerhand lächerlichen und beschwerlichen Begegnissen
ausgesezet hätte; wovon ich doch etliche erzehlen muß.
Glumdalclitch nahm mich oft in meinem kleinen
Kästgen mit in den Garten am Schlosse; wo sie mich
zuweilen herauslangte und in der Hand hielt, oder mich
auf die Erde sezte, daß ich herumspazierte. Eines Tages, (erinnere ich mich,) noch ehe der Zwerg fortge-
schaffet war, folgete er uns dahin, und meine kleine
Pflegemutter hatte mich eben auch auf die Erde gesezet; wir kamen zusammen, und zwar nahe bey einigen
Zwerg-Bäumgen. Hier nun konnte ich mich nicht enthalten, meinen Wiz durch einige alberne Vergleichun-
gen zwischen ihm und diesen Bäumen zu zeigen, welche
in ihrer Sprache eben so genennet werden, wie in der
unsrigen. Worauf dieser kleine Bösewicht die Gelegenheit abwartete, da ich bey einem solchen Baum vor-
beygieng, und ihn so stark zu schütteln anfieng, daß
über ein Duzend Apfel, deren jeder so groß war als
eine Bier-Tonne, herunterfielen, und mir um die Ohren herumtaumelten. Einer aber traf mich, indem
ich mich bükte, auf den Rüken, und schmieß mich zu
Boden, daß ich auf die Nase fallen mußte. Doch
nahm ich weiter keinen Schaden; und der Zwerg er-

hielt

hielt auf meine Vorbitt Verzeihung, weil ich ihm Anlaß zu dieſem Poſſen gegeben hatte.

Ein andermal ließ mich Glumdalclitch auf einem glatten Raſen zurüke, und gieng mit ihrer Hofmeiſterin eine Ele weit von mir ſpazieren. Nun müßte es ſich fügen, daß unterdeſſen plözlich ein ſo ſtarker Hagel fiel, daß ich gleich zur Erde niedergeſchlagen ward. Und indem ich ſo lag, fuhren die Schloſſen ſo hart auf meinen ganzen Leib an, als ob es Ball-Kugeln wären. Gleichwol kroch ich, um unter eine Verdekung zu kommen, auf allen vieren, unter eine Reihe Citronen-Bäume; aber vom Kopf bis zu den Füſſen ſo übel zugerichtet, daß ich in 10. Tagen nicht wieder ausgehen konnte; worüber ſich auch nicht zu verwundern, weil die Natur in dieſem Lande die gleiche Proportion in allen ihren Würkungen beobachtet, und die Schloſſen achtzehnhundert mal gröſſer zu ſeyn pflegen, als die welche in Europa fallen; welches ich um ſo mehr aus Erfahrung ſagen kann, da ich ſie ſelbſt abgemeſſen und gewogen habe.

Es begegnete mir aber ein noch weit gefährlicherer Zufall in eben dieſem Garten, da eines Tages meine kleine Pflegemutter, in Meynung daß ſie mich an einem ganz ſichern Ort allein ließe, (wofür ich ſie öfters bat, damit ich meinen Gedanken deſto ruhiger nachhängen könnte) mit ihrer Hofmeiſterin und einigen Damen von ihrer Bekanntſchaft, ſich in eine andere Ele des Gartens begeben hatte. Denn während dieſer Zeit, und in einer Entfernung von ihr, daß ſie mich nicht hören konnte, kam ein kleiner Wachtelhund, der dem Gärtner zugehörte, und ſich von ungefehr in den Garten hineingeſchlichen hatte, nahe um die Gegend, wo ich mich befand. Der Hund gieng dem Geruche nach, kam gerade auf mich zu, und nachdem er mich in ſeine

Schnauze

Schnauze genommen, lief er eilends mit mir davon
zu seinem Herrn, und legte mich, mit dem Schwanze
wädelnd, ganz sachte auf die Erde vor ihm nieder.
Zum Glüke war er so wol abgerichtet, daß er mich
ganz ohne Schaden zwischen seinen Zähnen trug, und
nicht einmal meine Kleider beschädigte. Der arme
Gärtner aber, der mich wol kannte, und auch sehr lieb
hatte, gerieth in ein heftiges Schreken. Er hob mich
sanft in seine beyden Hände auf, und fragte mich,
wie mir wäre? Ich war aber dergestalt erschroken, und
ausser Atbem gekommen, daß ich kein Wort sprechen
konnte. Nach einigen Minuten erholete ich mich, und
er brachte mich frisch und gesund meiner kleinen Pflegemutter wieder, welche inzwischen an den Ort, wo sie
mich gelassen, zurüke gekommen; und weil sie mich
nicht fand, und auf ihr Ruffen keine Antwort empfieng, in Todes-Aengsten war. Sie schalt heftig
auf den Gärtner, daß er seinen Hund in den Garten
lauffen lassen; jedoch die Sache ward vertuscht, und
bey Hofe hat man niemals etwas davon erfahren,
deun Glumdalclitch fürchtete sich vor der Königin Ungnade; und ich meines Orts dachte, daß es mir ebenfalls keine sonderlich Ehre bringen würde, wenn eine
solche Historie von mir erzehlet werden sollte.

Diese Begegniß brachte Glumdalclitch gänzlich auf
den Entschluß, mich künftig ausser dem Hause niemals
aus ihren Augen zu lassen. Ich hatte schon lange besorgt, daß sie solches thun würde, und deßwegen verschiedene andere kleine unglükliche Begebenheiten, die
sich mit mir zugetragen, da sie mich allein ließ, vor
ihr verschwiegen gehalten. Einmal stieß ein Hüner-
geyer, der über dem Garten herumschwebte, auf mich
nieder; und wenn ich nicht herzhaft den Degen
gezogen, und hinter ein dichtes Geländer geflüchtet

L 4 hätte,

hätte, so würde er mich unfehlbar in seinen Klauen
davon getragen haben. Ein ander mal, da ich auf
einen frischen Maulwurf-Haufen herauf stieg, fiel ich
bis an den Hals in das Loch herunter, aus welchem
dieses Thier die Erde aufgeworffen hatte; und erdachte,
zur Entschuldigung daß meine Kleider besudelt wären,
eine Lüge, die eben nicht werth ist angeführt zu werden; und noch eines Tages stieß ich den rechten Fuß
sehr übel an ein Schneken-Häusgen, so mir im Wege
lag, und über welches ich hinfiel, indem ich in tiefen
Gedanken allein dahergieng, und voller Sehnsucht an
mein liebes Vaterland dachte.

Ich kann selbst nicht sagen, ob ich mehr Vergnügen
oder Aergernis empfand, wenn ich bey meinem einsamen Spazierengehen sah, daß die kleinern Vögel keine
Furcht vor mir bezeigten, sondern etwann einer Ruthe
weit von mir, mit einer solchen Gleichgültigkeit und Sicherheit herumhüpften, Würmer und andere Nahrung
zu suchen, als wenn gar keine Creatur ihnen nahe wäre.
Ich erinnere mich, daß einst eine Drossel die Dreistigkeit hatte, mir ein Stük Kuchen, welches Glumdalclitch mir so eben zum Frühstüke gegeben, mit ihrem
Schnabel aus der Hand zu entführen. Wenn ich einen dieser Vögel etwann haschen wollte, so sezten sie
sich mir dapfer entgegen, hakten nach meinen Fingern,
welche ich geschwinde zurükziehen mußte; und hüpften
darauf so gleichgültig wieder ihren Würmern und
Schneken nach, als sie zuvor thaten. Doch einmal
ergriff ich einen diken Prügel, und schmieß ihn aus allen Kräften so glüklich nach einem Finken, daß er über
den Hauffen fiel; worauf ich ihn mit beyden Händen
beym Halse anfaßte, und im Triumphe damit nach
meiner kleinen Pflegemutter rannte. Allein der Vogel,
der durch den Streich nur betäubet worden, und sich

inzwischen

inzwischen wieder erholete, gab mir mit seinen Schwin-
gen so manchen Schlag an den Kopf und den Leib,
(obschon ich ihn Armes Länge von mir weghielt, und
zum Glüke von seinen Klauen nicht konnte erreicht werden,) daß ich wol zwanzig mal, ihn fahren zu lassen
gedachte. Einer unsrer Knechte aber kam mir bald zu
Hülfe, und drehete dem Vogel den Hals um, worauf er
mir auf Befehl der Königin zur Mittags-Mahlzeit zubereitet wurde. Dieser Fink war (so viel ich mich
noch entsinne) etwas grösser als die Schwäne in England sind.

Die Staats-Fräulein bey Hofe baten Glumdalclitch öfters zu sich auf ihre Zimmer, da sie mich
denn allemal mitnehmen mußte, damit sie das Vergnügen, mich zu sehen und zu betasten, haben möchten. Bisweilen zogen sie mich blutnakend aus, und
stekten mich die Länge lang in ihre Busen, welches mir
aber einen abscheulichen Ekel verursachte, weil sie (die
Wahrheit zu sagen) nicht allzuwol rochen. Jedoch sage
ich dieses keinesweges, in der Absicht diesen vortresi-
chen Frauenzimmern, für welche ich alle ersinnliche
Hochachtung trage, etwas nachtheiliges Schuld zu geben; sondern ich glaube nur, daß mein Geruch nach
Proportion meiner Kleinheit schärfer gewesen, und daß
diese vornehmen Personen ihren Liebhabern oder sich unter einander nicht weniger annehmlich vorkommen
mögen, als dergleichen vornehmes Frauenzimmer in
England uns andern. Wie ich denn auch befand,
daß ihr natürlicher Geruch viel erträglicher war, als
wenn sie sich allerhand Salben bedienten, worüber ich
sogleich in Ohnmacht dahinsank. Und ich werde es
nicht vergessen, daß wie ich noch in Lilliput war,
einer meiner vertrautesten Freunde einmal an einem
heissen Tage, und da ich mir viel Bewegung gegeben

L 5   hatte,

hatte, die Freyheit genommen, sich über einen übeln
Geruch, der von mir ausdünste, zu beklagen; obschon
ich versichern kann, daß ich diesen Fehler so wenig an
mir habe, als irgend einer meines Geschlechtes. Ich
gedenke aber, daß sein Geruch in Ansehung meiner
eben so subtil gewesen seyn müsse, als der meinige in
Ansehung dieser Nation war. Nur kann ich nicht umhin, der Königin meiner allergnädigsten Frau, und
Glumdalclitch meiner Pflegemutter über diesen Punct
Gerechtigkeit widerfahren zu lassen, und hier öffentlich
zu sagen, daß sie keinesweges übler riechen, als die
Damen in England.

Was mir aber von gedachten Hof-Fräulein das meiste
Mißvergnügen erweckte, war dieses, daß ich sah, wie
sie, wenn meine Pflegemutter mich zu ihnen brachte,
mit mir so gar ohne alle Ceremonien, und als mit
einer Creatur umgiengen, die nicht das geringste zu
bedeuten hätte. Denn sie schämeten sich nicht, in meiner Gegenwart sich nakend auszuziehen, und ihre Hemder anzulegen, derweil ich auf ihrem Nachttische gerade
vor ihnen stand. Ich kann aber versichern, daß dieser Gegenstand so wenig Reiz für mich hatte, daß ich,
vielmehr nichts als Abscheu und Ekel davor empfand;
so grob und uneben, und so vielfärbigt sah ihre Haut
aus, wenn ich sie in der Nähe betrachtete; worauf
nebst diesem hin und wieder ein Mal, so groß wie ein
Teller, sich zeigte; und Haare, noch diker als unser
Palisaden, davon herabhiengen. Auch machten sie sich
nicht das geringste Bedenken, sich in meiner Gegenwart dessen, so sie getrunken, in Geschirre zu entladen,
die mehr als 3. Tonnen hielten. Eine insonderheit unter denselben, welche die schönste war, ein loses aus-
gelassenes Mädgen von 16. Jahren, setzte mich zuweilen rittlings auf eine ihrer Brustwarzen; und was dergleichen

gleichen Streiche mehr waren, welche umständlich zu
erzehlen, ich billig Bedenken trage.　Es mißfiel mir
aber solches dergestalt, daß ich Glumdalclitch bat,
eine Entschuldigung vorzuwenden, daß ich dies junge
Frauenzimmer weiter nicht mehr besuchen dürfte.

Eines Tages kam ein junger Edelmann, ein Vetter
der Hofmeisterin meiner Pflegemutter, und lag beyden
sehr an, eine Execution mit anzusehen.　Der Mensch,
an dem sie sollte verrichtet werden, hatte einen vertrau-
ten Freund dieses Edelmanns umgebracht.　Glumdalclitch gieng ungern daran; denn sie war von Natur sehr mitleidig.　Und was mich betrift, so überwand
die Neubegierde, etwas zu sehen das meines Erachtens sehr ausserordentlich seyn mußte, den natürlichen
Abscheu, welchen ich sonst vor dergleichen Schauspielen
ebenfalls trage.　Der Missethäter ward auf einem
Schau-Gerüste, das zu dem Ende aufgebauet ward, auf
einen Stuhl gesezet, und ihm der Kopf mit einem 40.
Fuß langen Schwert in einem Streiche herunterge-
schlagen.　Das Blut sprizte in einer solchen Menge
und mit einer solchen Gewalt in die Höhe, daß ihm,
so lange es dauerte, die Spring-Wasser zu Versailles
nicht gleich kamen; und der Kopf, wie er auf das
Schau-Gerüste herunterfiel, gab einen so gewaltigen
Schlag, daß ich zurükbebete, obschon ich zum wenigsten eine halbe Engländische Meile davon stand.

Die Königin, welche mich öfters von meinen Reisen
zur See erzehlen hörte, und keine Gelegenheit versäu-
mete, mir eine Lust zu machen, wenn ich nicht wol
aufgeräumt war, fragte mich einst, ob ich mich wol
darauf verstünde, ein Segel oder Ruder zu regieren;
und ob eine kleine Uebung mit dem Ruder meiner Gesundheit nicht zuträglich seyn möchte?　Ich antwortete,
　　　　　　　　　　　　　　　　　　　daß

daß ich mich auf beydes sehr gut verstünde: (Denn obschon ich eigentlich nur als Barbier oder Arzt auf dem Schiffe gestanden, so habe ich doch bey erheischender Noth, so gut als ein gemeiner Matrose, die Arbeit mit angegriffen;) ich könnte aber nicht sehen wie solches in ihrem Lande, wo der kleinste Kahn so groß wäre als das gröste unserer Schiffe, zu bewerkstelligen seyn würde, und daß ein so kleines Boot, dergleichen ich zu regieren fähig wäre, auf keinem ihrer Ströme würde bestehen können. Ihre Majestät erwiederte, daß wenn ich ein Boot angeben wollte, so müßte ihr eigener Tischler solches verfertigen, und Sie wollte schon für einen Plaz sorgen, da ich schiffen könnte. Der Kerl war ein guter Arbeiter, und brachte würklich in 10. Tagen ein Boot mit allem Geräthe zu Stand, darinne 8. Europäer bequem Raum haben könnten. Wie es fertig war, hatte die Königin eine solche Freude darüber, daß sie es in ihre Schürze nahm, und eilend damit zu dem König lief, welcher befahl, daß man es in einen Spül-Kessel voll Wasser, und mich in dasselbige hinein sezen sollte, um damit eine Probe zu machen; allwo ich jedoch wegen Mangel genugsamen Raumes mit meinen 2. Rüdergen nicht wol zu recht kommen konnte. Die Königin aber war schon vorher auf eine bessere Anstalt bedacht gewesen: Sie hatte nemlich dem Tischler befohlen, eine Art von einem Troge, der 300. Fuß lang, 50. breit, und 8. tief war, zu verfertigen; welcher wol verpicht, damit das Wasser nicht hineindränge, in einem Vorgemache des Pallastes längst der Mauer auf den Boden hingesezet ward. Dieser Trog hatte eine Wasser-Röhre, um das Wasser herauszulassen, wenn es anfienge faul zu werden, und

konnte

konnte von 2. Kerls binnen einer halben Stunde leicht angefüllet werden. Hier nun war es, wo ich mich und die Königin samt ihren Damen öfters mit Rudern belustigte, als welche sich an meiner Geschiklichkeit und Behendigkeit nicht wenig ergözten. Zuweilen zog ich das Segel auf; und alsdenn hatte ich weiter nichts zu thun, als das Steuer zu regieren, indessen daß die Damen mit ihren Sonnenfächern mir so viel Wind machten, als ich nöthig hatte; und wenn diese müde waren, so mußten mir einige Pagen mit ihrem Athem in das Segel blasen, derweil ich meine Geschiklichkeit links und rechts, wie es mir beliebte, zu steuern, sehen ließ. Wenn es vorbey war, nahm Glumdalclitch das Boot fleissig mit sich in ihr Cabinet, und hieng es an einen Nagel auf, damit es troken würde.

Einmal begegnete mir etwas bey dieser Leibes-Uebung, welches mich leicht das Leben hätte kosten mögen: Nachdem nemlich ein Page das Boot in den Trog hinein gesezt hatte, hob Glumdalclitchs Hofmeisterin mich gar dienstfertig auf, und wollte mich in das Boot hin-bringen. Allein ich entschlüpfte ihr zwischen den Fingern durch; und würde unfehlbar einen Fall von 40. Fuß hoch auf den Boden gethan haben, wenn mich nicht durch den glüklichsten Zufall von der Welt eine Steknadel, die in dem Brustlaze dieser guten Dame stak, aufgehalten hätte. Der Kopf dieser Steknadel gieng gerade zwischen meinem Hemde und dem Hosen-bande durch; und so stak ich daran in freyer Luft, bis Glumdalclitch mir zu Hülfe kam.

Ein ander mal war einer der Knechte, welche den Trog jeden dritten Tag mit frischem Wasser anfüllen

mußten,

muſten, ſo nachläſſig, daß er einen groſſen Froſch, ohne
es gewahr zu werden, aus ſeiner Waſſerbutte mit in den
Trog hineinſchlüpfen ließ. Der Froſch hielt ſich verborgen, bis ich in das Boot hineingeſezet war; ſo bald
er aber etwas erblikte, wo er ausruhen konnte, kletterte
er auſſen an dem Boote auf, und machte, daß es ſich
ſo ſehr auf die Seite neigete wo ſolches geſchah, daß
ich auf der andern Seite ihm mit aller Macht das
Gegengewicht halten muſte, damit es nicht überſchlüge.
Nachdem er endlich hineingekommen, hüpfte er auf einen Sprung halb ſo weit als das Boot lang war, und
hernach über meinen Kopf, vorwerts und rükwerts,
wobey er mit ſeinem unflätigen Schleime mir das Geſicht und die Kleider beſudelte. Die Gröſſe ſeiner Glieder machte, daß er mir als das häßlichſte Thier von
der Welt vorkam. Gleichwol bat ich Glumdalclitch,
daß ſie es mich, mit ihm allein ausmachen laſſen möchte.
Ich ſchlug mit einem meiner Ruder eine gute Weile
wafer auf ihn zu, und nöthigte ihn endlich, daß er
aus dem Boote ſprang.

Die allergröſte Gefahr aber, darein ich jemals in
dieſem Lande gerathen, begegnete mir von einem Affen,
der einem Küchen-Schreiber zugehörte. Glumdalclitch, welche etwas zu verrichten oder einen Beſuch zu
machen gegangen war, hatte mich unterdeſſen in ihr
Cabinet verſchloſſen. Weil es ſehr warm machte, ſo
waren Fenſter und Thüren des Cabinets ſo wol, als
auch meines gröſſern Käſtgens, worinn ich mich meh-
rentheils aufhielt, weil es geräumig und mir ſonſt ſehr
bequem war, offen gelaſſen. Ich ſaß eben in Gedanken an meinem Tiſche, als ich plözlich etwas hörte,
das zum Fenſter hereinſprang, und in dem Cabinete
hin und wieder hüpfte. Ich wagete es, obſchon ziemlich erſchroken, aus meinem Käſtgen heraus zu ſehen,
doch

doch so, daß ich vom Stule nicht aufstand, und erblikte
dieses muthwillige Thier, welches hin und her danzte
und sprang, bis es endlich zu meinem Kästgen kam,
zur Thüre und jedem Fenster hinein gukte, und es mit
sonderlicher Lust zu betrachten schien. Ich zog mich
in den entferntesten Winkel meiner Stube oder meines
Kästgens zurük; der Affe aber, der auf allen Seiten
bald hier, bald dort hinein gukte, hatte mir ein solches
Schröken eingejaget, daß ich mich nicht besinnen konnte,
mich unter das Bethe zu verbergen, welches mir sonst
ein leichtes gewesen wäre. Nach langem Hineingeken,
seltsamen Grunassen, und Geklapper mit den Zähnen,
erblikte er mich endlich, langte mit der einen Pfote
zur Thüre nach mir hinein, (so wie die Kazen, wenn
sie mit einer Mause spielen) und erwischte mich endlich,
obschon ich ihm öfters entflohen war, bey meinen Kleidern, (die von Seiden aus diesem Lande verfertiget,
und mithin sehr dik und stark waren) und zog mich
heraus. Er nahm mich in seine rechte Vörder-Pfote,
und hielt mich wie eine Amme, die dem Kind ihre
Brust reichen will; gerade so wie ich einst in Europa
ein solches Thier es mit einem jungen Käzgen machen gesehen. Wenn ich mich los machen wollte, so drükte
er mich so hart an, daß ich für das beste hielt, mich
stille zu halten. Ich habe Ursache zu glauben, daß er
mich für ein junges seiner Art hielt, indem er mich
öfters mit seiner andern Pfote über das Gesicht sanft
streichelte. Durch ein Geräusch an der Thüre des
Cabinets, als ob jemand hereinkommen wollte, ward
er über dieser Kurzweil gestöret; und sprang sogleich auf
drey Pfoten (in der vierten hielt er mich) zu eben dem
Fenster wieder hinaus, wodurch er hineingekommen
war, gieng von dar über Dächer und Rinnen weg,
bis er zuoberst auf den Gipfel des Daches, das nächst
an das unsere stieß, hinauf geklettert war. Ich hörte
Glum.

Glumdalclitch in eben dem Augenblike, da er mit
mir zum Fenster hinaussprang, einen lauten Schrey
thun. Das arme Mädgen ward beynahe ohnmächtig.
Der ganze Pallast in dieser Gegend gerieth in Bewegung. Die Diener liefen herum, Leitern zu suchen:
viele hundert Menschen standen auf dem Plaze, und sahen zu wie der Affe oben auf der Spize des Daches
saß, mich als eine Puppe in seiner einen Pfote hielt,
und mit der andern mich fütterte, indem er mir einige
Nahrung in den Mund stekte, welche er sich aus seinem Kropfe herausdrükte, und mit der Pfote mir
Schläge gab, wenn ich nicht essen wollte; worüber
der Pöbel, der unten stand, sich nicht enthalten konnte,
zu lachen, welches ihm mit Grund auch nicht verarget
werden konnte; denn in der That war das Spectakel
für jedermann anders als nur für mich, lächerlich genug. Einige warfen Steine hinauf, um den Affen zu
nöthigen herunter zu steigen. Solches aber ward ausdrüklich verbotten; denn sonst hätte man mir wol aller
Wahrscheinlichkeit nach, den Kopf zerschmettert.

Die Leitern wurden nun angelehnet, und es stiegen
ihrer viele hinan. So bald der Affe solches merkte,
und sah, daß er bey nahe ganz umgeben war, ließ
er mich oben auf einen Querziegel der Dach-Spize,
weil er auf drey Füssen nicht geschwinde genug lauffen
konnte, sachte nieder, und machte sich davon. Hier
saß ich eine Weile, fünfhundert Ruthen hoch von der
Erde, und alle Augenblike gewärtig, daß mich der
Wind herunterwürffe, oder daß der Schwindel mich von
der Spize bis in die Rinnen herunter kollern machte.
Doch ein ehrlicher Bursche, der eine von den Lakeyen meiner kleinen Pflegemutter, kletterte bis zu mir hinauf,
schob mich in seine Hosen-Tasche, und brachte mich
glüklich herunter. Das unflätige Zeug, welches der

Affe

Affe mich einschlafen gemacht, hätte mich beynahe er-
würget. Meine kleine Pflegemutter aber reinigte mir
den Mund, indem sie solches mit einer kleinen Nadel
nach und nach herauslangte; worauf mich ein Erbre-
chen anstieß, welches mir eine ziemliche Erleichterung
verschafte. Jedoch war ich so schwach, und meine
Seiten thaten mir von dem Drüken dieses häßlichen
Thieres so wehe, daß ich 14 Tage lang das Bethe
hüten mußte. Der König, die Königin, und der ganze
Hof schikten täglich, sich nach meinem Befinden zu erkundigen; und die Königin machte mir während meiner Unpäßlichkeit verschiedene Besuche. Der Affe ward
getödet, und ein Befehl kund gemacht, daß niemand
um den Königlichen Pallast herum, dergleichen Thiere
mehr halten sollte.

Als ich nach Wiedererlangung meiner Gesundheit
dem König die Aufwartung machte, wegen der mir er-
wiesenen Huld und Gnade meine unterthänige Danksagung abzustatten, beliebten Se. Majestät über diese
Begebenheit viel Scherz zu treiben. Sie fragten mich,
was ich gedacht, und was für Speculationen ich nach-
gehänget hätte, da der Affe mich in seiner Pfote gehalten? Wie mir die Lekerbißgen gefallen hätten, die er mir
gegeben? und wie die Art womit er sie mir beygebracht?
Ob die frische Luft oben auf dem Dache mir nicht den
Magen gestärket, und Appetit gebracht hätte? Und
was würdet ihr wol gethan haben, fragte der König
weiter, wenn euch dergleichen in euerm Vaterlande
wiederfahren wäre? Ich antwortete Sr. Majestät,
daß wir in Europa keine andern Affen hätten, als die,
so man als etwas neues aus fremden Ländern dahin
brächte, und welche so klein wären, daß ich mir getraute, es wol mit einem ganzen Dutzend derselben
aufzunehmen, wenn sie sich unterstünden mich anzufallen.

V. Theil.   M   Ja

Ja selbst was dieses ungeheure Thier beträfe, (welches, sonder Vergrösserung, so groß als ein Elephant war) das mir unlängst einen so schlimmen Possen gespielet hätte, so würde ich ihm vielleicht, wenn das Entsezen mir den Gebrauch meines Degens nicht verwehret hätte, (hier nahm ich eine dapfere Mine an, und klopfte mit der Hand auf mein Degen-Gefässe) einen Streich auf seine Pfote, womit es in mein Kästgen gelanget, versezet haben, daß es dieselbe wol eben so geschwinde würde zurük gezogen haben, als es sie hinein gestecket. Dieses sprach ich mit einem ganz entschlossenen Accente aus, wie einer der zeigen will, daß man ihm Unrecht thue, wenn man seine Herzhaftigkeit in Zweifel ziehen wollte. Gleichwol dienete es zu nichts, als ein lautes Gelächter hervorzubringen, welches selbst der Sr. Majestät gebührende Respect bey denen anwesenden Hofleuten nicht hinterhalten konnte. Ich machte bey mir selbst die Anmerkung hierüber, wie thöricht es sey, wenn einer sich groß machen und sich Ansehen geben will unter Leuten, die über alle Vergleichung mit ihm weit weggesezet sind! Und gleichwol habe ich seit meiner Zurükkunft gesehen, daß es in England eine sehr gemeine Sache ist, sich eben so zu betragen, wie ich hier gethan hatte; als wo, selbst ein schlechter verächtlicher Kerl, der weder Adel, noch äusserliches Ansehen, noch Wiz, noch Verstand hat, unverschämt genug seyn wird, eine wichtige Mine zu machen, und sich selbst mit den grösten Männern im ganzen Königreiche zu messen.

Es gieng kein Tag vorbey, daß ich den Hof nicht mit einer lächerlichen Historie belustigte; und Glumdalclitch, so lieb sie mich hatte, war doch schalkhaft genug,

genug, es der Königin jedes mal geflissen zu hinterbringen, wenn ich etwas närrisches that, wovon sie
glaubte, daß es Ihrer Majestät Kurzweil bringen
könnte. Ihre Hofmeisterin hatte das Mädgen einmal
ungefehr eine Stunde, oder dreißig Meilen weit von
der Stadt mit sich auf das Land genommen, um sie
frische Luft schöpfen zu lassen, weil sie sich nicht allzu
wol befand. Sie stiegen auf einem Felde nächst an
einem schmalen Fuß-Wege aus dem Wagen; und
Glumdalclitch sezte mein Kästgen auf die Erde nieder.
Ich wollte mir eine Bewegung mit Gehen machen, und
kam aus demselben hervor. Es lag eine Küh-Fladen
auf dem Wege; und ich mußte nothwendig darüber
wegspringen, wollte ich anders weiter kommen. Ich
holete stark aus, schoß aber zum Unglüke zu kurz, und
kam mitten darein, bis an die Knie zu steken. Ich watete mit etwas Mühe heraus; und ein Bedienter wischte
mir den Unflath, so gut er konnte, mit seinem Schnupf-
tuche ab, denn ich war abscheulich besudelt. Glumdalclitch sperrte mich in mein Kästgen ein, bis wir
wieder nach Hause kamen, wo die Königin von der
Geschichte bald berichtet ward; und der Bediente
streuete dieselbe am ganzen Hofe aus, so daß man sich
etliche Tage lang blos auf meine Unkosten lustig machte.

M 2 Das

Das sechste Capitel.

Verschiedene Bemühungen des Verfassers, sich
dem König und der Königin gefällig zu machen. Er läßt seine Geschiklichkeit in der Music
hören. Der König fragt nach dem Zustande
von Europa; wovon der Verfasser ihm eine
Beschreibung machet. Des Königs Anmerkungen darüber.

Ich hatte die Gewohnheit, mich der Woche zwey bis
drey mal einzufinden, wenn der König aufstand, und
habe ihn öfters unter der Hand des Barbierers gesehen, welches im Anfang ein recht schrekliches Spectakel
für mich war: Denn das Scheermesser war beynahe zwey-
mal so lang, als eine ordentliche Sense zu seyn pflegt.
Se. Majestät ließen sich, nach der Gewohnheit des Landes, die Woche nur zwey mal rasieren. Ich erhielt eines Tages von dem Barbierer, daß er mir etwas
von dem gebrauchten Seiffen-Schaum gab, woraus ich
vierzig bis fünfzig Stumpen der abgeschnittenen Barthaare heraus las. Hierauf nahm ich ein Stük feines
Holz, schnitt es in Gestalt eines Kamm-Rükens, und
borrete mit einer so kleinen Nadel, als Glumdalclitch
mir geben konnte, in gleicher Weite verschiedene Löcher
darein. In diese stekte ich die Haar-Stumpen so schik-
lich ein, schabete und schnitt sie mit einem Messer zu-
recht, daß ich mir einen ordentlichen Kamm heraus-
brachte, der mir so eben sehr wol zu statten kam, indem der meinige nunmehr so viel abgebrochene Zähne
hatte, daß ich ihn beynahe gar nicht mehr brauchen
konnte, und im ganzen Königreiche hätte ich keinen so

subtilen

subtilen und genauen Künstler gewußt, der sich würde
unterstanden haben, mir einen andern zu verfertigen.

Dieses bringt mir einen andern Zeit-Vertreib zu
Sinne, über den ich manche von meinen müssigen
Stunden zugebracht: Ich bat nemlich die Kammerfrau der Königin, daß sie mir die ausgekämmten
Haare Ihrer Majestät zukommen lassen möchte; und
in kurzer Zeit hatte ich derer eine gute Menge. Alsdenn ließ ich meinen Freund den Tischler ruffen, welcher
ein für allemal befehliget war, mir alle die kleinen
Dinge, so ich verlangen würde, zu verfertigen; und
gab ihm das Gestelle zu zween Stülen an, die nicht
grösser seyn sollten, als der, den ich in meinem Käss-
gen hatte; und zugleich sollte er rund herum, wo die
Size und Rüken hinkommen würden, mit einer dünnen
Ahle kleine Löcher einboren; durch welche ich so denn
die stärksten Haare, die ich auslas, eben so durch-
flocht, wie die Stüle von Schilf in England zu seyn
pflegen. Wie sie fertig waren, machte ich der Königin
ein Geschenke davon, welche sie in ihr Cabinet verwah-
rete, und dieselben als eine Rarität zu zeigen pflegte,
wie sie denn jedermann in der That mit vieler Bewunderung ansah. Die Königin wollte, daß ich einen davon behalten und darauf sizen sollte; allein ich weigerte
mich dessen durchaus, und bezeugte, daß ich lieber
tausend mal sterben, als ein so unehrbares Theil meines Leibes auf diese kostbaren Haare, die ehmals das
Haupt Ihrer Majestät gezieret hätten, niederlassen
wollte. Von eben diesen Haaren (denn ich hatte immer ein Geschik zu mechanischen Dingen) machte ich
auch ein artig kleines Beutelgen von ungefehr 5. Fuß
in die Länge, worauf der Name der Königin mit göldenen Buchstaben eingeflochten war, welches ich mit der
Königin Erlaubnis an Glumdalclitch schenkte. Es

M 3 taugte

tangte aber (die Wahrheit zu sagen) besser zum Ansehen als zum Gebrauche, indem es nicht stark genug
war, die schweren Geld-Sorten zu halten; daher sie
auch nur kleine Spielsächelgen darein zu stecken pflegte,
dergleichen die Kinder lieb haben.

Der König, welcher ein grosser Liebhaber von der
Music war, ließ öfters bey Hofe Concerte halten;
welchen ich zuweilen in meinem Kästgen, das auf einen Tisch gesetzet ward, beywohnen mußte. Das Ge-
töß aber davon war so stark, daß ich die Töne nicht
wol unterscheiden konnte; und ich kann mit Wahrheit
behaupten, daß alle Trompeten und Trommeln von
einer ganzen Armee, wenn man sie insgesamt auf einmal in einem Zimmer blasen und schlagen liesse, nicht
ein so grosses Lermen machen würden, wie diese Concerte thaten. Ich ließ mir deßwegen mein Kästgen immer so weit von den Musicanten wegsetzen, als es
möglich war, machte Thüre und Fenster zu, und zog
die Vorhänge; da mir denn diese Music nicht ganz
unangenehm vorkam.

Ich hatte in meiner Jugend ein bißgen auf dem
Spinete spielen gelernet, und Glumdalclitch hatte
ein solches in ihrem Zimmer, wohin wöchentlich zwey
mal ein Spielmeister kam, sie darauf spielen zu lehren.
Ich nenne es ein Spinet, weil es mit diesem Instrument einige Aehnlichkeit hatte, und auf gleiche Weise
gespielet ward. Ich hatte den Einfall, daß ich den
König und die Königin mit einer Engländischen Arie
auf diesem Instrumente belustigen wollte. Es schien
aber sehr schwer, solches ins Werk zu richten. Denn
das Spinet war beynahe sechszig Fuß lang, und jedes
Clavier ungefähr einen Fuß breit, so daß ich mit ausgespannten Armen mehr nicht als ihrer fünfe erreichen
konnte; und sie niederzudrücken hätte ich mit meiner

Faust

Fauſt die gewaltigſten Schläge darauf thun müſſen, welches eine allzuharte Arbeit für mich geweſen wäre, und die dennoch zu nichts gedient hätte. Die Me- thode, deren ich mich alſo bedienet, war dieſe: Ich machte mir zween runde Prügel zurechte, die an dem einen Ende diker als an dem andern waren, und überzog die difern Ende mit einem Stüke von Mäuſefellen, damit ich die Claviere, wenn ich darauf ſchlüge, nicht be- ſchädigte, und dieſe Schläge nicht für ſich ſelbſt gehö- ret würden. Alsdenn ward eine Banke vor das Spinet, ungefehr 4. Fuß tieffer als die Claviere, geſezet, und ich auf ſelbige hinaufgehoben. Ueber dieſe Banke nun lief ich hin und wieder ſo geſchwind als mir möglich war, ſchlug mit meinen beyden Prügeln auf die gehö- rigen Claviere, und ſpielte ein luſtiges Stükgen, wel- ches beyde Majeſtäten mit groſſem Vergnügen an- hörten. Ich kann aber wol ſagen, daß es die härteſte Arbeit war, die ich in meinem Leben verrichtet, und gleichwol konnte ich nicht über mehr als 16. Claviere hin und her fahren, folglich auch den Baß und Diſ- cant nicht zugleich ſpielen, wie andere Muſicanten zu thun pflegen, welches dem Stükgen ſehr viel Annehm- lichkeit benahm.

Der König, welcher (wie ich ſchon vorhin angemer- ket) ein Herr von groſſem Verſtande war, ließ mich öfters in meinem Käſtgen zu ſich in ſein Cabinet brin- gen, und es auf einen Tiſch ſezen. Alsdenn hieß er mich mit einem meiner Stüle herauskommen, und hob mich ſamt dem Stule oben auf das Käſtgen, wo ich mich ungefehr drey Ruthen weit von dem Rande deſſelben, auf den Stul niederließ, und ihm ſo ziemlich gerade gegen das Geſicht über zu ſizen kam. Auf dieſe Weiſe habe ich manche Unterredung mit ihm gehalten. Einmal nahm ich mir die Freyheit ihm zu ſagen, daß

M 4   die

die Verachtung, welche Se. Majeſtát gegen Europa
und die übrigen Lánder in der Welt áuſſerten, mit denen
vortreflichen Gemüths-Eigenſchaften, welche Sie ſonſt beſáſſen, nicht gar wol übereinzukommen ſchiene. Die Kráfte
des Verſtandes richteten ſich nicht nach der Gróſſe des
Córpers. Im Gegentheil hátten wir in unſerm Lande
beobachtet, daß die allergróſten Leute von Statur, gemeiniglich am wenigſten damit verſehen wáren. Von
Bienen, Ameiſen, und andern dergleichen kleinen Thiergen ſáhe man, daß ſie mehr Fleiß, Kunſt und Klugheit beſáſſen, als viele gróſſere Thiere. Und ſo klein
und unbetráchtlich ich ihm vorkommen móchte, ſo
hofte ich doch, ich móchte im Stande ſeyn, ihm einige
wichtige Dienſte zu leiſten. Der König hórte mir mit
Aufmerkſamkeit zu, und fieng an, eine viel beſſere
Meynung von mir zu begen, als er jemals vorher gehabt. Er verlangte, ich móchte ihm von der Regierung in England eine ſo genaue Beſchreibung machen,
als mir möglich wáre; denn ſo verliebt die Fürſten gemeiniglich in ihre eigene Gewohnheiten auch immer
ſeyn móchten, (dieſes ſchloß er von andern Monarchen
aus meinen vorigen Diſcurſen) ſo ſollte es ihm doch ſehr
angenehm ſeyn, etwas zu hóren, welches nachgeahmet
zu werden verdiente.

Und hier mag der geneigte Leſer ſich vorſtellen, wie
ſehr ich mir die Beredſamkeit eines Cicero oder De-
moſthenes gewünſchet habe, damit ich den Ruhm meines geliebten Vaterlandes, nach deſſen Verdienſt und
Glükſeligkeit, ausdrüken könnte.

Ich fieng demnach an, Sr. Majeſtát zu erzehlen,
daß unſere Lánder aus zwoen Inſeln beſtünden, welche
drey máchtige Königreiche, die von einem einigen Haupte
regieret würden, ausmachten; unſere Colonien in America nicht mitgerechnet. Ich hielt mich lange bey der
Beſchrei-

Beschreibung der Fruchtbarkeit unsers Landes und der
gesunden temperierten Luft daselbst auf. Ich redete
ferner weitläufig von der Beschaffenheit eines Enlän-
dischen Parlamentes, dessen einer Theil aus dem ältesten und reichsten Adel bestünde; und welche Versammlung man das Haus der Pairs nennete. Ich beschrieb
ihm die ganz ungemeine Sorgfalt, womit diese Herren
in den Wissenschaften und der Krieges-Kunst auferzogen
würden, damit sie geschikt werden möchten, des Königs so wol als des Vaterlandes Räthe zu seyn, an
der Gesezgebung Theil zu nehmen, Glieder des höchsten
Tribunals, von dem man nicht weiter appellieren kann,
abzugeben, und auf erheischenden Fall stets bereit und
die ersten zu seyn, durch ihre Dapferkeit, Anführung
und Treue, den König und ihr Vaterland zu vertheidigen. Sie wären die Zierde und die Veste des Königreiches, würdige Nachfolger ihrer berühmten Ahnen,
deren Ruhm sich auf ihre Tugenden gründete, und
daß man kein Exempel von ihren Nachkommen wüßte,
die hierinn aus der Art geschlagen hätten. Diesen wären verschiedene Personen unter dem Namen der Bi-
schöfe beygefüget, welche besonders bestellet wären, für
die Religion Sorge zu tragen, und diejenigen in Acht
zu nehmen, welche das Volk darinn unterrichteten.
Selbige würden von dem Könige und seinen weisesten
Räthen in der ganzen Nation ausgesucht, und stets
nur diejenige gewehlet, welche sich durch ihr tugend-
haftes Leben und tiefe Gelehrsamkeit vor andern besonders hervorthäten; und so in der That die geistlichen
Väter der Clerisey und des Volkes wären.

Der andere Theil des Parlaments bestünde aus einer
Versammlung, welche das Haus der Gemeinen hieße.
Diese wären jederzeit die vornehmsten Personen des
mindern Adels, und würden von dem Volke selbst, frey,

M 5 unge-

ungezwungen, und unbestochen, blos wegen ihrer vorzüg-
lichen Geschiklichkeit und um ihres Eifers willen für die
Wolfahrt des Vaterlandes gewehlet, die Weisheit der
ganzen Nation zu repräsentieren. Diese beyden Theile
nun machten die allervortreflichste Versammlung in ganz
Europa aus, deren denn mit Zuzug des Königs,
die Macht Gesetze zu geben gänzlich anvertrauet wäre.

Hiernächst kam ich auf unsere Gerichts-Tribunale,
darinn die Richter, diese weisen und ehrwürdigen Aus-
leger der Gesetze, sässen, uns so wol über unsere Ge-
rechtsamen und Eigenthümer, wenn selbige angegriffen
würden, Recht zu sprechen, als auch die Laster zu strafen und die Unschuld zu schützen. Ich sprach von der
klugen Besorgung unserer öffentlichen Einkünfte, von
unserer Macht und grossen Thaten zu Wasser und zu
Lande. Ich berechnete die Anzahl unsers Volkes, indem ich zeigte, wie viel Millionen Menschen von jeder
Religions-Secte, oder politischen Partey, in unserm Lande
ungefehr seyn möchten. Ich vergaß selbst unsere Lustbarkeiten und Zeit-Vertreibe, und überall nichts, wovon ich glaubte, daß es meinem lieben Vaterlande
Ehre machen würde; und beschloß endlich alles mit einer kurzen historischen Erzehlung, was sich seit ungefehr 100. Jahren merkwürdiges und wichtiges in England zugetragen hätte.

Diese Nachrichten konnte ich unter 5. Audienzen,
deren jede etliche Stunden lang wåhrete, nicht zu Ende
bringen. Der König hörte mir jedes mal mit grosser
Aufmerksamkeit zu, und zeichnete sich dabey öfters auf,
was ich gesagt hätte, und was für Fragen er an mich
thun wollte.

Nachdem ich endlich fertig war, nahmen Se. Ma-
festät in einer sechsten Audienz ihr Papier hervor, und
legten

legten mir eine Menge Fragen, Zweifel und Einwürfe
zur Beantwortung vor. Sie fragten mich, was für
einer Methode man sich bediente, die Leibes- und Gemüths-Gaben unsrer jungen Edelleute anzubauen; und
womit sie die die erste, und zu Erlernung nüzlicher Dinge
bequemste Zeit ihres Lebens, gemeiniglich zubrächten?
Wie man es machte, die Stelle in dem Hause der
Pairs wieder zu ersezen, wenn diese oder jene edle Fa-
mille ausstürbe? Was für Eigenschaften diejenigen haben müßten, die neuer Dings zu Lords gemachet würden? Ob die Laune des Fürsten, eine Summe Geldes, welche einer Hof-Dame oder einem Staats-Minister zugestellet würde, oder die Absicht eine dem gemeinen Besten widerwärtige Partey zu verstärken, niemals
dergleichen Ehrenstellen zuwegebrächten? Was für
Kenntnis diese Lords von den Gesezen ihres Vaterlandes hätten, und wie sie zu der Geschiklichkeit gelanget
wären, über das Eigenthum ihrer Mitunterthanen
Aussprüche zu thun, wobey es sein Verbleiben haben
müßte? Ob sie allemal von Geiz und Parteylichkeit so
frey, und der Nothdurft so wenig unterworffen wären,
daß Bestechung, oder andre sträfliche Dinge niemals
bey ihnen Plaz haben könnten? Ob die geistlichen
Lords, von denen ich gesagt hätte, daß sie zu dieser
Würde stets in Betrachtung ihrer Wissenschaft und Erkenntnis der Religion und ihres heiligen Lebens erhoben
würden, niemals den Mantel nach dem Winde gehänget, und niederträchtige Schmeichler gewesen wären,
derweil sie noch gemeine Priester oder Capläne dieses oder jenes Edelmanns waren, dessen Meynungen
hernach, wenn sie in die hohe Versammlung aufgenommen würden, sie sclavischer Weise zu folgen vielleicht fortführen?

Der

Der König verlangte ferner zu wissen, welcher Kunst-
griffe man sich bediente, wenn diejenige erwehlet
würden, welche ich die Gemeinen hieße? Ob nicht
ein Fremder mit einem starken Beutel Geldes zuwegen-
bringen könnte, daß er von dem Pöbel ihrem ange-
sessenen Land-Edelmann, oder dem angesehensten benachbarten Edelmann vorgezogen würde? Wie es käme,
daß man mit so heftiger Begierde in diese Versammlung zu kommen suchte? Wovon ich ihm doch gemeldet
hätte, daß es mit grosser Beschwerde und solchen Unkosten verknüpfet wäre, welche öfters den Ruin der Familien nach sich zögen, und wobey man nicht die geringste Besoldung noch Pension hätte? Denn dieses
schien dem König ein so gar hoher Grad von Tugend
und vaterländischer Gesinnung zu seyn, daß er zweifelte, ob es stets aufrichtig und redlich gemeynet seyn
möchte. Er fragte, ob diese eifrigen Personen sich niemals einfallen lassen könnten, sich ihrer Mühe und Unkosten dadurch zu erholen, daß sie das gemeine Beste
denen Absichten eines blödsinnigen und lasterhaften Fürsten, der verderbte Minister hätte, aufopferten? Ueber
jeden dieser Puncte forschete er auf das schärfste nach,
fragte immer weiter und weiter, und machte tausenderley Einwendungen; so daß ich hier alles zu wiederholen, weder klug noch dienlich zu seyn erachte.

In Ansehung dessen, was ich ihm von unsern Ge-
richts-Höfen gesagt, verlangte der König ebenfalls
über verschiedene Puncte eine Erklärung. Und diese
konnte ich ihm desto leichter geben, weil ich ehedem
selbst durch einen langwierigen Proceß vor dem Canzley-
Gerichte, welchen ich gewonnen, dabey aber in die
Kosten verfället ward, beynahe um mein ganzes Vermögen gekommen war. Er fragte, wie viel Zeit man
gemeiniglich brauchte, einen Ausspruch über Recht und
Unrecht

Unrecht zu thun, und was ein Proceß ungefehr
kostete? Ob die Advocaten und Redner die ·Freyheit
hätten, Sachen zu vertheidigen, die offenbar ungerecht
und boßhaft wären, und nur auf Unterdrükung abzie-
leten? Ob man sähe, daß die Religions-Secte, oder
politische Partey, zu deren man sich hielte, in der Waag-
schaale der Gerechtigkeit jemals einiges Gewicht hätte?
Ob diese Redner vor Gerichte Leute wären, die in der
Kenntniß der allgemeinen natürlichen Billigkeit, oder
nur in der Wissenschaft derjenigen Gebräuche und Gewohnheiten auferzogen worden wären, welche einer
Nation, einer Provinz, oder einem Ort besonders eigen sind? Ob sie oder die Richter einigen Antheil an
der schriftlichen Verfassung dieser Geseze gehabt, welche
sie sich nach Belieben zu erklären und darüber zu glos-
sieren die Freyheit nähmen? Ob sie niemals die gleiche
Rechts-Sache zu verschiedener Zeit vertheidiget und be-
stritten, und niemals Exempel angeführet hätten, widersprechende Meynungen zu beweisen? Ob sie arm oder
reich wären? Ob sie für die Führung eines Processes,
oder einen mitgetheilten Rath, Geld und Bezahlung
bekämen; und insonderheit ob sie jemals zu Mitgliedern
des Unterhauses gewehlet würden?

Hiernächst fiel er auf die Verwaltung unsrer Schaz-
kammer, und sagte, er dächte, daß mein Gedächtniß
mich getäuschet haben müßte, weil ich von nicht mehr
als fünf bis sechs Millionen jährlicher Einkünfte Meldung gethan; die Ausgaben hingegen, wie er nach dem
was ich gesagt, fände, zuweilen sich mehr als noch
einmal so hoch beliefen: Denn über diesen Punct hatte
er alles genau zu Papier genommen, weil er hofte,
(wie er sagte) daß ihm die Nachricht von unserm Betragen in diesem Stüke nüzlich seyn möchte; und in seinem Calcul könnte er sich nicht betrogen haben: Wo-

fern

fern aber wahr wäre, was ich ihm geſagt hätte, ſo
könnte er nicht begreiffen, wie ein Königreich, gleich einem Privatmann, ſein ganzes Vermögen durchbrächte-
Er fragte, wer denn unſere Gläubiger wären, und
wo wir Geld bernehmen würden, ſie wieder zu bezahlen? Er äuſſerte die gröſte Verwunderung, da er mich
von ſo beſchwerlichen, und koſtbaren Kriegen, die wir
führeten, reden hörte. Wir müßten, ſagte er, gewiß
ein ſehr zänliſches Volk ſeyn, oder ſehr ſchlimme Nachbarn haben; und unſere Generals-Perſonen müßten dabey nothwendig reicher werden, als unſere Könige ſelbſt
wären. Was wir auſſerhalb unſrer Inſeln (die Handlung, und Beſchüzung unſerer Küſten ausgenommen)
zu ſchaffen hätten? Inſonderheit aber erſtaunete er,
als ich ihm von einer, mitten im Frieden und im Schooß
eines freyen Volkes, in Sold ſtehenden beſtändigen
Armee ſprach. Er ſagte, da wir mit unſerer eigenen
Einwilligung von Perſonen regiert würden, die uns
ſelbſt repreſentierten, ſo könnte er nicht begreifen, für
was wir uns fürchteten, oder mit wem wir uns ſchlagen wollten. Ich möchte ihm ſelbſt ſagen, ob das
Haus eines Particularen nicht ſicherer von ihm ſelbſt, und
von ſeinen Kindern und Hausgenoſſen beſchüzet würde,
als von einem halben Duzend Schlingel, die man auf
den Gaſſen zuſammenläſe und ſchlecht bezahlte; indeſſen daß ſie tauſend mal mehr gewinnen könnten, wenn
ſie denen, die ſie zu ihrer Beſchüzung auf und angenommen, die Gurgel abſchnitten?

Nichts kam ihm luſtiger vor, als meine ſeltſame
Arithmetic, wie er es nennte; da ich die Anzahl unſers Volkes, nach der Menge derer, die den verſchiedenen Secten und Staats-Parteyen anhiengen, berechnete. Er ſähe, ſagte er, keinen Grund, warum die,
ſo dem gemeinen Weſen nachtheilige Meynungen hätten,

ſollen

solten gezwungen werden, solche zu ändern; auf der
andern Seite aber auch keinen, warum sie nicht solten gezwungen werden, solche zu verbergen.   Gleichwie es
Tyrannie wäre, wenn die Regierung das erstere fodern wollte; also, wäre es Schwachheit, wenn sie die
Leute zu dem andern nicht nöthigte.   Man könne wol
zugeben, daß einer Gift in seinem Cabinet habe, aber
nicht, daß er uns solches öffentlich für eine Herzstärkung verkauffe.

Er hatte angemerket, daß ich unter den Ergözlichkeiten unsers Adels und andrer Leute von Ansehen, auch
des Spielens gedacht.   Hier wollte er wissen, in welchem Alter man gemeiniglich diesen Zeit-Vertreib vornähme, und wenn man ihn wieder aufgäbe? Wie viel
Zeit darauf verwendet würde? Ob jemals so hoch gespielet würde, daß man darüber ruiniert werden könnte?
Ob schlechte lasterhafte Leute durch ihre Geschiklichkeit
in dieser Kunst nicht grossen Reichthum erwerben, die Edeln
nicht in eine gewisse Unterwürsigkeit sezen, sie nicht an
liederliche Gesellschaft gewöhnen, von Anbauung und
Verbesserung ihres Gemüthes abhalten, und sie durch
den Verlust, so sie erlitten, nicht dahin bringen könnten, daß sie diese schändliche Kunst ebenfalls lernten,
und dieselbe hinwiederum zum Schaden anderer aus-
übeten?

Die Geschichte unsers Vaterlandes vom lezten Jahrhundert, welche ich ihm erzehlet hatte, sezte ihn ganz
in Erstaunen; und er betheurte, daß solche nichts anders wäre, als eine an einander hangende Kette von
Verrätهереyen, Rebellionen, Mordthaten, Blutvergiessen, Staats-Veränderungen, Verbannungen ꝛc., die
vermaledeytesten Früchte, welche der Geiz, die Par-
teyung, Heucheley, Treulosigkeit, Grausamkeit, Rase-
rey,

rey, Boßheit, Lust-Seuche, der Haß, Neid und die
Ehrsucht hervorbringen könnten.

Bey einer andern Audienz nahm der König die
Mühe, alles was ich erzehlet hatte, kurz zu wiederholen, und seine Fragen und meine Antworten gegen einander zu halten. Alsdenn nahm er mich in seine
Hände, streichelte mich freundlich, und erklärte sich in
folgenden Worten, welche (so wol, als die Art wie er
sie vorbrachte) ich Zeit meines Lebens nicht vergessen
werde, gegen mich. Mein kleiner Freund, Grildrig,
sagte er, ihr habet euerm Vaterlande eine vortreßliche
Lob-Rede gehalten: Ihr habet klärlich erwiesen, daß
Unwissenheit, Trägheit und Laster die wahren Eigenschaften sind, einen Gesezgeber zu qualificieren; und
daß die Geseze von denjenigen am besten erkläret und
appliciert werden, deren Vortheil und Geschiklichkeit
darinn bestehet, sie zu verkehren, zu verdunkeln und
kraftlos zu machen. Ich nehme bey eurer Staats-
Verfassung einige Züge wahr, welche zeigen, daß dieselbe nach ihrer ersten Einrichtung erträglich genug gewesen seyn mag; eben diese aber sind halb ausgethan,
und das übrige ist durch allerley Mißbräuche und Verderbnisse gänzlich ausgelöschet und vertilget. Aus eurer
ganzen Beschreibung siehet man nicht, daß man der
geringsten Fähigkeit bey euch bedürfe, zu irgend einer
Stelle oder einem Amt zu gelangen; viel weniger, daß
die Leute wegen ihrer Tugend in den Adelstand erhoben, oder die Priester befödert werden wegen ihrer
Frömmigkeit und Gelehrsamkeit, die Richter wegen
ihrer Redlichkeit, die Soldaten wegen ihrer Dapferkeit
und guten Aufführung, die Senatoren wegen ihrer Liebe
zum Vaterlande, noch die Räthe wegen ihrer Weisheit.
Was

Was euch betrift, (fuhr er fort) der ihr die meiste
Zeit euers Lebens auf Reisen zugebracht, so will ich
hoffen, daß ihr bisher vielen Lastern euers Vaterlandes noch entgangen seyn möget. Aus dem aber, was
ihr mir selbst erzehlet habet, und aus denen Antworten,
welche ich mit so vieler Mühe auf meine Fragen heraus pressen müssen, kann ich nicht anders, als den
Schluß machen, daß eure Nation überhaupt, das aller-
schädlichste und verhaßteste kleine Ungeziefer seyn muß,
so die Natur jemals auf dem Erdboden hat herumkriechen lassen.

Das siebende Capitel.

Des Verfassers Liebe für sein Vaterland. Er thut
dem König einen sehr vortheilhaften Vorschlag,
welcher verworfen wird. Des Königs grosse
Unwissenheit in der Staats-Kunst. Die Gelehrsamkeit ist in diesem Lande sehr unvollkommen
und eingeschränket. Geseze, Militar-Sachen,
und Staats-Parteyen in demselben.

Nichts in der Welt könnte mich bewogen haben,
dieses Stük meiner Geschichte ans Licht zu stellen, hätte
es nicht die allerzärtlichste Liebe zur Wahrheit gethan.
Es war vergebens, mich merken zu lassen, daß es
mich verdrösse, als worüber ich stets nur zum Gelächter ward; und ich mußte gedultig leiden, daß mein
berühmtes und geliebtes Vaterland auf eine so schimpf-
liche Weise mitgenommen ward. Es that mir so em-
pfindlich wehe, als es irgend einem meiner Leser thun
mag, daß solches begegnen müssen. Allein dieser Prinz
war so neugierig, und fragte über jeden Punct so genau nach, daß ich alle Höflichkeit und Dankbarkeit hätte
bey Seite sezen müssen, wenn ich ihm nicht alle mögliche Erklärung sollte gegeben haben. Gleichwol muß
ich zu meiner Vertheidigung sagen, daß ich viele seiner
Fragen geschikt abgelehnet, und meine Antworten so
eingerichtet, daß ich jedem Punct ein weit vortheil-
hafteres Ansehen gegeben, als die genaue Wahrheit erlaubt haben würde. Denn ich habe für mein geliebtes
Vaterland jederzeit diejenige lobenswürdige Parteylichkeit geheget, welche Dionysius Halicarnassensis einem

Geschicht-

Geschichtschreiber so billig empfiehlet. Ich wollte das
Schwache und Häßliche meiner politischen Mutter verbergen, und das Schöne und Tugendhafte derselben, in
dem vortheilhaftesten Licht zeigen. Dieses war bey
denen vielfältigen Unterredungen, die ich mit diesem
Monarchen hielte, meine redliche Absicht; obschon der
Erfolg unglüklicher Weise fehl schlug.

Indessen ist billig, daß man einem König, der, von
der übrigen Welt ganz abgesöndert, nicht die geringste
Kenntniß von den Sitten und Gewohnheiten andrer
Völker haben kann, viel zu gut halte. Diese Uner-
kenntniß bringt allemal eine Menge Vorurtheile, und
eine gewisse Einschränkung der Begriffe hervor, wovon
wir und andre polite Nationen in Europa, ganz frey
sind. Und in Wahrheit, es würde etwas hartes seyn,
wenn man die Begriffe, welche ein so weit entlegener
Prinz von Tugend und Laster hat, dem ganzen übrigen
menschlichen Geschlechte zur Regel aufdringen wollte.

Zu Bestätigung dessen, was ich so eben gesaget, und
überhaupt zum Beweisthum, was für elende Würkungen eine allzueingeschränkte Auferziehung hervorbringe,
will ich hier etwas beyfügen, welches man schwerlich
wird glauben können. Um mich in der Gnade des
Königs fest zu sezen, redete ich ihm einst von einer Erfindung, welche man vor drey bis vierhundert Jahren
bey uns gemachet hätte, ein gewisses Pulver zu verfertigen, wovon ein ganzer Hauffe (wäre er auch so
groß als ein Berg) von dem geringsten Funken Feuer
augenbliklich entzündet und in die Luft gesprenget würde; und dieses mit einem noch schreklichern Getöse und
Krachen, als des Donners selbst. Eine gehörige Menge

N 2 von

von diesem Pulver in eine Röhre von Eisen oder Erzt gestecket, wäre vermögend, eine eiserne oder bleyerne Kugel mit einer solchen Gewalt und Geschwindigkeit fortzutreiben, daß ihr nichts widerstehen könnte. Man hätte solche grosse Kugeln, die, wenn sie so abgeschossen würden, nicht nur ganze Reihen von einer Armee niederschlügen, sondern auch die dikesten Mauern über den Hauffen würfen; Schiffe, die mit vielen hundert Leuten bemannet wären, in den Grund versenkten, und wenn sie mit Ketten an einander gefüget würden, Masten, Thauen, ganze Reihen von Menschen auf einmal entzwey schnitten: Kurz, alles was ihnen in den Weg käme, in Stüke rissen. Wir pflegten dieses Pulver öfters in grosse ausgehölte eiserne Kugeln zu thun, und schössen dieselben vermittelst einer gewissen Maschine in eine belagerte Stadt hinein, welche so denn das Pflaster aufrissen, die Häuser der Einwohner zertrümmerten, zerborsten, und auf alle Seiten Splitter auswürfeu, welche jedem, der ihnen zu nahe käme, den Kopf zerschmetterten. Die Theile, woraus dieses Pulver bestünde, und welche man leicht und wolfeil haben könnte, wären mir alle bekannt. Ich könnte es auch würklich machen, und den Werkmeistern Sr. Majestät Anleitung geben, solche Röhren, die in gehöriger Proportion mit allen andern Dingen in diesem Lande wären, und deren die grösten nicht über 100. Fuß lange seyn müßten, zu verfertigen. Zwanzig bis dreissig solcher Röhren, wenn sie mit einer gehörigen Portion Pulver und Kugeln geladen würden, könnten in wenig Stunden die Mauern der festesten Stadt des Königreiches darnieder werffen, oder auch die Residenz selbst in einen Steinhauffen verkehren, wenn sie sich jemals einfallen lassen sollte, das Recht einer absoluten will-

kürlichen

kürlichen Herrschaft Sr. Majestät nicht erkennen
zu wollen. Dieses anerböte ich also Sr. Majestät
allerunterthänigst, und ersuchte, daß Sie solches als
ein geringes Zeichen meiner schuldigen Dankbarkeit für
Dero hohen Schuz und Gnaden gegen mich, anzunehmen geruheten.

Der König gerieth über der Beschreibung so schreckl-
cher Maschinen, und des Vorschlages, welchen ich ihm
gethan, ganz in Entsezen. Er konnte nicht begreiffen,
wie es möglich wäre, daß ein so schwaches kriechendes
Insect, als ich, (das waren seine eigentlichen Worte)
so unmenschliche Gedanken, und zwar auf eine so fa-
miliare Weise hegen könnte, daß es ganz unbewegt zu
seyn schien bey allen denen Scenen von Verwüsten
und Blutvergiessen, welche, wie ich gesagt, die ordentlichen Würkungen dieser Maschinen wären, deren Erfinder, sonder Zweifel, ein böser Geist und Feind des
menschlichen Geschlechtes gewesen seyn müßte. Was
ihn anlangete, so bezeugete er, daß obschon wenige
Dinge in der Welt wären, die ihm eben so viel Vergnügen machten, als neue Entdekungen in den Künsten
und der Natur, so wollte er doch lieber die Helfte seines Königreichs verlieren, als eine solche Kunst lernen; wovon ich auch, so lieb mir mein Leben wäre,
weiter kein Wort gedenken sollte.

Welche Würkung von eingeschränkten Principien, und
nicht weit zielenden Absichten! Wer hätte jemals glauben können, daß ein Prinz, welcher alle Eigenschaften
besaß, die ihm Ehrfurcht, Liebe und Hochachtung zuwegebringen konnten; ein Herr von seltenen Gemüths-
Gaben, grosser Weisheit und tiefer Gelehrsamkeit, der
mit den vortreflichsten Talenten zur Regierung begabet,
und von seinen Unterthanen bey nahe angebettet ward,
um eines so subtilen, unnöthigen Scrupels willen, wo-

von wir in Europa nur keinen Begrif haben, eine so
schäzbare Gelegenheit aus den Händen gehen lassen
sollte, sich zum absoluten Herrn des Lebens, der
Freyheit und der Güter seines Volkes zu machen? Ich
sage aber dieses gar nicht in der Absicht, die übrigen
guten Eigenschaften dieses vortreflichen Königs zu ver-
kleinern, obschon ein Engländischer Leser in Betrachtung dessen, so ich jezt erzehlet, von der guten Meynung, die er von ihm gefasset haben mag, wiederum
vieles wird fahren lassen; sondern ich halte dafür, daß
gedachter Fehler blos eine Würkung derjenigen Unwissenheit sey, nach welcher man in diesem Lande die Po-
litik bisher noch nicht in eine förmliche Wissenschaft gebracht, wie scharfsinnigere Köpfe in Europa gethan
haben.   Denn ich erinnere mich noch gar wol, daß da
ich einst in einem Gespräche mit dem König einfliessen
ließ, man hätte viele tausend Bücher bey uns, die von
der Kunst zu regieren handelten, solches ihm, meiner
Absicht gerade zuwieder, eine sehr schlechte Meynung
von unserm Verstande beygebracht.   Er bezeugte, daß
ihm alles was Geheimnis, Intriguen, und raffiniert
hieße, an einem Prinzen oder Minister abscheulich und
verächtlich vorkäme.   Er konnte nicht begreiffen, was
ich durch Staats-Geheimnisse verstünde, wo dieselben
sich nicht auf irgend einen Feind, oder eine mißgünstige,
eifersüchtige fremde Nation bezögen.   Er schränkte die
Regierungs-Kunst blos in die engen Gränzen des allgemeinen natürlichen Verstandes, und einer vernünftigen
Anwendung desselben; in Gerechtigkeit und Mildigkeit, geschwinde Entscheidung der Civil- und Criminal-Pro-
cesse, und einige andere All-Tags-Regeln ein, welche
anzuführen es sich der Mühe nicht lohnet.   Er scheute
sich nicht, die Meynung zu behaupten, daß derjenige, welcher machen könnte, daß zwo Korn-Aehren
oder zwey Gräßgen auf einem Fleke Landes hervor-
wüchsen,

wüchsen, wo zuvor nur eines gewachsen, mehr Ver-
dienste um das menschliche Geschlecht hätte, und seinem
Vaterlande einen wesentlichern Dienst erwiese, als alle
Staatskünstler zusammen.

Die Gelehrsamkeit dieses Volkes ist sehr mangelhaft,
indem sie sich blos auf die Sittenlehre, Historie, Poesie und Mathematik erstreket, worinnen sie jedoch vortreflich erfahren sind.   Die lezte aber von diesen Wissenschaften wird auf dergleichen Sachen angewendet, die
im gemeinen Leben nüzlich sind, als auf die Verbesserung des Akerbaues, und aller mechanischen Künste,
so daß sie bey uns wenig gelten würde.   Von Ideen
hingegen, Entitäten, Abstractionen und transcen-
dentalischen Begriffen, konnte ich niemals etwas in
ihre Köpfe hineinbringen.

Ein Geseze in diesem Lande muß niemals aus mehr
Worten bestehen, als ihr Alphabeth Buchstaben hat,
deren nur zwey und zwanzig sind.   Und in der That
haben die wenigsten dieser Geseze noch diese Länge. Sie
sind auf das allereinfältigste und deutlichste abgefasset;
und dieses Volk hat nicht Wizes genug, jemals mehr
als einen einzigen Sinn darinn zu finden; und einen
Commentarius über ein Geseze zu schreiben, ist bey
ihnen ein Capital-Verbrechen.   Was die Entscheidung von Civil- oder Criminal-Processen betrift,
so haben sie von beyden so wenige Exempel, worauf sie
sich beruffen könnten, daß sie sehr Unrecht thäten, wenn
sie sich einiger Geschiklichkeit, durch Anführung derselben Umschweife machen zu können, rühmen wollten.

Die Buchdruker-Kunst haben sie so wol als die Chi-
neser von undenklichen Zeiten her unter sich. Ihre
Bibliotheken aber sind nicht sonderlich zahlreich; angesehen des Königs seine, welche für die stärkste gehalten

                    N 4   wird,

wird, und nicht mehr als taufend Stüken beſtehet. Sie
ſtehen auf einer Galerie von zwölfhundert Fuß in die
Länge; und ich hatte die Freyheit, Bücher daraus zu
entlehnen, welche ich wollte.   Der Königin Hoftiſch-
ler hatte in eine von Glumdalclitchs Kammern eine
Art Leiter verfertigt, die fünf und zwanzig Fuß hoch,
und daran jede Sproſſe fünfzig Fuß lang war. Dieſe
Maſchine war eigentlich eine bewegliche Treppe, deren unterſtes Ende zehn Fuß weit von der Wand der
Kammer abſtand. Wenn ich ein Buch leſen wollte, ſo
ließ ich es offen an die Wand anlehnen, ſtieg auf die
oberſte Sproſſe der Leiter, fieng, indem ich mein Geſicht dem Buche zukehrte, die erſte Zeile zu leſen an,
und gieng ſo ſeitwärts auf der Sproſſe etwann acht
bis zehn Schritte, je nachdem die Zeile lang war,
fort und wieder zurüke, bis die Zeilen etwas unter meine Augen zu ſtehen kamen; alsdenn ſtieg ich eine
Sproſſe tiefer hinab; und ſo immer fort, bis ich die
ganze Seite herunter geleſen hatte. Hernach ſtieg ich wieder
herauf, durchlas die andere Seite auf gleiche Weiſe,
und wendete alsdenn das Blatt um, welches ich mit
meinen beyden Händen leicht thun connte; denn die
Blätter waren ſteif und etwann ſo dike als unſer Carten-
papier, und bey den gröſten Folianten nicht über achtzehn bis zwanzig Fuß lang.

Der Styl dieſes Volkes iſt deutlich, männlich und
flieſſend, keinesweges aber gekünſtelt; denn ſie vermeiden nichts ſo ſehr als überflüſſige Worte und allerley
Gattungen Redens-Arten. Ich habe viele ihrer Bücher
geleſen, inſonderheit diejenigen ſo von der Hiſtorie und
Sittenlehre handeln. Unter andern habe ich mit un-
gemeinem Vergnügen einen kleinen alten Tractat geleſen, der beſtändig in Glumdalclitchs Schlafzimmer
lag, und ihrer Hofmeiſterin, einer alternden ernſthaften

Dame

Dame zugehörte, die nichts als moralische und andäch-
tige Bücher las. Dieses Buch handelt von der Schwachheit des menschlichen Geschlechtes, und ist nur bey dem
Frauenzimmer und dem gemeinen Mann in Achtung.
Indessen war ich doch neugierig genug, zu sehen, was
wol ein Scribent dieses Landes über eine solche Materie
sagen könnte.   Dieser Autor durchgeht alle gemeinen
Titel, oder Locos communes unserer Europäischen
Moralisten, indem er zeiget, welch ein kleines verächtliches und hülfloses Geschöpfe der Mensch von Natur
sey; wie unvermögend er sey, sich vor der Strengigkeit
der Luft und Grimmigkeit der wilden Thiere zu beschüzen. Wie weit ihn andere Creaturen, diese an Stärke,
jene an Geschwindigkeit, andere an Vorsichtigkeit, und
wiederum andere an Fleiß übertreffen. Er sezet hinzu,
die Natur hätte in diesen lezten Zeiten ihre Kräfte verloren, und brächte aniezt, in Vergleichung ihrer vormaligen Würkungen lauter kleine Frühgeburten hervor.
Er sagt, es wäre sehr vernünftig zu glauben, daß
die Menschen nicht nur ursprünglich viel grösser gewesen, als sie jezt sind, sondern auch, daß es in vorigen
Zeiten Riesen gegeben habe; wie solches nicht allein
die Historie und mündliche Ueberlieferung, sondern auch
die ungeheuern Knochen und Scelete bewiesen, die
man zufälliger Weise hin und wieder im Königreiche
hervorgegraben hätte, und welche an Grösse die jezige
Zwerg-Gestalt der Menschen so sehr überträfen. Er behauptet, die wahren eigentlichen Geieze der Natur erfoderten schlechterdings, daß wir anfänglich weit grösser und stärker, und nicht so schlechten Zufällen unterworffen gewesen seyn müssen, daß wir zum Exempel
von einem herabfallenden Dachziegel, oder durch einen
Steinwurf getödet würden, oder in einem kleinen Bache
ersauffen könnten. Aus diesen Grundsäzen ziehet der Verfasser vielerley moralische Folgen, zu Führung eines

R 5   guten

guten Lebens-Wandels, welche ich aber übergehe. Ich
meinerseits konnte mich nicht enthalten, die Anmerkung zu machen, wie allgemein die Gabe sey, mora-
ralische Lectionen, oder vielmehr Materie zu Mißvergnügen und Unzufriedenheit aus den Klagen heraus zu
ziehen, welche wir über die Natur führen. Und ich
glaube, daß diese Klagen bey einer genauen Unterstu-
chung sich unter uns eben so wenig gegründet finden
würden, als sie bey diesem Volke sind.

Ihr Kriegs-Wesen betreffend, so rühmen sie, daß
ihres Königs Armee aus hundert und sechs und siebenzig tausend Mann Fuß-Volk, und zwey und dreissig
tausend Reutern bestehe; wofern anders ein zusammen-
gelesener Hauffen von Bürgern aus den Städten und
Pächtern vom Lande, deren Befehlshaber nur ihre
eigene Edelleute sind, ohne einige Besoldung oder Belohnung, eine Armee genennet werden mag. In der
That machen sie ihre Kriegs-Exercitien gut genug, und
an ihrer Disciplin ist nichts auszusezen, wobey ich aber
eben kein grosses Verdienst sah; denn wie könnte dieses
anders seyn, da jeder Pachter unter dem Commando seines Lehen-Herrn, und jeder Bürger unter den vornehmsten Personen seiner Stadt siehet, welche, wie zu Ve-
nedig, durch das Loos zu denen Officiers-Stellen gewehlet werden?

Ich habe die Miliz von Lorbrulgrud, unweit der
Stadt auf einer grossen Ebene von ungefehr 20. Meilen ins gevierte, öfters exerciren gesehen. Es waren
in allem nicht über fünf und zwanzig tausend Mann
Infanterie, und sechs tausend, Cavallerie. Es war
mir aber wegen des grossen Raumes, den sie einnah-
men, unmöglich, ihre Anzahl auf dem Felde selbst zu
berechnen. Ein Reuter auf einem Pferde von ordentlicher

Grösse

Grösse möchte ungefehr 90. Fuß hoch seyn. Ich habe
gesehen, wie diese sämtliche Reuterey auf ein Wort ihres Befehlhabers die Degen mit einmal gezüket, und
in der Luft geschwungen hat. Etwas so grosses, so
majestätisches und erstaunendes kann sich keine Einbildungs-Kraft vorstellen. Es ließ nicht anders, als wenn
viel tausend Blize von allen Enden des Himmels heraus-
führen.

Ich war begierig zu wissen, wie diesem Fürsten, in
dessen Land einzudringen es von keiner Seite her möglich ist, der Sinn an Armeen, und sein Volk in der
Kriegs-Kunst unterweisen zu lassen, habe kommen können. Es ward mir aber so wol durch mündlichen Be-
richt, als durch Lesung ihrer Geschichtbücher bald aus
dem Wunder geholffen. Denn binnen dem Verlauffe
vieler Jahrhunderte hat sich bey diesem Volke eben die
Krankheit geäussert, welcher das ganze menschliche Geschlecht unterworffen ist, deren zufolge der Adel mehr
Macht, das Volk mehr Freyheit, und der König die
unumschränkte Gewalt zu erlangen trachtet. Alles dieses war zwar in diesem Lande durch weise Geseze ge-
mässiget und eingeschränket. Allein es hinderte doch
nicht, daß jede dieser Parteyen zuweilen nicht aus den
Schranken getretten wäre; wodurch denn ein und mehr
male bürgerliche Kriege entstanden, deren der lezte von
dem Großvater des jezt regierenden Königs durch eine
allgemeine Beylegung der Streitigkeiten glüklich zu
Ende gebracht; die Miliz aber, nachdem man sie bey
eben diesem Anlase, mit Einwilligung aller drey Parteyen, auf einen gewissen Fuß gesezet, von selbiger Zeit
an auf das genaueste in ihrer Schuldigkeit gehalten
worden ist.

Das

Das achte Capitel.

Der König und die Königin machen eine Reise
nach den Gränzen des Reiches.   Der Verfasser
begleitet sie.   Umständliche Beschreibung, wie
er aus diesem Lande weggekommen.   Er langet wiederum in England an.

Mein Herz sagte mir immer laut, daß ich einmal
meine Freyheit wieder erlangen würde; obschon ich unmöglich absehen konnte, durch was für Mittel solches
geschehen sollte, noch auch das geringste Project formieren, wodurch ich solches zu bewerkstelligen hoffen
konnte.   Das Schiff, worauf ich bieher gekommen,
war das erste, so man jemals an den Küsten dieses
Reiches gesehen; und der König hatte gemessenen Befehl gegeben, daß wenn man jemals wiederum eines
gewahr würde, so sollte man es an Land ziehen, und
mit allem Schiffs-Volke, Matrosen und Reisenden, auf
einem Schubkarren nach Lorbrulgrud bringen.   Er
war sehr begierig, ein Weib von meiner Grösse für
mich zu bekommen, damit mein Geschlecht fortgepflanzet würde.   Ich glaube aber, daß ich lieber tausend mal
den Tod ausgestanden, als die Schande an mich würde
haben kommen laffen, Nachkommen zu hinterlaffen,
die einmal wie Canarien-Vögel in Kefichte gethan, und
vielleicht mit der Zeit an vornehme Leute in dem Lande
als Raritäten würden verkauft werden.   Man gieng
zwar sehr wol mit mir um.   Ich war der Liebling eines grossen Königs, einer eben solchen Königin, und
die Lust des ganzen Hofes.   Allein das alles auf einen
Fuß,

Fuß, wie es mit der Würde des menschlichen Geschlechtes nicht wol übereinkam. Ich konnte mein liebes Weib und meine Kinder, so ich in meinem Vaterlande hinterlassen, nimmer vergessen. Ich hatte
ein schnliches Verlangen nach Gesellschaft, die mir
gleich wäre, und nach einem Lande, wo ich hin und
wieder gehen konnte, ohne zu befürchten, daß man
mich wie einen Frosch oder wie einen jungen Hund
zertretten möchte. Jedoch die Stunde meiner Befreyung kam eher, als ich hoffete; und zwar auf eine
ganz ausserordentliche Weise. Ich will die Geschichte
und alle Umstände davon mit der genauesten Wahrheit
erzehlen.

Ich hatte nun 2. Jahre in dem Lande zugebracht.
Um den Anfang des dritten begleiteten Glumdalclitch
und ich den König und die Königin auf einer Reise
nach der mittäglichen Küste des Königreiches. Ich
ward (wie gewöhnlich) in meinem Reise-Kästgen mitgeführet, welches (wie ich schon gemeldet) ein bequemes Cabinet von 12. Fuß ins Gevierte war, worein
ich mir vorher eine mit seidenen Seilen oben an den
vier Eken fest gemachte Hangmatte aufhängen lassen,
damit ich die Stösse nicht allzusehr fühlete, wenn mich
(wie ich zuweilen verlangte) ein Reitknecht vor sich
auf dem Pferde hielt, oder damit ich auch schlafen
könnte, derweil wir auf der Strasse waren. Oben an
der Deke meines Kästgens, nicht gar gerade über der
Mitte der Hangmatte, hatte ich den Tischler ein Loch
ins Gevierte, einen Fuß breit einschneiden lassen, um
es mir im Schlafe desto luftiger zu machen; welches
Loch ich nach Belieben mit einem Schubladen auf-
und zumachen konnte.

Als

Als wir auf unsrer Reise an Ort und Stelle gelanget waren, beliebte der König einige Tage auf einem Lust-hause zu zubringen, welches er unweit Flanflasnic einer Stadt hat, die ungefehr 18. Engländische Meilen von der See gelegen ist. Glumdalclitch und ich waren von der Reise sehr abgemattet. Ich hatte mir einen kleinen Catharr erholet; sie aber, das arme Kind, befand sich so übel, daß sie nicht aus dem Zimmer kam. Ich hatte ein starkes Verlangen, die See zu sehen, als welche der einzige Weg zu meiner Befreyung seyn mußte, wenn jemals dieselbe erfolgen sollte. Ich stellte mich kränker an, als ich in der That war, und bat um Erlaubnis, mit einem Page, den ich sehr lieb hatte, und welchem ich mehrmalen anvertrauet ward, mich an die Küste zu begeben, um die frische Seeluft zu schöpfen. Ich werde Zeit Lebens nicht vergessen, mit was Widerwillen Glumdalclitch darein gewilliget, und wie genau und ernstlich sie dem Page eingeknüpft, mich ja wol in Acht zu nehmen; wobey sie eine Fluth von Thränen vergoß, gleichsam als ob es ihr ahnete was geschehen würde. Der Page trug mich in meinem Kästgen nach den felsichten Klippen, die sich an der Küste befinden; und möchte nun eine halbe Stunde lang mit mir fortgegangen seyn. Ich befahl ihm, mich niederzusetzen, machte einen von meinen Fensterladen auf, und schikte manchen sehnlichen traurigen Blik auf die See. Ich befand, daß mir nicht gar wol wäre; und sagte dem Page, daß ich gerne auf meiner Hangmatte ein wenig ausruhen möchte, in Hof-nung, daß mir nach dem Schlafe besser seyn würde. Ich stieg hinein, und der Page machte das Fenster fest zu, die kalte Luft abzuhalten. Ich schlief bald ein; und alles was ich muthmassen konnte, ist, daß der Page, indem ich einschlief, in Meynung es könnte mir nichts übels begegnen, in den Hölen der Felsen

Vogel-

Vogel-Eyer zu suchen gegangen seyn mag, welches ich
ihn schon thun gesehen, da ich noch zu meinem Fenster herausgukte, und gewahr ward, daß er aus einigen Felse-Rizen bereits etliche herausgelanget. Dem
sey wie ihm wolle; ich ward von einem heftigen Stoße
auf den Ring, welcher oben an meinem Kästgen befestigt war, damit man es desto bequemer tragen könnte,
plözlich aufgeweket; ich fühlte, daß mein Kästgen hoch
in die Luft gehoben, und alsdenn mit einer unbeschreib-
lichen Geschwindigkeit gerade fortgetragen ward. Auf
den ersten Stoß wäre ich beynahe aus meiner Hangmatte herausgefallen; nachher aber war die Bewegung
sanft genug. Ich schrie vielmal, so laut ich konnte;
allein vergebens. Ich sah gegen die Fenster, und konnte
nichts als Wolken und Himmel erbliken. Ich hörte
ein Geräusch, gleich dem Flattern von Flügeln über
meinem Kopfe, und fieng alsdenn erst an zu merken,
in welch jämmerlichem Zustande ich mich befände; daß
nemlich wol ein Adler den Ring an meinem Kästgen
in seinen Schnabel gefasset hätte, in der Absicht mich
als eine Schildkröte in ihrem Gehäuse auf einen Felsen
herunterfallen zu lassen, um mich alsdenn herauszu-
langen und aufzufressen. Denn der Geruch dieses
Thiers ist so scharf, daß er seinen Raub sehr weit spü-
ret, sollte derselbe auch noch viel besser versteket seyn,
als ich in meinem Kästgen war, daran die Bretter die
Dike von 2. Zoll hatten.

Bald darauf nahm ich wahr, daß das Geräusche
und Flattern der Flügel um viel stärker, und
mein Kästgen hin und her gestoßen ward, wie ein
Windzeichen auf einem Thurme. Ich hörte verschiedene Schläge oder Püffe, welche dem Adler, der mein
Kästgen an dem Ringe in seinem Schnabel hielt,
(Denn ein solcher muß es wol gewesen seyn) gegeben
wurden,

worden; und den Augenblick verspürte ich, daß ich
schnur gerade herunterstürzte; aber mit einer solchen
Geschwindigkeit, daß ich beynahe den Athem verlohr.
Mein Fall dauerte etwann eine Minute lang, und
endigte sich mit einem so entsetzlichen Geplatze, das lauter in meinen Ohren tönete als der Wasserfall von Nia-
gara; da ich mich denn eine andere Minute lang ganz
im Finstern befand, worauf mein Kästgen sich anfieng
wieder so weit zu erheben, daß ich zu oberst durch die Fenster Licht sehen konnte. Da merkte ich nun, daß ich
in die See gefallen wäre. Mein Kästgen schwamm, von
dem Gewichte meines Leibes, dem darinn befindlichen
Geräthe, und denen an allen vier Eken oben und unten um mehrerer Festigkeit willen angeklammerten eisernen Planken beschweret, fünf Fuß im Wasser. Ich
glaubte damals, und glaube noch jezt, daß der Adler,
der mit meinem Kästgen davon geflogen, von zween
oder drey andern seines gleichen verfolget und genöthiget worden sey, mich fallen zu lassen, indem er sich
gegen diese wehrete, die den Raub mit ihm theilen
wollten. Die unten an meinem Kästgen befestigten eisernen Planken, welche die stärksten waren, hielten dasselbe, derweil es fiel, im Gleichgewichte; und hinder-
ten, daß es auf der Fläche des Wassers nicht zer-
platzte. Die Seiten waren wol in einander gefüget,
und die Thüre gieng nicht seitwärts in Angeln, sondern auf und nieder, wie ein Fensterladen, wodurch
mein Kästgen so wol verwahret war, daß nur sehr
wenig Wasser hineindrang. Ich stieg aus meiner
Hangmatte nicht sonder Mühe heraus, nachdem ich
es vorher gewaget, den Schubladen, der (wie ich
schon gemeldet) sich oben an der Dele befand, aufzu-

machen,

zumachen, und frische Luft hineinzulassen, deren ich
höchst benöthigt war, indem ich sonst beynahe bald er-
stiket wäre.

Wie oft wünschte ich mich damals bey meiner lieben
Glumdalclitch, von deren ich mich eine einzige Stunde
so weit entfernet hatte! Und ich kann mit Wahrheit
sagen, daß ich mitten in meinem eigenen Unglüke mich
nicht enthalten konnte, meine arme Pflegemutter, die
Kümmerniß, so der Verlust meiner Person ihr zuziehen mußte, den Zorn der Königin, und den vermuth-
lichen Ruin ihres Glükes zu beklagen. Es mögen wol
wenig Reisende sich jemals in einem so betrübten Zustande befunden haben als ich, da ich jezt alle Augenblike gewärtig seyn müßte, daß mein Kästgen entweder
zerscheiterte, oder bey dem ersten Winde und von der
ersten Welle verschlungen würde. Eine einzige Glas-
scheibe an meinem Fenster, wenn sie wäre zerbrochen
worden, hätte mir sogleich den Tod gebracht; und
ein solcher Zufall hätte auch unmöglich ausbleiben können, wenn die Fenster nicht durch die eisernen Gitter
wären verwahret gewesen, welche zu Verhütung unglüklicher Begegnisse, wenn ich reisete, aussen an dem
Kästgen feste gemachet waren. Ich sah das Wasser
durch verschiedene Rizen hereindringen, und bemühete
mich sie, so gut als mir möglich war, zu zustopfen.
Ich war nicht im Stande, die Deke meines Kästgens
aufzuheben und umzuschlagen, welches ich sonst gewiß
würde gethan und mich oben darauf gesezet haben, wo
ich mein Leben wenigstens einige Stunden länger hätte
behalten können, als wenn ich in dem Gehäuse verschlossen bliebe. Gleichwol, wenn ich allen diesen Gefahren einen oder zween Tage lang entgehen sollte,
was hatte ich anders zu erwarten, als vor Hunger
und Kälte zulezt eines elenden Todes zu sterben? Ich

V. Theil.					O					war

war vier Stunden lange in diesen Umständen; erwartete,
und wünschte zugleich, daß jeder Augenblik mein lezter
seyn möchte.

Ich habe dem Leser bereits gemeldet, daß an der
Seite meines Kästgens, welche kein Fenster hatte,
2. starke Haken waren, wodurch der Reitknecht, welcher mich auf dem Pferde trug, einen ledernen Riemen
durchzuschieben und denselben sich um den Leib zu gür-
ten pflegte. In dem jämmerlichen Zustande nun,
worinnen ich mich befand, hörte ich, oder vermeynte
wenigstens, auf dieser Seite, wo die Haken waren,
eine Art von Geräusche zu hören, als ob sich etwas
anriebe; und bald darauf kam es mir vor, als ob das
Kästgen in der See fortgestoßen oder gezogen würde.
Denn ich fühlete zuweilen etwas, dem Streichen eines
Schiffes durch die Fluthen nicht unähnliches, welches
die Wellen so hoch an meine Fenster antrieb, daß ich
beynahe ganz im Dunkeln war. Dieses gab mir einige
schwache Hofnung für meine Errettung, obschon ich
mir nicht vorstellen konnte, wie dieselbe zu Stande
kommen sollte. Ich wagete es, einen meiner Stüle,
die stets an dem Boden befestigt geblieben waren, los
zu schrauben; und nachdem ich ihn mit der größten
Mühe gerade unter dem kleinen Luftloche, welches ich
nicht längst aufgemacht hatte, wieder eingeschraubet,
stieg ich darauf, hielt meinen Mund so nahe als möglich gegen das Loch, und schrie aus vollem Halse, und
in allen Sprachen, die ich verstand, um Hülfe. Hernach band ich auch mein Schnupftuch an einen Stok,
den ich beständig bey mir führte, stekte solches durch
das Loch, und schwänkte es öfters in der Luft herum,
damit wenn etwann ein Schiff oder Boot in der Nähe
wäre, die Matrosen daraus schliessen möchten, daß wol ein
unglüklicher Mensch sich in dem Kästgen befinden müßte.

Ich

Ich fand, daß alles was ich that, ohne Würkung
blieb. Gleichwol konnte ich eigentlich merken, daß mein
Kästgen sich immer weiter fort bewegete; und eine
Stunde oder etwas länger darnach, stieß es an der
Seite, wo die Haken und keine Fenster waren, an etwas hartes an. Ich fürchtete, daß dieses eine Klippe seyn
möchte; und fand, daß die Stösse stärker waren, als
jemals. Zugleich hörte ich oben über meinem Kästgen
ganz deutlich ein Geräusch, wie von einem Schiff-Seile;
und es ließ, als ob man dasselbe durch den Ring zöge,
der daselbst befestigt war. Bald befand ich, daß mein
Kästgen stuffenweise in die Höhe stieg, und zum wenigsten 3. Fuß höher stand, als zuvor. Hierauf stecke ich
mein Schnupftuch abermal hinaus, und schrie um
Hülfe, bis ich fast heischer war. Zur Antwort hörte
ich einen starken Canon-Schuß, der drey mal wiederholet ward, und mich vor Freude dergestalt entzückte,
daß man sich in dem Fall selbst befinden muß, wenn
man sich eine gehörige Vorstellung davon machen will.
Nun hörte ich würklich über meinem Kopfe gehen, und
bald jemanden in Engländischer Sprache laut durch
das Loch ruffen: „Wenn jemand hierunten ist, so rede
er.„ Ich wäre hier (säumte ich nicht zu antworten)
ein unglücklicher Engländer, den sein widerwärtiges
Schicksal in den jämmerlichsten Zustand gesetzet, worein
jemals ein Mensch gerathen seyn möchte, daher
ich um aller Erbärmden willen bette, daß man mich
aus dem Kerker, darinn ich stecke, herausziehen wolle.
Die Stimme versetzte, „ ich hätte nichts weiter zu be-
„ fürchten, mein Kästgen sey an ihr Schiffe fest ge-
„ machet, und gleich würde der Zimmermann kom-
„ men, und oben ein so geraumes Loch darein ma-
„ chen, daß man mich herausziehen könnte. „ Ich
antwortete, daß solches unnöthig und nur ein Zeit Verlust wäre, denn es dürfte ja nur einer von dem Schiffs-

Volk

Volke einen Finger durch den Ring stehen, und das
Kästgen aus der See in das Schiff, und so weiter in
des Capitains Cajute hineinheben. Wie sie mich so
ungereimt reden hörten, glaubten sie, ich hätte den
Verstand verloren. Andere aber lachten; denn in der
That kam mir kein Sinn daran, daß ich mich nunmehr wieder bey Leuten von meiner Grösse und meiner
Stärke befände. Inzwischen kam der Zimmermann, und
sägete in wenig Minuten eine Oefnung von ungefehr 4.
Fuß ins Gevierte in die Deke meines Kästgens, wodurch man eine kleine Leiter herunterließ, auf welcher
ich herausstieg, und sehr abgemattet in das Schiff
aufgenommen ward.

Das sämtliche Schiffs-Volk war ganz erstaunet, und
that tausenderley Fragen an mich, welche zu beantworten ich gar nicht Lust hatte. Und ich meinerseits ward
nicht weniger bestürzt, so viel kleine Zwerge-Männer-
chen zu sehen; denn für solche hielt ich sie, nachdem
meine Augen so lange an die ungeheuern Gegenstände
gewöhnet waren, die ich verlassen hatte. Der Capitain aber, Herr **Thomas Wilcocks**, ein redlicher wa-
ckerer Mann aus der Provinz **Shropshire**, welcher
sah, daß mir übel werden wollte, nahm mich in seine
Cajute, gab mir eine Herzstärkung ein, und ließ mich
auf sein eigenes Bethe liegen, damit ich ein wenig ausruhen möchte, dessen ich sehr benöthigt war. Noch
ehe ich mich schlafen legte, sagte ich ihm, daß ich in
meinem Kästgen allerhand hübsches Geräth hätte, für welches es Schade wäre, wenn es sollte verloren gehen; eine
feine Hangmatte z. Ex. ein gutes Feldbethlein, zween
Stüle, einen Tisch und ein Schränkgen. Mein Closet
wäre überall mit Seiden und Cattun ausgefüttert; und
wenn er die Gütigkeit haben wollte, dasselbe durch je-

manden

manden von seinen Leuten in sein Zimmergen herbrin-
gen zu lassen, so wollte ich es vor seinen Augen öfnen
und ihm zeigen was ich hätte. Der Capitain, da er
mich dergleichen ungereimtes Zeug sprechen hörte,
glaubte, ich wäre nicht recht bey Sinnen. Nichts desto
weniger (um mich zufrieden zu stellen, wie ich mir
einbilde,) versprach er, er wollte Anstalt dazu machen;
gieng auch würklich auf das Verdek, und ließ etliche
seiner Leute in mein Closet heruntersteigen, von dannen
sie (wie ich hernach befunden) alle meine Habseligkeit
herausnahmen und die Tapezerey ablöseten; die Stüle
aber, das Schränkgen, und die Bethstadt, weil sie
mit Schrauben an den Boden befestiget waren, wurden durch den Unverstand der Matrosen, die sie mit
Gewalt losrissen, sehr beschädigt. Hernach löseten sie
auch einige Bretter ab, die sie auf dem Schiffe brauchen zu können glaubten; und nachdem sie alles weg
hatten, was sie gerne haben wollten, machten sie das
Kästgen von dem Schiffe wieder loß, und ließen es
in die See nieder, worauf es denn, weil es am Boden und auf den Seiten viele Oefnungen bekommen,
gleich zu Grunde gieng. Und es war mir nachher in
der That recht sehr lieb, daß ich keinen Zuschauer von
dieser Plünderung abgegeben, als die mich gewiß auf
das empfindlichste würde gerühret haben, indem sie
mir allerley vorgehende Scenen würde zu Sinne gebracht haben, welche besser in Vergessenheit blieben.

Ich schlief etliche Stunden lang; aber so, daß Träume von dem Ort, den ich verlassen, und von der Gefahr, welcher ich entgangen war, mich beständig be-
unruhigten. Nichts desto weniger befand ich nach meinem Aufwachen, daß ich mich ziemlich erholet hätte.

O 3   Es

Es war nun ungefehr 8. Uhr Abends, und der Capitain ließ gleich die Abend-Malzeit auftragen, weil er
glaubte, ich hätte bereits nur allzulange gefastet. Er
unterhielt mich mit vieler Freundlichkeit, indem er sah,
daß ich weder wild drein schaute, noch ungereimtes
Zeug redete, und bat mich, nachdem die andern Tafel-
Gäste sich wegbegeben hatten, ich möchte ihm eine Erzehlung von meinen Reisen machen, und ihm besonders
sagen, durch was für einen Zufall ich in diese ungeheure hölzerne Maschine gekommen wäre. Er hätte
sie, sagte er, heute gegen Mittag durch sein Fernglas
auf der See erblicket, und weil er sie für ein Schiff gehalten, so hätte er, da es ihn von der Richtung seines
eignen Lauffes nicht sehr abführte, den Entschluß gefasset, daran hinzusegeln, in Hofnung etwas von Zwie-
bake zu bekommen, woran er auf seinem Schiffe Mangel
zu leiden anfienge. Wie er näher gekommen, und seinen
Irrthum gemerket, hätte er das Boot abgeschiket um
zu sehen, was es eigentlich wäre. Seine Leute wären
ganz erschroken zurükgekommen, und hätten betheuret,
daß sie ein schwimmendes Haus gesehen. Er hätte
über ihre Thorheit gelachet; wäre selbst in das Boot
gestiegen, und hätte seinen Leuten befohlen, ein starkes
Cabel-Thau mitzunehmen. Weil es still Wetter gewesen, so hätte er mein Gehäuse etliche mal umfahren,
und meine Fenster und die Gitter davor in Obacht genommen. Zugleich wären ihm auf der Seite, welche
ganz mit Brettern verschlagen gewesen, und kein Licht
hineingelassen, zween Haken in die Augen gefallen,
worauf er seinen Matrosen befohlen, auf diese Seite
zu zurudern, und wenn sie den mitgenommenen Thau
an einem dieser Haken befestiget, meinen Kasten (wie
sie es nennten) bis an das Schiff zu ziehen. Nachdem dieses geschehen, hätte er einen andern Thau
durch den oben an der Dele befestigten Ring steken,

und

und den Kasten durch Winden in die Höhe heben lassen; es wäre aber sein sämtliches Schiffs-Volk nicht
im Stande gewesen, ihn höher als zween bis drey Fuß
zu bringen. Meinen Stab (sagte er) und das Schnupftuch, so ich durch das Loch gestekket, hätten sie wol gesehen, und daraus geschlossen, daß irgend ein unglüklicher Mensch in dem Gefängnis eingesperrt seyn müßte.
Ich fragte ihn, ob er oder jemand von seinen Leuten
zu der Zeit, da er mein Kästgen zuerst erblicket, nicht
irgend einen Vogel von ungeheurer Grösse in der Luft
fliegen gesehen? Worauf er antwortete, daß da er
während Zeit, als ich geschlafen, mit seinen Leuten
von dieser Begegnis geredet, ihm ein Matrose gesagt,
er hätte drey Adler gegen Norden fliegen gesehen; daß
sie aber grösser als gewöhnlich gewesen, davon hätte
er nichts gedacht, welches ich der weiten Entfernung
zuschreibe, in deren er sie mag gesehen haben; und zur
Zeit konnte der Capitain noch nicht wissen, warum
ich diese Frage an ihn thäte.   Ich fragte ihn ferner,
wie weit er wol dächte, daß wir vom Lande entfernet
wären? Die Antwort war, daß wie er aufs genaueste
rechnen konnte; es zum wenigsten hundert Meilen
wären.   Ich aber versicherte ihn, daß er sich wenigstens um die Helfte irren mußte, weil es nicht über
zwo Stunden angestanden, da ich aus dem Lande,
wo ich gewesen, weggekommen, bis ich in die See
gefallen wäre; worauf er neuerdings zu glauben anfieng, ich wäre im Kopf verwirret; mir solches auch
deutlich zu verstehen gab, und mich in ein für mich
zubereitetes Beth zur Ruhe gehen ließ.   Ich versicherte
ihn aber, daß ich mich durch die gute Malzeit und
seine angenehme Gesellschaft wieder vollkommen erholet
hätte, und übrigens bey so guter Vernunft wäre, als
ich jemals in meinem Leben gewesen. Hierüber stellete
er sich ganz ernsthaft, und verlangte, daß ich ihm frey-

O 4   müthig

müthig sagen sollte, ob ich mir nicht irgend einer abscheulichen Uebelthat bewußt wäre, wofür zur Strafe
etwann ein grosser Herr mich in diesen Kasten einge-
schlossen, in die See hätte werffen lassen, wie man etwann in andern Ländern grosse Uebelthäter in ein leckes
Fahrzeug ohne Lebens-Mittel zu sezen, und damit der
Gnade der Wellen zu überlassen pflege; und wovon
die Gewissens-Bisse mir nun vielleicht das Gehirn ver-
rückt hätten? Denn ob es ihm zwar leid seyn sollte,
einen solchen Bösewicht in sein Schiff aufgenommen zu
haben, so verspräche er doch, mich dessen ungeachtet
in dem nächsten Hafen, den wir erreichen würden,
unbeschädigt an Land zu sezen. Und was seinen Verdacht bestärkte, fügte er hinzu, wären einige sehr ungereimte Reden, welche ich anfänglich in Absicht auf
mein Closet oder den Kasten, gegen die Matrosen und
hernach auch gegen ihn selbst hätte fallen lassen, wie
nicht weniger die seltsamen Blike und das wunderliche
Betragen, welches er während Malzeit an mir wahrgenommen hätte.

Ich bat ihn hierauf, er möchte nur so viel Geduld
haben, die Beschreibung meiner Geschichte anzuhören;
und erzehlte ihm so denn dieselbe, von der Zeit meiner
lezten Abfahrt aus England bis auf die Stunde, da
er mich entdecket hatte, auf das treulichste. Und wie
die Wahrheit sich stets mit einer Art von Gewalt in
vernünftige Gemüther den Weg bahnet, so ward auch
dieser redliche wakere Mann, der einen sehr guten natürlichen Verstand und zugleich etwas von Gelehrsamkeit besaß, von meiner Aufrichtigkeit und Wahrhaftigkeit alsobald überzeuget. In mehrerer Bestärkung aber
dessen, was ich gesagt hatte, ersuchte ich ihn, daß er
mein Schränkgen, wozu ich den Schlüssel in meiner
Tasche hatte, herbeybringen lassen möchte, (denn was

mein

mein Kästgen bereit, so hatte er mir schon gesagt, was
die Matrosen damit gemacht hätten). Ich öfnete dasselbe in seiner Gegenwart, und zeigte ihm den kleinen
Vorrath von Raritäten, welche ich in dem Lande,
woraus ich auf eine so wunderbare Weise weggekommen, gesammelt hatte. Hier nun befand sich der
Kamm, welchen ich von den Stumpen der königlichen
Barthaare verfertiget hatte; mehr, ein dergleichen, von
denselben Materialien, aber in das Abschneidsel des
Daumen-Nagels Sr. Majestät eingestecket, welches
den Rüken des Kammes ausmachte; mehr, eine
Menge allerley Nadeln von ein Fuß biß auf eine halbe
Elle lang; mehr, vier Stachel von Wespen, so groß
als Schreiner-Nägel; eine Parten ausgekämmter Haare
von der Königin; ein göldener Ring, welchen die
Königin mir einst auf die allerverbindlichste Weise ge-
schenkt hatte, indem sie selbigen von ihrem kleinen Finger zog, und ihn mir über den Kopf wie ein Halsband
anlegte. Diesen Ring bot ich dem Capitain an, mit
Bitte, denselben als ein geringes Zeichen meiner Dankbarkeit anzunehmen; welches er aber durchaus nicht
thun wollte. Ich zeigte ihm ferner ein Hünerauge,
welches ich einem Staats-Fräulein mit eigener Hande
von einer Zehe ausgeschnitten hatte. Dieses war ungefehr so groß wie ein Renntischer Renette, und so
hart, daß ich es bey meiner Rükkunft nach England
als eine Trinkschale aushölen und in Silber einfassen
ließ. Endlich bat ich ihn, auch die Hosen zu betrachten, welche ich damals am Leibe trug, die von einem
Maus-Felle gemachet wären.

Ich konnte ihn nicht bewegen, etwas von mir anzunehmen, ausser einen Zahn, den er mit besondrer Aufmerksamkeit betrachtete, und zu welchem er Lust zu haben schien. Ich gab ihm denselben; und er bedankte

sich

sich gar sehr dafür, weit mehr als eine solche Kleinigkeit es wehrt war. Dieser Zahn hatte einem von
Glumdalclitchs Aufwärtern zugehört, welcher ihm
von einem ungeschikten Barbierer statt eines andern,
der ihm wehe that, ausgerissen worden; und übrigens
so gesund und frisch war, als irgend einer von seinem
Gebisse. Ich machte ihn rein, und hob ihn in mein
Schränkgen auf. Er war ungefehr einen Fuß lang,
und vier Zoll dik.

Der Capitain war mit meiner natürlichen ungekünstelten Erzehlung aufs beste zufrieden, und sagte, er hoffe,
ich würde, wenn wir nach England zurük kämen,
nicht ermangeln, dieselbe zu Papier zu bringen, und in
den Druk zu geben. Ich antwortete, wir wären, wie
ich dächte, mit Reise-Beschreibungen bereits nur allzusehr überhäuft; es könnte nunmehr nichts gefallen, als
was ganz ausserordentlich wäre; und diesen Zwek zu
erlangen, glaubte ich, zögen einige Scribenten weit
weniger die Wahrheit zu Rathe, als ihre eigene
Eitelkeit, oder ihr Interesse, oder die Begierde unwissenden Lesern ein Vergnügen zu machen; meine Geschichte enthielt nicht viel ungewöhnliches, die Neben-
zierathen der Beschreibung seltsamer Pflanzen, Bäume,
Vögel und andrer Thiere, oder barbarischer Gewohnheiten und des Gözendienstes eines wilden Volkes beyseite gesezt; wovon aber die meisten Reise-Beschreibungen schon voll seyen. Gleichwol dankete ich ihm; und
versprach, ich wollte der Sache nachdenken.

Ueber etwas, sagte der Capitain, verwunderte er
sich gar sehr; und dieses war, daß ich so laut redete.
Er fragte mich, ob vielleicht der König oder die Königin des Landes, woher ich käme, nicht wol höreten?
Worauf ich antwortete, daß ich mir solches nun seit
länger als 2. Jahren angewöhnet hätte; und es käme
mir

mir eben so fremd vor, ihn und seine Leute so leise reden zu hören, obschon ich alles sehr wol vernähme. Es
müßte sich aber über diese meine Gewohnheit nicht verwundern; denn wenn ich in diesem Lande redete, so
wäre es nicht anders gewesen, als wie wenn einer unten von der Strasse mit einem andern, der sich oben
auf einem Thurme befände, vernehmlich hätte sprechen
wollen, ausgenommen wenn ich auf einem Tische ge-
sessen, oder mich jemand in der Hand gehalten hätte. Ich
hätte, sagte ich, noch etwas anders an mir selbst wahrgenommen; daß nemlich, da ich zuerst in sein Schiff
gekommen, und die Matrosen alle um mich her standen, sie mir als die kleinsten verächtlichsten Geschöpfe
vorgekommen wären, dergleichen ich jemals gesehen.
Denn in der That hätte ich es in dem Lande dieses
Prinzen, nachdem ich es gewöhnt gewesen, lauter solche ungeheure Gegenstände zu sehen, niemals ausstehen
mögen, in einen Spiegel zu schauen; weil die Vergleichung mir einen so sehr verächtlichen Begriff von mir
selbst zurück ließ.   Der Capitain erwiederte, er hätte
beobachtet, daß ich würklich über dem Nachtessen alles
mit einer Art von Verwunderung angesehen, und wie
es geschienen, mich öfters des Lachens kaum enthalten
können; dabey er nicht recht gewußt, wie er es aufnehmen sollte, und solches einer Verrükung meines Gehirns
zugeschrieben hätte.   Ich antwortete, seine Beobachtung wäre ganz richtig gewesen, und ich wunderte
mich selbst jezt noch, wie ich mich des Lachens hätte
enthalten können, da ich nicht grössere Schüsseln auf
seinem Tische gesehen, als ein Dreypfenning-Stük;
ein Schinke kaum ein Mundbissen gewesen; ein Trink-
glas nicht so viel gehalten hätte, als eine Nußschaale und
so weiter; wie ich denn fortfuhr, ihm sein übriges Tisch-
geräth und die aufgetragenen Speisen auf gleiche Weise
zu beschreiben.   Die Königin hätte mich zwar, derweil
ich

ich in ihrem Dienſte war, wol mit einer kleinen Ge-
räthſchaft von allerley Nothwendigkeiten verſehen laſſen;
allein mein Kopf wäre doch von denen Sachen, die ich
ſtets um mich ſah, ganz eingenommen geweſen, und
auf meine eigene Kleinheit hätte ich nur ſo geblicket, wie
die Menſchen auf ihre Fehler zu thun pflegen. Dieſen
ſatyriſchen Zug verſtand der Capitain ſehr gut, und
antwortete ganz aufgeräumt mit dem alten Sprich-
worte, er glaubte, meine Augen wären hungriger, als
mein Magen geweſen; denn er hätte nicht beobachtet,
daß dieſer ſo gar gut wäre, obſchon ich den ganzen Tag
gefaſtet hätte. Er wollte (fuhr er zu ſcherzen fort)
hundert Pfunde dafür gegeben haben, daß er hätte zu-
ſehen können, wie der Adler mein Cloſet in ſeinem
Schnabel gehalten, und mich hernach ſo hoch herunter
in die See hätte fallen laſſen. Dieſes müſte gewiß eines der erſtaunenswürdigſten Spectakel geweſen ſeyn,
welches verdiente, durch eine Beſchreibung auf die ſpä-
teſte Nachkommenſchaft fortgepflanzet zu werden. Und
die Vergleichung zwiſchen mir und dem Phaeton bot
ſich von ſelbſt ſo ſtark an, daß er ſich nicht enthalten
konnte, die Fabel auf mich zu zueignen; wiewol ich
den Einfall eben nicht ſehr bewunderte.

Der Capitain, welcher von Tonquin nach England zurückſegelte, ward auf ſeiner Fahrt Nordoſt-
werts auf den 44. Grad der Breite, und auf den 143.
Grad der Länge getrieben. Zween Tage aber, nachdem ich an Bord gekommen, bekamen wir beſtändigen
Wind, ſegelten eine lange Zeit ſüdwerts; und nachdem wir Neu = Holland vorbeygeſtrichen, fuhren wir
Weſt-Süd-Weſt, und hernach Süd-Süd-Weſt bis
wir an das Vorgebürge der guten Hofnung gelangeten. Unſere Fahrt war ſehr glücklich. Ich will aber
dem Leſer mit einer umſtändlichen Beſchreibung davon
nicht

nicht beschwerlich fallen. Der Capitain sprach nur
in einem oder zween Seehafen zu, und sandte sein
Boot, Lebens-Mittel und frisches Wasser einzunehmen.
Ich aber kam niemals aus dem Schiffe, bis wir in
den Dünen anlangeten, welches den 3. Junii 1706.
ungefehr neun Monate nach meiner Befreyung erfolgte.
Ich anerbot ihm, alles was ich hätte, zur Sicherheit für
mein Fracht-Geld auf dem Schiffe zurückzulassen. Allein
der Capitain betheurte, daß er nicht einen Heller von
mir nehmen würde. Wir nahmen auf das zärtlichste
Abschied von einander; und er mußte mir versprechen,
nach Re‥ff zu kommen, mir einen Besuch zu machen.
Ich miethete ein Pferd und einen Wegweiser für fünf
Schillinge, welche ich von dem Capitain entlehnte.

Als ich auf der Straße die Kleinheit der Häuser,
Bäume, Thiere und Menschen betrachtete, glaubte
ich wieder in Lilliput zu seyn. Ich war in Sorgen,
jeden, der mir begegnete, zu zertretten; und rief
öfters laut, daß man mir aus dem Wege gehen sollte;
für welche Impertinenz ich ein par mal beynahe den
Bukel voll Schläge bekommen hätte.

Da ich bey meinem Hause (welchem ich nachfragen
mußte) anlangte, und ein Bedienter mir die Thüre aufmachte, bükte ich mich im Hereingehen, wie eine
Gans, wenn sie durch ein Thor eingehet, damit ich
den Kopf nicht oben anstoßen möchte. Meine Frau
kam, mir um den Hals zu fallen, auf mich zugelauf-
fen; und ich neigte mich tiefer, als ihre Knie waren,
weil ich mir einbildete, daß sie sonst meinen Mund
nicht erreichen könnte. Meine Tochter fiel auf die
Knie, um den Segen von mir zu empfangen. Ich
konnte sie aber nicht sehen, bis sie wieder aufstand,
weil ich es so lange gewöhnt war, Kopf und Augen in eine

Höhe

Höhe von mehr als sechzig Fuß zu erheben; da. ich sie
denn mit einer Hand in der Mitte faßte, und zu mir
aufhob. Auf die Bedienten und etliche Verwandten,
die im Hause waren, sah ich herunter, als ob sie
Zwerge und ich ein grosser Riese wäre. Ich sagte meiner
Frau, sie wäre allzusparsam gewesen, denn ich fände,
daß sie und unsere Tochter beynahe zu nichts geworden
wären. Kurz; mein ganzes Betragen war so wunderlich, daß sie alle auf die Gedanken des Capitains ge-
riethen, da er mich zuerst sah; und glaubten, ich hätte
meinen Verstand verloren. Ich führe dieses an, als
ein Exempel von der wunderbaren Gewalt der Gewohnheit, und des Vorurtheils.

Es währete nicht lang, so kamen wir alle, ich und
meine Familie, und meine Freunde, zu richtiger Erkenntniß der Sachen. Meine Frau aber betheuerte,
ich sollte fürhin nimmer wieder zu See reisen. Allein
mein ungutes Schiksal wollte, daß sie es nicht zu hintern vermocht, wie meine Leser in der Folge erfahren
werden. Inzwischen schliesse ich hier den zweyten Theil
der Beschreibung meiner unglüklichen Reisen.

Ende des zweyten Theils.

Reiſen.

Dritter Theil.

Reiſe nach Laputa, Balnibarbi, Lugg-nagg, Glubbdubdrib und Japan.

Das erſte Capitel.

Der Verfaſſer unternihmt die dritte Reiſe. Wird von See-Räubern gefangen. Bosheit eines Holländers. Er gelanget auf eine Inſel; und wird nach Laputa aufgenommen.

Ich war nicht über zehn Tage bey Hauſe, als Herr Wilhelm Robinſon, aus Corn-Wallis gebürtig, Schiffs-Capitain von der Hofnung, einem groſſen Kauffardey-Schiffe von drey hundert Tonnen, mich zu beſuchen kam. Ich war vorhin auf einem andern Schiffe, wovon er Capitain, und für den vierten Theil Eigenthümer war, Barbierer geweſen; und wir hatten eine Reiſe nach der Levante gethan. Er hatte mich je-derzeit mehr wie einen Bruder als wie einen Unter-Offi-

cianten

clanten gehalten ; und da er meine Heimkunft vernommen, machte er mir (wie ich glaubte) einen Besuch aus lauter Freundschaft; indem weiter nichts dabey vorgieng, als was gewöhnlich ist, nachdem man einander lange nicht gesehen hat. Nachdem er aber seine Besuche mehrmals wiederholet gehabt, mir seine Freude bezeuget, daß er mich in so guter Gesundheit wieder angetroffen, und mich unter anderm einmal gefragt, ob ich nun für Lebenslang zu Hause eingesessen wäre; mit Beyfügen, daß er nach Verlauffe zweener Monäte eine Reise nach Ost-Indien thun würde, lud er mich (wiewol mit einer Entschuldigung) gerade zu ein, daß ich Barbierer auf dem Schiffe seyn möchte. Ich sollte dabey (sagte er) nebst denen zween gewöhnlichen Gesellen noch einen Unter-Barbierer haben; meine Besoldung sollte doppelt seyn; und da er meine Erkenntniß und Einsichten in der Seefahrt aus der Erfahrung wisse, so wollte er sich verbindlich machen, meinem Rath nicht anders zu folgen, als ob ich an der Befehlhaber-Stelle mit Theil hätte.

Er schwatzte mir noch viel andere verbindliche Dinge mehr vor; und ich kannte ihn für einen so redlichen Mann, daß ich seinen Vorschlag nicht verwerffen konnte; zumal da die heftige Begierde neue Länder zu sehen, ungeachtet alles mir dadurch zugezogenen Ungemachs, noch immer eben so stark bey mir anhielt, als jemals. Die einzige übrige Schwierigkeit war, meine Frau zu bereden; deren Einwilligung jedennoch ich zuletzt, in Betrachtung der Vortheile, welche sie sich für unsere Kinder daher vorstellete, auch erhielt.

Wir giengen den 5. August 1706. unter Segel, und gelangeten den 11. April 1707. bey dem Fort St. George an; wir verweileten vier drey Wochen lang, um unser Schiffs-Volk zu erfrischen; worunter viele

Kranke

Lande waren. Von dar schiffeten wir nach Tonquin, allwo der Capitain eine Zeit lang zu bleiben sich entschloß; weil die meisten Kaufmanns-Güter, welche er einthun wollte, noch nicht fertig waren, und es auch unter einigen Monaten nicht werden konnten. In Hofnung nun sich wegen des Aufwandes, den er bey diesem Verzuge machen mußte, sich etwelcher massen zu erholen, kaufte er ein grosses Boot, ließ solches mit allerley Waaren beladen, dergleichen die Tonquineser denen benachbarten Inseln gemeiniglich zu zuführen und Handlung damit zu treiben pflegen, und besezte es mit vierzehn Mann, worunter drey Ingebohrne des Landes waren; mich aber machte er zum Commandanten desselben, mit der Vollmacht, die Waaren gegen andere abzusezen, unterdessen daß er seine Sachen zu Tonquin berichtigte.

Wir waren noch nicht über drey Tage fortgeschiffet, als ein heftiger Sturm sich erhub, der uns fünf Tage lang gegen Nord-Nord-Osten, und hernach vollends Ostwerts trieb; worauf wir wiederum schönes Wetter, wiewol stets mit einem ziemlich starken und kühlen West-Winde bekamen. Den zehenden Tag wurden wir von zween See-Räubern verfolget, welche uns bald einholeten; denn mein Boot war so schwer beladen, daß es nur sehr gemach fortgieng; und wir waren gar nicht in einem Stande, daß wir uns hätten zur Wehre sezen können.

Die beyden Corsaren enterten fast zu gleicher Zeit bey uns, und sprangen mit Wuth jeder an der Spize seiner Leute in unser Boot; da sie uns aber alle auf dem Angesichte zur Erde ligend antrafen, (denn so hatte ich es befohlen) so banden sie uns mit starken Striken, liessen eine Wache bey uns, und durchsuchten das Boot.

V. Theil,　　　　P　　　　Ich

Ich ward eines Holländers unter ihnen gewahr, welcher einiges Anſehen zu haben ſchien, obſchon er keines von ihren Schiffen commandierte. An unſerm Weſen und Kleidern erkannte er bald, daß wir Engländer wären, und indem er in ſeiner Mutterſprache zu uns redete, ſchwur er, wir ſollten Paar und Paar an dem Rüken zuſammen gebunden, in die See geworffen werden. Weil ich ſo ziemlich holländiſch ſprechen konnte, ſo ſagte ich ihm, wer wir wären; und bat ihn, daß er, in Betrachtung daß wir Chriſten und Proteſtanten von benachbarten Ländern wären, die in genauer Allianz mit einander ſtünden, die Capitains zur Gnade gegen uns bewegen möchte. Dieſes erbitterte ihn; er wiederholte ſeine Drohungen, kehrte ſich zu ſeinen Cameraden, und redete mit groſſer Heftigkeit auf japaniſch, wie ich glaube, zu ihnen; wobey er ſich des Worts Chriſtianos öfters bediente.

Das gröſſere von dieſen beyden Raubſchiffen hatte einen Japaner zum Capitain, der ein wenig (obwol ſehr übel) holländiſch ſprach. Dieſer kam zu mir; und nach vielen gethanen Fragen, die ich auf das demüthigſte beantwortete, ſagte er: Wir ſollten nicht ſterben. Ich machte ihm eine ſehr tiefe Verbeugung; kehrte mich darauf gegen den Holländer, und ſagte ihm: Es wäre mir leid, daß ich bey einem Heiden mehr Mitleiden anträfe als bey einem Chriſten, den das Band der Liebe mit mir vereinigen ſollte. Allein ich hatte bald Urſache, dieſe unvorſichtige Rede zu bereuen. Denn dieſer gottloſe Menſch, der ſich öfters (wiewol umſonſt) bemühete, die beyden Capitains zu bereden, daß ſie mich in die See werffen lieſſen, (welches ſie aber nicht thun wollten, weil ſie einmal das Wort gegeben hätten, ich ſollte nicht ſterben,) vermochte doch ſo viel, daß man mir eine Strafe anthat, die (menſch-

licher

licher Weise zu urtheilen) weit grausamer war, als der
Tod selbst. Meine Leute wurden auf die beyden Schiffe
gleich vertheilet; und das Boot bemannten die Seeräuber
mit einigen ihrer Matrosen. Was aber mich betrift, so
ward beschlossen, mich in einen kleinen Kahn mit Rudern, einem Segel und Proviant auf vier Tage zu sezen, (welch leztern der japanische Capitain die Gütigkeit hatte, von seinem eigenen Vorrath zu verdoppeln,
und niemandem zu erlauben mich zu durchsuchen,) und
mich so der Gnade der Wellen zu überlassen. Ich
stieg also in den Kahn herunter, während daß der
Holländer, welcher oben auf dem Verdecke stand, mich
mit allen Flüchen und Schmähungen, die er in seiner
Sprache nur immer ausstossen konnte, übergoß.

Ich hatte ungefehr eine Stunde, ehe die Seeräuber
uns zu Gesichte kamen, die Höhe gemessen, und gefunden, daß wir im 46. Grad nördlicher Breite und
im 183. Grad der Länge wären. Als ich eine gute
Strecke von den See-Räubern entfernet war, entdecke
ich durch mein Fernglas gegen Süd-Osten einige Inseln. Ich spannete mein Segel auf, in der Absicht,
die nächste derselben zu gewinnen. Der Wind war günstig; und nach 3. Stunden erreichte ich sie. Diese Insel
war ganz felsicht; doch fand ich viele Vogel-Eyer;
schlug mir Feuer, zündete etwas Heyde und dürres
Seekraut an, und kochete sie dabey. Solches war
meine ganze Abend-Malzeit; denn ich wollte meinen
Proviant so lange sparen, als möglich wäre. Hierauf
bracht ich die Nacht in der Höle eines Felsen auf einigen Kräutern, die ich hingeleget hatte, zu, und schlief
ziemlich wol.

Den folgenden Tag gelangete ich zu einer andern
Insel, und von dannen zu einer dritten und vierten,
wobey

wobey ich mich bald des Segels, bald der Ruder bediente. Um aber dem Leſer, mit einer umſtändlichen
Erzehlung alles meines Elends nicht beſchwerlich zu
fallen, will ich nur ſagen, daß ich endlich den fünften
Tag zu der lezten dieſer Inſeln gekommen, welche in
Anſehung der andern gegen Süd-Süd-Oſten gelegen war.

Dieſe Inſel lag weiter entfernet, als ich gedacht
hatte; und ich brachte fünf Stunden zu, ehe ich ſie
erreichte. Ich mußte ſie beynahe ganz umfahren, ehe
ich einen bequemen Ort zum Ausſteigen antraf, welches eine kleine Bucht, etwann drey mal breiter als
mein Kahn, war. Ich fand die Inſel ganz felſicht;
nur daß hier und dar einige Grasbüſche und wol rie-
chende Kräuter ſich zeigten. Ich nahm meinen kleinen
Vorrath hervor; und nachdem ich mich erfriſchet hatte,
verſtekte ich das übrige in eine Höle, deren die Inſel
ganz voll war. Alsdenn ſammelte ich mir eine gute
Menge Eyer aus den Felſe-Rizen, und einen Hauffen
dürrer Seebinſen und Gras, um den folgenden Tag
meine Eyer, ſo gut es möglich wäre, dabey zu kochen.
Denn ich hatte Feuerſtein, Stahel, ein Stük Schwamm
und ein Brennglas bey mir. Ich lag die Nacht über
in der Höle, wohin ich meinen Proviant gebracht
hatte; und zum Bethe diente mir das nemliche Gras
und die Seebinſen, welche ich ſtatt Brennholzes brauchen wollte. Ich ſchlief ſehr wenig; denn die Unruhe
meines Gemüthes war ſtärker als die Müdigkeit, und
machte, daß ich waker blieb. Ich überlegte, wie unmöglich es wäre, mein Leben an einem ſo dürren und
wüſten Orte zu erhalten, und welch eines elenden Todes ich würde ſterben müſſen. Dieſe Gedanken machten mich ſo verlegen und muthlos, daß ich das Herz
nicht hatte aufzuſtehen; und es war ſchon hoch Tag,

als

als ich mich endlich erholete, aus meiner Höle hervor-
zutriechen. Ich spazierte eine Zeit lang zwischen den
Felsen hin; der Himmel war heiter, und die Sonne
schien so warm, daß ich ihr den Rüken zuwenden
muſte. In einem Augenblike ward es dunkel, und
zwar, wie mich dünkte, auf eine ganz andere Weise,
als wenn die Sonne blos von einer Wolke bedeket wird.
Ich kehrte mich wieder um, und erblikte zwischen mir
und der Sonne einen groſſen finstern Cörper, welcher
sich gegen die Insel, worauf ich war, bewegete. Dieser Cörper schien ungefehr zwo Meilen hoch von mir
zu seyn, und benahm mir sechs bis sieben Minuten lang
den Anblik der Sonne. Gleichwol verspürte ich nicht,
daß die Luft viel kälter, oder der Himmel finsterer geworden, als wenn ich etwann im Schatten hinter einem Berge gestanden wäre. Als dieser Cörper näher
über den Plaz zu stehen kam, wo ich mich befand, erkannte ich ihn für ein festes, dichtes Wesen, deſſen Un-
tertheil eben, glatt, und von denen aus der See zurükprellenden Sonnen-Stralen sehr glänzend war. Ich
stand auf einer Höhe, ungefehr zweyhundert Ruthen
von dem Ufer gerechnet, und sah, wie dieser groſſe
Cörper in die Nähe, von weniger als einer Engländischen Meile, sich herablieſ, so daß er beynahe gerade vor mir über stand. Ich langte mein Fernglas
hervor, und konnte ganz deutlich sehen, daß an den
Seiten des Cörpers, die ganz schief waren, eine Menge
Menschen sich auf und nieder bewegeten; was sie aber
eigentlich thäten, das konnte ich nicht unterscheiden.

Die von Natur uns eingepflanzte Liebe zum Leben
erwekte einige Regungen von Freude in mir, und ich
schöpfte sogleich Hofnung, daß diese Begegnis auf eine
oder die andere Weise ein Mittel für mich abgeben
könnte, aus diesem einöden Orte und elenden Zustande

P 3   zu

zu entkommen. Zugleich aber wird der Leser sich kaum
vorstellen mögen, wie groß mein Erstaunen gewesen,
eine von Menschen bewohnete Insel in der Luft schweben zu sehen, die (wie es mir vorkam) selbige in die
Höhe heben, herunterlassen, und fortgehen machen
konnten, wie sie wollten. Weil ich aber damals gar
nicht in Umständen war, philosophische Betrachtungen
über diese Erscheinung anzustellen, so wendete ich vielmehr alle meine Achtsamkeit dahin, daß ich sehen
möchte, was für einen Lauf die Insel weiter nehmen
würde; denn es schien, als ob sie für eine Weile stille
hielt. Doch bald darauf kam sie noch näher; und ich
konnte deutlich erkennen, daß sie an den Seiten mit
verschiedenen Galerien, welche in gewisser Höhe von
einander abstanden, umgeben, und diese hin und wieder mit Treppen zum Auf- und Absteigen versehen waren. Auf der untersten Galerie sah ich einige, welche
mit langen Angelschnüren fischeten, und andere die zu-
schaueten. Ich schwenkte meine Mütze (denn mein Hut
war schon seit lange unbrauchbar geworden) und mein
Schnupftuch gegen die Insel zu. Und da sie näher
kam, rief und schrie ich, so viel ich vermochte. Ich
sah mich dabey sorgfältig um, und erblikte einen Trupp
Leute, die sich gerade auf der Seite der Insel zusam-
mengethan, welche mir am nächsten war. Aus ihrem Deuten auf mich, und denen Zeichen, welche sie
sich unter einander gaben, konnte ich mit Gewißheit
schliessen, daß sie meiner gewahr worden, obschon sie
auf mein Ruffen und Schreyen nicht antworteten;
sah aber ganz eigentlich, daß ihrer vier oder fünfe eilends die Stiegen, bis oben auf den Gipfel, hinauf-
liefen, wo sie mir alsdenn aus dem Gesichte verschwanden. Ich muthmassete, daß diese vielleicht an eine
Person von Ansehen abgeschikt würden, meinetwegen

Befehle

Befehle einzuholen; und erfuhr hernach, daß ich mich
in meiner Muthmaſſung nicht betrogen hatte.

Die Anzahl der Zuſchauer ward immer gröſſer; und
in weniger als einer halben Stunde kam die Inſel ſo
tief, daß ihre unterſte Galerie mit der Höhe, wo ich
ſtand, eine Parallele ausmachte, deren Zwiſchen-
raum keine hundert Ruthen mehr betrug. Ich nahm
ſo denn die allerdemüthigſten Stellungen an, und redete
in eben ſolchem Accente zu ihnen; erhielt aber keine
Antwort. Diejenigen, ſo mir am geradſten vorüber
ſtanden, ſchienen mir Perſonen von Stande zu ſeyn,
ſo viel ſich aus ihren Kleidern urtheilen ließ. Sie redeten ganz ernſtlich mit einander, und ſahen mich dabey öfters an. Endlich rief mir einer derſelben, in einer hellen, politen und ſanften Sprache, die dem Ton
nach, der Italieniſchen glich, zu. Ich antwortete
daher in dieſer Sprache; verhoffende, daß wenigſtens
die Cadenz davon, in ſeinen Ohren angenehmer lauten
würde, als wenn ich mich einer andern bediente. Ob
wir nun zwar einander nicht verſtunden, ſo begriffen
ſie doch leicht was ich ſagen wollte; denn ſie ſahen die
Noth und Verlegenheit, worinnen ich mich befand.

Sie gaben mir durch Zeichen zu verſtehen, daß ich
von dem Felſen herunterſteigen und gegen das Ufer zu
gehen ſollte. Ich that ſolches; und nachdem ſie der
fliegenden Inſel eine Bewegung gegeben, daß ſie gerade
über mir zu ſtehen kam, ward von der unterſten Galerie eine Kette, an deren Ende ein Siz befeſtigt ward,
heruntergelaſſen, worauf ich mich ſezte, und vermittelſt
einer Winde hinaufgezogen ward.

Das

Das zweyte Capitel.

Beschreibung der Laputier. Nachricht von ihrer
Gelehrsamkeit. Von dem König und dessen
Hofstadt. Wie der Verfasser daselbst empfan-
gen worden. Die Einwohner sind der Furcht
und Unruhe unterworffen. Beschreibung ihres
Frauenzimmers.

Kaum war ich abgestiegen, so sah ich mich von einer
Menge Volkes umgeben, wovon die, so mir am nächsten standen, etwas vornehmer zu seyn schienen. Sie
betrachteten mich mit allen ersinnlichen Zeichen von
Verwunderung, worinnen ich ihnen in der That nichts
schuldig blieb. Denn in meinem Leben hatte ich niemals eine Art Menschen von so ausserordentlicher Gestalt, Kleidung und Manieren gesehen. Sie hängen
alle den Kopf entweder auf die rechte oder linke Seite.
Das eine ihrer Augen kehren sie einwärts, und das
andere gerade über sich nach dem Zenith. Ihre Ober-
Kleider sind mit Figuren von Sonnen, Monden und
Sternen, untermischet mit Geigen, Flöten, Harffen,
Trompeten, Guitaren, Clavier-Flügeln und vielen
andern in Europa unbekanten Gattungen von musicalischen Instrumenten gezieret. Hier und dar erblikte
ich viele wie Knechte gekleidet, deren jeder einen kurzen
Stab in der Hand hielt, an dessen Ende eine länglichte
Blase wie ein Dreisch-Flegel angebunden war. In jeder
Blase waren einige dürre Erbsen oder kleine Stein-
gen, wie ich nachher vernahm; und dieser Blasen bedienten sie sich, um damit die, so ihnen am nächsten

standen,

ſtanden, auf den Mund oder die Ohren zu ſchlagen,
von welcher ſeltſamen Mode ich damals die Bedeutung
nicht verſtehen konnte. Es ſcheinet, daß dieſe Leute
ſich in Betrachtungen ſo ſehr vertieffen, daß ſie weder
zu reden, noch die Reden andrer anzuhören vermögend
ſind, wenn ſie nicht durch einige Berührung dieſes
Klapperwerks an dem Mund oder Gehöre dazu aufge-
wecket werden. Um dieſer Urſache willen halten ſich diejenigen, ſo das Vermögen dazu haben, ſtets einen ſolchen Aufwecker oder Climinole (wie er in ihrer Sprache
heißt) als einen Bedienten im Hauſe, von welchem ſie
ſich, wenn ſie ausgehen oder Beſuche machen, immer
begleiten laſſen. Und ſein Amt iſt, wenn zwo, drey
oder mehr Perſonen beyſamen ſind, mit ſeiner Blaſe,
diejenige, ſo da reden ſoll, ganz ſanft auf das Maul,
und die, zu der oder denen geredet wird, eben ſo auf
das rechte Ohr zu ſchlagen. Dieſer Aufwecker muß
ſeinen Herrn auch wenn er ſpazieren geht, fleiſſig begleiten, und ihm bey Gelegenheit einen ſanften Schlag
auf die Augen geben, weil ſelbiger ſeinen Gedanken
immer ſo ſehr nachhängt, daß er ſonſt offenbar Gefahr
läuft, in jede Tiefe zu ſtürzen, den Kopf wider jede
Pfoſte anzuſchlagen, oder auf den Straſſen wider die,
ſo ihm begegnen anzulaufen, und ſie in die Canäle zu
ſtoſſen, oder dergleichen Schickſale von ihnen zu leiden.

Ich mußte dem Leſer dieſe vorläufige Nachricht deswegen geben, weil er ſonſt das Betragen dieſer Leute,
da ſie mich die Treppen hinauf bis auf die obere
Fläche der Inſel, und von dar ferner nach dem königig-
lichen Pallaſte führeten, eben ſo wenig würde verſtanden haben, als ich es ſelbſt verſtand. Sie vergaſſen,
indem wir hinauf ſtiegen, vielmalen, warum es zu

thun wäre, und liessen mich mir selber über, bis ihre
Aufweker sie wieder zu sich selbst brachten. Denn weder die Seltsamkeit meiner Kleidung und meiner Person, noch das Geschrey des gemeinen Volkes, welches
in Speculationen weniger vertiefet war, hatte einigen
Eindruk auf sie.

Endlich gelangten wir zu dem Pallaste, und kamen
in den Audienz-Saal, wo ich den König auf seinem
Throne, und zu beyden Seiten die vornehmsten Stan-
des-Personen sah. Vor dem Throne stand ein grosser
Tisch, voll Globen, Sphären und mathematischer Instrumente von allerley Gattung. Seine Majestät hatte
nicht im geringsten Acht auf uns, obschon das Zusam-
menlauffen des sämtlichen Hofgesindes bey unserm Ein-
tritte Geräusches genug machte. Der König aber war
damals in tiefem Nachsinnen über einem Problem begriffen; und wir mußten wol eine ganze Stunde lang
warten, bis er die Auflösung davon gefunden hatte.
Auf jeder Seite bey ihm stand ein Page mit einer
Blase in der Hand. Da diese merkten, daß die De-
monstration ihre Richtigkeit hätte, so gab ihm der eine
einen gelinden Schlag auf den Mund, und der andere
auf das rechte Ohr, worauf er plözlich, wie einer der
mit eins aus dem Schlafe erwachet, gegen mich und
den Hauffen, worunter ich stand, hinsah, und sich
der Ursache unsrer Ankunft, von welcher man ihm
vorher schon Nachricht gegeben hatte, erinnerte. Er
sprach einige Worte; und gleich kam ein junger Bursche mit einer Blase in der Hand zu mir hin, und
gab mir einige sanfte Schläge auf mein rechtes Ohr.
Ich gab so gut ich konnte, durch Zeichen zu verstehen,
daß ich dieser Bedienung nicht bedürfe; welches aber,
wie ich nachhin erfuhr, dem König und seinem ganzen
Hofe eine sehr schlechte Meynung von meinem Ver-

stande

stande beygbracht.   Seine Majestät that, so viel ich
muthmassen konnte, verschiedene Fragen an mich, und
ich meines Orts redete in allen Sprachen, die ich nur
wußte, gegen Sie.   Nachdem aber zur Ueberzeugung
erhellete, daß wir einander nicht verstehen konnten, so
ward ich auf Befehl des Königs (welcher den Ruhm
hatte, daß er an Gast-Freyheit gegen die Fremden,
alle seine Vorfahren überträfe) in ein besonderes Zimmer seines Pallastes gebracht, wo mir zween Bediente
zugegeben wurden.   Man trug mir die Mittags-Mal-
zeit auf; und vier vornehme Herren, welche ich mich
entsann, neben dem König gesehen zu haben, thaten
mir die Ehre, mir dabey Gesellschaft zu leisten.   Wir
hatten zween Aufsäze von Speisen; jeden von drey
Schüsseln.   Der erste bestand in einer Schaafs-Schul-
ter, in Gestalt eines gleichseitigen Dreyekes; einem
Stüke Rindfleisch in rhombenförmig geschnitten; und einer
Wurst, die eine Cycloide formierte.   Der andere bestand aus zwo Enten, wie Geigen gestaltet; kleinern
und grössern Würsten, so die Figur von Flöten und
Hoboyen hatten; und einer Kalbs-Brust, wie eine
Harffe gestaltet.   Die Bedienten schnitten uns das
Brod in Kegeln, Cylindern, Parallelogrammen und
mathematischen Figuren vor.

Ich nahm mir während der Tafel die Freyheit, die
mitspeisende Herren um den Namen vieler Dinge zu
befragen; und dieselben machten sich ein besonderes Vergnügen, mir solche mit Beyhülfe ihrer Aufwerker zu
sagen; denn sie hosten, ich würde ihre Geschiklichkeit
gar sehr bewundern, wenn ich es so weit brächte, daß
ich mit ihnen sprechen könnte.   Und ich war bald im
Stande, Brod, Getränke, oder was ich sonst nöthig
hatte, zu fodern.

Nach

Nach geendigter Malzeit verließ mich die Gesellschaft; und es fand sich eine andre Person in Begleite eines Aufwekers, auf Befehl des Königs bey mir ein. Sie bracht Dinte, Feder und Papier, nebst drey oder vier Büchern mit; und gab mir zu verstehen, daß sie abgeordnet sey, mich in der Sprache des Landes zu unterrichten. Wir saßen vier Stunden beysammen; binnen welcher Zeit ich mir sehr viele Wörter in einer langen Reihe, mit ihrer Uebersezung daneben, aufzeichnete. Ich bemühete mich auch, einige Redens-Arten zu lernen. Zu dem Ende hieß mein Lehrmeister einen seiner Bedienten allerley verrichten. Z. Ex. er befahl ihm, etwas zu holen, sich umzuwenden, eine Reverenz zu machen, sich niederzusezen, aufzustehen, hin und her zu spazieren, und dergleichen. Wobey ich mir denn jede Redens-Art sogleich aufschrieb. Ingleichen zeigte er mir in einem seiner vier Bücher die Figuren der Sonne, des Monds und der Sterne, des Thierkreises, der Wende- und Polar-Zirkel, samt den Benennungen einer Menge aufgerißener Flächen und Dichter Cörper. Nicht weniger nennete und beschrieb er mir alle ihre musicalischen Instrumente, und gab mir die allgemeinen Kunst-Wörter bey der Behandlung eines jeden derselben an. Nachdem er wieder weggegangen war, sezte ich alle Wörter nebst ihrer Auslegung in alphabetische Ordnung, und kam so, vermittelst meines guten Gedächtnisses binnen wenig Tagen zu einer ziemlichen Einsicht von dieser Sprache.

Das Wort fliegende oder schwebende Insel, wie ich es überseze, heißet in ihrer Sprache Laputa, dessen eigentliche Abstammung ich niemals mit Gewißheit erfahren konnte. Lap heißet in der alten abgegangenen

den Sprache Hoch, und Untub einen Befehlshaber,
woraus, wie die Einwohner sagen, durch Verderbung
des Wortes, Laputa, quasi Lapuntuh, entstanden. Sct.
Allein ich bin nicht ihrer Meynung, indem diese Abstammung mir etwas gezwungen vorkömmt, und eröfnete daher einst einigen Gelehrten unter ihnen, eine
andere Muthmassung, die mir beygefallen war; daß
nemlich Laputa vielleicht eben so viel als Lapouted
seyn dürfte, indem Lap eigentlich das Danzen der
Sonnen-Stralen auf der See, und Outed einen Flügel bedeutet; welche Muthmassung indessen ich niemandem aufdringe, sondern sie der Beurtheilung des geneigten Lesers überlasse.

Als diejenigen, deren Aufsicht der König mich anvertrauet hatte, beobachteten, wie übel ich bekleidet
war, liessen sie den folgenden Tag einen Schneider kommen, der mir das Maaß zu einer völli-
gen Kleidung nehmen mußte. Dieser verrichtete die
Operation auf eine ganz andere Weise, als seine Zunft-
brüder in Europa. Erst nahm er das Maaß von meiner Länge vermittelst eines Quadranten; hernach
bediente er sich zu Abmessung des Umfangs und der
aussern Linien meines Cörpers, des Zirkels und Richt-
scheits; zeichnete alles auf das Papier ab, und bracht
mir nach Verfluß sechs Tagen eine vollkommen übel
verfertigte und ganz unförmliche Kleidung, weil er sich
bey der Rechnung in einer Figur geirret hatte. Doch
ich gab mich zufrieden, da ich beobachtete, daß dergleichen Zufälle hier gar gewöhnlich wären, und man
sich nichts daraus zu machen pflegte.

Während

Während daß man an meinen Kleidern arbeitete,
und nach einige Tage darüber, welche ich einer kleinen
Unpäßlichkeit wegen in meinem Zimmer zubringen mußte,
vermehrte ich mein Wörterbuch gar ſtark, und konnte,
da ich das nächſte mal wieder bey Hofe erſchien,
viel von dem, was der König ſprach, verſtehen,
und ihm auch ſo ziemlich antworten. Inzwiſchen
hatte Se. Majeſtät Befehl ertheilet, die Fahrt der Inſel gegen Nord-Oſten gerade nach dem Zenith von
Lagado der Hauptſtadt des ganzen Reiches unten auf
dem feſten Lande zu richten. Dieſe Stadt war ungefehr neunzig Meilen entfernet, und unſere Reiſe währete vier und einen halben Tag. Ich verſpürte nicht
das geringſte von der Bewegung, welche die Inſel in
der Luft machte, indem ſie fortgieng. Am zweyten
Morgen, ungefehr um eilf Uhr, nachdem alle ihre
muſicaliſchen Inſtrumente geſtimmet worden waren, ſpie-
lete der König in höchſt eigener Perſon mit ſeinem ganzen Adel, den Hofleuten und Miniſtern drey Stunden
lang unaufhörlich darauf, ſo daß ich von dem Getöne
ganz betäubet ward, und nicht errathen konnte, was
dieſe Muſic bedeuten ſollte, bis mein Lehrmeiſter mir
ſolches erklärte. Er ſagte, die Einwohner ihrer Inſel
hätten Ohren, womit ſie die Muſic der himmliſchen
Sphären vernehmen könnten, welche ſich von Zeit zu
Zeit hören ließ; und der Hof hätte jetzt durch Spie-
lung aller der Inſtrumente, worauf ſie am meiſten
geübet wären, Theil daran nehmen wollen.

Auf unſrer Reiſe nach der Hauptſtadt Lagado befahl Se. Majeſtät, daß die Inſel über gewiſſen Städten und Dörfern ſtill halten ſollte, damit er von dannen die Bittſchriften ſeiner Unterthanen empfangen
möchte. Man ließ zu dem Ende viele Bindfaden, wor-

an kleine Gewichte hiengen, herunter. An diese band
das Volk seine Suppliquen, welche denn gerade auf-
stiegen, wie die Stüke Papier, so die Schulerknaben
an Faden binden, und in die Luft aufsteigen lassen. Zuweilen empfiengen wir auch Wein und andere Lebens-
Mittel, welche durch Winden aufgezogen wurden.

Dasjenige, so ich von der Mathematik verstand,
that mir in Erlernung ihrer Redens-Arten, die sich
meistens auf diese Wissenschaft und die Musse beziehen,
(in welcher leztern ich ebenfalls nicht unerfahren war)
sehr gute Dienste. Sie gehen immer mit Linien und
Figuren um. Wenn sie zum Exempel die Schönheit
eines Frauenzimmers, oder irgend eines andern Ge-
schöpfes loben wollen, so beschreiben sie dasselbe durch
Rhomben, Zirkel, Parallelogrammen, Ellipsen und
andere geometrische Ausdrüke, oder durch musicalische
Kunstwörter, die ich eben nicht anführen will. Ich
sah auch in der königlichen Küche alle Arten von mathematischen und musicalischen Instrumenten, nach
deren Modell die Speisen geschnitten und zugerüstet werden müssen, welche auf die königliche Tafel kommen.

Ihre Häuser sind sehr übel gebauet, die Mauern
krum, und so beschaffen, daß kein einziges ihrer Zimmer einen rechten Winkel machet. Dieses rühret von
der Verachtung her, welche sie gegen die practische Mathematik hegen, indem sie selbige für etwas niedriges
und nur mechanisches halten; und weil ihre Demonstra-
tionen allzutief gehen, als daß ihre Werkmeister sie genugsam fassen könnten, so verursachet dieses immer gewaltige Fehler. Obschon sie auch geschikt genug sind,
das Lineal, den Zirkel &c. auf einem Papier zu führen,
so

so habe ich doch, was die Handlungen und das Betragen in dem gemeinen Leben angeht, niemals ein tölpischers und ungeschikters Volk gesehen, noch das (die Mathematik und Musik ausgenommen) über alle andern Dinge dummer wäre als dieses. Sie sind sehr schlechte Raisonneurs, widersprechen und widersezen sich andern gar zu gern, ausgenommen wenn es sich zutrift, daß sie von ungefehr auf die rechte Meynung fallen, welches aber selten ihr Fall ist. Einbildungs-Kraft, Wiz und Erfindung sind ihnen ganz unbekannte Sachen, und sie haben nicht einmal Wörter in ihrer Sprache, solche Gemüths-Gaben auszudrüken, sondern alle ihre Seelen-Kräfte sind einzig und allein auf die gedachten Wissenschaften eingeschränket.

Die meisten unter ihnen, und sonderlich diejenigen, welche sich auf die Sternkunde legen, halten sehr viel von dem Planeten-Lesen und Nativität-Stellen, obschon sie sich schämen, es öffentlich zu gestehen. Was mir aber vornemlich fremd und ganz unbegreiflich vorkam, war ihre ungemessene Neugier über politische Sachen, und ihr immerwährender fast rasender Eifer, alles was die Regierung und den Staat angeht, zu beurtheilen, und ihren Gegnern jeden Schritt einer Partey-Meynung streitig zu machen. Ich kann zwar nicht läugnen, daß ich die gleiche Neugier auch an den meisten Mathematikern, die ich in Europa gekannt, beobachtet habe; wiewol ich niemals die geringste Aehnlichkeit entdeken konnte, welche diese Wissenschaften mit einander hätten; es müßten denn diese Leute voraus sezen, daß gleichwie der kleinste Zirkel nicht mehr Grade hat als der gröste, eben also brauche es, auch die Welt zu regieren nicht mehr Geschiklichkeit, als vonnöthen ist, einen Globus zu behandeln und umzudrehen. Ich glaube aber dennoch, daß diese Eigenschaft vielmehr

von

von einer sehr gemeinen Schwachheit der menschlichen
Natur bekomme, welche uns um so viel neugieriger
und geschäftiger in dergleichen Sachen machet, die uns
am wenigsten angehen, als viel weniger wir von Natur oder Kraft unserer Studien Geschike dazu haben.

Diese Leute leben in beständiger Sorge, und genies-
sen das Gut der Gemüths-Ruhe keine einzige Minute
lang. Ihre Unruhe aber entstehet von Ursachen, welche andern Menschen sehr wenig Kümmernis bringen.
Sie fürchten nemlich immer, es möchten sich allerley
schrekliche Veränderungen mit den Himmels-Cörpern
zutragen: Z. Er. daß die Erde, deren die Sonne sich
immer nähere, von dieser zulezt verschlungen werden
müßte; daß die Fläche der Sonne sich nach und nach
mit einer Rinde von ihren eigenen Ausdünstungen über-
ziehen dürfte, welche sie ihres Lichts berauben würde;
daß die Erde dem lezt erschienenen Cometen käumerlich
entwischet, der sie sonst zu Asche würde verbrannt haben; und daß der erste, der wieder erscheinen würde,
welches (wie sie ausgerechnet) nach ein und dreissig
Jahren geschehen soll, der Erde nach aller Wahrscheinlichkeit den Untergang bringen werde: Denn wenn er,
(wie sie nach ihrer Rechnung zu besorgen Ursache haben) in seinem Perihelio sich der Sonne auf einen
gewissen Grad nähern sollte, so würde die Hize, welche er von ihr bekäme, zehn tausend mal stärker seyn
als eines glühenden Eisens; und nachdem er die Sonne
verlassen, würde er einen flammenden, zehn mal hundert tausend und vierzehn Meilen langen Schweif nach
sich schleppen; wovon unsere Erde, dafern sie in einer
Entfernung von hundert tausend Meilen vom Kern,
oder dem eigentlichen Cörper des Cometen, durch diesen Schweif durchgehen sollte, nothwendig angesteket
und verzehret werden würde; daß die Sonne, welche

V. Theil.   O   täglich

tåglich etwas von ihren Stralen verlöhre, ohne einige
Nahrung zu haben, wodurch dieser Verlust ersezet
würde, zulezt gänzlich verzehret und zu nichte werden
müßte, wodurch denn die Erde so wol als alle übrigen
Planeten, die ihr Licht von der Sonne empfangen,
würden zugrunde gerichtet werden.

Diese und andere dergleichen Besorgnisse halten sie
in beständiger Furcht, und lassen ihnen so wenig Ruhe,
daß sie nicht einmal mit Frieden schlafen, noch die gemeinen Freuden und Annehmlichkeiten des Lebens ge-
niessen können. Wenn sie frühe Morgens einem ihrer
Bekannten begegnen, so ist ihre erste Frage; wie sich
die Sonne befinde; wie sie ihm bey ihrem gestrigen
Nieder- und heutigen Aufgang vorgekommen; und
was für Hofnung man haben könne, dem Zufall mit
dem nächst zu erscheinenden Cometen zu entgehen? Und
man siehet, daß es ihnen mit dergleichen Gesprächen
eben so gehet, wie den Kindern, die mit grosser Begierde und Aufmerksamkeit zuhören, wenn man ihnen
Mährgen von Gespenstern und Polter-Geistern erzehlet,
und darüber in eine solche Furcht gerathen, daß sie nicht
zu Bethe gehen dörfen.

Das Frauenzimmer auf dieser Insel besizt ausserordentlich viel Lebhaftigkeit. Die Weiber verachten ihre
Männer, und sind auf die Fremden gar sehr erpicht,
deren es beständig von dem festen Lande unten, eine
beträchtliche Anzahl bey ihnen giebt, welche entweder
in den öffentlichen Angelegenheiten ihrer Städte und
Gesellschaften, oder ihren eigenen, nach Hofe kommen,
dabey aber sehr verachtet sind, weil sie die Talente der
Laputier nicht besizen. Unter diesen wählen sich die
Damen ihre Galants; und das schlimmste ist, daß sie
hierinnen ganz sicher und ungestört handeln können: Denn
der

der Mann iſt in ſeinen Speculationen immer ſo vertieffet, daß der Liebhaber und die Maitreſſe in ſeiner Gegenwart bis auf den höchſten Grad der Vertraulichkeit
fortſchreiten können, ohne daß er es gewahr wird, wenn
er nur ſeine Inſtrumente und Papiere bey ſich hat,
und ſein Aufwekter nicht bey der Hand iſt.

Die Frauen und Töchter beklagen es ſehr, daß ſie
auf dieſer Inſel bleiben müſſen, obſchon dieſelbe meines
Erachtens das niedlichſte Stük Landes in der Welt iſt.
Und ob ſie gleich in allem erſinnlichen Ueberfluſſe und ungemeiner Pracht leben, und thun dürfen was ſie nur gelüſtet,
ſo haben ſie doch das heftigſte Verlangen die Welt zu
ſehen, und die Ergözlichkeiten der Hauptſtadt zu genieſſen, wohin ihnen ohne ausdrükliche Erlaubnis des
Königs zu geben nicht erlaubet iſt; dieſe aber iſt ſchwer
zu erhalten, weil die Vornehmen unter ihnen durch
öftere Erfahrung wiſſen, wie ſchwerlich ihre Weiber zu
bereden ſind, wieder zurükzukehren. Man hat mir erzehlet, daß eine vornehme Dame, welche ſchon viel Kinder
gehabt, und an den vorderſten Staats-Miniſter, einen
der reichſten Herren des Königreiches, der ſie ſehr zärtlich liebet, und auf einem der ſchönſten Luſt-Schlöſſer
dieſer Inſel lebet, vermählet war, einmal eine Reiſe
nach Lagado unter dem Vorwand einer Luft-Aende-
rung gethan, woſelbſt ſie ſich viele Monate lang verborgen gehalten, bis der König einen Befehl ausgeſtellet,
ſie zu ſuchen; da man ſie denn in einem Wirthhauſe
ganz zerlumpet gefunden, wo ſie alle ihre Kleider ver-
pfändet hatte, um ſich einen alten häßlichen Lakey auf
der Streu zu halten, der ihr alle Tage Schläge gab,
und von welchem ſie gleichwol mit äuſſerſter Mühe
wegzubringen war. Ihr Gemahl nahm ſie mit der
gröſten Freundlichkeit und ohne den geringſten Verweiß
wieder an; ſie entwiſchte aber bald wieder mit allen

Q 2   ihren.

ihren Juwelen zu dem vorgemeldten Liebhaber; von
welcher Zeit an man nichts weiter von ihr gehöret hat.

Vielleicht mag der Leser dieses mehr für eine Europäische oder Engländische Historie, als für eine Geschichte halten, die in einem so entfernten Lande begegnet wäre. Er beliebe aber zu bedenken, daß der Eigensinn und die Ausschweiffungen des weiblichen Geschlechtes sich gar nicht an gewisse Himmels-Gegen-
den oder eine besondere Nation binden, sondern überall weit gleichförmiger sind, als man sich vorzustellen
pfleget.

Ungefehr binnen Monats-Frist hatte ich die Landes-
Sprache so ziemlich erlernet, und war im Stande,
dem König auf die meisten Fragen zu antworten, welche er an mich that, wenn ich die Ehre hatte, ihm
aufzuwarten. Seine Majestät bezeigten nicht die geringste Neubegierde von den Gesezen, der Regierung,
Geschichte, Religion oder Lebens-Art des Landes, wo
ich her war, etwas zu wissen, sondern begnügten sich,
blos dem Zustand der mathematischen Wissenschaften
nachzuforschen, wobey Sie die Nachrichten, welche
ich Ihro davon gab, mit vieler Verachtung und Gleichgültigkeit anhörten, obschon Dero zween Aufweker
zu beyden Seiten ihr Amt getreulich in Acht nahmen.

Das

Das dritte Capitel.

Erklärung der Ursachen, warum die Insel Laputa
in der Luft schwebe, aus den Gründen der
heutigen Philosophie und Sternsehekunst. Der
Laputier grosse Geschiklichkeit in dieser leztern.
Wie der König die Aufruhren zu stillen pflege.

Ich bat mir von diesem Prinzen die Erlaubniß aus,
die Merkwürdigkeiten der Insel zu beschauen, welche
er mir allergnädigst zu ertheilen geruhete, und meinem
Lehrmeister Befehl gab, mich dabey zu begleiten. Ich
wolle vornemlich gerne wissen, welches die Ursachen,
natürliche oder künstliche wären, daß diese Insel sich
auf so verschiedene Art bewegen könnte; und hievon
will ich dem Leser jezt eine philosophische Nachricht
geben.

Die fliegende oder schwebende Insel ist zirkelrund;
ihr Durchschnitt hat 7837. Ruthen, oder ungefehr fünft-
halb Meilen; und folglich enthält sie zehn tausend
Morgen Landes. Die Dike beträgt drey hundert Ruthen. Ihr Boden oder derjenige Theil, welcher sich
zeiget, wenn man von unten herauf siehet, ist eine
ebene ganz regulare Fläche von Demant, welche ungefehr zwey hundert Ruthen in die Höhe gehet. Ueber
derselben ligen die verschiedenen Metalle und Mineralien in ihrer natürlichen Ordnung, und endlich kömmt
ein zehn bis zwölf Fuß dikes sehr fettes Erdreich, welches alles bedeket. Der schiefe Abschuß des Obertheils
gegen den Mittelpunct ist die natürliche Ursache, warum aller Thau und Regen, so auf die Insel fällt, in
kleinen Bächen nach ihrer Mitte zuläuft; daselbst er-

gießt

sezt sich das Wasser in vier grosse Beken, deren jes
des ungefehr eine halbe Meile im Umkreise hat, und
zweyhundert Ruthen von dem Mittelpuncte entfernet
ist. Von diesen Beken dünstet das Wasser durch die
Hize der Sonne alle Tage aus, welches ihre Ueber-
schwemmung verhindert. Und weil es ohne dem bey
dem Monarchen dieser Insel stehet, selbige über die
Luft-Gegend der Wolken und Dünste erheben zu lassen,
so kann er sie vor Thau und Regen bewahren, so oft
es ihm beliebet. Denn die höchsten Wolken können
sich nach dem einstimmigen Zeugnis der Naturkündiger
nicht über zwo Meilen erheben; zum wenigsten weiß
man nicht, daß sie in dieser Gegend solche Höhe jemals
überstiegen haben.

In dem Mittelpuncte hat die Insel eine weite Oefnung von fünfzig Ruthen im Durchschnitte, durch welche die Sternguker in ein grosses Gewölb hinuntersteis
gen, welches daher den Namen Flandona Gagnole,
oder die Höle der Sternseher trägt, und hundert
Ruthen tief in den demantenen Boden hineingehet. In
dieser Höle brennen beständig zwanzig Lampen, welche
durch ihren Widerschein von den demantenen Wänden
einen unaussprechlichen Glanz von sich geben. Der
ganze Ort ist mit Zirkeln, Sextanten, Quadranten,
Ferngläsern, Astrolabien und andern mathematischen
Instrumenten überflüssig versehen. Das allermerkwür-
digste aber, und wovon das ganze Schiksal der Insel abhängt, ist ein Magnet von ungeheurer
Grösse, und welcher die Gestalt eines Weber-Schiffes
hat. Dieser Magnet ist sechs Ruthen lang; und wo er am diksten ist, hat er zum wenigsten drey
Ruthen in der Dike. Er ruhet auf einer demantenen
sehr starken Axe, welche durch ihre Mitte gehet, worauf sie spielet, und so genau im Gleichgewichte stehet,

daß

daß die geringſte Berührung dieſelbe bewegen kann.
Rund herum geht ein demantener holer Cylinder vier
Fuß tief, eben ſo dike, und im Durchſchnitte von zwölf
Ruthen.   Dieſer Reiffen ligt horizontal, und wird von
acht demanteuen Füſſen, jeder ſechs Ruthen hoch, un-
terſtüzet.   In der Mitte der holen Seite iſt eine zwölf
Zoll tiefe Grube eingegraben, in welche die äuſſerſten
Ende der Axe eingeſteket ſind, und daran nach Erfode-
rung der Umſtände ſich herumdrehen.

Der Stein kann durch keine Gewalt von ſeiner Stelle
verrüket werden, weil der Reiffen und die Füſſe, worauf er ſtehet, aus dem Ganzen gehauen, und mit dem
demanteuen Côrper, welcher den Grund der Inſel ausmachet, ein Stük ſind.

Vermittelſt dieſes Magnets nun kann man die Inſel
heben, niederlaſſen und bewegen, nach welcher Gegend
man will.   Denn in Anſehung desjenigen Welt-Theils,
worüber ſich Sr. Majeſtät Herrſchaft erſtrecket, iſt der
Stein an dem einen Ende mit einer anziehenden, an
dem andern aber mit einer zurükſtoſſenden Kraft verſehen.   Richtet man den Magnet ſo, daß das anziehende
Ende ſich ſenkrecht gegen die Erde kehret, ſo ſinket die
Inſel nieder; ſtehet aber das rükſtoſſende Ende in eben
dieſer Richtung gegen die Erde, ſo ſteiget ſie gerade auf
in die Höhe; iſt die Richtung des Steins ſchief, ſo iſt
die Bewegung der Inſel von eben der Art.   Denn die
Kraft dieſes Magnets würket ſtets in Parallel-Linien
ſeiner Richtung.

Durch dieſe ſchiefe Bewegung wird die Inſel nach
allen Gegenden, wo der König zu gebieten hat, fort-
gebracht.   Zur Erläuterung ihres Fortgangs ſehe man
beyſtehende Figur: A B iſt eine quer über das Königreich Balnibarbi gezogene Linie; c d ſey der Magnet,

Q 4   d

d das rükstoffende, und c das anziehende Ende desselben; die Insel stehe über C, und der Stein habe die Richtung c d; das rükstoffende Ende niederwärts; alsdenn sage ich, wird die Insel schief gegen D aufsteigen. Ist sie zu dem Puncte D gekommen, und der Stein wird alsdenn auf seiner Are gedrehet, bis sein anziehendes Ende gegen E hinstehet, so wird sich die Insel schief nach E fortbewegen. Hier, wenn der Stein auf seiner Are wiederum gedrehet wird, bis er nach der Linie E F stehet, mit seinem rükstoffenden Ende niederwerts gekehrt, so wird sie sich schief nach F erheben. Von dannen sie nach wiederholter Drehung des Steins, und vorgedachter gehöriger Richtung seiner Ende, bis G, und von G nach H fortgehen wird. Und so machet man sie, je nachdem es die Umstände erfodern, wechselweise in solch schiefer Richtung steigen und niederfahren, und bringt sie vermittelst dessen (die schiefe Ausweichung beträgt nicht gar viel) von einer Gegend des Reiches zu der andern, wie man es haben will.

Es ist aber zu bemerken, daß die Insel in ihrer Bewegung nicht weiter gehen kann, als die Gränzen des unten ligenden Gebietes Sr. Majestät sich erstreken. Ingleichem daß sie sich nicht über vier Meilen hoch erheben kann; wovon die Sternseher, (welche von diesem Steine viele grosse Bücher geschrieben haben,) dieses zur Ursache angeben; die magnetische Kraft, sagen sie, erstreke sich nicht über vier Meilen weit; und das Mineral, welches von dem Schoosse der Erde und der See auf eine Entfernung von ungefehr sechs französischen Meilen, von dem Ufer an, auf den Stein würke, sey nicht durch die ganze Erdkugel verbreitet, sondern nur in die Gränzen der Herrschaft dieses Monarchen eingeschränket. Es war indessen für einen Prinzen, in

Betrach-

Betrachtung des Vortheils, welchen eine solche Höhe
der Insel ihm gab, nicht schwer, jedes Land, das unter ihm inner der anziehenden Kraft des Magneten
lag, unter seine Bottmässigkeit zu bringen.

Wenn der Stein mit der Fläche des Horizonts pa-
rallel lieget, so stehet die Insel stille. Denn da in diesem Fall die beyden Ende desselben von der Erde gleich
weit entfernet sind, so würken sie auch mit gleichmässi-
gen Kräften; das eine durch niederziehen, das andere
durch stossen in die Höhe; und folglich kann keine
Bewegung entstehen.

Dieser Magnet ist unter der Aufsicht gewisser Stern-
kundiger, welche ihm von Zeit zu Zeit diejenigen Stellungen geben, welche der König befiehlet. Sie bringen
die meiste Zeit ihres Lebens mit Beobachtung der
Himmels-Cörper zu; wobey sie sich weit besserer Fern-
gläser bedienen, als die unsrigen sind. Denn obschon
ihre grössern Seh-Röhren nicht über drey Fuß lang
sind, so vergrössern solche die Gegenstände doch weit
mehr, als die unsrigen von hundert Fuß; und machen zugleich, daß die Sternen weit heller ins Auge
fallen. Dieser Vortheil hat sie in den Stand gesetzet,
ihre Entdekungen viel weiter zu treiben, als unsere
Astronomen in Europa gethan; denn sie haben ein
Register von zehntausend Fixsternen, da hingegen die
allervollkommensten Verzeichnisse bey uns, nicht über den
dritten Theil dieser Anzahl enthalten. Ingleichem haben sie zween kleinere Sternen oder Trabanten entdeket,
die sich um den Mars herumdrehen, deren der innere
gerade drey, und der äussere fünf mal so weit von dem
Mittelpunct dieses Planeten abstehet, als er im Durchschnitt groß ist. Jener drehet sich innerhalb zehn,
und dieser innerhalb ein und zwanzig und einer halben
Stunde herum, so daß die Quadrate ihres periodi-

schen Umlauffes sich beynahe verhalten, wie die Cubi ihrer Distanzen von dem Mittelpunct des Mars; welches klärlich zeiget, daß sie durch eben die Gesetze der Schwere regieret werden, welchen andere himmlische Cörper unterworffen sind.

Sie haben drey und neunzig verschiedene Cometen beobachtet, und ihre periodische Wiederkehr genau bestimmet. Wenn dem so ist, (sie behaupten es aber ganz zuversichtlich,) so wäre zu wünschen, daß ihre Beobachtungen öffentlich herauskämen, weil dadurch die Theorie von den Cometen, welche zur Zeit noch sehr unvollkommen und mangelhaft ist, zu eben der Vollkommenheit könnte gebracht werden, welche die andern Theile der Astronomie erreichet haben.

Der König würde der absoluteste Herr auf der ganzen Welt seyn, wenn er seine Minister dahin bringen könnte, daß sie sich zu einerley Absicht mit ihm verstünden. Allein da diese ihre Güter unten auf dem festen Lande haben, und zugleich in Erwegung ziehen, wie sehr unbeständig das Glük eines Favoriten bey Hofe sey, so wollen sie niemals darein willigen, daß ihr Vaterland in die Sclaverey gebracht werde.

Wenn eine Stadt rebelliret, Meutereyen und Factionen bey sich heget, oder dem König den gewöhnlichen Tribut nicht bezahlen will, so hat dieser Monarch zweyerley Methoden, sie wieder zum Gehorsam zu bringen. Der erste und gelindere ist dieser, daß er mit der Insel gerade über einer solcher Stadt und der herumliegenden Gegend hält, wodurch er sie des Regens und Sonnenscheins berauben, und folglich die Einwoh-

ner

ner mit Krankheiten und Tode bestrafen kann. Und
wenn das Verbrechen darnach ist, so wirft man auch
wol grosse Steine auf sie herunter, wovor sie sich auf
keine andere Weise schützen können, als daß sie sich in
Keller und Hölen verstecken, da inzwischen gleichwol die
Dächer ihrer Häuser eingeschmissen werden. Bleiben sie
aber dessen ungeachtet hartnäckig, und erregen wol gar
einen Aufstand, so greift er zu dem zweyten Mittel,
welches darinn besteht, daß er die Insel gerade auf ihre
Köpfe herunter fahren läßt, welches denn beydes Häuser und Menschen zu Grunde richtet. Doch lassen sie
es selten auf diese Extremität ankommen; und gleichwie der König selbst nicht gern dazu schreitet, also
hüten sich auch die Minister, ihm eine That anzura-
then, welche sie nicht allein bey den Unterthanen ver-
haßt machen, sondern wodurch auch ihre eigenen Güter
den grösten Schaden leiden würden; denn diese liegen
alle unten im Lande, und die Insel gehöret als ein
Kammer-Gut allein dem König.

Es ist aber noch ein andrer wichtigerer Grund, warum die Könige dieses Landes jederzeit so ungern an
diese schrekliche Rache gegangen, es sey denn daß die
äusserste Noth sie dazu getrungen habe: Denn wenn es in
einer Stadt, welche dergestalt sollte zu Grund gerichtet
werden, nur einige hohe spizige Felsen gäbe, deren es
würklich fast in allen ihren grossen Städten hat, als die allem Ansehen nach mit Fleiß in dergleichen Gegenden
sind angeleget worden, um solche Trauerspiele zu ver-
hintern; oder daß die Stadt viele hohe Thürme und
steinerne Pfeiler hätte, so würde ein gählinger Herab-
fall den Boden oder die untere Fläche der Insel leichtlich beschädigen, als welche, obschon sie aus einem
ganzen

ganzen zweyhundert Ruthen dicken Demante bestehet, wie ich oben gemeldet, dennoch durch einen allzuheftigen Stoß zerschmettert werden, oder auch wenn sie dem in den Häusern angezündeten Feuer zunahe käme, zerspringen möchte; wie solches sich öfters mit den eisernen oder steinernen Platten unsrer Camine zuträgt. Alles dieses weiß das Volk vortreflich wol, und versteht aus dem Grunde, wie weit es die Hartnäckigkeit treiben muß, wenn es um seine Freyheit und Güter zu thun ist. Und der König, wenn er noch so erzörnt und noch so feste entschlossen ist, eine Stadt zum Steinhauffen zu machen, befihlet dennoch allemal unter dem Vorwande der Liebe und Zärtlichkeit gegen seine Unterthanen, in der That aber aus Furcht, den demantenen Boden zu zerbrechen, daß man die Insel ganz sachte herunterlasse; indem alle ihre Philosophen einmüthig der Meynung sind, daß, wenn dieser Zufall einmal begegnen sollte, der Magnet sie nicht mehr in die Höhe heben, sondern die ganze Masse zu Boden fallen würde.

Durch ein Fundamental-Gesetz dieses Reiches ist versehen, daß weder der König noch seine beyden ältesten Söhne aus der Insel weggehen dürfen; auch ist solches der Königin nicht erlaubt, bis sie das Alter, Kinder zu gebähren, überschritten hat.

Das vierte Capitel.

Der Verfaſſer verläßt Laputa; wird nach Balnibarbi
geführet, und kömmt in der Hauptſtadt des
Landes an.　Beſchreibung dieſes Orts und der
herumligenden Gegend.　Gaſtfreye Aufnahm
des Verfaſſers bey einem gewiſſen vornehmen
Herrn.　Sein Geſpräche mit demſelben.

Obſchon ich nicht ſagen kann, daß man mich in
dieſer Inſel übel gehalten, ſo muß ich doch bekennen,
daß mich bedünkt hat, man achtete meiner zu wenig,
und es liefe gar etwas von Verachtung dabey mit unter.　Denn weder der König, noch ſeine Leute ſchienen
ſich um etwas anders von Wiſſenſchaften als blos um
die Mathematik und Muſik zu bekümmern, wovon ich
(gegen ſie zu rechnen) nur ein ſchlechter Kenner, und
deswegen bey ihnen in ſehr geringem Anſehen war.

Weil ich auch nebſt dieſem alle Merkwürdigkeiten der
Inſel beſehen hatte, ſo trug ich, dieſes Volkes höchſt
überdrüſſig, ein ſtarkes Verlangen, daraus wegzukom-
men.　Sie waren zwar ganz ausnehmend in zwo
Wiſſenſchaften erfahren, welche ich ſehr hoch achte,
und worinnen ich ſelbſt nicht ganz und gar ein Freind-
ling bin; hängten aber zugleich ihren Speculationen immerfort ſo tiefſinnig nach, daß ich in meinem Leben
keine ſolche unangenehmen Geſellſchafter angetroffen habe.
Ich hielt mich daher die zween Monate über, ſo ich
daſelbſt zubrachte, nur zu Weibsperſonen, Kaufleuten,
Aufwekern und Hofpagen; wodurch ich mir aber zuletzt eine gänzliche Verachtung zuzog.　Inzwiſchen wa-

ren dieſes die einzigen Perſonen, mit denen ich noch
einen vernünftigen Umgang pflegen konnte.

Ich hatte durch unermüdeten Fleiß eine ziemliche Fertigkeit in ihrer Sprache bekommen; ich ward es überdrüſſig, auf einer Inſel eingeſperret zu ſeyn, wo man
meiner ſo wenig achtete; und beſchloß, bey der erſten
Gelegenheit ſie zu verlaſſen.

Es befand ſich ein vornehmer Herr am Hofe, der
ein naher Bluts-Verwandter des Königs, und nur deswegen in einigem Anſehen war. Man hielt ihn für
die allerdümmſte und unwiſſendeſte Perſon des ganzen
Reiches. Er hatte der Crone manchen wichtigen Dienſt
geleiſtet, beſaß groſſe natürliche und erworbene Fähigkeiten, die noch durch eine beſondere Redlichkeit und
Liebe zur Ehre erhöhet wurden; dabey aber hatte er
ein ſo ſchlechtes muſicaliſches Gehör, daß ihn ſeine Feinde
beſchuldigten, er hätte öfters den Tact falſch gegeben;
und ſeine Lehrmeiſter hatten die gröſte Mühe, ihn auch
die leichteſte mathematiſche Aufgabe demonſtrieren zu
lehren. Dieſer Herr beliebte mir viele Kennzeichen
ſeiner Gewogenheit zu geben, that mir öfters die Ehre,
mich zu beſuchen, und verlangte, daß ich ihm von dem
Zuſtande Europens, von den Geſezen, Gewohnheiten, Wiſſenſchaften, und von der Lebens-Art, welche
in denen verſchiedenen Ländern, ſo ich durchreiſet hatte,
Nachricht geben ſollte. Ich that es; er hörte mir mit
ungemeiner Aufmerkſamkeit zu, und machte über alles
ſehr kluge Anmerkungen. Wegen ſeines Ranges mußte
er ſich zween Aufweker halten; allein er bediente ſich
ihrer niemals, als bey Hofe und bey Staats-Viſiten;
wenn wir beyde aber allein beyſammen waren, befahl
er ihnen allenmal wegzugehen.

Ich

Ich ersuchte diesen Herrn, mir bey dem König die Erlaubniß auszubitten, daß ich mich von der Insel wegbegeben dürfte; und er that solches, obwol ungern, wie er sich auszudrüken beliebte. Denn in der That hatte er mir vorher viele vortheilhafte Vorschläge gethan, die ich aber mit Versicherung der größten Erkenntlichkeit ausschlug. ·

Den 16. Februar nahm ich von Sr. Majestät und der sämtlichen Hofstadt Abschied. Der König machte mir ein Geschenk von ungefehr zweyhundert Pfund Sterling am Wehrt; und mein Patron, der Prinz vom Geblüte, gab mir doppelt so viel, worzu er noch ein Empfehlungs-Schreiben an einen seiner Freunde in der Hauptstadt Lagado beyfügte. Die Insel stand damals über einem Gebürge, etwann zwo Meilen von dieser Stadt; und ich ward von der untersten Galerie auf eben die Weise herabgelassen, als man mich hinaufgezogen hatte.

Das ganze Land, so weit sich die Herrschaft des Monarchen von der schwebenden Insel erstrecket, führet überhaupt den Namen Balnibarbi, und die Hauptstadt heißet, wie schon gemeldet, Lagado. Ich empfand ein etwelches Vergnügen, mich wieder auf festem Lande zu wissen, und gieng ohne einige Furcht auf die Stadt zu, weil ich wie ein Einwohner des Landes bekleidet, und ihrer Sprache mächtig genug war, mit ihnen reden zu können. Ich fand das Haus desjenigen, an den ich empfohlen war, gar bald, überreichte ihm das Schreiben seines Freundes, und ward mit vieler Höflichkeit aufgenommen. Dieser vornehme Herr, so sich Munodi nennte, räumte mir ein Zimmer in seinem eigenen Hause ein, wo ich auch so lange mein Aufenthalt hier währete, geblieben, und auf die liebreichste Weise bewirthet ward.

Des

Des andern Tages nach meiner Ankunft nahm er mich mit auf seinen Wagen, die Stadt zu besehen. Dieselbe mag ungefehr halb so groß seyn als London, die Häuser aber sind sehr übel gebauet, und die meisten fallen beynahe über den Hauffen. Die Leute giengen mit starken Schritten, wilder Mine, und starren Augen über die Gassen, und ihre Kleider waren überhaupt ganz zerlumpet. Wir fuhren durch eines der Stadt-Thore hinaus, und kamen etwann drey Meilen weit aufs Land, wo ich viele ihrer Leute sah, welche den Grund mit allerhand Instrumenten bearbeiteten; dabey aber nicht klug werden konnte, was für eine Arbeit sie eigentlich verrichteten. Ich konnte auch nirgend das geringste Hälmgen oder Gräßgen wahrnehmen, obschon der Boden vortreflich gut zu seyn schien. Diese seltsamen Spectakel sezten mich in Verwunderung, und ich nahm mir die Freyheit, meinen Begleiter zu bitten, er möchte mir doch erklären, was diese Menge beschäftigter Köpfe, Hände und Gesichter, so wol auf den Gassen als auf dem Felde bedeutete, indem ich nicht den geringsten Nuzen entdeken könnte, welchen ihre Bemühungen hervorbrächten, sondern im Gegentheil Zeit Lebens kein übler bestelltes Feld, keine schlechter gebaute und so sehr baufällige Häuser, noch auch irgend ein Volk gesehen hätte, dessen Ansehen und Kleider ein grösseres Elend und tiefere Armuth anzeigten.

Dieser Lord Munodi war ein Herr vom ersten Range, und vor dem einige Jahre Statthalter zu Lagado gewesen. Er ward aber durch eine wiedrige Partey der Minister, als einer dem es an genugsamer Fähigkeit mangelte, seines Amts entsezet. Doch behielt ihn der König allezeit in Gnaden, als einen wolgesinneten Mann, der aber einen schwachen blöden Verstand hätte.

Da

Da ich meine Gedanken über die Beschaffenheit des Landes und seiner Einwohner gedachter massen eröfnete, erhielt ich keine andere Antwort, als daß ich mich noch nicht lange genug unter ihnen aufgehalten hätte, ein Urtheil zu fällen; daß jede Nation ihre eigenen Gewohn-heiten hätte, und was dergleichen allgemeines Zeug mehr war. Nachdem wir aber in seinen Pallast zurük kamen, fragte er mich, wie mir das Gebäude gefiele, was ich daran auszusezen, und was ich an dem Aüsse-hen und der Kleidung seiner Bedienten zu tadeln fände? Er hatte aber da gut fragen, denn es befand sich alles bey ihm in der schönsten Ordnung und äussersten Pracht. Ich antwortete daher, daß die Klugheit, der Stand und die Reichthümer Sr. Excellenz ihn vor allen den Mängeln bewahret hätten, welche die Thorheit und Armuth bey andern hervorbrächte. Hierauf sagte er, daß wenn ich ihn nach seinem Lusthause auf das Land begleiten wollte, welches ungefehr zwanzig Meilen von der Stadt läge, und woselbst er seine Güter hätte, so würden wir mehr Musse haben, von diesen Dingen zu reden. Ich erwiederte, daß ich gänzlich zu seinen Dien-sten wäre; und so ward diese Reise gleich den folgenden Tag unternommen.

Unterweges machte er mich die vielerley Methoden bemerken, welche die Bauersleute gebrauchten, ihr Land zu bearbeiten; wovon ich aber gar nichts begrei-fen konnte, indem ich, ausser an einigen wenigen Or-ten, nicht das geringste Hälmgen oder Gräßgen zu se-hen bekam. Nachdem wir bey drey Stunden fortge-reiset waren, ward die Scene gänzlich verändert. Wir kamen in die schönste Gegend von der Welt. Die Bauernhäuser waren in kleiner Entfernung von einan-der sehr wol gebauet, die Gründe mit Zäunen umge-ben; und inner denselben waren die fruchtbarsten Acker,

V. Theil.   **R**   Wein-

Weinberge und Matten zu sehen. Kurz; ich erinnere
mich nicht, jemals eine schönere Gegend gesehen zu haben. Se. Excellenz bemerkte, daß mein Gesicht sich
erheiterte, und sagte mir mit einem Seufzer, daß wir
jezt auf seinen Gütern wären, und so lange durch solche fortreisen würden, bis wir zu seinem Landhause
kämen. Seine Landesleute verlacheten und verachteten
ihn, daß er dieselben nicht besser behandelte, und dem
ganzen Reiche ein so schlimmes Exempel gäbe; welchem
indessen nur wenige, und zwar keine andere als solche
nachfolgeten, die alt, eigensinnig, und von eben so
schwachen Verstandes-Kräften wären, wie er.

Wir erreichten endlich das Haus, welches in der
That ein prächtiges, und nach den besten Regeln der
alten Baukunst verfertigtes Gebäude war. Brünnen,
Gärten, Spaziergänge, Grotten ꝛc.; alles war aufs
niedlichste angeleget. Ich gab jeder Sache, die mir
zu Gesichte kam, ihr gebürendes Lob; worauf aber
Se. Excellenz keine Achtung schlug bis nach dem
Mittag-Essen, da er mir, als wir nun ganz allein waren, mit einer betrübten Mine zu erkennen gab, wie er
besorgte, er müßte wol noch seine Häuser in der Stadt
und auf dem Lande niederreissen, und solche nach der
jezigen Mode aufbauen lassen, ingleichem seine Pflan-
zungen verderben, und andere nach dem jezigen Geschmake anlegen, und eben dazu auch alle seine
Pächter anhalten, wofern er nicht für einen hochmüthigen, eigensinnigen, einbildischen, unwissenden Mann,
und für einen Sonderling gehalten werden, und sich
nicht den Unwillen Sr. Majestät vielleicht noch mehr
über den Hals ziehen wollte.

Die Verwunderung, sezte er hinzu, die ich zu bezeigen schien, würde bald verschwinden, oder sich doch
verringern,

verlängern, wenn er mir Nachricht von einigen besondern Umständen gäbe, wovon ich vermuthlich bey Hofe
nichts vernommen hätte, weil die Leute daselbst in ihre
Speculationen zu sehr vertieffet wären, als daß sie sich
um das, was hieunten vorgienge, bekümmerten.

Diese Nachricht kam auf folgendes heraus: Es waren, sagte er, ungefehr vierzig Jahre verflossen, seit
dem einige Personen von hier entweder ihrer Geschäfte
wegen, oder zur Lust, eine Reise nach Laputa gethan,
allwo sie sich fünf Monate lang aufgehalten, und nach
deren Verlusse mit einer sehr stümperhaften Erkenntniß
in der Mathematik, hingegen aber mit einer vollkommen
volatilischen Denkungs-Art, welche sie sich in dieser luf-
tigen Himmels-Gegend erworben, zurükgekommen seyn.
Diese haben gleich nach ihrer Rükkunft angefangen, alles und jedes zu tadeln, was man hieunten machte,
und sich vorgenommen, Künste, Wissenschaften, Sprachen und alles auf einen andern Fuß zu sezen.   Dem
zufolge, fuhr er fort, bewarben sie sich um einen Königlichen Freybrief, eine Academie von Projectma-
chern zu Lagado aufzurichten; und dieser Geschmak
breitete sich bald im ganzen Lande dergestalt aus, daß
kaum eine Stadt mehr übrig ist, die etwas zu bedeuten hat, welche nicht eine solche Academie hätte.
In diesen Collegien nun erfinden die Professoren allerley neue Manieren, das Feld zu bestellen, und Gebäude aufzuführen, wie nicht weniger neue Instrumente und Werkzeuge für alle Handwerke und Manufacturen, vermittelst deren, wie sie es im Projecte haben, ein Mensch so viel soll ausrichten können, als
sonst ihrer zehn, ein Pallast in einer Woche von so
dauerhaften Materialien aufgebauet werden, daß er
niemals der geringsten Verbesserung nöthig habe, alle
Gewächse des Landes in jeder Jahrszeit zur Zeitigung

gebracht,

gebracht, und hundertfältig vermehret werden sollen; samt unzehlig andern dergleichen vortreflichen Sachen mehr. Das einzige Uebel dabey ist, daß noch keines von diesen Projecten zu vollkommenem Stande gediehen, und inzwischen das ganze Land auf eine bejlagenswürdige Weise wüst liget, die Häuser über den Haufen fallen, und das Volk weder Kleider noch Lebensmittel hat. Dessen alles ungeachtet, sind sie, anstatt den Muth sinken zu lassen, nur desto heftiger auf die Vollstrekung ihrer Projecte erpicht, wozu die Verzweiflung nicht weniger als die Hofnung beyträgt. Was ihn selbst betreffe, so sey er zu Unternehmungen nicht aufgeleget, und daher begnüge er sich mit der alten Lebens-Art, wohne in Häusern, die seine Voreltern gebauet, und handle bey jedem Vorfall des gemeinen Lebens, wie sie gehandelt haben, ohne eine Neuerung zu machen. Es wären einige wenige andere Personen vornehmen und geringern Standes, die es eben so machten, wie er; man sähe sie aber mit verächtlichen unguten Augen, als Ignoranten, Feinde der Künste und Wissenschaften, und als schlimme Bürger an, die ihre eigene Gemächlichkeit und Faullenzerey dem allgemeinen Besten des Vaterlandes vorzögen.

Doch, er wollte mir, fügte dieser Herr hinzu, das Vergnügen, welches ich ganz gewiß haben würde, wenn ich die grosse Academie selbst besähe, durch fernere Beschreibung der Sachen nicht vermindern; und daß ich dahin gehen sollte, wollte er durchaus haben. Nur bat er mich, meine Augen noch auf ein verfallenes Gebäude zu richten, welches ungefehr drey Meilen von uns an der Seite eines Berges lag; wovon er mir folgende Nachricht gab: Er hätte, sagte er, etwann eine halbe Meile von seinem Hause eine sehr bequeme Mühle gehabt, welche durch den Arm eines starken Flusses getrieben

trieben

trieben worden, und die ihm für seine eigene Familie,
und noch für viele seiner Pächter genugsame Dienste geleistet hätte. Etwan vor sieben Jahren aber wäre eine Bande
solcher Projectmacher zu ihm gekommen, die ihm den
Vorschlag gethan, diese Mühle niederreissen und eine
andere an der Seite eben dieses Berges aufbauen zu
lassen, auf dessen Spize man einen langen Kanal zu
einem Wasser-Gehalter ausgraben, und das Wasser,
welches hernach zu Treibung der Mühle dienen sollte,
durch Röhren und Maschinen in denselben hinauf leiten müßte, weil der Wind und die Luft das Wasser
auf der Höhe in beständiger Bewegung erhielten, und
es dadurch viel geschikter zum Lauffe machten: Und da
es nebst diesem alsdenn abschüssig vom Berge herunter
liefe, so würde man dessen nicht halb so viel nöthig haben, die Mühle zu treiben, als wenn es in einem
Bethe flösse, welches ebener läge; Nun wäre er damals bey Hofe nicht sehr in Gnaden gestanden; und
weil ihm hiernächst auch viele seiner Freunde angelegen
hätten, so habe er in das Project eingewilliget; Nachdem er aber zwey Jahre lang mehr als hundert Menschen an dem Werke arbeiten lassen, wäre es mißlungen, die Projectmacher wären davon gegangen, hätten ihm alle Schuld beygemessen, spotteten seiner von
dieser Zeit an, und beredeten andere das gleiche Expe-
riment zu machen; unter eben derselben Versicherung,
ihnen die gedachten Vortheile dadurch zu verschaffen,
und mit eben demselben unglüklichen Erfolge.

Nach Verfluß etlicher Tage kamen wir wieder in die
Stadt zurük. Seine Excellenz wollte mich in Betrachtung Dero schlechten Ansehens bey der Academie
nicht selbst dahin begleiten, sondern gab mir einen ihrer
guten Freunde mit, der mir Gesellschaft halten sollte.

R 3   Milord

Milord beliebte mich als einen grossen Bewunderer der
Projecte, und als eine Person anzugeben, die ganz ungemein neugierig und dabey nicht schwergläubig wäre;
welches in der That einigen Grund hatte, indem ich
in meinen jüngern Jahren selbst eine Gattung Projectmacher gewesen war.

Das fünfte Capitel.

Der Verfasser bekömmt Erlaubnis, die grosse
Academie zu Lagado zu besehen. Umständliche
Beschreibung dieser Academie. Die Künste,
worauf sich die Professoren daselbst legen.

Diese Academie ist nicht ein ganzes einzelnes Gebäude, sondern eine Reihe vieler Häuser zu beyden Seiten der Strasse, welche, da sie wüste gelegen, ange-
kauft, und zu diesem Gebrauche sind gewidmet worden.

Ich ward von dem Rector sehr höflich empfangen,
und gieng viele Tage hinter einander in die Academie.
In jeder Kammer befand sich ein oder mehrere Projectmacher; und ich denke, daß ich wol in nicht weniger
als fünfhundert solcher Kammern gewesen.

Der erste, so mir unter Augen kam, war ein ha-
gerer Mann mit schmuzigen Händen und einem solchen
Gesichte; Haare und Bart waren übel gekämmt,
lange und an verschiedenen Orten versenget; Kleider,
Hemd und Haut alles von einer Farbe. Er hatte
nun acht Jahre über dem Projecte gearbeitet, Sonnen-
stralen aus Gurken herauszuziehen, die er in hermetisch
versigelte Gläser verwahren wollte; um damit bey rauher und ungünstiger Sommer-Witterung die Luft zu
erwärmen. Er sagte, er zweifelte keinesweges, binnen
noch acht andern Jahren in den Stand zu kommen,
einen ansehnlichen Vorrath von Sonnen-Schein in die
Gärten des Statthalters liefern zu können; allein sein
Geld wäre beynahe alle, daher er mich, zu Aufmun-

R 4   terung

rerung guter Künste, um eine Beyhülfe wollte gebeten
haben. Ich gab ihm ein kleines Geschenk; denn der
Herr, bey dem ich mich aufhielt, hatte mich zu diesem
Ende mit Geld versehen, weil ihm ihre Gewohnheit,
von allen, die sie zu sehen kommen, etwas zu betteln,
bekannt war.

Ich kam in eine andere Kammer; wollte aber so
gleich wieder zurük tretten, weil ein abscheulicher Gestank mir beynahe übel gemacht hätte. Mein Begleiter
stieß mich vor sich hin, und bat mich, indem er mir
ins Ohr flüsterte, ums Himmels willen, mich ja nichts
merken zu lassen, weil solches für die grausamste Be-
leidigung würde aufgenommen werden; und so durfte
ich auch nicht einmal die Nase zuhalten. Der Projectmacher in dieser Zelle war der alleralteste Student in
der Academie. Sein Gesicht und Bart waren bleich-
gelbe, und seine Hände und Kleider voller Unflath. Als
ich ihm vorgestellt ward, umarmete und drükte er mich
ganz nahe an ihn an; welcher Höflichkeit ich ihn sehr
gern überhoben hätte. Seine Bemühung, von Anfang da er in die Academie gekommen, war, Men-
schen-Koth wieder in sein erstes Wesen zurükzubringen,
indem er die verschiedenen Theile davon auflösete, die
Tinctur, welche derselbe von der Galle bekömmt, ab-
sonderte, ihn verrauchen ließ, und die Feuchtigkeit davon abschäumete. Die Societät ließ ihm täglich ein
Faß voll solcher Excremente zukommen, ungefehr so
groß wie eine Bier-Tonne von Bristol.

Ich sah einen andern, der beschäftigt war, Eiß zu
Schießpulver zu calciniren; und eben derselbe zeigte
mir auch einen Tractat, welchen er von der Kunst,
das Feuer zu schmieden, verfertiget, und solchen öffentlich herauszugeben Willens wäre.

Hier

Hier war auch ein sehr sinnreicher Baumeister, der eine neue Methode, Häuser zu bauen, angab, nach welcher man oben von dem Dache anfangen, und niederwerts fortfahren müßte; welches er mir durch das Exempel der Bienen und Spinnen, als der zwey sinnreichesten und künstlichsten Insecten, bewies.

Ich sah ferner einen blind gebornen Menschen, welcher verschiedene gleichfalls blinde Schüler bey sich hatte. Ihre Verrichtung bestand im Farben-Mischen für die Mahler, welche ihr Lehrmeister sie durch das Gefühl und den Geruch unterscheiden lehrte. Ich kam aber zu einer Zeit, da sie (die Wahrheit zu sagen) ihre Lectionen noch nicht gar wol begriffen hatten; und der Professor selbst betrog sich beynahe allemal. Dieser Künstler stehet bey der ganzen Brüderschaft in besonderm Ansehen, und wird reichlich besoldet.

In einem andern Zimmer befand sich ein Academicus, dessen Erfindung mir ein besonderes Vergnügen machte. Sie bestand darinnen, daß er zeigte, wie man das Feld durch Schweine umakern, und so alle die Kosten, welche auf das Pflügen, die Ochsen und Akerleute gehen, ersparen könnte. Die Methode ist diese: Ihr steket in einem Morgen Landes, sechs Zoll weit von einander, und achte tief, eine gute Menge Kastanien, Eicheln, Aker-Wurzen und anders dergleichen, so diese Thiere am liebsten fressen, in die Erde; hernach treibet ihr fünf bis sechs hundert Schweine auf dieses Feld hinaus, wo sie denn inner wenig Tagen, weil sie ihre Nahrung suchen, den ganzen Boden umwühlen und zum besten geschikt machen werden, mit dem besondern Vortheile noch, daß sie ihn zugleich durch ihren Koth rc. düngen. Man hat zwar bey gemachten Proben befunden, daß die Kosten und Mühe sehr

X 5

sehr groß sind, und daß man von solchem Felde wenig
oder nichts einerndet. Nichts desto weniger zweifelt
man keinesweges, es könne diese Erfindung gar sehr
verbessert werden.

Ich begab mich in eine andere Kammer, wo die
Deke und Wände ganz mit Spinneweben behangen waren; eine kleine Oefnung ausgenommen, wodurch der
Künstler ein- und ausgieng. Als ich hineintrat, schrie
er mir laut entgegen, ich möchte ihm ja seine Gewebe
nicht verderben. Er beklagte gar sehr, daß die
Welt so lange dem unglüklichen Irrthum nachge-
hänget, Seiden-Würmer zu ziehen, indessen daß
wir eine solche Menge Haus-Insecten hätten, welche
diese Würmer weit übertráfen, indem sie nicht allein
spinnen, sondern auch weben könnten. Und wenn
man sich (sagte er ferner) der Spinnen bediente, so
würde man die Kosten, die Seide zu färben, ganz ersparen mögen. Ich ward dessen gänzlich überzeuget,
da er mir eine Menge prächtig gefarbter Fliegen zeigte,
womit er seine Spinnen fütterte, und wovon er versicherte, daß auch ihr Gewebe die Farben an sich nehmen würde. Und da er dergleichen von allen Farben
hatte, so hofte er in den Stand zu kommen, jeder-
manns Geschmak ein Genügen zu leisten, so bald er
nur eine für die Fliegen tüchtige Nahrung von gewis-
sem Gummi, Oel und andern klebrichten Materien
würde ausfündig gemachet haben, wodurch er den Faden der Spinnen die nöthige Stärke und Festigkeit geben wollte.

Ein andrer Academicus, so ein Sternseher war,
hatte sich unterfangen, eine Sonnen-Uhr auf die Wetter-

Fahne

Fahne des Rathhauses anzubringen, und den jährlichen und täglichen Umlauf der Erde und der Sonne dergestalt in Ordnung zu bringen, daß derselbe mit allen den
zufälligen Bewegungen des Windes, der die Wetter-
Fahne drehete, stets genau übereinstimmen sollte.

Ich bekam einen kleinen Anfall vom Bauch-Grim-
men; worauf mein Begleiter, als ich ihm solches klagte,
mich in die Kammer eines geschikten Arztes führte,
welcher sich durch die Manier, dieses Uebel zu heilen,
indem er vermittelst eines und eben desselben Instruments
ganz entgegen gesezte Würkungen hervorbracht, sehr berühmt gemacht. Er bediente sich hiezu eines grossen Blas-
balges, der vorne mit einem dünnen helffenbeinernen
Röhrgen versehen war. Dieses ließ er acht Zoll tief
in den Unterleib des Patienten eingehen, zog den Wind
in den Blasbalg hinein, und versicherte, daß er auf diese
Weise die Gedärme so schlank und geschmeidig machen
könnte, wie eine getröknete Blase. War aber die Krankheit
hartnäkig und heftig, so füllete er seinen Blasbalg mit
Luft, schoß diese in den Leib des Patienten hinein; alsdenn
zog er das Instrument wieder heraus, um es von
neuem mit Luft anzufüllen re. und nachdem er die
Operation drey bis vier mal widerholet, brach die von
aussen hineingepumpte Luft wieder loß, brachte die innere schädliche, so sich mit ihr vermischet, zugleich heraus, und der Patient genas. Ich sah ihn beyde Ex-
perimente an einem Hunde machen, konnte aber bey
dem erstern keine Würkung entdeken; bey dem leztern
ward der Hund so aufgeblasen, daß er hätte bersten
mögen, re. das arme Thier verrekte auf der Stelle,
und wir verliessen den Doctor sehr beschäftigt, demselben durch die gleiche Operation das Leben wieder zu
geben.

Ich

Ich gieng noch in viele andere Gemächer mehr; soll
aber um Kürze willen den Leser nicht aufhalten mit
Erzehlung aller der Merkwürdigkeiten, die ich gesehen habe.

Bißher hatte ich nur die eine Seite von der Academie in Augenschein genommen. Die andere war den
Beföderern der speculativen Wissenschaften gewidmet;
von welchen ich reden werde, wenn ich noch vorher
einer berühmten Person, die sie den Universal-Künstler
nennen, Meldung werde gethan haben. Dieser erzehlte
uns, daß er von dreissig Jahren her auf Mittel gedacht, wodurch das menschliche Leben bequemer könnte
gemacht werden. Er hatte zwo grosse Kammern voll
wunderbarer Seltsamkeiten, und fünfzig Arbeiter unter seiner Aufsicht. Einige verdikerten die Luft zu einer
trokenen berührbaren Materie, indem sie das salpetri-
sche Wesen davon herauszogen, und die wässrichten
oder flüssigen Theilchen durchseigeten. Andere waren
beschäftiget, Stüke von Marmor so weich zu machen,
daß man sie für Kopf- und Nadel-Küssen brauchen
könnte; und noch andere versteinerten die Huffen lebendiger Pferde, damit ihre Füsse niemals Schaden nehmen
möchten. Der Künstler selbst gieng damals mit zwey
wichtigen Projecten um: Das erste war, die Erde
mit Spreu zu besäen, worinnen (wie er sagte) die wahre
eigentliche Zeugungs-Kraft läge, welches er mit verschiedenen Experimenten bewies, die ich aber zu begreifen nicht Fähigkeit genug hatte. Das andere war,
vermittelst einer Composition von Gummi, Mineralien
und Pflanzen, zu machen, daß zwey junge Läm-
mer, welche er damit beschmierete, keine Wolle bekommen sollten; da er denn hoffete, daß diese Gattung
nakender Schafe sich selbst fortpflanzen, und innerhalb
erfoder-

Jung gebogen, recht gezogen.

Balnibarbi

S. Gessner f

erfoderlicher Zeit das ganze Land davon voll seyn
würde.

Wir begaben uns auf die andere Seite der Academie, allwo, wie ich bereits gemeldet, die Projectmacher in speculativen Wissenschaften ihre Wohnungen
hatten.

Der erste Professor, den ich da sah, befand sich in
einem geräumigen Zimmer, und hatte bey vierzig
Schüler um sich herum. Nach abgestatteten ersten
Complimenten beobachtete er, daß ich meine Augen
sehr aufmerksam auf eine grosse Maschine richtete, welche beynahe das ganze Zimmer einnahm, und sagte:
ich möchte mich vielleicht wundern, ihn über einem
Projecte anzutreffen, wodurch speculative Wissenschaften vermittelst mechanischer Operationen sollten verbessert werden. Allein die Welt würde von der Nutz-
barkeit dieser Methode bald überzeuget werden; und
er schmeichelte sich, daß niemand jemals einen subli-
mern Gedanken geheget habe. Jedermann weiß, fuhr
er fort, wie mühsam die gewohnte Methode ist, Künste
und Wissenschaften zu erlernen; da hingegen durch
meine Erfindung auch der allerunwissendeste Mensch,
ohne die geringste Hülfe von Genie oder Studien,
mit geringen Kosten und einer sehr mässigen Leibes-
Uebung philosophische, poetische, juristische, mathematische und theologische Bücher wird schreiben
können, so viel ihm beliebt. Hierauf führte er mich
näher zu der Maschine, um welche seine Schüler in
Ordnung gestellet rings herum standen. Sie hatte
zwanzig Fuß ins Gevierte, und stand mitten im Zimmer. Ihre Ober-Fläche war aus kleinen Stükgen
Holz ungefehr von der Grösse eines Würffels zusammengesezt,

mengesetzt, doch daß hin und wieder einige grösser waren als die andern.   Diese Würffel waren alle mit lo-
kern Faden an einander gebunden, und auf jeder Seite
mit aufgeleimtem Papier überzogen; auf dem Papier
aber standen alle Wörter ihrer Sprache in ihren verschiedenen Modis, Temporibus und Declinationibus,
doch ohne die geringste Ordnung, geschrieben.   Der
Professor hieß mich wol Achtung geben; denn jetzt
wollte er seine Maschine in Bewegung setzen.   Es waren um die Maschinen herum vierzig eiserne Handhe-
ben; wovon jeder Schüler auf seinen Befehl eine in
die Hand faßte; alsdenn dreheten sie solche mit einmal
herum, wodurch die Wörter eine ganz andere Stellung
gegen einander bekamen.   Nachdem dieses geschehen,
hieß er sechs und dreißig seiner Jungen die verschiedenen Zeilen, wie sie jetzt auf der Maschine zum Vorschein kamen, sachte lesen; und wo sie drey oder vier
Wörter beysamen stehen fanden, welche ein Stük
einer Sentenz ausmachen konnten, dictierten sie selbige
den vier übrigen, so die Secretarien waren, in die Feder.   Diese Operation ward drey bis vier mal wiederholet; und jede Drehung setzte die Wörter in eine neue
Lage gegen einander, je nachdem die Stüke Holz, worauf sie geschrieben standen, ihre Stelle veränderten.

Die jungen Studenten brachten des Tages sechs
Stunden mit dieser Arbeit zu, und der Professor zeigte
mir viele starke Folianten, die bereits mit solchen ge-
brochenen Sentenzen voll gefüllet waren, welche er
zusammensetzen und aus diesem reichen Vorrath der
Welt ein vollkommenes System aller Künste und
Wissenschaften liefern wollte.   Doch würde (sagte er)
dieses Vorhaben viel eher und leichter zu Stande kommen mögen, wenn sich das Publicum gefallen liesse,
fünfhundert solcher Maschinen zu Lagado anlegen

zu laſſen, und den Vorſtehern derſelben zu befehlen, ihre Sammlungen zum allgemeinen Beſten in eines zuſammenzutragen.

Anbey verſicherte er mich, daß er auf dieſe Erfindung von Jugend an alle ſeine Sinnen und Gedanken gewendet; das ganze Wörter-Buch auf ſeine Maſchine gebracht, und aufs genaueſte berechnet habe, in welcher Proportion die Anzahl der Partikeln, Nenn- und Zeit-Wörter ſich überhaupt in den Büchern zu verhalten pflege.

Ich ſtattete dieſem vortreflichen Mann für die gütige Mittheilung ſeiner Erfindung den verbindlichſten Dank ab, mit Verſprechen, daß wo ich je ſo glüklich ſeyn ſollte, dereinſt mein Vaterland wieder zu ſehen, ich ihm das Recht wiederfahren laſſen wollte, ihn einzig und allein für den Erfinder dieſer wunderbaren Maſchine auzupreiſen; wovon ich mit ſeiner Erlaubniß einen Abriß nahm, wie beygefügte Figur zeiget. Ich verſicherte ihn auch, daß obſchon unſere Gelehrten in Europa gewohnt wären, einer dem andern ſeine Erfindung zu ſtehlen, wovon ihnen wenigſtens der Vortheil zuwüchſe, daß ein Streit entſtünde, welcher der wahre Erfinder wäre? ſo wollte ich doch gewiß ſolche Maaßregeln nehmen, daß ihm der Ruhm ſeiner Erfindung allein, und ohne einen Rival zu bekommen, bleiben ſollte.

Wir giengen hierauf in die Sprach-Schule, allwo drey Profeſſoren in Berathſchlagung beyſammen ſaſſen, wie die Sprache ihres Landes verbeſſert werden könnte.

Das erſte Project beſtand darinnen, daß man die Geſpräche abkürzen, und zu dem Ende hin, die vielſylbichten Wörter in einſylbichte umgieſſen, und die Zeit-

Wörter

Wörter und Participien ganz weglaſſen ſollte, weil alle würklichen Dinge, die ſich immer denken laſſen, nur Nenn-Wörter wären.

Das andere Project gieng dahin, daß man den Gebrauch der Wörter ganz und gar abſchaffe; als wodurch ſo wol für die Geſundheit als die Kürze ſich auszudrüken, groſſe Vortheile könnten erlanget werden. Denn es ſey klar, (hieß es) daß jedes Wort, indem es ausgeſprochen wird, unſere Lungen um etwas abnüze, und folglich um ſo viel unſern Tod beſchleunige. Da nun die Wörter weiter nichts als Namen der Dinge wären, ſo würde es viel vortheilhafter ſeyn, wenn jeder die Dinge, wovon er reden wollte, allemal bey ſich trüge. Es würde auch dieſe Erfindung zu groſſer Erleichterung und Erhaltung der Geſundheit Sr. Majeſtät Unterthanen ganz gewiß ſtatt gefunden haben, wenn nicht die Weiber und das gemeine Volk mit den Ungelehrten, einen Aufſtand gedrohet hätten, wofern man ihnen nicht erlaubte, weiter mit der Zunge zu reden, wie ihre Voreltern ſtets gethan. So eine ausgemachte Sache iſt es, daß der Pöbel beſtändig alles, was Wiſſenſchaft heißt, mit einem unverſöhnlichen Haſſe verfolget. Doch bedienen ſich viele der Gelehrteſten und Weiſeſten unter ihnen dieſer neuen Methode, ihre Gedanken durch ſichtbare Dinge auszudrüken; wobey nur dieſe einzige Unbequemlichkeit iſt, daß, wenn einer viel und mancherley Geſchäfte hat, er auch nach Proportion ein ſo viel gröſſeres Pak von Sachen mit ſich ſchleppen muß; es ſey denn, daß er ein par ſtarke Kerls zu halten vermöge, die ihm ſolche nachtragen. Ich habe öfters etwann ein Paar ſolcher Gelehrten geſehen, die unter ihrer Laſt beynahe einſanken, und nicht anders einhergiengen, als wie die Krämer bey uns, welche ihre Waaren an einem Halsjoche herumtragen,

wenn

wenn nun solche Herren einander auf der Straße
antreffen, so legen sie ihre Pakete ab, machen ihre
Säke auf, und unterhalten sich etwan eine Stunde
lang mit einander; hernach paken sie wieder ein, helfen einander ihre Bürden wieder aufnehmen, und gehen jeder seines Weges.

Bey nicht allzulangen Gesprächen aber mag einer
unter den Armen und in seinen Schabsäken wol so viel
mit sich tragen, als er dazu nöthig hat; und zu Hause
kann er wol nie zu kurz kommen. Denn bey denen,
welche sich dieser Methode Gespräche zu führen, bedienen, ist das Zimmer, wo die Gesellschaft sich versam-
melt, ordentlich mit allen denjenigen Sachen reichlich
versehen, welche zu dieser künstlichen Art Unterhaltes
erfodert werden.

Ein andrer großer Vortheil, den man sich von dieser Methode versprach, war auch dieser: daß sie statt
einer Universal-Sprache dienen würde, die bey allen
civilisierten Nationen könnte verstanden werden, als
deren Güter und Geräthe überhaupt einerley, oder doch
beynahe gleich, und so beschaffen sind, daß man ihre
Vestimmung und Nuzen leicht begreiffen mag. Und
so würden auch die Gesandten mit fremden Fürsten
und Staatsministern Unterhandlung pflegen können,
obschon sie von ihrer Sprache nicht eine Sylbe verstünden.

Ich kam hierauf in die mathematische Schule, wo
der Professor zur Unterweisung seiner Schüler sich einer
Lehr-Art bediente, die uns Europäern fast unbegreiflich vorkommen muß. Die Aufgabe und die Demon-
stration wurden sehr leserlich auf eine dünne Oblate
mit Dinte geschrieben, welche von einer das Haupt
stärkenden Tinctur verfertiget war. Diese Oblate

V. Theil.   S   mußte

mußte der Student früh nüchtern einnehmen, und darauf
drey Tage lang nichts als Wasser und Brod genießen.
Nach dem Maaße nun, wie sich die Oblate verdaute,
stieg die Tinctur, und mit ihr der demonstrierte Saz
in das Gehirn auf. Zur Zeit aber hat der Erfolg
der Hofnung des Erfinders noch nicht entsprechen
wollen, theils weil man sich in dem Quanto oder der
Composition noch geirret hat, theils wegen der ver-
kehrten Gemüths-Art der Schüler, denen der Bolus
so ekelhaft vorkömmt, daß die meisten sich in eine Eke
wegstelen, und ihn wieder von sich geben, ehe er noch
seine Würkung thun kann. Auch hat man sie noch nie
bereden können, so lange Abstinenz zu halten, als zu
der Sache erfodert wird.

Das sechste Capitel.

Fortsezung der Nachrichten von der Academia.
Der Verfasser schlägt einige Verbesserungen vor.
Seine Vorschläge erhalten Beyfall.

In der Schule der politischen Projectmacher ward
ich nur schlecht unterhalten. Die Professoren schienen mir ganz verrükt im Kopfe zu seyn. Ein Schauspiel, welches mich alle mal rühret und in Betrübnis
sezet. Diese elenden Leute machten Projecte, wie
man grosse Herren bereden könnte, bey der Wahl ihrer Favoriten auf Weisheit, Fähigkeit und Tugend
zu sehen; wie man den Staats-Ministern beybrin-
gen könnte, für das allgemeine Beste zu sorgen; Verdienste, grosse Talente und ausnehmende Dienste zu
belohnen; Königen und Fürsten ihr wahres Interesse
darinnen zu zeigen, daß sie solches von dem Interesse
des Volkes niemals absönderten; die Aemter solchen
Personen zu geben, welche die erfoderliche Tüchtigkeit
zu deren Verwaltung hätten; nebst vielen andern dergleichen abgeschmakten Einfällen mehr, die vorhin keinem Menschen jemals in den Sinn gekommen, und
welche mich von der Richtigkeit jenes alten Sazes über-
zeugten, daß nichts so ungereimtes und so unver-
nünftiges in der Welt wäre, welches diese oder
jene Philosophen nicht für wahr ausgegeben
hätten.

Doch muß ich diesem Theile der Academie so weit
Gerechtigkeit wiederfahren lassen, daß ich gestehe, sie

seyn

seyn nicht gar alle solche Träumer gewesen. Denn es
gab einen scharfsinnigen Kopf unter ihnen, welcher
mir die Natur und Grundsäze der Regierungs = Kunst
vollkommen zu verstehen schien.   Dieser vortresliche
Mann hatte seine Studien mit grossem Nuzen auf die
Erfindung kräftiger Mittel wider alle die Krankheiten
und Verderbnisse gewendet, denen die verschiedenen Arten
der öffentlichen Verwaltung eines Staates, so wol wegen
der Schwachheiten und Laster derer die regieren, alß
auch wegen der Ausgelassenheit und Frechheit derer die
gehorchen sollten, unterworffen sind.   Z. Ex. da alle
Staats = Verständige einmüthig bekennen, daß sich zwi=
schen dem natürlichen Cörper und einem Staats=Cörper
nach allen Theilen eine genaue Gleichheit befinde, was kann
klärer seyn, alß daß die Gesundheit beyderley Cörper
auf einerley Weise erhalten, und ihre Krankheiten durch
die gleichen Mittel geheilet werden müssen? Es wird
aber zugestanden, daß kleinere und grössere Raths=Ver=
sammlungen, öfters an überflüssigen, aufwallenden und
andern schädlichen Feuchtigkeiten laborieren, mit vieler=
ley Krankheiten des Hauptes und noch mehr des Her=
zens behaftet sind; gewaltsame Convulsionen und ein
gewisses starkes Zuken der Nerven in ihren Händen, be=
sonders in der Rechten bekommen; in Schwindel, Un=
sinnigkeit, hündischen Appetit, Unverdaulichkeit des
Magens, und viele andere dergleichen Uebel mehr ver=
fallen. Dem zufolge nun war dieses geschikten Doctors
Vorschlag, es sollten, wenn ein Senat sich versam=
melte, die drey ersten Tage der Sizung einige Aerzte
sich mit dabey befinden, und zu Ende der Berathschla=
gungen eines jeden Tages jedem Raths = Gliede
den Puls fühlen; alsdenn wenn sie sich über die Natur
der verschiedenen Krankheiten, und die Art und Weise
solche zu curieren, reiflich berathen hätten, sollten sie
sich den vierten Tag mit ihren Apothekern, welche mit

guten

guten Medicamenten versehen seyn müßten, wieder
auf das Rathhaus begeben, und ehe sich die Raths-
herren sezeten, dieselben je nachdem ihre verschiedenen
Krankheiten es erfoderten, lenitiva, aperientia, ab-
sterfiva, corrofiva, restringentia, palliativa, laxativa,
cephalalgica, icterica, apophlegmatica, acustica &c.
nehmen lassen, und die folgenden Tage damit fortfahren, eine Aenderung treffen, oder aufhören, je nachdem sich die Würkung von diesen Medicamenten geäussert hätte.

Die Ausführung dieses Projects würde dem gemeinen
Wesen nicht viel kosten, und meines wenigen Erachtens zu schleuniger Abthuung der Geschäfte in denen
Ländern, wo die Räthe an der Gesez-gebenden Macht
mit Theil haben, von grossem Nuzen seyn. Sie würde
die Einigkeit zuwegebringen, die entstehende Streite
über verschiedene Mennungen verkürzen, einige wenige
verschlossene Mäuler öffnen, und viel mehrere immer
offen stehende zuschliessen, den Muthwillen der Jungen im Zaum halten, die Hartnäkigkeit der Alten bändigen, die Blödsinnigen aufweken, und die Frechen
dämmen.

Ferner; da es eine allgemeine Klage ist, daß die
Lieblinge grosser Herren ein kurzes und schwaches Gedächtnis haben, so that eben derselbe Doctor den Vorschlag, daß jeder der zu einem vordersten Minister käme, und ihm seine Sache kurz und auf das deutlichste
vorgetragen hätte, gedachten Minister beym Abschiede
bey der Nase zupfen, oder drey mal bey den Ohren ziehen, oder ihm einen derben Stoß an den Wanst
versezen, oder auf seine Hühneraugen tretten, oder ihn
braun und blau in den Arm kneipen, oder auch mit
einer Nadel in den Hintern stechen sollte, damit er die
angebrachte Sache nicht vergässe. Und diese Operation
              S 3   sollte

ſollte jeden Morgen bey ſeinem Aufſtehen ſo lange wiederholet werden, bis einer ſein Geſuche entweder erhalten, oder daſſelbe gänzlich abgeſchlagen würde.

Ingleichem ſchlug er vor, daß jeder Senator von
der gröſſern Raths-Verſammlung einer Nation, nachdem er ſeine Meynung vorgetragen und zu behaupten
geſuchet, gehalten ſeyn ſollte, ſeine Stimme gerade
für das Gegentheil derſelben zu geben; denn wenn ſolches geſchähe, ſo würde der Schluß unfehlbar zum
Beſten des gemeinen Weſens ausfallen.

Wenn die Parteyen in einem Staate heftig gegen
einander ſtehen, ſo ſchlägt er ein wunderbares Mittel
vor, ſie zu vereinigen.   Die Methode iſt dieſe: Man
nimmt hundert Rädelsführer von jeder Partey; dieſe
ſtellet man je zween und zween, von ſolchen deren Köpfe ungefehr gleich groß ſind, gegen einander; alsdenn
ſäget man das Obertheil des Kopfes von jedem Paare
zu gleicher Zeit entzwey, ſo daß das Gehirn in zween
gleiche Theile getheilet wird. Jede abgeſchnittene Helfte
nun wird gegen die Helfte des andern verlauſchet, und
an deſſen übergebliebenen halben Kopf ganz genau geſezet und angebeilet.   Es ſcheinet in der That, daß die
Operation viel Geſchiklichkeit und eine beſondere Ge-
nauigkeit erfodere.   Der Profeſſor verſicherte uns aber,
daß wenn ſie gehörig verrichtet würde, die Cur unfehlbar gerathen müßte. Denn da die zwey halben Gehirne,
(ſo raiſonnierte er) welche zuvor uneinig waren, jezt die
Sache inner dem Raum eines Hirnſchädels unter ſich aus-
zumachen hätten, ſo würden ſie ſich bald mit einander
vertragen, und diejenige Mäſſigung und gute Ordnung
der Gedanken hervorbringen, welche in den Köpfen
derer ſo ſehr zu wünſchen wäre, die ſich einbilden, nur deswegen in die Welt gekommen zu ſeyn, damit ſie auf die
Bewegungen, ſo darinnen vorgehen, Acht haben, und

dieſelben

dieselben regieren.   Und was den Unterscheid der Gehirne bey den Directoren der Factionen, so wol in Ansehung ihrer Quantität als Qualität betrift, so versicherte der Doctor aus eigener Erfahrung, daß solches
eine nichtige Kleinigkeit wäre.

Ich fand zween andere Professoren in einem heftigen
Streit begriffen, welches das bequemste und kräftigste
Mittel wäre, die gemeinen Auflagen so einzurichten,
daß das Volk nicht beschweret würde.   Der eine behauptete, die beste Methode würde seyn, wenn man
auf die Laster und Thorheiten eine Taxe sezete, und in
jeder Gasse geschworne Männer bestellte, welche, nachdem die Summe für jede Art und jeden Grad dieser
Fehler bestimmet wäre, schäzen müßten, wie viel jeder
ihrer Nachbarn zu bezahlen hätte.   Der andere war
einer ganz entgegen gesezten Meynung, indem er
behauptete, man sollte vielmehr auf diejenigen Leibes-
und Gemüths-Eigenschaften eine Taxe legen, welcher
wegen die Menschen sich selbst vornehmlich lieben und hoch
schäzen.   Diese Taxe sollte höher oder geringer seyn,
je nachdem einer mehr oder weniger in einer Sache
excellirte; und man sollte es einem jeden gänzlich überlassen, den Ausspruch von sich selbst zu thun, wie er
es fände. Die stärkste Taxe sollten diejenigen bezahlen,
welche bey dem Frauenzimmer am besten gelitten sind,
und die Gelder von ihnen eingesammelt werden, je nach
der Anzahl und Beschaffenheit der Gunsten, so sie genossen, und welche sie selbst anzugeben die Freyheit hätten.
Wiz, Dapferkeit und eine gute Lebens-Art sollten gleicher Gestalt hoch angeschlagen, und das Geld ebenfalls
von jeder Person nach dem Maaße der Eigenschaften
gehoben werden, welches sie selbst angeben würde. Ehre
hingegen, Gerechtigkeit, Weisheit und Gelehrsamkeit sollten gar nicht taxiert werden, weil dieses Eigen-

S 4   schaften

schaften von so besondrer Art wären, daß niemand dieselben seinem Nächsten eingestünde, noch solche an sich
selbst hoch schäzte.

Das Frauenzimmer sollte nach seiner Schönheit und
Geschicklichkeit sich aufzupuzen in Anschlag gebracht werden, und sich dabey eben des Rechts zu erfreuen haben, welches die Männer genössen; die Summe nemlich, so sie sich zu bezahlen schuldig erachteten, selbst zu
bestimmen. Treu hingegen, Keuschheit, Verstand
und Gutmüthigkeit sollten Abgab-frey bleiben, weil
sie die Kosten der Einsammlung nicht einbringen würden.

Die Senatoren in dem Interesse der Crone zu behalten, ward vorgeschlagen; sie sollten um die Aemter
würffeln, jeder aber sich vorher mit einem Eide verpflich-
ten und genugsame Sicherheit geben, daß er mit der
Hof-Partey stimmen wollte, er möchte gewinnen oder
nicht; da denn die, welche für einmal leer ausgiengen,
bey der nächst folgenden Vacanz ihr Glük aufs neue
versuchen könnten. Auf diese Weise würde man Hofnung und Erwartung stets munter erhalten; niemand würde sich beklagen, daß man ihm gethane Versprechungen nicht gehalten, sondern die widrigen Erfolge des Spieles lediglich dem Schiksale zuschreiben,
dessen Schultern breiter und stärker wären, als die
Schultern der Minister.

Ein andrer Professor zeigte mir einen diken Band,
welcher lauter Anweisungen enthielt, wie man Complote und Zusammenverschwörungen gegen die Regierung entdecken könne. Er gab den Rath, daß man
sich fleissig erkundigen sollte, was für eine Diät die
verdächtigen Personen beobachteten, um welche Zeit sie
speißten, auf welche Seite sie sich schlafen legeten, mit
welcher

welcher Hand sie ꝛc.   Ferner ihren Auswurf genau zu
examinieren, um von der Farbe desselben, dem Geruch, Geschmak, der Dichtigkeit ꝛc. auf ihre Gedanken und Projecte zu schliessen, weil die Leute nie ernst-
hafter, nachdenkender und tiefsinniger wären, als wenn
sie zu Stule sitzen; wie er denn diese Art zu schliessen
durch vielfältige Proben bewährt gefunden hätte.   So
würde z. Ex. der Koth eines, der nachdächte, wie man
den König am sichersten ermorden könnte, grün; und
hingegen ganz anders gefärbet seyn, wenn er nur einen Aufstand erregen, oder die Hauptstadt anzünden
wollte.

Die ganze Abhandlung war mit grosser Scharfsinnigkeit geschrieben, und enthielt für Politik-Verständige
viele merkwürdige und nützliche Beobachtungen, obwol
sie meines Erachtens nicht ganz vollständig war.   Dieses nahm ich mir die Freyheit, dem Verfasser zu eröfnen; und anerbot ihm, (wenn er beliebte) seine Sammlung mit einigen Zusäzen zu vermehren.   Er nahm
mein Anerbieten mit mehrerer Bereitwilligkeit an, als
sonst unter Schriftstellern, und besonders den Project-
machern gewohnt ist; und sagte, es würde ihm sehr
lieb seyn, wenn ich ihm fernere Nachrichten geben
wollte.

Ich erzehlte ihm also, daß in dem Königreiche Trib-
nia, oder Langdon, wie die Einwohner es nennen, wo
ich auf meinen Reisen mich einige Zeit aufgehalten,
die Nation, so zu sagen, aus lauter Spionen, An-
gebern, Verräthern, Zeugen, ꝛc. bestünde, die wiederum ihre Untergebene hätten, und alle unter der Anführung, dem Schuz und dem Solde der Staats-Minister und ihrer Deputirten stünden.   Die Complote in
diesem Königreiche wären gemeiniglich weiter nichts,
als das Werk solcher, welche durch das Geschrey da-

S 5   von,

von, den Ruhm tiefsinniger Staats-Männer zu erlangen, ein auf dem Fall stehendes Ministerium zu unterstützen, ein allgemeines Mißvergnügen zu stillen, oder auf etwas anders abzuleiten, ihre Kisten mit eingezogenen Gütern anzufüllen, und den öffentlichen Credit, je nachdem es ihr Privatnuzen erfodert, steigen oder fallen zu machen, suchten. Sie verabreden aber, und machen es (fuhr ich fort) zuerst unter sich aus, welche Personen, auf die sie ihren Verdacht gerichtet, einer Conspiration müssen angeklagt werden; alsdenn nimmt man sichere Maßregeln, sich aller ihrer Briefe und Papiere zu bemächtigen, und die Eigenthümer ins Gefängnis zu werffen. Diese Papiere werden hierauf einer Gattung Kunst-erfahrner Personen übergeben, welche eine ganz besondre Geschiklichkeit besizen, den geheimen Verstand der Wörter, Sylben und Buchstaben ausfindig zu machen. Z. Er. sie sind im Stande zu entdeken, daß ein Nachtstul eine geheime Raths-Versammlung, eine Heerd Gänse einen Senat, ein lahmer Hund einen einfallenden Feind, die Pest eine beständige Armee, ein Geyer einen vordersten Staats-Minister bedeutet; daß man durch das Podagra einen obersten Priester, durch den Galgen einen Staats-Secretarius, durch einen Nacht-Topf eine Commission von Pairs, durch ein Sieb eine Hof-Dame, durch einen Besen eine Revolution, durch eine Mausfalle ein Amt, durch einen bodenlosen Abgrund die gemeine Schaz-Kammer, durch eine Cloak den Hof, durch Kappe und Schellen einen Favoriten, durch einen zerbrochenen Stab einen Gerichts-Hof, durch ein leeres Faß einen General, durch ein eiterndes Geschwür die Stagts-Verwaltung u. s. f. verstehen müsse.

Will

Will diese Methode nicht angeben, so haben sie zwey andre, wodurch sie sichrer zum Zwecke kommen, welche ihre Gelehrten Acrosticha und Anagrammata nennen. Durch die erstere können sie alle Anfangs-Buchstaben in einen politischen Sinn dechifriren.   So sagen sie z. Ex. N. soll ein Complot bedeuten, B. ein Regiment Cavallerie, L. eine Flotte ꝛc. u. s. f. und durch die andere, nach deren sie die Buchstaben, woraus die Wörter in dem verdächtigen Papiere bestehen, versezen; sind sie im Stande, auch die verborgensten Anschläge einer mißvergnügten Partey an den Tag zu bringen.   Und dieses ist die anagrammatische Methode.

Der Professor bedankte sich gar sehr gegen mich, daß ich ihm diese Beobachtungen mittheilen wollen; und versprach, meiner in seinem Tractate mit Ruhm zu gedenken.

Ich sah weiter nichts in diesem Lande, das mich hätte antreiben mögen, länger darinnen zu verbleiben; und fieng daher an, auf meine Rükreise nach England bedacht zu seyn.

Das

Das siebende Capitel.

Der Verfasser reiset von Lagado ab, und kömmt nach Maldonada. Weil hier kein Schiff seegelfertig liget, so thut er eine kurze Reise nach Glubbdubbdrib. Wie er von dem Gouverneur daselbst empfangen worden.

Das feste Land, wovon dieses Königreich einen Theil ausmachet, erstrecket sich, wie ich nicht ohne Grund dafür halte, gegen Osten, bis an jenen unbekannten Strich Landes von America; westwerts gegen Californien, und gegen Norden an das stille Meer, welches nicht über hundert und fünfzig Meilen von Lagado entfernet ist, und wo es einen guten Hafen hat; von daraus die Einwohner nach der grossen Insel Luggnagg, die gegen Nord-Westen ungefehr im neun und zwanzigsten Grade nördlicher Breite und im hundert und vierzigsten der Länge liget, starken Handel treiben. Auch liget diese Insel gegen Süd-Osten, ungefehr hundert Meilen von Japan ab. Der Kayser von Japan und der König von Luggnagg stehen in einem genauen Bündnis mit einander; daher man öfters Gelegenheit haben kann, von einer Insel in die andere überzufahren. Aus dieser Ursache entschloß ich mich, meinen Weg dorthin zu nehmen, um von daraus wieder nach Europa zu gelangen. Ich miethete ein paar Maul-Esel, die meine wenige Geräthschaft trugen, und einen Wegweiser, der mich begleiten mußte; und nahm hierauf von meinem edelmüthigen Patron,

der

der mir so viel Höflichkeit erwiesen, und jetzt noch ein
ansehnliches Geschenk auf die Reise mitgab, Abschied.

Unterweges begegnete mir gar nichts merkwürdiges.
Als ich in der Seestadt Maldonada (denn so heißt
dieselbe) anlangte, war kein Schif in dem Hafen,
das nach Luggnagg zu gehen in segelfertigem Stande
wäre; und es schien, daß es noch einige Zeit anstehen
würde, bis ein solches zu haben seyn würde. Die
Stadt ist ungefehr so groß als Portsmouth. Ich
gerieth bald in einige Bekanntschaften; und man begegnete mir überall sehr gütig. Ein Herr von Stande
sagte mir, daß weil die Schiffe, welche nach Luggnagg giengen, vor einem Monate nicht fertig seyn könnten, so würde es ein artiger Zeit-Vertrieb für mich
seyn, wenn ich inzwischen nach der kleinen Insel Glubbdubdrib, welche gegen Süd-Westen nicht weiter als
etwann fünf Meilen entlegen wäre, hinüber reisete. Er
erbot sich zugleich mit noch einem Freunde mich dahin
zu begleiten, und uns sämtlich mit einem kleinen bequemen Fahrzeuge zu versehen.

Glubbdubdrib (so gut es sich verdollmetschen läßt)
heisset so viel als die Insel der Zauberer. Sie ist
ungefehr ein Drittel so groß als die Insel Whigt,
und ungemein fruchtbar. Sie wird von dem Haupt
eines gewissen Stammes regieret, welcher aus lauter
Zauberern bestehet. Diese Zauberer heyrathen nur
unter sich; und der älteste des Stammes ist alle mal
ihr Fürst oder Gouverneur. Dieser Herr hat einen
prächtigen Pallast, und einen Park von drey tausend
Morgen Landes im Umfange, der mit einer Mauer
von Quadersteinen zwanzig Fuß hoch umgeben ist,
                                worinnen

worinnen verschiedene kleinere Einfänge für Viehe,
Getrayde und Garten-Gewächse sich befinden. Der
Gouverneur und seine Familie laffen sich von einer
Art Aufwärter bedienen, die etwas ungewohnt sind.
Er kann durch seine Zauber-Kunst von den Todten
zurükruffen, welche er will, und sie (doch nicht länger
als vier und zwanzig Stunden) zu seinen Dienften gebrauchen. Auch ist ihm nicht erlaubt, einerley Personen zwey mal hervorzuruffen, wofern nicht zum wenig-
ften eine Zeit von drey Monaten dazwischen verfloffen;
oder sonft eine sehr wichtige Ursache dazu vorhanden ist.

Da wir auf der Insel angelanget, welches ungefehr
um eilf Uhr Vormittags geschah, begab sich einer von
denen Herren, so mich begleiteten, zu dem Gouverneur, und bat um Erlaubnis, daß ein gewisser Fremder, der expreß deswegen gekommen wäre, Seiner
Hoheit die Aufwart machen dürfte. Dieses ward so
gleich zugeftanden; und wir giengen alle drey durch
zwo Reihen Garden in den Pallaft. Diese waren nach
einer sehr alten Weise gekleidet und bewaffnet; und
hatten nebft diesem etwas in ihrer Mine, welches mir
eine Art Schauer erwekte, den ich nicht wol beschreiben kann. Wir giengen durch viele Gemächer zwischen
Bedienten von gleicher Art, die auf beyden Seiten
ebenfalls in Reihen ftunden, hindurch, bis wir in das
Audienz-Zimmer gelangeten, allwo wir nach einer dreymaligen tiefen Verbeugung und einigen von uns be-
antworteten allgemeinen Fragen die Erlaubnis erhielten, uns auf drey Stüle nächft an der unterften Stuffe
des Throns Sr. Hoheit niederzulaffen. Dieser Herr
verftand die Balnibarbische Sprache; obschon sie von
derjenigen, so man auf seiner Insel redet, unterschieden ift. Er verlangte, daß ich ihm einige Nachricht
von meinen Reisen geben möchte; und zu zeigen, daß

er ganz ohne Ceremonien mit mir umgehen wollte, entließ er alle seine Aufwärter durch einen Wink mit dem
Finger, worauf sie plötzlich verschwanden, wie ein
Traum, wenn wir gäblings erwachen.   Ich konnte
mich von meinem Entsezen eine gute Zeit nicht wieder
erholen; doch da der Gouverneur mich versicherte, daß
ich nichts zu befürchten hätte, und ich auch sah, daß
meine beyden Cameraden, denen dieses Spectakel nichts
neues war, ganz unbekümmert blieben, so fieng ich an
wieder Muth zu fassen, und machte Sr. Hoheit eine
kurze Erzeblung von meinen verschiedenen Begeanissen,
wiewol so, daß ich öfters dabey stotterte, und mich
nach der Gegend umsah, wo ich diese Haus-Gespenster
gesehen hatte.   Ich hatte die Ehre mit dem Gouverneur zu Mittag zu speisen, wobey ein neuer Trupp
Geister zum Vorschein kam, welche die Speisen auftrugen und uns bedieneten.   Ich verblieb bis auf den
Abend, bat aber allerunterthänigst, Seine Hoheit
möchte mich für entschuldiget halten; daß ich Dero
Einladung, die Herberge in dem Pallaste zu nehmen,
nicht annähme.   Ich begab mich also mit meinen beyden Freunden in ein Privathaus der nächst dabey gelegenen Hauptstadt dieser kleinen Insel, wo wir über-
nachteten; und des folgenden Tages verfügten wir uns,
laut erhaltenen gnädigsten Befehls, wieder zu dem Gouverneur.

Auf diese Weise brachten wir zehn Tage lang, fast
die meiste Zeit des Tages bey dem Gouverneur, und
die Nacht in unsrer Herberg auf dieser Insel zu.   Ich
ward es bald so gewöhnt Geister zu sehen, daß ich nach
zwey oder drey malen gar keine Furcht mehr vor ihnen
hatte, oder wo noch etwas davon übrig geblieben, solches doch meiner Neugierigkeit weichen müssen.   Denn
Seine Hoheit befahl mir, daß ich von allen Todten,

so

so von Anfange der Welt bis auf denselben Augenblik
verstorben, welche und so viel ich wollte, hervorrufen,
und sie um alles was ich zu wissen verlangte, befragen sollte. Es müßten sich aber die Fragen nicht weiter als auf die Zeit, da die Verstorbenen gelebt haben,
erstreken, da ich denn versichert seyn könnte, daß sie
mir die lautere Wahrheit sagen würden, weil Liegen
ein Talent wäre, das in der untern Welt zu nichts
dienete.

Ich stattete Sr. Hoheit für eine so besondere Gnade
den verbindlichsten Dank ab. Wir waren so eben in
einem Zimmer, woraus wir eine sehr schöne Aussicht in
den Park hatten. Und weil mein erstes Verlangen dahin gieng, mich an herrlichen und prächtigen Scenen
zu ergözen, so gab ich zu verstehen, daß ich gern den
grossen Alexander an der Spize seiner Armee gleich
nach der Schlacht bey Arbela, sehen möchte. Der
Gouverneur machte eine kleine Bewegung mit dem Finger; und den Augenblik stand diese Armee auf einem
weiten Felde vor dem Fenster, woraus wir sahen, vor
uns. Alexander ward zu uns in das Zimmer heraufge-
ruffen. Ich hatte grosse Mühe, sein griechisch zu verstehen; und das meinige wollte mir nur schlecht von
Munde gehen. Indessen versicherte er mich auf seine
Ehre, daß er nicht vergiftet worden, sondern an einem
Fieber, das von unmässigem Sauffen entstanden, gestorben sey.

Hiernächst sah ich den Hannibal, wie er über die
Alpen zog, welcher mir betheuerte, daß er in seinem
Lager nicht einen Tropfen Essig gehabt habe.

Ich sah auch den Cäsar und Pompejus an der
Spize ihrer Armeen, gerade in Bereitschaft zu schla-

gen;

gen; und den ersten in seinem lezten prächtigen Triumphe. Ich ließ den Römischen Senat in einem grossen Zimmer, und in einem andern zum Gegensaz eine
Raths-Versammlung neuter Zeiten vor mir erscheinen:
Die erstern kamen mir als lauter Helden und Halb-
götter; die leztern hingegen als ein Pak Krämer, Spiz-
buben, Strassenräuber und Pralhansen vor.

Der Gouverneur gab auf mein Ersuchen dem Cäsar
und Brutus ein Zeichen, uns näher zu kommen. Ich
ward bey Anblike des Brutus mit der gröſten Hochachtung für seine Person eingenommen, indem die voll-
kommenſte Tugend, die feſteſte Unerschrokenheit und
Standhaftigkeit, die reinſte Liebe zum Vaterlande, und
für das menschliche Geschlecht überhaupt, aus jedem
seiner Gesichts-Züge hervorleuchteten. Ich bemerkte
mit grossem Vergnügen, daß diese beyden Personen in
gutem Vernehmen mit einander ſtanden; und Cäsar
bekannte mir freymüthig, daß der Ruhm seiner gröſten
Thaten demjenigen, welchen ſich Brutus durch Ermor-
dung seiner erworben, bey weitem nicht gleich käme.
Ich hatte die Ehre, mich mit dem Brutus eine gute
Zeit im Gespräche zu unterhalten; und ward berichtet,
daß sein Aelter-Vater Junius Brutus, Socrates,
Epaminondas, der jüngere Cato, Thomas Mo-
rus und Er faſt immer beysammen wären. Eine ge-
sechste Zahl von Männern, welcher alle Welt-Alter
den siebenden nicht würden beyſezen können.

Es würde dem Leser verdrießlich fallen, wenn ich
alle die berühmten Männer anführete welche hervor-
geruffen wurden, meiner unersättlichen Begierde, die
Welt in jedem Zeit-Laufe des Alterthums vor mir zu
sehen, ein Genügen zu thun. Ich regalirte meine Au-

V. Theil.　　　　　　T　　　　　　gen

gen vornehmlich mit Beschauung solcher, welche Ty-
rannen und unrechtmässige Besitzer der Länder gestürzt,
und unterdrükten Nationen die Freyheit wieder gegeben haben. Es ist mir aber unmöglich, die Freude
und Lust, so ich darüber empfunden, mit Worten gehörig auszudrüken.

Das

Das achte Capitel.

Fernere Nachrichten von Glubbdubdrib. Verbesserung einiger Fehler in der alten und neuen Historie.

Weil ich begierig war, auch diejenigen Männer des Alterthums zu sehen, welche sich durch Wiz und Gelehrsamkeit einen besondern Ruhm erworben, so sezte ich einen eigenen Tag dazu aus. Ich ließ den Homer und Aristoteles an der Spize ihrer Commentatoren vor mir erscheinen. Dieser leztern war eine solche Menge, daß einige hundert in dem Hofe und den äussern Zimmern des Pallastes zurük bleiben mußten. Ich erkannte diese beyden grossen Männer, und konnte nicht nur von der sie umgebenden Menge, sondern auch jeden von dem andern unterscheiden. Homer war der längere und hübschere, gieng für sein Alter sehr aufrecht, und hatte ein Paar Augen von Feuer und Lebhaftigkeit, als ich wol jemals an einem Menschen gesehen habe. Aristoteles gieng niedergebüket und steuerte sich auf einen Stab. Er hatte ein mageres Gesicht, lange und dünne Haare, und eine hohle Stimme. Ich merkte gleich, daß sie beyde die übrige Gesellschaft gar nicht kannten, und sie niemals weder gesehen noch etwas von diesen Leuten gehöret hätten. Und einer von den Geistern, welchen ich eben nicht nennen will, flüsterte mir ins Ohr, daß diese Commentatoren aus Schame sich in der untern Welt von ihren Principalen beständig weit entfernet hielten, weil sie sich bewußt wären, wie verkehrt sie den Sinn die-

ser Autoren in ihren Erklärungen der Nachwelt vorgetragen hätten. Ich präsentierte dem Homer den Di-
dymus und Eustathius, welches so viel vermochte,
daß er ihnen höflicher begegnete, als er vielleicht sonst
würde gethan haben; denn er fand gleich, daß sie das
Genie nicht hätten, in den Geist eines Poeten einzu-
tretten. Aristoteles aber verlor über die Nachrichten,
welche ich ihm von dem Scotus und Ramus gab,
da ich sie vor ihn brachte, alle Geduld; und fragte
mich, ob die übrigen von der Zunft eben so grosse
Dummköpfe wären, als diese beyde?

Hierauf bat ich den Gouverneur, daß er den Cartes und Gassendi heraufrufen möchte, welche ich so
denn dem Aristoteles ihre Systeme erklären ließ. Dieser grosse Philosophe bekannte freymüthig, daß er sich
in der Natur-Wissenschaft öfters geirret hätte, weil er
in vielen Dingen auf blosse Muthmassungen gebauet,
wie jedermann thun müßte; fand aber, daß das System des Gassendi, welcher die Lehre des Epicurus
so gut ausgeschmüket als er gekonnt, und die Wirbel
des Cartes ebenfalls ausgezischet seyn müßten. Das
gleiche Schiksal prophezeyte er auch der Anziehungs-
Kraft, welche die heutigen Gelehrten so eifrig verfech-
ten. Er sagte, neue Systeme von der Natur wären
weiter nichts als neue Moden, die stets abänderten;
und selbst diejenigen, welche man für mathematisch
bewiesen ausgäbe, würden nur eine kurze Zeit den
Beyfall behalten, und ihren Credit verlieren, so bald
diese verflossen wäre.

Ich brachte fünf Tage lang zu, mich mit noch viel
andern Gelehrten des Alterthums zu unterhalten. Ich
sah die meisten von den ersten Römischen Kaysern. Ich
ließ durch den Gouverneur des Heliogabalus Köche
hervor.

hervorrufen, um uns eine Mahlzeit zu zurichten; allein
sie konnten uns nur wenige Proben ihrer Geschiklichkeit
geben, weil es an Materialien fehlte. Ein Helot
oder Sclave des Agesilaus kochte uns eine Sparta-
nische Suppe, von welcher ich aber gleich den zweyten Löffel voll nicht mehr hinunterbringen konnte.

Weil meine beyden Reise-Cameraden Geschäfte wegen nach drey Tagen wieder heimkehren mußten, so
wendete ich dieselben an, einige neuere Todte zu sehen,
welche von zwey bis drey hundert Jahren her, in meinem Vaterlande so wol als in andern Ländern Euro-
pens, die gröste Figur gemacht haben. Und da ich
jederzeit für alte durchlauchte Familien eine besondere
Hochachtung geheget, so bat ich den Gouverneur, daß
er mir ein oder zwey Duzend Könige mit ihren Voreltern bis in das achte oder neunte Glied nach der Reihe
gestellet, hervorruffen möchte. Allein wie sehr befand
ich mich in meiner Erwartung betrogen! und wie wehe
that mir solches! Denn an statt einer langen Folge
von königlichen Haupt-Zierden sah ich in einer Familie
zween Geiger, drey gepuzte Pagen, und einen italiäni-
schen Prälaten; in einer andern einen Barbier, einen
Abt, und zween Cardinäle. Doch ich trage zu viel
Ehrerbietung für gekrönte Häupter, als daß ich mich
länger über eine so kützlichte Materie hätte aufhalten
mögen. Was aber Marquisen, Grafen und Herzoge
betrift, so machte mir solches weniger Mühe; und ich
gestehe, daß ich würklich einiges Vergnügen empfand,
mich in dem Zustande zu sehen, die besondern Gesichts-
Züge zu erkennen, wodurch sich gewisse Familien unterscheiden, und welche von ihrer Abstammung unver-
werfliche Zeugen sind. Ich konnte ganz deutlich erkennen, woher es zum Exempel in einer Familie lauter
lange Kinne, und in einer andern die Menge Tauge-

T 3 nichts

nichts von zwey Gliedern her, und Narren von vieren
her giebet; warum in einer dritten lauter Blödſinnige,
und in einer vierten Geldſchinder erzeuget werden. Woher es käme, daß Polydorus Vergilius von einem gewiſſen vornehmen Hauſe ſaget: Nec vir fortis, nec
fœmina caſta: Wie Grauſamkeit, Falſchheit und Feig-
heit zu Kennzeichen geworden, woran man gewiſſe Familien ſo ſicher unterſcheiden kann, als an ihren Wap-
penſchildern. Wer die Venus-Seuche zu erſt in gewiſſe
adeliche Familien gebracht, allwo ſie ſich in gerader Linie durch Geſchwulſten und andere Krankheiten auf die
Nachkommen fortpflanzet. Ueber welches alles ich mich
auch nicht verwundern dürſte, da ich ſah, wie die Ab-
ſtammung dieſer Häuſer ſo oft durch Pagen, Lakeyen,
Kutſcher, Spieler, Geiger, Comödianten, Lieutenants
und Beutelſchneider unterbrochen waren.

Was mir am meiſten Ekel verurſachte, war die
neuere Hiſtorie. Denn nachdem ich alle diejenigen
Perſonen, welche an königlichen und fürſtlichen Höfen
von hundert Jahren her den gröſten Ruff hatten, aufs
genaueſte examiniert, befand ich, wie übel die Welt
von unverſchämten Scribenten betrogen worden wäre,
welche die gröſten Heldenthaten feigen Memmen, die
weiſeſten Rathſchläge albernen Thoren, Aufrichtigkeit
Schmeichlern, Römiſche Tugend Verräthern ihres
Vaterlandes, Frömmigkeit Atheiſten, Keuſchheit Hu-
renjägern, und Wahrhaftigkeit Verleumdern zugeſchrie-
ben hatten. Ich ſah, wie viele unſchuldige und vor-
treflice Perſonen durch die Practiken groſſer Miniſter
bey gelbgierigen Richtern, und durch die Bosheit der
Factionen, zum Tode oder ins Elend zu gehen wären
verurtheilet worden; wie viele nichtswürdige Kerls zu

den

den wichtigsten Aemtern und Ehrenstellen erhoben worden; welch einen starken Anspruch Kuppler, Huren,
Stuzer, Schmarozer und Possenreisser an die Rath-
schläge und Schlüsse der Gerichtshöfe und Rathsver-
sammlungen machen könnten; und wie viel ich endlich
von meiner guten Meynung von der menschlichen
Weisheit und Aufrichtigkeit verloren, nachdem ich von
den wahren Triebfedern grosser Unternehmungen und
Veränderungen in der Welt, und von den kleinen verächtlichen Zufällen, welchen sie ihren Erfolg zu danken hatten, gründlich unterrichtet war.

Hier entdekte ich die Schelmerey und Unwissenheit
derjenigen, so sich anmassen, Anecdoten oder geheime
Nachrichten zu schreiben; so manche Könige vergiftet ins Grabe schiken; von Wort zu Wort wiederholen, was ein Prinz mit seinem Premier-Minister gesprochen, wo niemand anders zugegen war; die geheim-
sten Gedanken und Cabinete der Ambassadoren und
Staats-Secretarien aufschliessen, und beständig das Unglük haben, sich zu betriegen. Hier sah ich die wahren
Ursachen vieler grossen Begegnisse, worüber die Welt
erstaunete; wie eine Hure die Hinter-Treppe, die Hinter-Treppe einen geheimen Rath, und der geheime
Rath einen Senat regieren kann. Ein General bekannte in meiner Gegenwart, daß er eine Schlacht
durch nichts anders als Fehler und Zagheit gewonnen;
und ein Admiral, daß er die feindliche Flotte geschlagen, weil er mit dem Feinde nicht recht Abrede getroffen, dem er sonst die seinige in die Hände zu spielen
Willens gewesen wäre. Drey Könige betheuerten mir,
daß sie die ganze Zeit ihrer Regierung keinen einzigen
Mann von Verdienst befödert hätten; es müßte denn

aus

aus Irrthum oder aus Betrug ihrer Minister, auf die
sie sich verlassen hätten, geschehen seyn. Ja sie würz
den es auch nimmer thun, wenn sie wiederum lebendig
werden könnten; denn sie zeigten mit wichtigen Gründen,
daß der königliche Thron ohne Laster und Verderbnisse
nicht aufrecht bleiben könne; maßen das positive kühne
und hartnäkige Wesen, welches die Tugend den Menschen einpräge, der Führung öffentlicher Geschäfte stets
in dem Wege stehe.

Ich wollte gern umständlich wissen, durch was für
Mittel eine Menge Personen zu hohen Ehren-Titeln
gelanget, und so gewaltige Schäze gesammlet hätten;
und ich ließ meine Untersuchung hierüber auf einen
ziemlich späten Zeit-Lauf ergehen, doch ohne die gegenwärtigen Zeiten zu berühren, weil ich auch Fremde
nicht gern beleidigen wollte; (denn ich hoffe, der Leser
werde ohne mein Erinnern glauben, daß ich mit dem, was
ich hier sage, gar nicht auf meine Landesleute ziele.)
Es erschien eine grosse Anzahl solcher Leute, welche
bald auf ein kurzes Nachfragen eine solche Scene von
Schanden entdekten, woran ich nicht ohne eine etwelche tieffe Ernsthaftigkeit gedenken kann. Meineid, Unterdrükung, Verführung, Betrug, Kuppelen und dergleichen Schwachheiten waren ihre ehrlichsten Künste,
so sie anzuführen hatten, für welche ich auch alle gebührende Nachsicht hatte. Allein da einige bekenneten,
daß sie ihre Hoheit und Reichthümer der unnatürlichenLust-
seuche oder der Blutschänderen zu danken hätten, andere der
freywilligen Prostitution ihrer Weiber und Töchter, andere
dem Hochverrathe gegen ihr Vaterland oder ihren Fürsten, noch andere der Vergiftung, und sehr viele der
Verkehrung des Rechts um einen Unschuldigen nieder-
zudrüken; so hoffe ich, man wird mir verzeihen, wenn
ich gestehe, daß diese Entdekungen mir eine etwelche

Neigung

Neigung beygebracht haben, etwas von der tieffen Ehrerbietung fahren zu laffen, welche ich fonft von Natur
gegen Berfonen von hohem Range hege. Ein Zoll, den
wir andere, die wir fo weit unter ihnen ftehen, ihrer
hohen Würde abzuftatten fonft höchft verbunden find.

Ich hatte öfters von fehr wichtigen Dienften gelefen,
welche einem Fürften oder Staate wären erwiefen worden; und verlangte dedwegen die Leute zu fehen, welche dergleichen geleiftet hätten.   Nach einer genauen
Nachfrage hieß es, man könnte folche in keinem Regi-
fter aufgezeichnet finden; einige wenige ausgenommen,
welche aber die Hiftorie für Erz-Schelmen und Verräther gegeben hätte.   Von denen andern konnte ich
nichts erfragen.   Sie erfchienen alle mit niedergefchla-
genen Augen und fehr fchlecht gekleidet; und erzehleten
mir, wie die meiften von ihnen im Elend und in der
Armuth geftorben, die übrigen aber unter dem Beile
oder am Galgen ihr Leben laffen müffen.

Unter andern fah ich einen, deffen Begebenheit mir
etwas fonderbar vorkam.   Es ftand ihm ein junger
Menfch von ungefehr achtzehn Jahren zur Seite.   Er
erzehlete mir, daß er viele Jahre lang Commandant
von einem Schiffe gewefen, und in der Schlacht bey
Actium das Glük gehabt hätte, die feindliche Haupt-
linie zu durchbrechen, drey der gröften Schiffe zu
verfenken, und ein viertes gefangen zu nehmen, welches einzig die Urfache der Flucht des Antonius und
des darauf erfolgten Sieges gewefen wäre.   Der junge
Menfch, der neben ihm ftünde, wäre fein einziger
Sohn, und hätte im Gefechte fein Leben eingebüffet.
Nach geendigtem Kriege wäre er, im Vertrauen auf
einiges Verdienft, nach Rom gegangen, und hätte da
an dem Hofe des Auguftus um die Capitain-Stelle

T 5   eines

eines grössern Schiffes, dessen voriger Capitain in dem
Treffen geblieben, angehalten. Allein das Schiff wäre,
ohne daß man auf sein Ansuchen die geringste Achtung
gehabt hätte, einem jungen Menschen, dem Sohn einer Freygelassenen, welche als Kammerfrau bey einer
Maitresse des Kaysers stand, gegeben worden. Wie er
wieder auf sein Schiff zurükgekommen, hätte man ihn
einer Vernachläßigung seiner Pflicht beschuldigt, und
das Schiff dem Favorit-Pagen des Vice-Admirals
Publicola gegeben; worauf er sich nach einem arm-
sligen und von Rom weit abgelegenen Meyer-Hof begeben, und daselbst sein Leben beschlossen hätte. Dieses machte mich so begierig, die Wahrheit der Geschichte recht zuverläßig zu wissen, daß ich den
Agrippa hervorruffen ließ, welcher in dem gedachten
See-Gefechte als Admiral commandiert hatte. Er erschien und bestätigte die ganze Erzehlung; mit
dem Unterschiede, daß er zur Ehre des Capitains, der
aus Bescheidenheit ein grosses Theil seiner Verdienste verringert oder verschwiegen hatte, noch weit mehr hinzu-
that.

Ich erstaunete über den schnellen und hohen Anwachs
der Verderbnis in diesem Reiche, welchen die Schwelgerey von so kurzer Zeit her daselbst hervorzubringen
im Stande war, und ließ mich daher viele gleichmäß-
ßige Begegnisse in andern Ländern weniger befremden,
wo die Laster um so viel länger im Schwange gegangen, und wovon man den ganzen Ruhm so wol als
die daher kommende Beute dem Landes-Fürsten zu zuschreiben pflegt, obschon derselbe vielleicht den wenigsten
Anspruch auf beydes hat.

Weil jede hervorgeruffene Person vollkommen in der
Gestalt erschien, welche sie in ihrem Leben gehabt,

so konnte ich nicht ohne Betrübnis wahrnehmen, wie sehr das menschliche Geschlecht von hundert Jahren her bey uns aus der Art geschlagen. Wie die Venus-Seuche unter allen ihren Folgen und Benennungen jeden Zug von einem wahren Engländischen Gesichte verändert, die Statur verkürzet, die Nerven und Muskeln schlafe gemacht, ein unreines Geblüt gezeuget, und die ganze Complexion verderbt hat!

Ich stieg so weit herunter, daß ich noch einige Engländische Bauern von altem Korn und Schrot hervor ruffen ließ, welche die Einfalt ihrer Sitten, Diät und Kleidung, ihre Redlichkeit im Handel und Wandel, ihre wahre Liebe zur Freyheit, ihre Dapferkeit und patriotische Denkens-Art so berühmt gemacht hatte; und ich konnte nicht ganz unbewegt bleiben, da ich, nach Vergleichung der Lebenden mit den Todten, sah, wie alle diese reine angeborne Tugenden von ihren Enkeln für ein Stük Geld geschändet würden, indem sie durch Verkauffung ihrer Stimmen und allerley Practiken bey den Wahlen der Parlaments-Glieder, sich alle die Laster und Verdorbenheiten angewöhnet, welche nur immer bey einem Hofe können erlernet werden.

Das

Das neunte Capitel.

Der Verfasser kehret wieder nach Maldonada zurüke. Fährt nach dem Königreich Luggnagg ab. Er wird gefangen gesezt, und bald nach Hofe beschikt. Wie er daselbst Audienz gehabt. Des Königs grosse Gelindigkeit gegen seine Unterthanen.

Als der Tag unserer Abreise gekommen, nahm ich von Sr. Hoheit dem Gouverneur von Glubbdubdrib, Abschied, und kehrte mit meinen beyden Reise-Gefehrten wieder nach Maldonada zurük, allwo sich endlich nach Verlauf von 14. Tagen ein Schif fand, das nach Luggnagg abgieng. Meine zween Freunde und einige andere Herren waren so gütig und freundschaftlich, daß sie mich mit aller Reise-Nothdurft versahen, und mich bis an das Schif begleiteten. Ich bracht einen ganzen Monat auf dieser Reise zu. Wir hatten einen heftigen Sturm, und waren genöthiget unsern Lauf nach Westen zu nehmen, um unter einen Land-Wind zu kommen, welcher die See mehr als sechzig französische Meilen weit bestreichet. Den 21. Aprils 1708. fuhren wir endlich in den Fluß Clunegnig ein, an welchem südostwerts von Lüggnagg, eine Stadt mit einem Hafen, gleichen Namens, liget. Wir ankerten ungefehr eine Meile davon, und gaben ein Zeichen, daß man uns einen Steuermann heraus schiken sollte. Binnen weniger als einer halben Stunde kamen ihrer zweene auf unser Schif, welche uns zwischen einigen sehr gefährlichen Klippen und Sandbänken hindurch in einen geraumen Hafen führten, wo eine ganze Flotte, die

Länge

Länge eines Cabeltaues weit von der Stadt-Mauer,
sicher ligen kann.

Einige unsrer Matrosen (es sey aus Bosheit oder
aus Unvorsichtigkeit) hatten den beyden Steuer-Män-
nern gesagt, daß ich ein Fremder, und sehr weit gereiset wäre; wovon diese einem Zoll-Beamten Nachricht
gaben, welcher mich scharf examinierte, woher und
wie ich bis zu ihnen gekommen wäre? Er sprach Bal-
nibarbisch mit _mir; welche Sprache die Einwohner
dieser Stadt, wegen der starken Handlung zwischen
beyden Reichen, überhaupt, besonders aber die Seeleute
und Zollbeamten gut verstehen. Ich gab ihm eine kurze
Nachricht von einigen Dingen die mich betrafen, und
machte meine Geschichte so wahrscheinlich und zusam-
menhängend, als mir möglich war; enthielt mich
aber mit gutem Vorbedacht, mein Vaterland zu nennen, und gab mich für einen Holländer aus, weil
ich nach Japan übergehen wollte, und wol wußte, daß
die Holländer das einzige Volk aus Europa wären, so daselbst eingelassen würde. Ich sagte also dem Zollbeamten,
daß, nachdem ich an der Küste von Balnibarbi Schifbruch gelitten, und auf einen Felsen verschlagen worden, man mich nach Laputa oder die schwebende Insel (von deren er öfters gehört) aufgenommen hätte;
und daß ich jetzt nach Japan überzukommen suchte, von
wannen ich vielleicht eine Gelegenheit finden möchte,
wieder in mein Vaterland zurükzureisen. Er antwortete, ich müßte so lange in Arrest bleiben, bis er meinetwegen Befehl von Hofe erhielte, wohin er alsobald
schreiben wollte, und innerhalb vierzehn Tagen Antwort
zu bekommen verhofte. Hierauf führte man mich in
ein noch ziemlich feines Zimmer, und gab mir eine
Wache vor die Thüre; jedoch hatte ich die Freyheit,
in einem dabey gelegenen grossen Garten herumzuspa-
zieren,

zieren, und ward die ganze Zeit über nicht übel, und
auf Kosten des Königs unterhalten. Aus Neubegierde
kamen viele Leute zu mir, weil sie vernommen, daß
ich aus sehr entlegenen Ländern herkäme, von denen
sie niemals etwas gehöret hatten.

Ich mietete mir einen jungen Menschen, der mit
in dem Schiffe angekommen war, zum Dollmetscher.
Er war von Luggnagg gebürtig, hätte sich aber einige
Jahre zu Maldonada aufgehalten, und verstand beyde
Sprachen vollkommen wol. Vermittelst dessen war ich
im Stande, mit denen so mir Besuche machten, zu
sprechen. Der ganze Unterhalt aber bestand aus nichts
als Fragen, so sie an mich thaten, und aus meinen
Antworten.

Die Antwort von Hofe erfolgte um die Zeit, als
wir gehoffet hatten. Sie enthielt eine Vollmacht, mich
samt meinem Gefolge unter einem Begleite von zehn
Reutern, wenn ich mich noch recht erinnere, nach
Traldragdubb oder Trildrogdrib (denn das Wort
wird auf beyderley Weise ausgesprochen) zu bringen.
Mein ganzes Gefolge aber bestand aus dem jungen
Dollmetscher, den ich beredet hatte, völlig in meine
Dienste zu tretten; und auf mein demüthiges Bitten
ließ man uns beyde auf einem Paar Maul-Esel die
Reise machen. Man schikte einen Staats-Botten ungefehr eine halbe Tag-Reise weit voraus, um dem König zu wissen zu thun, daß ich bald anlangen würde,
und Se. Majestät zu bitten, daß Sie Tag und Stunde
bestimmen möchte, wenn ich die Gnade haben könnte,
den Staub vor Dero Fuß-Schemel zu lecken. Dieses ist die Hof-Sprache; und ich fand hernach, daß es

mehr

mehr als eine bloſſe Redens-Art wäre.   Denn als ich
zween Tage nach meiner Ankunft zur Audienz gelaſſen
ward, befahl man mir, mich auf den Bauch niederzulegen, und den Boden, ſo weit ich fortkroch, abzule-
cken.   Weil ich aber ein Fremder war, ſo hatte man
den Platz ſo wol ausgekehret, daß mir der Staub nicht
ſonderlich beſchwerlich fiel.   Gleichwol war dieſes eine
beſondere Gnade, welche niemandem wiederfährt, als
nur Perſonen vom höchſten Range, wenn der König ſo
gnädig iſt, ſie vor ſich zu laſſen.   Ja es geſchiehet zuweilen, daß man mit Fleiß Staub auf den Boden
ſtreuet, wenn der, ſo zur Audienz kommen ſoll, mächtige Feinde am Hofe hat.   Und ich habe ſelbſt einen
groſſen Herrn geſehen, der, als er endlich bis auf die
gehörige Diſtanz vor den Thron fortgekrochen war,
den Mund ſo voll Staub hatte, daß er nicht ein Wort
vorbringen konnte.   Es iſt auch kein Mittel darwider;
denn es iſt für einen, der Audienz hat, ein Capital-
Verbrechen, in Sr. Majeſtät Gegenwart auszuwerf-
fen, oder ſich den Mund abzuwiſchen.   Man hat auch
noch eine andere Gewohnheit an dieſem Hofe, welche
ich (die Wahrheit zu ſagen) eben nicht ganz billigen
kann: Wenn der König willens iſt, einem vornehmen
Herrn des Reiches auf eine gelinde gnädige Weiſe das
Leben zu nehmen, ſo befiehlet er, den Boden mit einem
gewiſſen braunen vergifteten Pulver zu beſtreuen, wovon
die Perſon, welche es auflecket, inner vier und zwanzig Stunden unfehlbar des Todes iſt.   Um aber der
ungemeinen Gütigkeit und zärtlichen Sorge St. Majeſtät für das Leben Ihrer Unterthanen, Gerechtigkeit
wiederfahren zu laſſen, (worinnen zu wünſchen wäre,
daß die Europäiſchen Monarchen dieſem Prinzen nach-

folgen

folgen möchten) soll ich zu Dero Ruhm nicht unge-
meldet laſſen, daß die ſchärfſten Befehle ausgeſtellet
ſind, den Boden nach einer ſolchen Execution auf das
reinlichſte wieder abzuwaſchen, und daß die Bedienten,
wenn ſie es unterlaſſen, in Gefahr ſtehen, ſich Sr.
Majeſtät Königliches Mißfallen zu zuziehen. Ich habe
es ſelbſt angehört, wie dieſer Prinz einen Pagen prügeln
ließ, an dem die Reihe geweſen war, für die Ausfegung
des Bodens nach einer geſchehenen Execution zu ſor-
gen, und der ſolches boshafter Weiſe unterlaſſen hatte,
wodurch denn ein junger Lord von groſſer Hofnung,
welcher darauf zur Audienz kam, unglüklicher Weiſe
vergiftet worden, obſchon der König damals gar nicht
willens war, ihm das Leben zu nehmen. Doch war
dieſer gutmüthige Prinz ſo gnädig, daß er dem Pagen, auf
deſſen Verſprechen, es künftig ohne ausdrüklichen Befehl nicht mehr zu thun, die ihm zugedachte Züchti-
gung nachließ.

Allein wieder auf mich ſelbſt zu kommen: Als ich
bis ungefehr 12. Fuß weit vor den Thron fortgekrochen war, erhub ich mich ganz ſacht auf meine Knie;
und nachdem ich den Boden ſieben mal mit meiner
Stirne berühret, ſprach ich folgende Worte, wie ſie
mir Abends vorher ſind angegeben worden: Ick-
pling gloffthrobb Squut ſerumm blhiop Mlashnalt
Zwin tnodbalkuffh Slhiophad Gurdlubh Askt. Welches das Compliment iſt, ſo vermöge der Landes-Ge-
ſetze, alle die vor den König kommen, abſtatten müſſen; und überſetzet ungefehr ſo viel heiſſen mag: Eure blin-
liſche Majeſtät müſſe länger leben, als die Sonne,
eilf Monen und ein halber dauern. Der König
antwortete etwas; worauf ich, ohne es verſtanden zu
haben, ſo gleich, wie man mich gelehret hatte, erwiederte: Fluſt drinyalerick Dwuldom praſtradmirpush,

welches

welches dem Worte nach heiſſet: Meine Zunge
iſt in dem Munde meines Freundes; und ſo viel
bedeutet, daß ich bäte, man möchte meinem Dollmetſcher den Zutritt verſtatten.　Worauf denn der mehr
gedachte junge Menſch herein gelaſſen ward, durch
deſſen Hülfe ich alle die Fragen beantwortete, welche
Se. Majeſtät, eine ganze Stunde über, an mich ergehen ließ.　Ich ſprach Balnibarbiſch, und mein Dollmetſcher trug alles was ich ſagte, in der Sprache von
Luggnagg vor.

Der König ſchien viel Vergnügen an meiner Geſellſchaft zu haben, und befahl ſeinem Bliffmarklub
oder Groß-Kammerherrn, mir und meinem Dollmetſcher ein Quartier bey Hofe anzuweiſen, unſere Tafel wol beſorgen zu laſſen, und uns einen Beutel voll
Gold für die täglichen Ausgaben zu zuſtellen.

Ich blieb drey Monate lang in dieſem Lande, und
zwar aus lauter Gefälligkeit für Se. Majeſtät, welche
geruhete mich höchlich zu begünſtigen, und mir die
anſehnlichſten Anerbietungen that, um mich länger bey
ſich zu behalten.　Ich fand aber, daß es klüger und
billiger gehandelt wäre, wenn ich trachtete wieder in
mein Vaterland zurückzukommen, und meine übrige Le-
benszeit bey meinem Weib und Kindern zu zubringen.

Das zehende Capitel.

Lob der Luggnaggianer. Umständliche Beschreibung der Struldbruggs; samt des Verfassers Gespräche mit einigen vornehmen Personen über diese Materie.

Die Luggnaggianer sind ein polites und edelmüthiges Volk; und obschon sie von dem Stolze, welcher allen Orientalischen Nationen angeboren ist, nicht gänzlich befreyet sind, so begegnen sie doch den Fremden, und sonderlich denen, welche vom Hofe begünstiget werden, mit vieler Höflichkeit. Ich hatte Bekanntschaft mit Personen von der besten Gattung; und weil ich meinen Dollmetscher stets um mich hatte, so waren unsere Gespräche nicht unangenehm.

Einmal in sehr guter Gesellschaft fragte mich ein gewisser angesehener Herr, ob ich keinen von ihren Struldbruggs oder Unsterblichen gesehen hätte? Ich antwortete mit Nein, und bezeugte ein Verlangen zu wissen, in was für Verstande dieser Name einer sterblichen Creatur beygeleget werden könnte? Hierauf erzehlete er mir, daß zuweilen (wiewol sehr selten) Kinder unter ihnen geboren würden, die einen röthlichten zirkelrunden Flek auf der Stirne, gerade über der linken Augbraune, mit auf die Welt brächten, welches ein unfehlbares Zeichen wäre, daß sie nimmer sterben würden. Dieser Flek wäre anfangs von der Grösse eines silbernen Dreyers, nach und nach aber würde er grösser und verändere die Farben; denn von dem zwölften Jahre an bis auf das fünf und zwanzigste sehe er grün aus, hernach dunkel-blau; und in dem fünf

und

und vierzigſten Jahre werde er kohl-ſchwarz; ſey alsdenn ſo groß als ein Engländiſcher Schilling, und
von dieſer Zeit an keiner Veränderung mehr unterworffen. Es wären aber (fuhr er fort) dergleichen Geburten ſo ſehr ſelten bey ihnen, daß er nicht glaubte, daß
ſolcher Strnldbruggs über 1100. von beyderley Geſchlecht
in dem ganzen Königreiche ſeyn, die fünfzig ungefehr, in der
Hauptſtadt, und unter denſelben das junge Töchtergen,
ſo erſt vor drey Jahren wäre geboren worden, mitgerechnet. Es ereigneten ſich aber ſolche Geburten nicht
etwann in dieſer oder jener Familie beſonders, ſondern
wären die Würkung eines puren Zufalls; und die
Kinder der Struldbrugs ſelbſt, wären eben ſo wol
ſterblich, als andere Menſchen.

Ich muß bekennen, daß mir dieſe Erzehlung ein un-
ausſprechliches Vergnügen verurſachete. Und weil die
Perſon, ſo ſie mir gemachet, balnibarbiſch verſtand,
welches ich ſehr gut ſprach, ſo konnte ich mich nicht
enthalten, in Ausdrüke auszubrechen, die wol ein bischen zu ausſchweiffend ſeyn mögen. Ich rief als in
einer Entzükung aus: O glükſeliges Volk, wo jedes Kind zum wenigſten die Möglichkeit vor ſich
hat, unſterblich geboren zu werden! Glükſelige
Nation, die ſo viel lebendige Exempel der Tugend des Alterthums, und ſo viele Lehrmeiſter beſizet, welche ſie in der Weisheit aller Welt-Alter
unterrichten können! Aber drey mal glükſelige
Struldbruggs, ihr ſelber, die ihr, frey von dem
allgemeinen Elende der menſchlichen Natur, eure
Seelen in ſtiller Ruhe beſizet, und euch nicht mit
der immerwährenden Furcht des Todes ängſtigen
dürfet! Ich bezeugte hiernächſt meine Verwunderung,
daß mir kein einziger von dieſen vortreflichen Perſonen
bey Hofe zu Geſichte gekommen, da doch dieſer ſchwarze

U 2 Flek

Flek auf der Stirne ein so merkbares Zeichen wäre,
daß ich es nicht leicht aus der Acht sollte gelassen haben; wie mir denn auch ganz unmöglich zu seyn
schien, daß ein so kluger Prinz nicht immer eine gute
Anzahl solch weiser und erfahrner Räthe um sich haben
sollte. Aber vielleicht ist die Tugend dieser ehrwürdigen Greisen (fuhr ich fort) für die verdorbenen Sitten
und Ausschweifungen eines Hofes allzustreng; und die
Erfahrung lehret, daß jüngere insgemein allzueigensin-
nig und zu flüchtig sind, sich durch den Rath alter weiser Männer regieren zu lassen. Doch dem möchte seyn
wie ihm wollte, so wäre ich, da mir der Zutritt zu
Sr. Königl. Majestät vergönnet würde, entschlossen,
bey der ersten Gelegenheit diesem Prinzen meine Meynung hierüber, vermittelst meines Dollmetschers, freymüthig und umständlich zu eröfnen, und wenigstens
würde ich, er möchte gleich meinem Rathe folgen oder
nicht, sein mir oft gethanes allergnädigstes Anerbieten
mich in seinem Lande zu versorgen, mit der allergrö-
ßten Dankbarkeit annehmen, und meine übrige Lebens-
Zeit im Umgange mit diesen höhern Wesen, den Struldbruggs zu zubringen, dafern sie mich unter sich leiden
möchten.

Der Herr, an den ich meine Rede richtete, weil er
(wie schon gedacht) der balnibarbischen Sprache mächtig war, antwortete mir mit einer Art Lächelns, welches gemeiniglich aus Mitleiden gegen einen Unwissenden entsteht; daß ihm alles sehr lieb wäre, wodurch ich
könnte bewogen werden, unter ihnen zu bleiben; und daß
mich zugleich um Erlaubnis, der Gesellschaft, von
dem was ich gesagt hatte, Nachricht zu geben. Er
that solches auch; und diese Herren schwazten hierauf
eine

eine gute Zeit in ihrer Sprache zusammen, ohne daß
ich ein Wort von allem, was sie redeten, verstand,
noch auch aus ihren Minen merken konnte, was für
einen Eindruk mein Discurs auf sie gemachet hätte.
Nach einem kurzen Stillschweigen sagte mir der mehr
gedachte Herr, daß seine und meine Freunde (wie er
sich auszudrüken beliebte) an den klugen Anmerkungen,
so ich über die Glükseligkeit und Vortheile eines unsterblichen Lebens gemacht, ein grosses Vergnügen gefunden, und daß sie wünschten, ich möchte ihnen umständlich sagen, auf was für eine Weise ich mein Leben
hätte zubringen wollen, wenn ich das Glük gehabt
hätte, ein Struldbrug geboren zu seyn.

Ich antwortete, daß es gar nicht schwer sey, über
eine so reiche und reizvolle Materie Beredsamkeit zu haben, insonderheit für mich nicht, der ich öfters den
Träumereyen habe nachhängen können, was ich thun
wollte, wenn ich ein König, oder General, oder
sonst ein vornehmer Herr wäre; und selbst über diesen
nemlichen Fall hätte ich öfters den ganzen Plan durch-
gedacht und mir vorgestellet, was ich thun, und wie ich
die Zeit zubringen wollte, wenn ich sicher wäre, daß
ich nimmer sterben würde.

Ich würde also, (fieng ich an) wenn ich das Glük
gehabt hätte, ein Struldbrug geboren zu werden, so
bald ich nur diese meine Glükseligkeit eingesehen, und
den Unterschied zwischen Leben und Tod erkannt hätte,
mich auf alle Weise bemühet haben, Reichthümer zu
erwerben; da ich denn vermittelst Fleisses und Spar-
samkeit vernünftiger Weise hätte hoffen können, innerhalb
ein paar hundert Jahren der reichste Mann im ganzen

U 3   Lande

Lande zu werden. Zweytens wollte ich mich auch von
der frühesten Jugend an auf alle Künste und Wissenschaften geleget, und dadurch gemachet haben, daß ich
mit der Zeit alle andern Menschen an Gelehrsamkeit ꝛc.
übertroffen hätte. Endlich wollte ich alle und jede
merkwürdige öffentliche Handlungen und Begebenheiten
sorgfältig aufgezeichnet, die verschiedenen Character
der auf einander folgenden Fürsten und grosser Staats-
Minister mit Anmerkungen über jeden Punct beschrieben, auch die vielfältigen Veränderungen der Sitten,
der Sprache, der Kleidertrachten, Diät und Lustbarkeiten aufs genaueste zu Papier gebracht haben. Und
durch alles dieses hätte ich, eine lebendige Schatzkammer
der Weisheit und Erkenntniß, und ganz gewiß das
Orakel meiner Nation geworden zu seyn.

Ich würde, (fuhr ich weiter fort) wenn ich ein
Struldbrug wäre, nach meinem sechszigsten Jahre
an kein Heyrathen mehr denken, sondern anfangen,
die Gastfreyheit auszuüben, wiewol so, daß ich dabey
noch immer etwas vorschlüge. Ich wollte beschäftigt
seyn, die Gemüther junger Leute von guter Hofnung
zu bilden und zu leiten, indem ich sie durch meine eigene Erfahrung und Beobachtungen, welche durch unzehlige Exempel wären bestätiget worden, von der Nuz-
barkeit der Tugend in öffentlichen Bedienungen so wol
als im Privatleben überzeugte. Zu meiner eigentlichen
und beständigen Gesellschaft aber würde ich mir eine
Anzahl meines gleichen Unsterblicher, und unter denselben besonders ein Duzend von den Allerältesten
bis auf solche herunter wählen, die der Zeit meiner
Geburt am nächsten kämen. Wenn welche davon arm
wären, so wollte ich ihnen auf meinen Gütern bequeme
Wohnungen geben, auch stets einige derselben an meiner Tafel halten, und nur wenige der besten von euch andern

dern mit daran ziehen, welche durch den Tod zu verlieren
ich mit Länge der Zeit beynahe oder vollkommen gleichgültig werden, und indeſſen fortfahren würde, euere
Nachkommen auf gleiche Weiſe zu tractieren. Eben
wie einer, der ſich an dem jährlichen Flor der Nelken und
Tulpen in ſeinem Garten ergötzet, ohne den Verluſt derer, ſo im vorigen Jahre verwelket waren, zu
bedauern.

Dieſe Struldbruggs und ich wollten einander unſere
Beobachtungen und Memoriale, ſo wir von langer
Zeit her gemacht hätten, mittheilen; die verſchiedenen
Stuffen, worauf ſich das Verderbniß in die Welt ein-
ſchleichet, bemerken; und uns demſelben bey jedem
Schritte durch fleiſſige Warnung und Unterweiſung der
Menſchen entgegen ſetzen; welches, zuſamt dem ſtarken
Eindruk, den unſer eigen Exempel auf ſie hätte, der
immerwährenden Abartung der menſchlichen Natur,
worüber man in jedem Welt-Alter ſo billige Klagen
geführt, vermuthlich den Riegel ſtoſſen würde.

Hiezu kömmt das Vergnügen, die verſchiedenen Re-
volutionen der Staaten und Reiche, und tauſenderley
Veränderungen in der obern und untern Welt zu ſehen;
wie z. Ex. alte berühmte Städte in Ruin gerathen,
und ſchlechte unbekannte Dörfer zu königlichen Reſiden-
zen werden; wie groſſe Flüſſe in ſeichte Bäche ſchwin-
den; wie die See das Ufer von einer Seite troken
läßt, und von der andern es überſchwemmet; die Entdekung vieler noch unbekannter Länder; wie die Barba-
ren ſich über die politeſten Nationen ergießt, und die
ungeſchliffenſten Völker hingegen civiliſiert werden Ich
würde erleben, daß die Longitudo, das perpetuum
mobile, die Univerſal-Arzney und andere ſolche groſſe
Erfindungen zur äuſſerſten Vollkommenheit gebracht
würden.

U 4   Was

Was für wunderbare Entdekungen würden wir nicht
in der Sternseherkunst machen, indem wir unsere Pro-
phezeyungen überlebten, den Lauf und die periodische
Wiederkunft der Cometen, samt allen den Veränderungen, welche sich bey der Bewegung der Sonne, des
Monds und der Sterne zutrügen, beobachten könnten?

Ich sagte noch viel anders mehr, welches mir die
natürliche Begierde zu einem unsterblichen Leben, und
einer irrdischen Glükseligkeit leicht eingab. Nachdem
ich meine Reden geendiget, und der Inhalt davon der
Gesellschaft, wie zuvor, war erkläret worden, redeten sie
wiederum in ihrer Sprache, nicht sonder einiges Gelächter auf meine Unkosten, eine Weile zusammen.
Endlich sagte eben dieser Herr, welcher meine Rede
denen übrigen verdollmetschet hatte; es wäre ihm
von der ganzen Gesellschaft aufgetragen worden, mich
über einige Irrthümer, worein mich die allgemeine
Schwachheit der menschlichen Natur hätte fallen lassen,
und die deswegen billige Nachsicht verdienten, zu rechte
zu weisen. Zu dem Ende wollte er mir sagen, daß
das Geschlecht der Struldbrugs ihrem Lande eigen,
sey, indem er solche weder in Balnibarbi noch Japan, wo er die Ehre gehabt, Sr. Majestät Abgesand-
ter zu seyn, angetroffen; und gefunden hätte, daß die
Einwohner dieser beyden Königreiche die Sache schwerlich für möglich hielten; eben wie die Erstaunung,
welche ich selbst geäussert, da er mir zuerst von dieser
Materie gesprochen, genugsam gezeiget hätte, daß mir
die Sache nicht weniger ganz neu und beynahe un-
gläublich vorkäme. Er hätte beobachtet, daß in den
gedachten zwey Reichen, wo er während seiner Gesand-
schaft vielen Umgang gepflogen, die Begierde und der
Wunsch lange zu leben, bey den Menschen allgemein
wäre; jeder, der den einen Fuß schon im Grabe hätte,

zöge

zöge den andern aus allen Kräften davon zurück. Die
allerältesten daselbst hoffeten stets, noch einen Tag länger
zu leben, und betrachteten den Tod als das gröſte
Uebel, wovon die Natur sie stets zu fliehen antriebe; da
hingegen die Lebens-Begierde auf der einzigen Inſel
Luggnagg nicht so heftig wäre, weil man das Exempel der Struldbruggs immer vor Augen hätte.]

Das Lebens-Syſtem, so ich gemachet, wäre unbe-
gründet und unrichtig, weil es eine ewige Dauer von
Jugend, Geſundheit und Munterkeit vorauſſezte, dergleichen kein Menſch, so ausſchweifend er ſonſt in ſeinen Wünſchen ſeyn möchte, verhoffen könnte. Die
Frage wäre alſo nicht, ob ein Menſch nicht gern ohne
Aufhören jung und glükſelig leben, ſondern wie er
ein Leben ſonder Ende zubringen wollte, welches mit
allen denen Beſchwerlichkeiten verknüpfet wäre, die das
hohe Alter mitzubringen pfleget? denn obſchon wenige
Menſchen geſtehen würden, daß ſie auf ſo harte Bedingungen hin unſterblich ſeyn wollten, ſo hätte er
doch in den beyden gedachten Reichen, Balnibarbi
und Japan, beobachtet, daß jeder den Tod gern
noch etwas länger zurükhalten möchte, ſo ſpät
derſelbe auch immer käme; und daß er ſelten von einem Exempel gehöret, daß die Leute willig geſtorben
wären, wofern der äuſſerſte Kummer oder Schmerz
ſie nicht dazu angetrieben hätte; wobey er ſich auf mich
berief, und fragte, ob ich nicht eben daſſelbe in meinem Vaterlande und in allen denen Ländern, wodurch
ich gereiſet, angemerket hätte?

Nach dieſer Vorrede machte er mir eine umſtändliche
Beſchreibung von ihren Struldbrugs. Bis auf ihr
dreiſſigſtes Jahr (ſagte er) iſt es mit ihnen beſchaffen,
wie mit andern Menſchen; hernach fangen ſie an, me-
U 5 lancholiſch

lancholiſch und niedergeſchlagen zu werden, welches
beydes bey ihnen immer zunimmt bis auf ihr achtzig-
ſtes Jahr. Dieſes wüßte er aus ihrem eigenen Ge-
ſtändnis; denn ſonſt, da innerhalb einem Menſchen-Alter
nur etwann zween oder drey derſelben geboren würden,
wären dieſe zu wenig, als daß man von ihnen einen allgemeinen Schluß machen könnte. Wenn ſie (fuhr er
fort) das achtzigſte Jahr, welches für das höchſte Alter in dieſem Lande gehalten wird, erreicht haben, ſo
ſind ſie nicht allein allen denen Thorheiten und Schwachheiten unterworffen, ſo alten Leuten gemeiniglich an-
kleben, ſondern noch viel andern mehr, welche von der
furchtbaren Ausſicht ihrer Unſterblichkeit entſtehen. Sie
ſind nicht allein hartnäkig, eigenſinnig, geizig, verdrüßlich, einbildiſch und ſchwazhaft, ſondern auch zur
Freundſchaft ganz unfähig und ohne alle natürliche An-
muthung, welche niemals weiter als bis auf ihre En-
kel herabgehet. Neid und Verlangen nach unmögli-
chen Dingen ſind ihre herrſchenden Neigungen. Die
vornehmſten Gegenſtände aber ihres Neides ſind die
Fehler der jüngern Leute, und der Tod der Alten. Denn
wenn ſie jene betrachten, ſo ärgern ſie ſich, daß ſie
keine Luſt und Vergnügen mehr ſchmeken können; und
wenn ſie ein Leichen-Begängnis von dieſen ſehen, ſo
beklagen und grämen ſie ſich, daß andere den Ruhe-
Port erreichet, wohin ſie zu gelangen niemals hoffen
dürfen. Sie erinnern ſich keiner andern Sache, als
die ſie in ihrer Jugend und mittlern Alter gelernet oder
beobachtet haben; und dieſes noch ſehr unvollkommen.
Und was die Gewißheit oder die Umſtände irgend einer Begebenheit betrift, ſo kann man ſich ſicherer auf
die gemeine Sage als auf ihr beſtes Gedächtnis verlaſſen. Die am wenigſten Elenden unter ihnen ſind diejenigen, welche kindiſch werden und ihr Gedächtnis
ganz und gar verlieren. Dieſe erlangen mehr Mitleiden

den und Beyhülfe, weil sie manche schlimme Eigenschaft nicht an sich haben, wovon bey den andern eine
Menge sich findet.

Wenn es sich zuträgt, daß ein Struldbrug eine
Person von seiner Art beyrathet, so wird die Ehe
nachhin unter öffentlichem Ansehen und Erlaubniß wiederum aufgehebt, so bald das jüngere Theil von beyden das achtzigste Jahr erreichet hat. Denn unsere
Geseze halten für billig, daß einer, der schon das Unglük hat, ohne sein Verschulden zu einem endlosen Leben auf dieser Welt verdammet zu seyn, nicht noch
durch eine unsterbliche Frau doppelt unglüklich gemachet werden solle.

So bald sie nun achtzig Jahre alt sind, halten die
Geseze sie für todte Leute. Ihre Erben bemächtigen
sich ihrer Güter; einen kleinen Theil ausgenommen,
so zu ihrem Unterhalt gewidmet wird; und die Armen
von ihnen ernährt das gemeine Wesen. Nach solcher
Zeit werden sie zu allen Aemtern für unfähig erkläret.
Sie können weiter keine Güter weder kauffen noch in
Pacht nehmen; und man läßt sie kein Zeugniß weder
in bürgerlichen noch peinlichen Sachen ablegen, auch
selbst nicht, wenn es eine blosse Grenzstreitigkeit betrift.

Im neunzigsten Jahre verlieren sie ihre Zähne und
Haare; haben keinen Geschmak mehr; und essen und
trinken was sie bekommen können, ohne Lust und Appetit. Die Krankheiten, denen sie unterworffen sind,
behalten immer einerley Weise, ohne sich zu vermehren oder zu vermindern. Wenn sie etwas reden, so
vergessen sie die Namen der bekanntesten Dinge und
Personen, auch selbst ihrer nächsten Verwandten und
Angehörigen. Aus eben dieser Ursache können sie sich
auch nicht mit Lesen unterhalten; denn wegen der
Schwach-

Schwachheit ihres Gedächtnisses haben sie den Anfang
einer Zeile schon wieder vergessen, ehe sie noch ans
Ende derselben kommen. Ein Mangel, der sie vollends des einzigen Vergnügens beraubet, das sie sich
sonst noch machen könnten.

Weil die Sprache dieses Landes sich immer verändert, so verstehen die Struldbruggs von einem Jahrhunderte die von einem andern nicht. Auch sind sie,
nachdem sie zweyhundert Jahre alt geworden, nicht im
Stande, sich mit uns andern Sterblichen in Gespräche
einzulassen, als nur in so fern sie sich durch einige wenige allgemeine Worte zu verstehen geben können; und
haben so die Beschwerlichkeit, daß sie in ihrem eigenen
Vaterlande wie Fremde leben müssen.

Dieses war ungefehr die Beschreibung, so viel ich
mich noch erinnern kann, die mir von den Struldbruggs gemachet ward. Nachher sah ich fünf bis sechs
derselben, welche mir von einigen meiner Freunde zu
verschiedenen Zeiten zugeführt wurden. Sie waren von
verschiedenem Alter, und der jüngste hatte nicht über
zweyhundert Jahre auf sich. Ungeachtet man ihnen
aber gesaget, daß ich ein weit gereißter Mann und in
der ganzen Welt herum gekommen wäre, so hatten sie
doch so wenig Neugierigkeit, daß sie nicht eine einzige
Frage an mich thaten; sondern nur baten, ich möchte
ihnen ein Slumskudask oder Andenkungs-Zeichen geben;
welches eine höfliche Art Bettelns ist, deren sie sich bedienen, um dem Geseze zu entgehen, welches ihnen solches ausdrüklich verbietet, weil sie auf gemeine Kosten,
wiewol sehr sparsam, unterhalten werden.

Alle Welt verachtet und hasset sie. Wenn einer von
ihnen geboren wird, so hält man es für eine traurige
Vorbedeutung, und man schreibt die Begegniß umständlich

ich auf, so daß wenn man ihr Alter wissen will, man
nur die öffentlichen Acten zu Rath ziehen darf; welche
jedoch nicht länger als von ungefehr tausend Jahren
her sind gehalten, oder wenigstens vorhin durch die Zeit
oder allgemeine Unglücks-Fälle sind zerstöret worden.
Die gemeine Methode aber, ihr Alter nachzurechnen,
ist, daß man sie um die Namen der Könige oder anderer hoher Personen fraget, derer sie sich erinnern,
und alsdenn in der Historie nachschlägt; denn unfehlbar
hat der letze Fürst, dessen Andenken sie behalten, seine
Regierung angetretten, noch ehe sie achtzig Jahre alt
waren.

Sie sind das allerhäßlichste Spectakel, so ich in meinem Leben gesehen; und die Weiber sehen noch scheuß-
licher aus als die Männer. Ueber das gewöhnliche ungestalte Wesen, so sich bey hohem Alter findet, haben
sie noch eine besondere Art von Häßlichkeit nach Proportion ihrer Jahre, welche sich nicht beschreiben läßt;
und unter dem halben Duzend, so ich gesehen, konnte
ich leicht unterscheiden, welcher der älteste war, obschon sie in ihrem Alter nicht über hundert oder zweyhundert Jahre von einander entfernet waren.

Der Leser wird aus allem, was ich gehört und gesehen habe, leicht urtheilen, daß meine heftige Begierde
nach einem endlosen Leben sich um viel müsse verringert
haben. Ich fieng an, mich meiner lächerlichen Träumereyen, so ich hierüber mir einfallen ließ, von Herzen zu schämen, und glaubte, daß kein Tyrann eine
so gräusame Todes-Art erfinden könnte, welche ich
nicht gern ausstehen würde, um ein solches Leben,
wenn ich es hätte, zu endigen. Der König hörte von
allem, was sich zwischen mir und meinen Freunden
zugetragen, und scherzte darüber ganz artig mit mir.

Er

Er wünschte unter anderm, ich möchte ein paar Struld-brugs nach meinem Vaterlande über senden, um meine Landes-Leute wider die Furcht des Todes zu bewafnen. Allein es scheinet, daß ihre Fundamental-Geseze solches nicht zulassen; sonst ich mich weder Mühe noch Kosten würde haben reuen lassen, es ins Werk zu sezen.

Ich mußte gestehen, daß die Geseze dieses Reiches in Ansehung der Struldbruggs auf den triftigsten Gründen beruheten, und so beschaffen wären, daß jede andre Nation, die in gleichen Umständen sich befände, sie machen müßte. Wiedrigen Falls diese Unsterblichen, da der Gelz gewisser massen eine nothwendige Folge des hohen Alters ist, mit Verlauf der Zeit wol alle Güter der Nation an sich ziehen, und sich der ganzen Regierung bemächtigen möchten; welches denn, weil es ihnen an den nöthigen Talenten, das Steuer zu führen, fehlete, in die gänzliche Zugrundrichtung des Staates ausschlagen würde.

Das eilfte Capitel.

Der Verfaſſer reiſet von Luggnagg ab, und begie-
bet ſich nach Japan. Von dar gehet er auf einem holländiſchen Schiffe nach Amſterdam; und
von Amſterdam wieder nach England.

Ich habe geglaubt, daß dieſe Nachricht von den
Struldbrugs dem Leſer nicht unangenehm ſeyn dürfte,
weil ſie etwas auſſerordentliches zu enthalten ſcheinet.
Wenigſtens erinnere ich mich nicht, in irgend einer
Reiſe-Beſchreibung, die mir zu Handen gekommen,
dergleichen etwas geleſen zu haben. Sollte ich mich
aber betriegen, ſo wird mir die Entſchuldigung zuſtat-
ten kommen, daß es nicht anders ſeyn kann, als daß
Reiſende, die ein gleiches Land beſchreiben, ſich ſehr oft
über die gleichen Materien aufhalten müſſen; ohne daß
man ſie deswegen beſchuldigen kann, es habe einer von
den andern, ſo vor ihm geſchrieben, geborget, oder
dieſelben ausgeſchrieben.

Es iſt wahr, daß zwiſchen dieſer Inſel und dem groſſen japaniſchen Reiche ſtets ein ſtarker Handel und
Wandel vorwaltet; und daher ſehr wahrſcheinlich, daß
die japaniſchen Scribenten von den Struldbruggs
wol mögen Nachricht gegeben haben. Allein ich hielt
mich ſo wenig lange in Japan auf, und verſtand die
Sprache des Landes ſo gar nicht, daß ich auſſer
Stande war, mich im geringſten darüber zu erkundigen. Ich hoffe aber, die Herren Holländer werden
durch dieſe Anzeige angeſpornt werden, dießfalls zu
thun, was ich unterlaſſen mußte.

Nachdem

Nachdem der König von Luggnagg mir öfters an
gelegen gewesen, eine Bedienung an seinem Hofe anzunehmen; ich aber bey meinem Vorsaze, wieder nach
meinem Vaterlande zurükzukehren, fest beharrete, erlaubte er mir endlich abzureisen, und gab mir ein ei-
genhändiges Empfehlungs-Schreiben an den Kayser
von Japan mit, beschenkte mich auch mit vier hundert
vier und vierzig (die Nation liebet die geraden Zahlen)
wichtigen Goldstüken, und einem Rubin, welchen ich
in England für 1100. Pfunde Sterling verkaufte.

Den 6. Mey 1709. nahm ich von Sr. Majestät
und allen meinen Bekannten feyerlich Abschied. Dieser
Prinz war so gnädig, daß er mich noch durch eine
Garde bis nach Glanguenstald, einem Meer-Port
an der südwestlichen Seite der Insel begleiten ließ.
Nach sechs Tagen fand ich ein segelfertiges Schif nach
Japan überzufahren, und brachte 15. Tage auf der Reise
zu. Wir stiegen bey einer kleinen Seestadt, Namens Xa-
moschi, an der südöstlichen Seite von Japan an
Land; die Stadt liget westwerts, von da man durch
einen engen Paß nordwerts in einen langen Seearm
gelanget, auf dessen nordwestlicher Seite Yedo liget.
Wie wir an Land kamen, zeigte ich den Zollbeamten
meinen von dem König zu Luggnagg an Se. Kayserl.
Majestät aufhabenden Brief. Sie kannten das Sigel
vollkommen wol. Es war einer Hand breit, und darauf ein König gestochen, welcher einen lahmen Bettler von der Erde aufhebet. Die Magistrats-Personen
von der Stadt empfiengen mich als einen öffentlichen
Minister; liessen mir Fuhrwerk, Bediente rc. zukommen, und mein Gepäke nach Yedo bringen; allwo ich
bald Audienz hatte, und meinen Brief übergab. Derselbe ward mit grossen Ceremonien eröfnet, und dem
Kayser durch einen Dollmetscher erkläret. Worauf dieser

fer mir aus Befehl Sr. Majestät anzeigte, daß ich es
öfnen sollte, was meine Bitte wäre; mit Versichern,
daß Seine Majestät, was es auch seyn möchte,
aus Hochachtung für Dero Bruder, den König von
Luggnagg, darein willigen würde. Dieser Dollmetscher war lange Zeit als ein Unterhändler mit den Hol-
ländern gebraucht worden, und merkte bald aus meinem Betragen, daß ich ein Europäer wäre; daher er
mir Sr. Majestät Willens-Meynung auf holländisch,
welches er vollkommen wol verstand, zu erkennen gab.
Ich antwortete, (wie ich mir vorher schon vorgenommen hatte) daß ich ein holländischer Kaufmann wäre,
der in einer weit entfernten Gegend Schifbruch gelitten, von dar ich mich theils zur See theils zu Lande
nach Luggnagg, und von dar nach Japan begeben
hätte, weil ich wüßte, daß meine Landes-Leute öfters
Schife dahin schikten, auf deren einem ich wieder nach
Europa zurükzukehren gedächte; und daher allerunterthänigst wollte gebetten haben, daß Se. Majestät mich
sicher bis nach Nangasac führen lassen möchte. Dieser
Bitte fügte ich noch eine andere bey; daß neinlich Se.
Majestät, aus Freundschaft gegen meinen Beschüzer
den König von Luggnagg, allergnädigst erlauben
möchte, daß ich der, meinen Landes-Leuten sonst auf-
erlegten Ceremonie, das Crucifix mit Füssen zu tretten,
überhoben seyn dürfte; angesehen mich blos meine erlittenen Unglüks-Fälle, und keine Absicht Handel zu
treiben, in dieses Land geführet hätten. Als diese
leztere Bitte dem Keyser verdollmetschet ward, schien
er sich nicht wenig zu verwundern, und sagte, daß ich
wol der erste von meinen Landes-Leuten wäre, der einige Schwierigkeit über diesen Punct machte; und daß
er anfienge zu zweifeln, ob ich würklich ein wahrer
Holländer wäre; und vielmehr muthmassete, ich

V. Theil. X müßte

müßte ein **Chriſt** ſeyn. Nichts deſto weniger wollte er
wegen der von mir angeführten Urſachen, vornemlich
aber um dem König von **Luggnagg** durch ein beſonderes Zeichen ſeine Freundſchaft an den Tag zu legen,
meinem ſeltſamen Humor nachgeben. Die Sache aber
mußte behutſam geführet werden; und ſollten ſeine Officiere Befehl bekommen, mich als aus Unachtſamkeit
durchwiſchen zu laſſen; denn wenn meine Landesleute,
die Holländer, (verſicherte er mich,) die Sache in Erfahrung bringen ſollten, ſo würden ſie mir auf der
Reiſe unfehlbar die Gurgel abſchneiden. Ich ſtattete
durch den Mund meines Dollmetſchers für dieſe ungewöhnliche Gnade den unterthänigſten Dank ab; und
weil damals gerade einige Truppen nach Nangaſac abgeben ſollten, ſo bekam der commandierende Officier,
nebſt beſondern Verhaltungs-Befehlen, das **Crucifix**
betreffend, Ordre, mich ſicher dahin zu begleiten.

Den 9. Junii 1709. kam ich nach einer langen und
beſchwerlichen Reiſe zu Nangaſac an. Ich gerieth bald
mit einigen holländiſchen Matroſen von der Amboina
von **Amſterdam**, einem Kauffardey-Schiffe von 450.
Tonnen, in Geſellſchaft. Ich hatte lange in Holland
gelebet, da ich zu Leyden den Studien obgelegen, und
ſprach gut holländiſch. Die Matroſen erfuhren bald,
wo ich zuletzt hergekommen, und fragten mich neugierig von meinen Reiſen und meinem Lebens-Lauf. Ich
machte ihnen eine Erzehlung davon, ſo kurz und wahrſcheinlich, als ich konnte; verhehlete aber das meiſte.
Ich kannte viele Leute in Holland. Es war mir
nicht ſchwer, allerley Namen für meine Anverwandte
zu finden, welche, wie ich ſagte, geringe Leute in der
Provinz Geldern wären. Ich hätte dem Capitain,

(einem

(einem Theodorus van Grult) gerne alles gegeben,
was er für meine Ueberfahrt nach Holland gefodert
hätte. Wie er aber vernahm, ich wäre ein Barbierer,
verlangte er nicht mehr als die Helfte der gewöhnlichen
Fracht; mit Bedingung, daß ich auf der Reise Bar-
bierers-Dienste thun sollte. Ehe wir noch abfuhren,
fragten mich einige von dem Schiffs-Volke öfters, ob
ich die vorerwehnte Ceremonie verrichtet hätte? Ich
kehrete die Frage mit einer General-Antwort, daß ich
dem Kayser und dem Hofe in allen Stücken ein Genügen geleistet hätte, ab. Gleichwol gieng ein boshafter
Bube von einem Matrose zu einem der Officiers, und
sagte, mit dem Finger auf mich deutend, ich hätte das
Crucifix noch nicht mit Füssen getretten. Allein der
andere, so Befehl hatte, mich passieren zu lassen, gab
diesem Galgenschwengel eine gute Tracht Stockschläge;
worauf ich weiter keine Anfechtung mehr hatte.

Es trug sich nichts merkwürdiges auf dieser Reise zu.
Wir kamen unter beständig gutem Winde bey dem
Vorgebürge der guten Hofnung an; allwo wir uns
nur so lange aufhielten, bis wir frisch Wasser eingenommen. Den 10. April gelangeten wir gesund und
frisch nach Amsterdam, und hatten nicht mehr als
drey Mann verloren, die an Krankheiten gestorben,
und einen vierten, der nahe bey der Küste von Gui-
nea von dem Vorder-Mast in die See gefallen war.
Von Amsterdam gieng ich gar bald in einem kleinen
Schiffe, das dieser Stadt zugehörte, unter Segel,
um vollends nach England zu gelangen.

Den 16. April 1710. kamen wir in den Dünen an.
Ich landete den folgenden Morgen; und hatte das
X 2   Vergnügen,

Vergnügen, mein liebes Vaterland, nach einer Abwesenheit von fünf Jahren und sechs Monaten, wieder einmal zu sehen. Ich nahm den Weg gerade auf Redriff zu; wo ich noch selbigen Tages um zwey Uhren Nachmittags anlangete, und meine Frau und Kinder in gutem Wolstand antraf.

Ende des dritten Theils.

Reisen.

Vierter Theil.

Reise in das Land der Houyhnhnms.

Das erste Capitel.

Der Verfasser unternihmt eine Reise als Schifs-Capitain. Seine Leute machen eine Zusammenverschwörung wider ihn, halten ihn eine lange Zeit in seiner Cajute eingesperret, sezen ihn auf ein unbekanntes Land aus.   Er geht tiefer in dieses Land. Beschreibung der Yahoos, einer seltsamen Art Thiere. Der Verfasser trift zween Houyhnhnms an.

Ich blieb ungefehr fünf Monate bey meinem Weibe und Kindern zu Hause; und würde glüklich gewesen seyn, wenn ich mein Glük hätte erkennen können. Ich ließ mein gutes Weib schwanger zurüke, und mir einen vortheilhaften Antrag, Capitain auf dem Waghalse, einem Kauffardey-Schiffe von 350. Tonnen, zu seyn, wol gefallen; denn ich verstand die Schiffahrt sehr gut,

und weil ich des Amts eines Barbierers zur See müde
war, wiewol ich solches, wenn die Noth es erheischte,
immer verrichten konnte, so nahm ich einen geschikten
jungen Menschen, Namens Robert Purefoy, mit auf
das Schif. Wir giengen von Portsmouth den 2.
August 1710. unter Segel. Den 14. holten wir bey
Teneriffa den Capitain Pocok von Bristol ein, der
nach der Bay von Campeche gieng, um Farb-Holz
zu laden. Den 16. ward er durch einen Sturm von
uns getrennet. Ich habe nachgehends bey meiner
Heimkunst vernommen, daß sein Schif zu Grunde gegangen, und nur ein einziger Schifs-Junge davon gekommen. Er war ein ehrlicher Mann und guter Seefahrer; aber ein bißgen zu eigensinnig, welches die Ursache seines Verderbens, so wie noch vieler anderer,
war. Denn wenn er dem Rath, welchen ich ihm
gab, gefolget hätte, so dürfte er jezt wol eben so gesund und frisch wieder zu Hause bey seinem Weib und
Kindern seyn, als ich.

Ein hiziges Fieber fraß mir so viel Leute weg, daß
ich genöthigt ward, auf den Inseln Barbados frisch
Volk anzuwerben. Die Kaufleute, in deren Diensten
ich stand, wollten, daß ich da zusprechen sollte, welches ich bald zu bereuen mehr als zu viel Ursache hatte;
denn ich fand nachher, daß die meisten dieser Recrou-
ten ein ordentliches Räuber-Gesindel wären. Mein
Schifs-Volk bestand noch aus 25. Mann; und meine
Ordre lautete dahin, daß ich mit den Indianern auf
der Süd-See Handlung treiben, und etwann einige
neue Entdekungen zu machen bemühet seyn sollte. Diese
Schelmen, die ich auf den gedachten Inseln angewor-
ben, verführten meine übrigen Leute; und alle zusammen

men faßten den Schluß, sich des Schiffes zu bemächtigen, und meiner Person sich zu versichern. Sie richteten auch solches ins Werk, indem sie einst eines Morgens in meine Cajute eindrangen, mich an Händen und Füßen fest macheten, und droheten, daß sie mich gleich in die See werffen wollten, wenn ich mich rührete. Ich antwortete, daß ich ihr Gefangener wäre, und mich unterwerffen wollte. Dieses mußte ich ihnen mit einem Eide bekräftigen; worauf sie mich in so weit los banden, daß sie mich nur an dem einen Fuße mit einer Kette an das Beth gefeßelt hielten; zugleich aber stelleten sie eine Schildwache mit einem geladenen Gewehr für meine Thüre, welche Befehl hatte, mich todt zu schiessen, so bald ich das geringste zu Erlangung meiner Freyheit unternähme. Sie schikten mir zu essen und zu trinken herunter, und nahmen die Regierung des Schiffes zu ihren Händen. Ihre Absicht war, Seeräuberey zu treiben, und auf die Spanier zu capern, welches sie doch nicht thun konnten, bis sie besser bemannet wären. Sie wollten also erst die Kaufmanns-Güter im Schiffe verkauffen, und denn nach Madagascar gehen, mehr Leute einzunehmen, weil seit der Zeit meines Arrests verschiedene von ihnen gestorben waren. Sie segelten viele Wochen lang, und tandel'ten mit den Indianern; allein ich mußte nicht, wohin sie ihren Lauf nahmen, weil ich allzugenau in meiner Cajute bewachet ward, und alle Augenblike gewärtig seyn mußte umgebracht zu werden, wie sie mir öfters droheten.

Den 9. May 1711. kam einer, Namens James Welch, zu mir in die Cajute herunter, und sagte, daß er von dem Capitain Befehl hätte, mich an Land zu

zu sezen. Ich beschwerete mich gegen ihn, allein vergebens; und er wollte mir auch nur nicht einmal sagen, wer dieser neue Capitain wäre. Sie zwangen
mich in das Boot zu steigen; wobey sie mir doch erlaubten, mein bestes Kleid, das so gut als neu war,
anzuziehen, und etwas keinen Zeug, jedoch kein
Gewehr ausser meinem Degen, mit zu nehmen.
Sie waren auch noch so höflich, daß sie meine Taschen nicht durchsuchten, worein ich all mein Geld und
einige andere nöthige Kleinigkeiten gestellet hatte. Sie
ruderten ungefehr eine Meile weit fort, und sezten mich
alsdenn an ein steiles Ufer aus. Ich bat, sie möchten mir doch sagen, was für ein Land es wäre; sie betheuerten aber hoch, daß sie es eben so wenig wüßten,
als ich; nur hätte der Capitain (wie sie ihn hiessen)
sich entschlossen gehabt, so bald sie die Waaren würden
verkaufft haben, sich meiner bey der ersten besten Küste,
so wir entdeken würden, zu entladen, und mich an
dieselbe auszusezen. Sie stachen sogleich wieder in die
See; riethen mir noch, mich von dem Orte, wo ich
war, bald wegzumachen, wenn ich nicht von der Fluth
übereilet werden wollte; und nahmen so Abschied.

In diesem verlassenen Zustande gieng ich fort, und
gewann bald sichern Grund auf der Höhe. Ich sezte
mich nieder, um auszuruhen, und zu überlegen was ich
nun anfangen wollte. Nachdem ich mich ein wenig
erholet hatte, gieng ich tiefer ins Land hinein, mit dem
Vorsaze, mich an die ersten Wilden, so ich antreffen
würde, zu ergeben, und mein Leben von ihnen durch
einige Arm-Bänder, Glas-Perlen und andere Kleinigkeiten, womit sich die Seefahrer auf solche Reisen
zu versehen pflegen, und deren ich einige bey mir hatte,

zu

zu erkauffen. Das Land war voller Bäume, die nicht
regelmäſſig gepflanzet, ſondern lediglich von Natur her-
vorwuchſen; hatte eine Menge Gras und viele Haber-
Felder. Ich gieng ſehr behutſam, damit ich nicht etwann überfallen würde, noch von hinten oder ſeit-
werts einen Pfeil-Schuß bekommen möchte. Ich gerieth in eine getriebene Straſſe, worauf ich viele Fuß-
ſtapfen von Menſchen, [wie ſie mir vorkamen,] einige
von Kühen, die allermeiſten aber von Pferden antraf.
Endlich erblikte ich auch einige Thiere auf dem Felde,
und zwey oder drey derſelben, die auf den Bäumen
ſaſſen. Sie hatten eine ganz ſeltſame und häßliche Geſtalt, welches mir eine etwelche Furcht einjagte, ſo daß
ich mich hinter einem Gebüſche auf die Erde niederlegte, um ſie deſto beſſer betrachten zu können; und
weil einige darunter, dem Orte wo ich mich befand,
näher kamen, ſo hatte ich Gelegenheit, ſie ganz genau
in Augenſchein zu nehmen. Kopf und Bruſt waren
dik mit Haaren bewachſen; einige hatten ſie kraus,
und andere glatt. Sie hatten Bärte wie die Böke,
und über den Rüken herunter einen langen haarichten
Streiffen; eben wie auch die Vordertheile ihrer Beine
und Füſſe mit Haaren bedeket waren. An dem übrigen Leib aber waren ſie naket, ſo daß ich ihre bloſſe
Haut ſehen konnte, welche braun ochſenfarbigt ausſah.
Sie hatten keine Schwänze, auch ſonſt keine Haare
an ihren Hinter-Schenkeln, als nur um den Anus herum, welche die Natur ihnen vermuthlich zum Schuze
gegeben, wenn ſie auf der Erde ſäſſen; denn dieſer Po-
ſitur bedienten ſie ſich eben ſo wol als des Ligens, und
öfters ſtanden ſie aufrecht auf ihren Hinter-Füſſen. Sie
kletterten auf die höchſten Bäume, ſo behend als die
Eichhörngen; denn ſie waren von vornen und hinten

X 5   mit

mit starken langen Klauen versehen, die am Ende in
scharfe krumme Spizen zugiengen. Sie sprangen und
lieffen zuweilen mit einer erstaunenden Hurtigkeit. Die
Weibsen waren nicht so groß als die Mannsen, hatten
lange Haare auf dem Kopfe, im Gesichte aber gar
keine, noch sonst an ihrem übrigen Leibe etwas anders,
als eine Gattung weicher Milchhaare; die geheimen
Theile ausgenommen. Ihre Brüste hiengen zwischen
den zween Border-Füssen herab, und reichten, wenn
sie giengen, beynahe bis auf die Erde herunter. Die
Haare dieser Thiere beyderley Geschlechtes, waren von
verschiedener Farbe; braun, roth, weiß und gelb. Kurz,
ich hatte auf allen meinen Reisen kein so unangenehmes Thier gesehen, und gegen welches ich eine stärkere
Antipathie empfunden hätte. Ich bekam also bald genug sie zu sehen, stand voll Verachtung und Abscheu
auf, und gieng auf der Strasse weiter fort, in Hofnung daß sie mich etwann zu der Hütte eines India-
ners führen würden. Ich hatte kaum einige Schritte
gethan, als mir eines dieser Thiere begegnete, und
gerade auf mich zukam. Das häßliche Ding ward
meiner nicht so bald gewahr, als es anfieng sein Gesicht in die seltsamsten Grimassen zu verziehen, und mich
angaffete, als einen Gegenstand, dergleichen es zuvor
niemals gesehen hätte. Wie es mir näher kam, hub
es die eine Vorder-Pfote auf, dabey ich nicht wußte,
ob solches blos aus Verwunderung oder aus einem bösen Vorsaz geschähe. Allein ich zog meinen Degen,
und gab ihm damit einen derben flachen Schlag; denn
ich wollte nicht einhauen, damit ich die Einwohner
nicht wider mich aufbrächte, wenn sie erführen, daß
ich ein ihnen vielleicht zuständiges Vieh getödet oder ge-
stümmelt hätte. Gleich auf den Schlag zog sich die
Bestie

Beſtie zurük, und fieng an ſo laut zu brülen, daß den
Augenblik eine ganze Heerde von ihrer mehr als vierzig
aus den benachbarten Feldern herbeygeſprungen kamen,
die mich umgaben, und heuleten, und die gräßlichſten
Geſichter gegen mich machten. Ich lief geſchwinde unter einen Baum, lehnte mich mit dem Rüken daran an,
und hielt ſie von mir ab, indem ich mit meinem Degen das Rad ſchlug.   Einige von dieſer verwünſchten
Brut konnten von hinten zu Aeſte erreichen, rannten
den Baum auf, und fiengen an, ihren Unflath auf
mich herunter fallen zu laſſen. Ich ſtemmte mich aber
ganz dichte an den Baum an, und kam durch dieſes
Mittel noch gut genug davon; nur daß der üble Geruch von dem Unflat, der auf allen Seiten bey mir
herunter fiel, mich beynahe erſtiket hätte.

Mitten in dieſer Noth rannten ſie alle plözlich und
ſo geſchwinde davon, als ſie konnten. Worauf ich es
wagete, den Baum zu verlaſſen, und auf der Straſſe
weiter fortzugehen.   Ich wunderte mich, was ſie ſo
gähling in Furcht möchte gejaget haben. Als ich mich
umſah, erblikte ich zur Linken ein Pferd, das ſachte
auf dem Felde herumſpazierte, welches die Urſache ihrer Flucht war, indem ſie es vor mir wahrgenommen
hatten.   Das Pferd, wie es mir näher kam, ſchien
ein bisgen beſtürzt zu ſeyn, erholte ſich aber bald, und
ſah mir mit offenbaren Zeichen von Verwunderung in
das Geſicht. Es beſchauete meine Hände und Füſſe,
indem es verſchiedene mal um mich herumgieng. Ich
wollte weiter fortgehen; allein es ſtellte ſich mir gerade
in den Weg, dabey es jedoch ſehr ſanft drein ſchauete,
und mir nicht das geringſte Leid zu zufügen begehrte.
Wir ſahen einander in dieſer Stellung eine Zeit lange
ſteif an.   Endlich nahm ich mir die Kühnheit, meine
Hand gegen ſeinen Hals auszuſtreken, Willens, daſſelbe
zu

zu streicheln, wobey ich mich dergleichen Pfeifens und
Zuredens bediente, als unter den Roßhändlern bey
uns im Gebrauche ist, wenn sie ein fremdes Pferd be-
fühlen wollen. Allein dieses Thier schien über meine
Liebkosungen verdrüßlich zu seyn, schüttelte den Kopf,
zog die Augenbraunen, und hub sachte seinen rechten
Vorder-Fuß auf, um meine Hand wegzuschaffen. Hernach
wieherte es drey bis vier mal; aber in so verschiedener
Cadenz, daß ich beynahe zu glauben anfieng, es wäre
eine Art Sprache, in welcher es zu sich selbst redete.

Hierüber kam ein anderes Pferd dazu, welches sich
dem ersten mit vielen Formalitäten näherte; und wie
sie beysammen waren, strichen sie ihre rechten Vorder-
Füsse ganz sachte an einander, wieherten dabey, und
veränderten die Töne dergestalt, daß sie mir ganz arti-
culiert vorkamen. Alsdenn entfernten sie sich einige
Schritte von mir, als ob sie etwas mit einander zu reden hätten, und giengen eines neben dem andern auf
und nieder, nicht anders als Leute, welche sich über
eine wichtige Sache berathschlagen; wobey sie zugleich
öfters nach mir hinsahen, gleichsam um Achtung zu
geben, daß ich nicht entwischen möchte. Ich war ganz
erstaunet, dergleichen Handlungen und Betragen von
vernunftlosen Thieren zu sehen; und machte bey mir
selbst den Schluß, daß wenn die Einwohner dieses
Landes mit einem proportionierten Grade der Vernunft
begabet wären, so mußten sie nothwendig das weiseste
Volk unter der Sonne seyn. Dieser Gedanke machte
mir Muth, meinen Weg zu verfolgen, bis ich ein
Haus oder Dorf, oder irgend einen Einwohner anträfe, und die beyden Pferde mit einander discurieren
zu lassen, so lange sie wollten. Allein das erstere, so
ein apfelgrauer Schimmel war, wie es mein Wegschlei-
chen gewahr ward, wieherte mit einem so gebietenden
Tone hinter mir her, daß ich mir zu verstehen einbil-

dete,

bete, was es damit sagen wollte; daher ich sogleich wieder
umkehrte und zu ihm hingieng, um seine weitern Befehle zu erwarten. Ich verbarg aber meine Furcht,
so viel ich konnte; denn ich fieng würklich an besorgt zu
seyn, wie diese Begegnis ablauffen möchte; und der
Leser wird leicht glauben, daß mir bey der Sache eben
nicht sehr wol zu Muthe gewesen seyn muß.

Die beyden Pferde kamen hierauf ganz nahe zu mir
herbey, und betrachteten mein Gesicht und meine
Hände mit besonderer Aufmerksamkeit. Der Schimmel befühlete meinen Hut mit dem Huffe seines rechten
Vorder-Fusses rund herum, und richtete ihn dadurch
so übel zu, daß ich, um ihn wieder in Ordnung zu
bringen, genöthiget war, denselben abzunehmen und
frischer Dinge aufzusezen. Worüber beyde, der
Schimmel und sein Camerade (so ein Lichtbrauner
war) sehr bestürzet zu seyn schienen. Dieser leztere be-
tastete die Lappen meines Oberroks; und da er fand,
daß derselbe los an meinem Leibe hieng, und keinen
Theil davon ausmachte, gaben sie beyde aufs neue
Zeichen der Verwunderung von sich. Der Lichtbraune
streichelte meine rechte Hand, und schien ihre Weich-
heit und Farbe zu bewundern; drükte mir sie aber zwischen seinem Huffe und dem Fersen-Gelenke so stark,
daß ich überlaut schrie. Worauf sie mich beyde so sanft,
als immer möglich, betasteten. Aus meinen Schuhen
und Strümpfen wußten sie nicht, was sie machen sollten. Sie befühleten dieselben sehr oft, wieherten alsdenn gegen einander, und machten allerley Gebehrdungen, die denen nicht unähnlich waren, welche etwan ein
Philosoph zu machen pfleget, wenn er irgend ein neues und
schweres Phänomenon auflösen will. Mit einem Worte;
das Betragen dieser Thiere war so ordentlich und vernünftig, so scharfsinnig und bedächtlich, daß ich zulezt
glaubte,

glaubte, es müßten nothwendig Hexenmeister seyn, die
sich aus irgend einer Absicht also verwandelt, und indeſſen, da sie einen Fremden angetroffen, Belieben trügen, ihren Spaß mit ihm zu treiben, oder auch in
der That in Erstaunung gerathen wären über dem
Anblik eines Menschen, der in der Kleidung, Gestalt,
Mine ꝛc. so sehr unterschieden wäre von denen, die vielleicht in diesem so entfernten Lande leben möchten. Auf
diesen Schluß hin wagete ich es, sie folgender Gestalt
anzureden: „Meine Herren! Wenn Sie Zauberer sind,
„wie es das Ansehen hat, so werden Sie gewiß auch
„alle Sprachen verstehen; daher ich mir die Freyheit
„nehme, Ihnen zu erkennen zu geben, daß ich ein ar-
„mer verunglükter Engländer bin, den sein widriges
„Schiksal auf Ihre Küste geführet hat; und ich ersuche
„Sie gar sehr, daß mich einer von Ihnen, als wäre
„er ein würkliches Pferd, auf seinen Rüken sitzen laſſe,
„bis wir zu irgend einem Hause oder Dorfe kommen,
„wo ich mich erholen kann; für welche Gunſtbezeu-
„gung ich Ihnen dieses Meſſer und Arm-Band (die
„ich aus meiner Tasche hervorlangte) zum Ge-
„schenke geben will.„ Die zwo Creaturen beobachte-
teten, so lange ich redete, ein tiefes Stillschweigen, und
schienen sehr aufmerksam zu zuhorchen. Wie ich aber
fertig war, so wieherten sie öfters gegen einander, als
ob sie in einem ernsthaften Gespräche begriffen wären.
Ich bemerkte dabey, daß ihre Sprache die Affecten
sehr wol ausdrükte, und daß es nicht schwer seyn würde,
die Wörter in ein Alphabeth aufzulösen; zum wenigsten noch leichter als solches bey der Sprache der Chi-
neser ist.

Ich konnte das Wort Yahoo, welches sie beyde öfters wiederholeten, deutlich unterscheiden; und obschon
ich unmöglich errathen konnte, was solches bedeutete,

so

so versuchte ich doch, während daß die zwey Pferde
mit einander im Gespräche waren, es leise nachzuspre-
chen; und rief, nachdem sie stille schwiegen, laut aus:
Yahoo; wobey ich zugleich das Wiehern eines Pferdes so gut nachahmete, als mir möglich war. Dieses
setzte sie in eine nicht geringe Verwunderung; und der
Schimmel wiederholete das Wort zwey mal, gleich
als ob er mich den rechten Accent lehren wollte; welchen zu erlangen ich es ihm nachsprach, und fand,
daß es jedes mal besser gieng, wiewol ich von der Vollkommenheit noch sehr weit entfernet war. Nach diesem setzte mich der Lichtbraune mit einem andern
Worte auf die Probe, welches weit schwerer auszusprechen war, und nach unsrer Ortographie ungefehr also
geschrieben werden kann: Houyhnhnm. Mit diesem
gelang es mir nicht so gut, als mit dem erstern. Doch
nach einem zwey- bis dreymaligen, Versuche gieng es
besser von statten; und meine beyden Lehrmeister schienen über meine Fähigkeit erstaunet zu seyn.

Nach einigen andern Reden, welche (wie ich muthmassete) mich angiengen, nahmen die beyden Freunde
mit den nemlichen Complimenten, daß einer des andern Huf berührte, von einander Abschied; und der
Schimmel gab mir ein Zeichen, daß ich vor ihm her-
gehen sollte; worinnen ich es der Klugheit gemäß zu seyn
trachtete, zu gehorchen, bis ich einen bessern Wegweiser fände. Da ich anfieng langsam zu gehen,
schrie er: Hhuun, Hhuun. Ich errieth seine Meynung; gab ihm aber, so gut ich konnte, zu verstehen,
daß ich müde wäre, und nicht geschwinder fortgehen
könnte; worauf er ein wenig stille stand, mich ausruhen
zu lassen.

Das

Das zweyte Capitel.

Ein Houyhnhnm führet den Verfasser in sein Haus.
Beschreibung dieses Hauses. Wie der Verfasser
empfangen worden. Nahrung der Houyhnhnms.
Verlegenheit des Verfassers, um Lebens-Mittel
zu bekommen; wird endlich gehoben. Wie er
in diesem Lande sein Leben unterhalten.

Nachdem wir ungefehr drey Meilen fortgegangen,
kamen wir zu einer Art langen Gebäudes, welches von
hölzernen in die Erde gestelten Balken gemachet war,
und Wände von Hürden hatte. Das Dach lag sehr
niedrig und war mit Stroh bedeket. Nun mehr feng
ich an ein bischen Muth zu fassen, und nahm aus meinen Schubsäken einige Puppen-Sachen hervor, dergleichen die Seefahrenden gemeiniglich mit sich führen,
um den Wilden in America und andrer Orten Geschenke zu machen; in Hofnung, die Gunst der Einwohner des Hauses dadurch zu gewinnen. Das Pferd
gab mir ein Zeichen, zuerst hineinzugehen. Ich kam
in ein geräumiges Zimmer, mit einem glatten reinlichen Boden, wo eine Krippe und Rauffe war, welche
sich auf der einen Seite des Zimmers die ganze Länge
lang erstreketen. Hier befanden sich drey jünge Hengste
und zwey Mutter-Pferde; sie fraßen aber nicht, sondern einige derselben saßen auf ihrem Hintern, worüber ich mich wunderte, noch mehr aber, daß ich die
andern allerhand häusliche Geschäfte verrichten sah.
Diese schienen mir von der gemeinern Art zu seyn; jedoch bestärkte mich solches in meiner erstgefaßten Meynung, daß ein Volk, welches vernunflose Thiere so
weit civilisieren könnte, unfehlbar das weiseste auf dem

ganzen

ganzen Erbboden seyn müßte. Der Schimmel kam
gleich hinter mir drein, und verhütete dadurch alle üble
Begegnung, so mir sonst hätte widerfahren mögen. Er
wieherte zu verschiedenen malen gegen diese Pferde mit
einem gebieterischen Tone, und empfieng jedes mal
Antwort.

Hinter diesem Zimmer waren der Länge nach drey
andere, worein man durch drey Thüren einander gerade gegen über gieng, welches eine Art Perspective
machte. Wir kamen durch das zwehte an die Thüre
des dritten Zimmers. Hier gieng der Schimmel zuerst hinein, und winkte mir, draußen zu warten. Ich
gehorchte, und machte unterdessen meine Geschenke für
den Herrn und die Frau des Hauses zur Ueberreichung
fertig. Es waren zwey Messer, drey Armbänder von
falschen Perlen, ein kleiner Spiegel, und eine Hals-
schnur von gläsernen Knöpfen. Das Pferd wieherte
drey bis vier mal; und ich erwartete, eine Antwort in
menschlicher Stimme zu vernehmen; allein sie kam im
gleichen Dialecte, nur daß diese antwortende Stimme
ein paar mal heller wieherte, als der Schimmel gethan hatte. Ich fieng an zu glauben, daß dieses Haus
einer sehr vornehmen Person zugehören müßte, weil es
so viel Ceremonien brauchte, ehe ich vorgelassen werden könnte. Daß sich aber ein vornehmer Herr von
lauter Pferden bedienen lassen sollte, war über meinen
Verstand. Ich besorgte, die vielen Leiden und Unglüks-
fälle, so über mich ergangen, möchten mir wol das
Gehirn verrücket haben. Ich suchte mich zu erholen,
und sah in dem Zimmer, wo ich allein gelassen ward,
überall herum. Dieses war ausgerüstet wie das erstere;
nur daß alles darinnen netter aussah. Ich rieb mir öfters die Augen; allein die gleichen Gegenstände stelleten sich mir immer vor. Ich zwickte mich in die Arme

V. Theil.   Y   und

und Seiten um zu erwachen, in Hofnung ich wäre im
Traume. Alles umsonst; daher ich endlich nicht an=
ders dachte, als daß alle diese Erscheinungen lauter
Hexerey und Verzauberung wären. Allein ich hatte
nicht Zeit, diesem Gedanken nachzuhängen. Der
Schimmel kam wieder zur Thüre zurük, und gab mir
ein Zeichen, ihm in das dritte Zimmer zu folgen, wo
ich ein sehr schönes Mutter=Pferd nebst zwey Füllen
sah, die auf reinen und nicht übel gemachten Stroh=
matten saßen.

So bald ich hinein getretten war, stand die Stute
von ihrer Matte auf, kam nächst zu mir hin, und
warf nach einer genauen Betrachtung meiner Hände
und meines Gesichts einen äußerst verächtlichen Blik
auf mich. Hernach kehrte sie sich zu dem Schimmel;
da ich denn hörte, daß sie das Wort Yahoo in ihrem
Gespräche oft wiederholeten. Ich verstand damals die
Bedeutung desselben noch nicht, obwol es das erste ge=
wesen, so ich außsprechen gelernet hatte; mußte sie
aber bald zu meinem immerwährenden Verdruß inne
werden. Denn nachdem mir der Schimmel mit dem
Kopfe gewinket, und das Wort Hhuun Hhuun wie=
derholet, wie er schon auf dem Wege gethan, und
damit sagen wollen, daß ich mit ihm fortgehen sollte,
führte er mich in eine Gattung Hofes hinaus, wo
nicht weit von dem Hause noch ein anders Gebäude
stand. Wir giengen in solches hinein; und da sah ich
drey solcher abscheulichen Creaturen, dergleichen mir
nach meiner Ankunft in diesem Lande zuerst begegneten,
welche allerley Wurzeln und Fleisch von Thieren fraß=
sen, das (wie ich nachher erfahren) von Eseln, Hun=
den und etwann auch von Kühen war, die entweder
an Seuchen verreket, oder durch gewaltsame Zufälle
das Leben verloren. Sie waren alle mit starken wei=
denen Ruthen um den Hals an einen Querbalken fest
gemachet,

gemachet, hielten ihr Fressen in den Klauen ihrer Vor-
der-Pfoten, und zerrissen es mit ihren Zänen.

Der Schimmel befahl hierauf einem seiner Bedienten, so ein Fuchs war, das grösste von diesen Thieren
loß zu binden, und in den Hof heraus zu führen. Diese
Bestie und ich wurden ganz nahe zusammen gebracht,
und von dem Herrn und Knechte aufs fleissigste gegen
einander gehalten; worauf sie das Wort Yahoo zum
öftern wiederholeten. Mein Schröten und Entsezen
war unbeschreiblich, da ich wahrnahm, daß dieß abscheuliche Thier eine vollkommen menschliche Gestalt
hatte. Denn obschon es zwar ein flaches breites Gesicht, eine eingedrükte Nase, aufgeworffene Lippen und
ein weit aufgeschliztes Maul hatte, so findet man doch
diese Unterscheidungen bey allen wilden Nationen; als
wo die Gesichts-Züge verunstaltet werden, weil sie ihre
Kinder auf dem Bauche herumkriechen lassen, oder sie
auf dem Rüken tragen, da sie das Gesicht immer an
die Schultern der Mutter anstossen. Die Vorder-Füsse
des Yahoo waren von meinen Händen nicht unterscheiden, ausser daß seine Nägel länger, die innere
Fläche rauher und bräuner, und das obere Theil haa-
richter war. Eben diese Gleichheit und eben dieser Unterschied befand sich auch zwischen unser beyder Füssen,
obschon die Pferde solche wegen meinen Schuhen und
Strümpfen nicht sahen; und so bey jedem Theile unserer Leiber; nur die Farbe und das haarichte Wesen
ausgenommen, so ich bereits beschrieben habe.

Die einzige Schwierigkeit, welche den Pferden noch
überzubleiben schien, war, daß das übrige meines Leibes von dem Leibe eines Yahoo so sehr unterschieden
aussah, welches ich meinen Kleidern zu danken hatte,
wovon sie keinen Begrif hatten. Der Fuchs bot mir

Y 2   ein

eine Wurzel dar, welche er (nach ihrer Manier, die
ich an seinem Orte beschreiben werde) zwischen seinem
Hufe und Fersen-Gelenke hielt. Ich nahm sie; und
nachdem ich daran gerochen, gab ich ihm solche mit
aller möglichen Höflichkeit wieder zurücke. Hierauf
bracht er mir aus dem Freß-Troge des Yahoo ein
Stük Esel-Fleisch, welches einen so abscheulichen Geruch von sich gab, daß ich vor Ekel den Kopf auf die
Seite kehrete; worauf er solches dem Yahoo vorwarf,
der es mit der größten Gierigkeit auffraß. Der Fuchs
zeigete mir ferner einen Wisch Heu und etwas Haber;
ich schüttelte aber den Kopf, ihm zu verstehen zu geben, daß keines von beyden Speise für mich wäre.
Und nunmehr fieng ich in der That an zu fürchten,
daß ich Hungers sterben müßte, wenn ich niemanden
meines gleichen anträfe. Denn was diese unflätige
Yahoos betrift, so muß ich bekennen, daß obschon
kaum jemand eine zärtlichere Liebe für das menschliche
Geschlecht hegen kann, als ich damals für dasselbe he-
gete, ich doch in meinem Leben kein Geschöpfe gesehen,
welches in allen Absichten so abscheulich wäre; und je
mehr ich sie kennen lernte, je häßlicher kamen sie mir
vor, so lange ich mich in diesem Lande aufhielt. Der
Schimmel bemerkte diesen Abscheu an meinem Betragen, und schikte den Yahoo wieder zu seinem Troge
zurük. Hierauf hob er den einen Vorder-Fuß mit einer solchen Leichtigkeit und so natürlich scheinenden Bewegung an sein Maul auf, daß ich mich sehr darüber
verwunderte. Er gab auch andere Zeichen mehr, um
inne zu werden, was ich zu essen haben wollte. Allein
ich konnte ihm keine Antwort ertheilen, die er begriffen hätte; und gesezt, er hätte mich würklich verstanden,
so sah ich doch gar nicht, wie es zu machen wäre,
daß ich Speise bekäme, die sich für mich schikte. Indem aber dieses zwischen uns vorgieng, sah ich eine

Kuh

Kuh verbeygehen. Sogleich deutete ich mit dem Finger auf sie; und gab zu verstehen, daß er mir erlauben möchte hinzugehen, sie zu melken. Dieses that
seine Würkung. Er führte mich alsobald wieder in
das Haus zurück, und befahl einer Stutte, so eine
Magd war, ein Zimmer aufzumachen, worinnen sich
ein guter Vorrath von Milch in hölzernen und irrdenen Gefässen, alles sehr ordentlich und reinlich, befand. Sie gab mir einen grossen Napf voll; daraus
ich begierig trank, und mich wieder sehr gut erhölete.

Um den Mittag sah ich eine Art Wagen zu uns gefahren kommen, der wie ein Schlitten von vier Yahoos gezogen ward. Es saß ein altes Mutter-Pferd
auf demselben, welches von vornehmem Stande zu seyn
schien. Im Herabsteigen sezte es seine Hinter-Füsse zuerst auf die Erde, weil es durch einen Zufall an einem
seiner Vorder-Füsse etwas beschädigt war. Es kam mit
unserm Schimmel zu Mittag zu speisen, welcher es
mit besondrer Höflichkeit empfieng. Sie hielten in dem
besten Zimmer des Hauses Malzeit; und ihr zweytes
Gericht bestand aus Haber in Milch eingeweichet, so
das alte Pferd warm, die übrigen aber kalt genossen.
Ihre Krippen waren in der Mitte des Zimmers rund
herumgestellet, und hatten verschiedene Abtheilungen,
um welche sie, jedes auf einem Bund Stroh herum-
sassen. Eine grosse Rauffe stand oben darüber, und
formierte Winkel, welche mit jeder Abtheilung der
Krippe ordentlich zusammenpasseten; so daß jedes Pferd,
männlichen und weiblichen Geschlechtes, sein eigen Heu
und seine eigene Portion Haber und Milch mit ungemeiner Ordnung und Ehrbarkeit genoß. Das Betragen der beyden Füllen war sehr bescheiden; und des
Wirthes und der Wirthin ihres gegen den Gast,
aber die massen höflich und gefällig. Der Schimmel
befahl

befahl mir, nächst bey ihm zu stehen; und das Gespräch zwischen ihm und dem fremden Pferde war viel
von mir; wie ich aus den öftern Bliken, welche der
Gast auf mich warf, und aus der vielmaligen Wieder-
holung des Worts Yahoo leicht abnehmen konnte.

Ich hatte von ungefehr meine Handschuhe an; worüber der Schimmel, als er es wahrnahm, nicht wenig verwirret zu seyn schien, indem er Zeichen von
Verwunderung von sich gab, was ich mit meinen Vor-
der-Füssen gemachet hätte? Er hob seinen Fuß wol
drey bis vier mal auf, als ob er mir sagen wollte,
ich sollte ihnen die vorige Gestalt wieder geben; welches
ich den Augenblik that, indem ich die Handschuhe auszog, und sie in die Tasche stekte. Dieses verursachete
ein neues Gespräche; und ich sah, daß die Gesellschaft
an meinem Betragen Vergnügen hatte, wovon ich die
gute Würkung sogleich gespürete. Man befahl mir,
die wenigen Worte, so ich verstand, her zu sagen;
und mein Herr lehrete mich während der Malzeit, die
Namen von Haber, Milch, Feuer, Wasser, und einige andere Wörter, welche ich ihm ohne sonderliche
Mühe nachsprach, indem ich von Jugend auf ein besonders Geschike zu Erlernung fremder Sprachen hatte.

Nachdem die Malzeit vorbey war, nahm mich der
Gastgebe auf die Seite, und gab mir durch Zeichen
und Worte zu verstehen, wie besorgt er meinethalben
wäre, daß ich nichts zu essen hätte. Weil nun Hluunh
in ihrer Sprache Haber heisset, so sprach ich dieses
Wort zwey bis drey mal aus. Denn obschon ich solchen Anfangs nicht annehmen wollen, so fand ich doch
bey weiterm Nachdenken, daß ich mir daraus wol eine
Art von Brod zubereiten könnte, welches mir, nebst
der Much so ich hatte, schon so lange zum Lebens-

Unter-

Unterhalte dienen würde, bis ich etwann in ein anders
Land und zu Creaturen entrinnen könnte, die meines
gleichen wären. Sogleich befahl das Pferd einer weissen Stute, die eine Magd im Hause war, eine gute
Portion Haber in einem hölzernen Geschirr herbeyzu-
bringen. Diesen röstete ich, so gut ich konnte, beym
Feuer, und rieb die Körner so lange, bis die Hülsen
davon abgesöndert waren. Alsdenn schlug und zermal-
mete ich sie zwischen zween Steinen, feuchtete sie mit
Wasser an, machte einen Kuchen davon, buk solchen
beym Feuer, und aß ihn mit warmer Milch. Es
war zwar Anfangs ein sehr unschmakhaftes Essen für
mich, ungeachtet man solches an vielen Orten Europens geniesset, jedoch gewöhnte ich mich so ziemlich
daran; und da ich in meinem Leben oft mit schlechter
Kost vorlieb nehmen mußte, so war dieses nicht das
erste mal, da ich aus der Erfahrung lernte, wie die
Natur mit wenigem vergnügt sey; wobey ich auch
nicht unbemerket lassen kann, daß ich die ganze Zeit
meines Aufenthalts auf der Insel nicht eine Stunde lang
krank gewesen. Doch muß ich sagen, daß ich manchmal auch etwann ein Kaninchen, oder einen Vogel,
mit Schlingen von Yahoos-Haaren gefangen, und
mir öfters gute und gesunde Kräuter gesucht habe, welche ich entweder kochte, oder statt Salates mit meinem
Brodt aß; und zuweilen, doch nur selten, machte ich
mir auch ein wenig Butter, und trank die Molken
davon. Es kam mir Anfangs sehr schwer vor, kein
Salz zu haben. Allein ich ward es bald gewöhnt;
und bin versichert, daß der so starke Gebrauch des
Salzes bey uns blos eine Würkung der Schwelgerey,
und zuerst nur deswegen ist eingeführet worden, damit
man desto mehr trinken möge; ausgenommen wo man
es nöthig hat, Fleisch auf weite Reisen vor der Fäul-
nis zu bewahren, und an Orten, die von grossen

Y 4 Markt-

Markt-Pläzen weit entfernet find; denn man siehet,
daß kein Thier, auffer der Mensch allein, begierig darnach ist. Und was mich betrift, so brauchte es, nachdem ich dieses Land verlaffen, eine geraume Zeit, biß
ich den Geschmak davon in irgend einer Speise, so
ich genoß, wiederum ertragen konnte.

Jedoch genug von meiner Kost. Eine Materie,
worüber sich andere Scribenten, wenn sie ihre Reisen
erzehlen, so weitläufig aufhalten, als wäre dem Leser
sehr viel daran gelegen, ob wir wol oder schlecht gelebt
hätten. Indessen konnte ich sie nicht unberühret lassen,
damit man nicht denken möchte, es wäre unmöglich,
daß ich ganzer drey Jahre lang in einem solchen Lande,
und bey dergleichen Einwohnern, meinen Lebens-Unterhalt hätte finden können.

Wie der Abend herbeykam, wies mir der Schimmel mein Schlaf-Zimmer an. Solches war nur 6.
Ruthen weit von dem Hause entfernet, und von dem
Stall der Yahoos abgesondert. Hier nahm ich ein
wenig Stroh, dekte mich mit meinen Kleidern zu, und
schlief sehr wol. Doch nicht lange hernach bekam ich
ein bisseres Lager, wie der Leser vernehmen wird,
wenn ich im Verfolge umständlicher von meiner Lebens-
Art handeln werde.

Das

Das dritte Capitel.

Der Verfasser befleissigt sich, die Sprache des Landes zu erlernen; und der Houyhnhnm, sein Herr,
ist ihm behülflich dabey. Beschreibung dieser
Sprache. Viele vornehme Houyhnhnms kommen aus Neubegierde, den Verfasser zu sehen.
Er giebet seinem Herrn eine kurze Nachricht von
seinen Reisen.

Meine vornehmste Bemühung war, die Sprache zu
erlernen, welche mir beyzubringen, mein Herr (denn
so werde ich künftig den Schimmel immer nennen)
so wol als seine Kinder und Hausgenossen sich sehr angelegen seyn liessen. Denn es kam ihnen als ein Wunder vor, daß ein blosses Thier, wie ich, solche Zeichen
von Vernunft von sich gäbe. Ich deutete auf jedes
Ding mit dem Finger; und nachdem ich mir den Nam-
men desselben sagen lassen, schrieb ich ihn, wenn ich
allein war, in meine Schreibtafel auf, und verbesserte
meine schlechte Aussprache dadurch, daß ich die Bedienten bat, mir das Wort öfters vorzusprechen, worinne
mir ein junger Fuchs, einer von den Unterbedienten,
vornemlich gute Dienste leistete.

Sie sprechen die Worte stark durch die Nase und
Gurgel aus; und unter allen Europäischen Sprachen
kenne ich keine, deren die Sprache der Houyhnhnms
näher kömmt, als die deutsche. Der Kayser Carl
der V. machte beynahe schon die gleiche Anmerkung,
indem er sagte, daß wenn er mit seinem Pferde reden
müßte, er solches auf deutsch thun wollte.

Y 5   •   Die

Die Begierde und Ungeduld meines Herrn war so groß, daß er des Tages wol manche von seinen müssigen Stunden hinbrachte, mich zu unterrichten. Er war überzeuget, (wie er mir nachhin sagte) daß ich ein Yahoo seyn müßte. Aber meine Gelehrigkeit, Höflichkeit und Reinlichkeit bestürzten ihn, als Eigenschaften, die denen, welche diese Thiere besitzen, so ganz entgegen gesezt waren. Ingleichem sezten ihn meine Kleider in nicht geringe Verwirrung, indem er öfters mit sich selbst raisonierte, ob sie ein Theil von meinem Leibe ausmachten. Denn ich legte sie niemals ab, bis alle Bediente schlafen gegangen waren, und zog sie des Morgens frühe wiederum an, ehe noch jemand aufstand. Mein Herr war äusserst begierig zu wissen, woher ich käme; wie ich mir diesen Schein von Vernunft, welchen ich in allen meinen Handlungen blicken ließ, erworben; und meine Geschichte aus meinem eigenen Munde zu erfahren; wozu er sich baldige Hofnung machte, indem ich in Erlernung und Aussprechung ihrer Wörter und Redens-Arten so wol fortkäme. Um meinem Gedächtnisse zu Hülfe zu kommen, bracht ich alle Töne, so ich hörte, auf das Engländische Alphabeth, und schrieb mir die Worte mit ihrer Bedeutung fleissig auf. Ich nahm mir nach einiger Zeit die Freyheit, dieses lezte selbst in Gegenwart meines Herrn zu thun. Es kostete mich aber sehr viel Mühe, ihm zu erklären was ich thäte; angesehen die Einwohner von dem, was wir Bücher und Schriften nennen, nicht den geringsten Begrif haben.

Innerhalb zehn Wochen verstand ich seine meisten Fragen; und nach Verfluß dreyer Monate konnte ich auch ziemlich verständlich antworten. Weil er nun äusserst begierig war zu wissen woher ich käme, und wer mich gelehret hätte, einer vernünftigen Creatur nach-

zudssen,

müssen, indem man sähe, daß die Yahoos, denen ich
an Kopf, Gesicht und Händen (welche Theile allein
sichtbar waren) gliche, bey einem Schein von Ver-
schmiztheit und einer ausserordentlichen Neigung übels
zu thun, unter den unvernünftigen Thieren die aller-
ungelernigsten wären; so antwortete ich, daß ich nebst
mehr andern Creaturen meines gleichen, in einer grossen holen und aus vielen Stämmen von Bäume zusam-
mengesezten Maschine über Meer aus einem weit entlegenen Lande gekommen wäre; meine Cameraden hätten mich auf dieser Küste mit Gewalt an Land gesezet,
und mich hernach im Stiche gelassen. Ich hatte etwas Mühe, und mußte mich vieler Zeichen bedienen,
ehe er merkte was ich sagen wollte. Er versezte, daß
ich mich nothwendig irren müßte, oder das Ding
sagte, so nicht wäre, (denn sie haben kein Wort in
ihrer Sprache, dasjenige, so wir Lügen oder Falschheit nennen, auszudrüken.) Er behauptete, es wäre unmöglich, daß jenseits des Meers noch ein ander Land
wäre, oder daß etliche unvernünftige Thiere eine hölzerne Maschine auf dem Wasser bewegen und leiten
könnten, wohin es ihnen beliebte. Und es wäre gewiß, daß kein Houyhnhnm auf der Welt eine solche
Maschine machen könnte, noch sie der Regierung einiger Yahoos anvertrauen würde.

Das Wort Houyhnhnm heisset in ihrer Sprache
ein Pferd, und nach seinem etymologischen Verstande
die Vollkommenheit der Natur. Ich sagte meinem Herren, daß es mir zur Zeit noch an Ausdrüken
fehlte; ich wollte mir aber alle Mühe geben in der
Sprache weiter zu kommen; und hoffete bald im
Stande zu seyn, ihm Wunder-Dinge zu erzehlen. Er
beliebte

beliebte seiner eigenen Gattin, dem Mutter-Pferde,
einen beyden Füllen, und den Bedienten im Hause
anzubefehlen, daß sie keine Gelegenheit verabsäumten,
mir Unterricht zu geben; und er selbst nahm sich täglich zwo bis drey Stunden lang diese Mühe. Auf das
Gerücht von einem wunderbaren Yahoo, der wie ein
Houyhnhnm redete, und in Worten und Handlungen
etwas von Vernunft äusserte, kamen auch öfters
verschiedene vornehme Pferde, beyderley Geschlechtes, in unser Haus, und machten sich ein Vergnügen,
mit mir Gespräche zu halten. Sie thaten viele Fragen
an mich, welche ich, so gut ich konnte, beantwortete.
Durch alle diese Mittel nun kam ich innerhalb fünf
Monaten seit meiner Ankunft so weit, daß ich alles,
was man redete, verstehen, und auch selbst ziemlich
wol sprechen konnte.

Die Houyhnhnms, welche meinem Herrn Besuche
machten, um mich zu sehen und mit mir zu schwatzen,
konnten sich schwerlich bereden, daß ich ein rechter Yahoo wäre, weil mein Leib eine ganz andere Deke hätte,
als dieser Thiere. Sie verwunderten sich über die
Massen, daß ich nicht solche Haare noch eine solche
Haut hätte wie diese; ausgenommen am Kopfe, Gesichte und an den Händen. Ich hatte aber meinem
Herrn dieses Geheimniß bey einem Zufall entdeket, der
sich ungefehr vierzehn Tage vorher zugetragen.

Ich habe bereits gemeldet, daß ich im Brauche
hatte, mich alle Nacht erst auszuziehen, nachdem die
Bedienten zu Bethe gegangen waren, und meine Kleider statt einer Beth-Deke über mich zu legen. Nun
trug es sich zu, daß mein Herr mich einst an einem
Morgen

Morgen frühe durch den Fuchs, der sein Aufwärter
war, zu sich rufen ließ. Als dieser kam, fand er
mich in tiefem Schlafe. Meine Kleider waren heruntergefallen, und mein Hemd bis über die Mitte des
Leibes aufgeschlüpfet. Ich erwachte von dem Geräusche, so er verursachte, und bemerkte, daß er seine
Bottschaft an mich etwas verwirret vortrug. Hierauf
gieng er zu meinem Herrn zurück, und ich Schreken
gab er ihm eine sehr dunkle Nachricht von dem, was
er gesehen hatte. Dieses blieb mir auch nicht lange
verborgen; denn da ich, nachdem ich angekleidet war,
sogleich zu meinem Herrn gegangen, fragte er mich,
wie das zu verstehen wäre, so sein Bedienter ihm hinterbracht hätte; daß ich, wenn ich schliefe, nicht eben
dasselbe Ding wäre, welches ich zu andern Zeiten zu
seyn schiene; und daß, wie er ihm versichert hätte, einige Theile von mir weiß, andere gelb, oder zum wenigsten nicht so weiß, und noch andere braun wären.

Ich hatte bisher das Geheimnis von meinen Kleidern verborgen gehalten, weil ich mich gern, so viel als
möglich, von diesem verfluchten Geschlechte der Yahoos unterscheiden wollte; jezt aber sah ich, daß es
nicht weiter angehen würde. Ich betrachtete nebst diesem, daß meine Kleider und Schuhe, die bereits nicht
mehr in dem besten Zustande waren, sich bald völlig
abnuzen würden, und ich nothwendig darauf denken
müßte, wie ich mir etwas dergleichen von Yahoos
oder anderer Thier-Fellen verfertigen wollte; wobey das
ganze Geheimnis sonst auskommen würde. Ich erzehlete also meinem Herrn, daß die Creaturen von meiner Gattung, in dem Lande, wo ich herkäme, sich
theils aus Ehrbarkeit, theils zur Verwahrung vor Hize

und

und Froſt, den Leib mit Haaren von gewiſſen Thieren
bedekten, die durch die Kunſt zubereitet würden; wo=
ben ich ihm für meine eigene Perſon, wenn er es be=
föhle, den Augenblik überführen wollte, nur daß er
mir dabey erlauben möchte, diejenigen Theile verborgen
zu halten, welche die Natur uns bedeken lehrete. Er
ſagte, daß ihm meine gänze Rede, vornehmlich aber das
lezte Stük derſelben, fremd vorkäme; denn er könnte
nicht begreifen, wie die Natur uns lehren ſollte, etwas
zu verbergen, daß ſie uns ſelbſt geſchenket. Weder er,
noch jemand ſeines gleichen ſchämen ſich irgend eines
Theiles ihres Leibes; jedoch ſtünde mir frey, hierinnen
zu thun was ich gerne wollte. Hierauf knöpfte ich erſt=
lich meinen Ober-Rok auf, und warf ihn auf die Seite.
Ich that desgleichen mit meiner Weſte. Jezt kam es
an meine Schuhe, Strümpfe und Hoſen, die ich aus=
zog; und endlich ließ ich das Hemd bis auf die Len=
den herunter, hob es von unten auf, und bahd es wie
einen Gürtel um die Mitte des Leibes, meine Scham
zu bedeken.

Mein Herr ſah dieſes alles mit der gröſten Verwun=
derung und Neubegierde an. Er faſite alle meine
Kleider, ein Stük nach dem andern in ſein vorderes
Ferſen-Gelenk, und unterſuchte ſie auf das genaueſte.
Er ſtreichelte mich ſehr ſanft über den Leib, beſchaute
mich etliche mal von allen Seiten, und ſagte endlich,
es wäre klar, daß ich ein würklicher Yahoo ſeyn müßte;
nur wäre ich von andern meiner Gattung darinnen un=
terſchieden, daß ich eine viel zärtere, weiſſere und glät=
tere Haut, und an verſchiedenen Theilen meines Leibes
keine Haare hätte, an meinen Vorder = und Hinter=
Pfoten anders geſtaltet wäre, auch nicht ſo lange Klauen
hätte wie dieſe; und endlich daß ich affectierte beſtän=
dig auf meinen zween Hinter = Füſſen zu gehen. Er
ver=

verlangte nichts weiter zu sehen, und gab mir Erlaub,
nis meine Kleider wieder anzuziehen; denn er sah, daß
die Kälte mich schauern machte.

Ich ließ einiges Mißvergnügen gegen ihn merken,
daß er mir so oft den Namen Yahoo, eines so ver=
haßten Thieres, und gegen welches ich den äußersten
Abscheu und die größte Verachtung trüge, beylegete.
Ich bat ihn, er möchte mir mit diesem Titel verscho=
nen, und machen, daß seine Hausgenossen und Freunde,
denen er mich sehen ließ, ein gleiches thäten. Zuglei=
chem ersuchte ich ihn, er möchte es doch bey sich selbst
behalten, daß ich eine falsche Dele über meinem
Leibe trüge, wenigstens so lange, als dieselbe noch
dauern würde; denn was seinen Bedienten, den Fuchs
beträfe, so könnte er ihm nur befehlen, daß er von
dem, was er gesehen, nichts ausschwäßte.

Alles dieses gewährete er mir sehr gütig; und so blieb
das Geheimniß verschwiegen, bis meine Kleider anfien=
gen alt zu werden, und ich auf Mittel bedacht seyn
müßte, sie auszubessern und etwas zu bekommen, das
ihre Stelle verträte, wie ich an seinem Orte melden
werde. Inzwischen bat er mich, daß ich ja allen mög=
lichen Fleiß zu Erlernung der Landes=Sprache anwen=
den möchte, weil er sich mehr über meinen Verstand
und die Fähigkeit reden zu können, als über die Ge=
stalt meines Leibes, bedeket oder nicht, verwundere;
und daher mit einiger Ungedult die Zeit erwarte, da
ich von den Wunder=Dingen reden würde, welche ich
ihm zu erzehlen versprochen hätte.

Von dieser Zeit an gab er sich noch mehr Mühe,
mir Unterricht zu geben; nahm mich in alle Gesellschaf=
ten mit, und machte, daß alle, so dabey waren, mir
ganz höflich begegneten, weil solches (wie er ihnen ab=

sonderlich

sonderlich gesagt hätte) mich aufgeräumt und desto lu-
stiger machen würde.

Alle Tage, da ich ihm meine Aufwart machte, beliebte er, nebst der Mühe, so er sich gab mich zu unterrichten, auch einige mich selbst betreffende Fragen an
mich zu thun, welche ich, so gut ich konnte, beantwortete, wodurch er bereits zu einigen allgemeinen, wiewol sehr unvollkommenen Begriffen gelanget war. Es
würde dem Leser verdrießlich fallen, wenn ich die verschiedenen Stuffen, worauf ich nach und nach zu einem
regelmäßigern Gespräche fortschritt, erzehlen wollte.
Die erste Nachricht aber von einer etwelchen Ordnung
und Länge, so ich ihm von mir und meinen Begebenheiten gab, bestand in folgendem.

Ich wäre, sagte ich, wie er zum Theil schon gehöret,
aus einem weit entlegenen Lande mit ungefehr fünfzig
andern meines gleichen gekommen; und wir hätten die
Reise in einer holen hölzernen Maschine, die grösser
wäre als sein Haus, über viele Gewässer gemacht. Ich
beschrieb ihm das Schif, so gut ich konnte, und er
klärte ihm durch Außspannung meines Schnupftuches,
wie das Schif von dem Winde fortgetrieben würde.
Bey einem Zwiste, den wir gehabt, hätten meine Ge-
fehrten mich an dieser Küste außgesetzet, wo ich fortgegangen ohne zu wissen wohin, biß er mich von dem
Anfalle dieser verwünschten Yahoos befreyet hätte.
Er fragte mich, wer das Schif gemachet hätte, und
wie es möglich wäre, daß die Houyhnhnms in meinem Lande solches unvernünftigen Creaturen zu regieren könnten anvertrauet haben? Ich antwortete, daß
ich mich nicht erkühnen dürfte, meine Erzehlung fort-
zusezen, wofern er mir nicht sein Wort gäbe, daß er
nicht böse werden wollte; alsdenn aber wollte ich ihm

die

die Wunder erzehlen, von denen ich so oft Erwehnung gethan. Solches gelobete er mir nun; worauf
ich fortfuhr und ihn versicherte, daß das Schif von
Creaturen meines gleichen wäre gebauet worden, als
welche so wol in allen denen Ländern, so ich durchreiset, als auch in meinem eigenen Vaterlande, die einzigen herrschenden und mit Vernunft begabten Geschöpfe wären; und daß ich bey meiner Ankunft allhier,
eben so erstaunet gewesen wäre zu sehen, daß die
Houyhnhnms sich als vernünftige Wesen bezeigten,
als er und seine Freunde solches seyn möchten, einige
Merkmale von Vernunft bey einer Creatur zu finden,
welche er einen Yahoo zu nennen beliebte; denen
ich zwar gestünde, der äussern Gestalt nach ähnlich zu
seyn; ihre Abartung aber und viehisches Wesen mir
nicht könnte zur Last legen lassen. Ich setze hinzu,
daß wenn ich einmal das Glük hätte, wieder in mein
Vaterland zu gelangen, und daselbst, wie ich mir vorgenommen, zu erzehlen was ich allhier erfahren, jedermann glauben werde, ich sage das Ding, so nicht
ist, und habe alles bloß aus meinem Gehirn erdacht;
ja er möchte mir erlauben, mit allem geziemenden Respect, den ich für ihn und seine Familie und Freunde
trüge, und unter dem mir gethanen Versprechen nicht
ungehalten auf mich zu werden, zu sagen, daß meine
Landesleute es kaum für wahrscheinlich halten werden, daß es in der Welt ein Land gebe, wo die
Houyhnhnms die herrschende Nation, die Yahoos
hingegen unvernünftige Thiere wären.

V. Theil.   Z   Das

Das vierte Capitel.

Die Begriffe der Houyhnhnms von Wahrheit und
Falschheit. Der Verfasser erzehlet etwas, das
von seinem Herrn mißbilliget wird. Er machet
von sich selbst und den Begebenheiten seiner Reisen eine weitläufigere Beschreibung.

Mein Herr hörte mich mit Zeichen der Verwirrung
an, die sich aus seiner Mine ganz deutlich lesen liessen,
weil Zweifel und nicht glauben in diesem Lande so
unbekante Dinge sind, daß die Einwohner, wenn sie
in solche Umstände kommen, sich nicht zu lassen wissen.
Ich erinnere mich auch, daß da ich öfters bey meinem
Herrn von der Beschaffenheit der Menschen in andern
Ländern gesprochen, und etwann der Lügen und falschen Vorstellungen gedacht, er mit der grösten
Mühe fassen konnte, was ich dadurch verstünde, obschon er sonst eine sehr scharfe Urtheils-Kraft besaß.
Denn er raisonnierte also: Der Zwek der Sprache ist,
daß man einander verstehe, und lerne was geschehen
ist. Wenn nun aber einer die Sache sagt, so nicht
ist, so fallen ja diese Absichten weg, weil man (eigentlich zu reden) in solchem Fall nicht sagen kann, daß ich
den andern verstehe; und es ist so fern, daß ich alsdeñ Unterricht bekomme, daß er mich vielmehr in einen Zustand
versezt, der noch schlimmer ist als die Unwissenheit selbst;
denn er verleitet mich zu glauben, ein Ding sey schwarz,
wenn es weiß ist, und kurz, wenn es lang ist. Und
dieses war der ganze Begrif, den mein Herr von der
Kunst zu liegen hatte, welche die Menschen hingegen
so vollkommen inne haben und so allgemein ausüben.

Aber

Aber von dieſer Ausſchweifung zurückzukommen: Da
ich ihm ſagte, daß in meinem Lande die Yahoos allein die herrſchenden Creaturen wären, welches ihm
unbegreiflich vorkam, ſo fragte er mich, ob es auch
Houyhnhnms bey uns gäbe, und was dieſelben thäten? Ich antwortete, daß wir deren eine groſſe Menge
hätten; im Sommer äzten ſie das Gras auf den Feldern und Matten ab; im Winter aber würden ſie in
Häuſern mit Heu und Haber gefüttert; da man denn
Yahoos zu Knechten für ſie hielte, die ihnen die
Mähne kämmen, die Füſſe puzen, ihre Speiſe geben,
und das Lager machen müßten. Gut; ich verſtehe euch,
rief hier mein Herr: Aus dem, was ihr ſaget, iſt alſo
klar, daß die Houyhnhnms doch eure Herren ſind,
wie viel Anſpruch auf die Vernunft eure Yahoos auch
immer machen mögen, und ich wünſchte herzlich, daß
die Yahoos bey uns eben ſo biegſam wären: Ich
bat ihn, er möchte mir erlauben, nicht weiter fortzu-
fahren, weil ich gewiß wüßte, daß die Nachricht, welche ich hierüber zu geben hätte, ihm höchſt mißfällig
ſeyn würde; allein er befahl mir, wie ich mich immer
entſchuldigte, gutes und böſes frey heraus zu ſagen.
Ich mußte gehorchen; und ſagte, daß zwar die
Houyhnhnms bey uns, welche wir Pferde nennten,
unſtreitig die edelſten und ſchönſten Thiere wären, ſo
wir hätten; daß ſie an Stärke und Geſchwindigkeit
andern weit vorgiengen; und wenn ſie vornehmen
Herrn zugehöreten, ſo würden ſie bey ihren Verrichtun-
gen, die in Reiſen, Wettlauffen, und Ziehen der Wagen beſtünden, ſehr freundlich und wol gehalten, bis ſie
entweder krank oder ſteif würden; alsdenn aber verkaufte und brauchte man ſie zu den allerniedrigſten
Dienſten, bis ſie ſtürben; da man ihnen denn die
Haut abſchünde, um noch einigen Gewinſt davon zu
ziehen, und das übrige ihres Leibes den Hunden und

Raub-Vögeln zur Speise hinwürffe. Was aber gemeine Pferde anlangte, so wären dieselben nicht so
glücklich; indem sie von Bauern, Fuhrleuten und andern geringen Leuten gehalten würden, die sie zu weit
härterer Arbeit anstrengeten und schlechter fütterten.
Ich beschrieb ihm, so gut ich konnte, unsere Weise zu
reiten, die Figur und den Gebrauch der Zäume, Sät-
tel, Sporren und Peitschen, ingleichem der Pferd-Ge-
schirre und Wagen-Räder. Und sezte hinzu, daß wir
ihnen gewisse Platten von einer harten Materie, so wir
Eisen hiessen, an den Huf ihrer Füsse befestigten, damit sie auf steinigten Wegen, worauf wir öfters reiste-
ten, keinen Schaden nehmen möchten.

Mein Herr, nachdem er einen grossen Unwillen
über meine Erzehlung bezeuget, wunderte sich, wie
wir so verwegen seyn dürften, auf den Rüken eines
Houyhnhnms zu steigen; weil er versichert wäre, daß
auch der allerschwächste Bediente in seinem Hause im
Stande seyn würde, den stärksten Yahoo herunter zu
werffen, oder diese Bestie, indem er sich niederlegte,
und sich über sie herwälzte, zu zerquetschen. Ich antwortete ihm aber; daß wir unsere Pferde von ihrem
dritten oder vierten Jahre an zu denen Diensten, wozu
wir sie wiedmeten, angewöhneten; diejenigen, so sich
gar nicht wollten zämen lassen, würden zum Fuhrwerke gebraucht; in ihrer Jugend züchtigte man sie für
jeden Fehler auf das schärffste; denen Hengsten, die
Reit- oder Zug-Pferde werden sollten, nähme man
insgemein, wenn sie das andere Jahr erreichet, die
Mannheit, um ihren Muth zu dämmen und sie desto
zämer und geschmeidiger zu machen. Sie wären in
der That der Empfindung von Strafen und Belohnungen fähig; zugleich aber bäte ich ihn zu bedenken, daß
sie nicht den geringsten Funken von Vernunft besässen,

und

und darinnen vor den Yahoos in diesem Lande nicht
das geringste voraus hätten.

Ich mußte mich vieler Umschreibungen bedienen,
meinem Herrn von dem, was ich sagte, einen rechten
Begrif zu machen; denn ihre Sprache ist eben nicht
sehr wortreich, weil ihre Bedürfnisse und ihre Begierden nicht so mannigfaltig sind, als die unsrigen. Es
fällt mir aber unmöglich, den edelmüthigen Zorn zu
beschreiben, welchen er über unsere grausame Begegnung gegen die Houyhnhnms bezeigte; insonderheit
nachdem ich ihm die Manier und Absicht, die Pferde
bey uns zu verschneiden erkläret hatte, welche darinn
bestünde, daß sie ihr Geschlecht nicht fortpflanzen, und
desto knechtischer werden möchten. Er sagte; wofern
es möglich wäre, daß es irgend ein Land in der Welt
gäbe, wo die Yahoos allein mit Vernunft begabet
wären, so müßten sie auch die herrschende Geschöpfe
daselbst seyn, weil die Vernunft nach und nach über
eine bloß viehische Stärke immer die Oberhand be-
hielte; wenn er aber die Gestalt unserer Leiber,
und insonderheit des meinigen, betrachtete, so dünkte
ihn, daß wol keine Creatur von gleicher Grösse so übel
gemachet wäre, sich dieser Vernunft zu den gemeinen
Nothwendigkeiten des Lebens zu bedienen, als wir; daher ich ihm sagen möchte, ob die, unter denen ich gelebet,
würklich mir oder den Yahoos in seinem Lande ähnlich wären. Ich versicherte ihn, daß ich so wol gebil-
det wäre als immer einer von meinem Alter; jüngere
aber und die Weibes-Personen wären viel glätter und
zärter; und diese leztern hätten überhaupt eine Haut,
die so weiß wäre wie Milch. Er gestand, daß in der
That ein Unterschied zwischen mir und andern Yahoos
sich befände, indem ich viel reinlicher und nicht gar so
übel gestaltet wäre wie diese; wenn man aber auf

Z z   wahre

wahre Vortheile sähe, so dächte er, daß solcher Unterschied eben nicht mir dieselben zuerkennte. Die Nägel an meinen Vorder- und Hinter-Füssen nüzten mir zu gar nichts. Was meine Vorder-Füsse beträfe, so könnte er ihnen (eigentlich zu reden) diesen Namen nicht beylegen, weil er mich niemals darauf gehen sehe. Sie wären für den harten Boden zu zart. Ich liesse sie insgemein unbedekt; und wenn ich sie bedekte, so hätte diese Deke nicht einerley Gestalt noch die gleiche Festigkeit mit der Deke meiner Hinter-Füsse. Ich könnte niemals sichere Schritte thun; denn wenn mir nur einer von meinen Hinter-Füssen entschlüpfte, so müßte ich nothwendig fallen. Hiernächst fand er auch an andern Theilen meines Leibes viel auszusezen: Z. Ex. daß mein Gesicht so platt wäre; daß die Nase so hervorragete; daß meine Augen vorne an der Stirne stünden, dergestalt daß ich mich allemal umwenden müßte, wenn ich etwas von der Seite sehen wollte. Weil ich keine Speise zu mir nehmen könnte, wenn ich sie nicht mit einem meiner Vorder-Füsse bis vor das Maul hinbrächte, so hätte mich die Natur an denselben mit hiezu dienlichen Gelenken versehen; er sähe aber nicht, wozu die vielen Gleiche und Abtheilungen an meinen Hinter-Füssen dieneten, welche zu zart wären, die harten und scharfen Steine ohne eine Deke von Fellen andrer Thiere auszustehen. Mein ganzer Leib bedürfte eines Zaunes wider Hize und Kälte; und diesen müßte ich mir täglich mit Mühe und Beschwerde umlegen und wieder wegthun. Und endlich hätte er wahrgenommen, daß alle andere Thiere in seinem Lande vor den Yaboos einen Abscheu trügen, indem die Schwächern vor ihnen flöhen, und die Stärkern sie von sich jagten. Gesezt

ist nun; wir wären mit Vernunft begabet, so könnte
er doch nicht sehen, wie es möglich wäre, dieser natürlichen Antipathie, welche jede andre Creatur gegen
uns äusserte, abzuhelfen; und folglich auch nicht, wie
wir vermögend wären, sie zahm und dienstbar zu machen; jedoch wollte er sich hierüber nicht länger aufhalten. Er wäre, sagte er, begieriger, meine Geschichte
insbesonder zu vernehmen; von dem Lande zu hören,
worinnen ich gebohren wäre, und was sich merkwürdiges vor meiner Ankunft allhier mit mir zugetragen hätte.

Ich bezeugte ihm, wie groß mein Verlangen wäre,
seiner Neubegierde über jeden Punct ein Genügen zu
leisten; daß ich aber besorgte, ich möchte nicht im
Stande seyn, mich über verschiedene Sachen genugsam
zu erklären, als wovon er wol keinen Begriff würde
haben können, weil ich in seinem Lande nichts sähe,
womit ich solche vergleichen könnte; daß ich indessen
mein Bestes thun, und trachten wollte, mich durch
Gleichnisse verständlich zu machen, wobey ich ihn bäte
mir auszuhelfen, wenn es mir an schicklichen Worten
gebräche; welches er mir gütig versprach.

Ich erzehlete ihm also, daß ich von ehrlichen Eltern
auf einer Insel, Namens Engeland, herstammete,
die so manche Tagreise von diesem Lande entfernet
läge, als wol der Stärkste von seinen Bedienten machen müßte, wenn er den Weg inner dem jährlichen
Lauff der Sonne zurüklegen wollte. In meiner Jugend hätte man mich zur Chirurgie gezogen, welches die
Kunst wäre, Wunden und Stösse zu heilen, so dem
Leibe etwann zufälliger oder gewaltthätiger Weise wie-
derführen. Mein Vaterland würde von einer Frau
regieret,

B 4

regieret, welche man die Königin nennete. Ich hätte
selbiges verlassen, um Reichthümer zu erwerben, die
ich zu meinem und meiner Familie Unterhalt brauchen
wollen, wenn ich wieder dahin zurük käme. Bey meiner letzten Reise wäre ich Befehlshaber auf dem Schiffe
gewesen, und hätte ungefehr funfzig Naboos unter
mir gehabt, wovon viele auf der See gestorben, an
deren Stelle ich andere von verschiedenen Nationen an-
werben müssen. Unser Schif wäre zwey mal in Gefahr
gewesen, zu Grunde zu gehen. Ein mal wegen eines
gewaltigen Sturmes, und das andere mal wegen eines
Stosses auf eine Klippe. Hier fiel mein Herr mir in
die Rede, und fragte mich: wie ich Fremde und zwar
Einwohner unterschiedlicher Länder, nach dem Verlust,
welchen ich bereits gelitten, und denen Gefahren, welchen ich ausgesetzet gewesen, dazu hätte bereden können,
daß sie sich mit mir auf die See wageten? Ich antwortete; es wären lauter liederliche Kerls gewesen, die
aus ihrem Vaterlande wegen Armuth oder Uebelthaten
hätten flüchtig werden müssen. Etliche wären durch
Rechts-Händel um ihr Vermögen gekommen; etliche
hätten solches mit Sauffen, Spielen und Huren durchgebracht; andere flüchteten wegen Landes-Verrätherey;
viele wären Mörder, Diebe, Giftmischer, Meineidi-
ge, Betrieger, falsche Münzer, ꝛc. ꝛc. gewesen; und
die meisten unter ihnen hätten ihre Gefängnisse er-
krochen. Nun durfte keiner von solchen in sein Vaterland zurükkommen, wenn er nicht gehangen, oder Zeit
Lebens in ein Loch eingesperret werden wollte; daher
sie genöthiget gewesen wären, ihren Unterhalt in andern
Ländern zu suchen.

Mein Herr beliebte, mich in meiner Rede mehr
als ein mal zu unterbrechen. Ich hatte mich vieler
Umschreibungen bedienet, ihm von der Natur und Be-
                                        schaffenheit

schaffenheit verschiedener Verbrechen, welcher wegen
die meisten von meinem Schiffs-Volke ihr Vaterland
verlassen mußten, einen Begrif zu machen. Ich mußte
die Unterredung vieler Tage hiezu anwenden, ehe er
mich verstehen konnte. Nachdem solches gethan war,
wußte er gar nicht, was man zur Absicht dabey hätte,
oder warum es nothwendig wäre, diese Laster auszuüben. Solches zu erklären bemühete ich mich, ihm
die Begierde reich und groß zu werden, und die schreklichen Würkungen der Lust-Seuche, der Unmäßigkeit,
der Bosheit und des Neides etwelcher massen verständlich zu machen. Diesen Zwek zu erlahgen ward ich
genöthiget Fälle zu setzen, und dabey ferner allerhand
Voraussetzungen zu machen. Worauf er denn allemal
seine Augen mit Erstaunen und Unwillen in die Höhe
hebte; nicht anders als ein Mensch, dessen Einbildungs-
Kraft von einer Sache, die er vorher niemals weder
gesehen noch davon reden gehört, ungemein gerühret wird.
Macht, Regierung, Krieg, Gesetze, Straffen, und 100.
andere Dinge lassen sich in dieser Sprache nicht ausdrüken, weil sie keine Wörter dazu hat; welches denn die
Schwierigkeit fast unübersteiglich machte, meinem
Herrn von demjenigen, so ich ihm von diesen Dingen
zu verstehen geben wollte, Begriffe beyzubringen. Weil er
aber einen vortreflichen Verstand hatte, den er durch
Nachdenken und Umgang fleissig übte, so kam er endlich zu einer ziemlich feinen Kenntnis von dem, was
die menschliche Natur in unsern Welt-Gegenden zu
thun fähig ist, und bat mich, daß ich ihm von dem
Lande, welches wir Europa nenneten, und insonderheit von meinem Vaterlande eine etwas umständliche
Nachricht geben möchte.

Z 5   Das

Das fünfte Capitel.

Der Verfasser giebt auf erhaltenen Befehl seinem Herrn Nachricht von dem Zustande Englands. Ursachen der Kriege zwischen den Europäischen Potentaten. Der Autor fängt an, die Engländische Verfassung zu beschreiben.

Der Leser beliebe hier zu bemerken, daß folgende Erzehlung nur einen Auszug der vornehmsten Materien enthält, wovon ich mit meinem Herrn innerhalb zwey Jahren in vielen verschiedenen Gesprächen geredet habe, indem er von Zeit zu Zeit mehrere Erläuterung von mir verlangte, je nach dem Maße, als ich in Erlernung der Houyhnhnmschen Sprache zunahm. Ich legte ihm den ganzen Zustand von Europa, so gut ich konnte, vor Augen. Ich redete von Handlung und Manufacturen, von Künsten und Wissenschaften; und die Antworten, welche ich ihm auf alle die Fragen ertheilte, welche er bey jeder Gelegenheit an mich that, gaben Stoff zu Unterredungen, die unerschöpflich waren. Ich werde aber hier nur den Innhalt unserer Gespräche von meinem Vaterlande kurz anführen, und solchen in einige Ordnung bringen, ohne mich an die Zeit oder andere Umstände weiter zu binden, als nur, daß ich der Wahrheit genau folgen werde. Meine einzige Besorgnis hiebey ist, daß ich die Einwendungen und Redens-Arten meines Herrn wol schwerlich treu genug werde ausdrüken können, als welche bey meiner Ungeschiklichkeit so wol als bey der Uebersezung in unser barbarisches Englisch nothwendig werden leiden müssen.

Dem

Dem Befehle nun meines Herrn zufolge, erzehlte ich
ihm die berühmte Staats-Veränderung unter dem Prinzen von Oranien ; wie auch den langwierigen Krieg,
worein dieser gedachte Prinz mit Frankreich sich einge-
laßen, und welcher von seiner Thronfolgerin, der jezigen Königin, erneuert worden, woran die mächtigsten
Potentaten von Europa Theil genommen, und der
zur Zeit noch immer fortdauert. Auf sein Begehren
rechnete ich ihm her, daß während dieses Krieges ungefehr eine Million Yahoos getödet, mehr als hundert Städte erobert, und wol fünf mal so viel Schiffe
verbrannt oder versenket worden wären.

Er fragte mich, welches die gewöhnlichen Ursachen
oder Beweggründe wären, darum ein Land das andere mit Krieg überzöge? Ich antwortete; es wären
derselben unzeblig viele, wovon ich nur einige der vornehmsten anführen wollte. Zuweilen wäre es der Ehrgeiz solcher Fürsten, welche sich immer einbildeten,
nicht Land und Unterthanen genug unter ihrer Herrschaft zu haben. Zuweilen die Verdorbenheit der Minister, welche ihre Herren zum Kriege verleiteten, um
das Geschrey der Unterthanen über die schlimme
Staats - Verwaltung zu erstiken, oder es von sich ab-
zulehren. Viele Millionen Menschen hätte die Ungleich-
heit der Meynungen das Leben gekostet. Z. Ex. wenn
die Frage gewesen, ob Fleisch Brod, oder Brod
Fleisch wäre? Ob der Saft von gewissen Beeren
Blut oder Wein wäre? Ob Pfeiffen eine Tugend
oder ein Laster wäre? Ob es besser wäre, eine Pfoste zu
küssen, oder solche ins Feuer zu werffen? Ob sich schwarz,
weiß, roth oder grau am besten zur Farbe eines Klei-
des schikte; und ob dasselbe lang oder kurz, enge oder
weit,

weit, sauber oder besudelt seyn müßte? nebst viel an.
dern dergleichen Fragen mehr. Es wären auch keine
grausamere, blutigere und hartnäkigere Kriege, als
solche, die von dem Unterschiede in Meynungen her.
rühreten, insonderheit wenn es gleichgültige Dinge be.
träfe.

Zuweilen (fuhr ich fort) werden zween Fürsten dar.
über uneins, welcher von beyden einen dritten aus dem
Besitze seiner Länder vertreiben soll; woran doch keiner
von diesen einen Anspruch machet. Manchmal fängt
einer mit dem andern einen Streit an, weil er besorgt,
dieser möchte Streit mit ihm anfangen. Zuweilen entstehet ein Krieg, weil der Feind zu stark, und ein ander mal weil er zu schwach ist. Etwann fehlet es unsern
Nachbarn an Sachen, welche wir haben; oder sie
haben solche, woran es uns mangelt; und alsdenn
schlagen wir uns so lange mit einander herum, bis sie
uns nehmen was wir haben, oder uns geben was ih.
rer ist. Es ist eine sehr gültige Ursache zum Kriege,
wenn man ein Land überziehet, nachdem es durch
Hunger oder Pestilenz stark mitgenommen worden, oder
wenn dessen Einwohner in Factionen unter sich selbst zer.
theilet sind. Man darf seinen nächsten Bundes-Genossen
bekriegen, wenn er eine Stadt besitzet, die uns bequem
liget, oder einen Strich Landes, der an das unsere
gränzet, und demselben eine bessere Figur geben würde.
Wenn ein Fürst Volk in ein Land schiket, dessen Einwohner arm und unwissend sind, so kann er rechtmässiger Weise die Helfte davon ausrotten, und die andere
Helfte zu Sclaven machen, um sie zu civilisiren und
ihnen ihre unartigen Sitten abzugewöhnen. Es ist eine
recht königliche, wolanständige und sehr gemeine Uebung.

das

daß ein Fürst, der von einem andern gegen einen einfallenden Feind um Hülfe ist angeruffen worden, nachdem er solchen vertrieben, sich des Landes selbst bemächtiget, und den, welchem er zu Hülfe gekommen, tödet, gefangen sezet, oder ins Elend verjaget. Blutsfreundschaft oder Heyrathen sind ebenfalls gewöhnliche Ursachen des Krieges unter Fürsten; und je näher diese Verwandschaft ist, je leichter gerathen sie in Zwist. Arme Nationen sind hungrig; und reiche stolz. Stolz aber und Hunger vertragen sich wiederum nicht wol mit einander. Um dieser Ursachen willen nun wird das Handwerk eines Soldaten für das ehrlichste unter allen gehalten; denn ein Soldat ist ein Yahoo, der zu dem Ende gemietet wird, daß er mit kaltem Blute so viele seines gleichen, die ihm niemals etwas leibes gethan, todtschlage, als er nur immer kann.

Es giebt auch noch eine andere Art Fürsten in Europa, die, weil sie nicht so mächtig sind für sich selbst Kriege zu führen, ihre Truppen an reichere Nationen überlassen, unter Bedingung eines bestimmten täglichen Soldes für jeden Mann, wovon sie drey Theile für sich selbst behalten; welches wol das meiste ihrer Einkünfte ausmachet, und dergleichen die meisten in den nördlichen Gegenden Europens sind.

Was ihr mir von dem Kriege erzehlet habet, sprach hier mein Herr, zeiget mir in der That gar vortreflich, welches die Würkungen derjenigen Vernunft seyn, womit ihr euch begabet zu seyn rühmet. Gleichwol ist es ein Glük, daß die Schande dabey grösser ist als die Gefahr, indem die Natur euch ganz unvermögend gelassen hat, grossen Schaden zu thun.

Denn

Denn da eure Mäuler mit dem übrigen Gesicht flach angebracht sind, so könnet ihr wol schwerlich einander mit einigem Erfolge beissen, wenn ihr solches nicht gern geschehen lasset. Und was eure Border = und Hinter=Füsse betrift, so sind sie so kurz und zart, daß ein einziger von unsern Yahoos ein ganzes Dutzend der eurigen vor sich wegjagen würde. Daher ich in Ansehung der Anzahl derer, so in gewissen Gefechten sollen umgekommen seyn, nicht anders denken kann, als daß ihr mir das Ding gesagt, so nicht ist.

Ich konnte mich nicht enthalten, den Kopf zu schütteln und über diese Unwissenheit ein bißchen zu lächeln. Und weil ich in der Kriegs=Kunst nicht unerfahren war, so machte ich ihm eine Beschreibung von unsern Canonen, Feldschlangen, Musqueten, Carabinern, Pistolen, Kugeln, Pulver, Degen, Bajonetten; von unsern Schlachten, Belagerungen; und wie man den Angrif thäte, oder sich zurükzöge; von Minen, Gegenminen, Bombardierungen, See=Gefechten, in Grund geschossenen Schiffen, auf deren jedem bey tausend Mann sich befänden, von Schlachten, da auf jeder Seite wol zwanzig tausend Mann umkämen; von dem Röcheln der Sterbenden; von Gliedmassen, die in die Luft auf=flögen; von dem Rauche, Geschrey, Verwirrung und Zertretten der Ueberwundenen durch die Pferde bey solchen Anlässen; von Flucht, Nachjagen und Siege, von Feldern, die mit todten Cörpern bedeket wären, welche man den Hunden, Wölfen und Raub=Vögeln zur Speise ligen liesse; von Plünderung, Außziehen, Noth=zwängen und Verheerung durch Feuer und Schwerd. Und damit ich die Dapferkeit meiner lieben Landesleute insbesonder herausstriche, so versicherte ich ihn, daß ich

einst

selbst bey einer Belagerung mit eigenen Augen gesehen, wie sie mehr als hundert Feinde mit einmal in die Luft gesprenget; da denn die todten Cörper in tausend Stüke zerschmettert zu grossem Vergnügen der Zuschauer wiederum von den Wolken heruntergefallen wären.

Ich wollte fortfahren und mich umständlicher erklä-ren, als mein Herr mir ein Stillschweigen auferlegte. Er sagte; wer die Natur der Yahoos kennete, der würde sie leichtlich aller der Handlungen, so ich erzeh-let fähig halten, wenn ihre Stärke und List ihrer Bos-heit gleich käme. Inzwischen hätte meine Erzehlung nicht nur seinen Abscheu vor dieser ganzen Brut ver-mehret, sondern auch eine gewisse Unruhe in seinem Gemüthe erreget, die er vorher nie gekannt. Denn da er so schrekliche Wörter gehöret, so besorgte er, seine Oh-ren möchten sich nach und nach mit weniger Abscheu an dieselben gewöhnen. Obschon er die Yahoos in seinem Lande hasse, so lege er ihnen doch ihre schlim-men Eigenschaften so wenig zur Last, als einem Gnnayh, (dieses ist eine Art Raub-Vögel) daß er grausam sey, oder einem spizigen Steine, daß er ihn in den Huf schneide. Aber wenn eine Creatur, die sich der Ver-nunft rühme, dergleichen Uebelthaten zu begehen fähig sey, so besorge er, daß die Verdorbenheit dieses Talents noch ärger seyn müsse, als die Unvernunft eines Viehes selbst. Er schien auch deswegen ganz zuversichtlich zu glauben, daß wir an statt der Vernunft weiter nichts als eine gewisse Eigenschaft besässen, welche nur die-nete, unsere Laster zu vermehren, eben wie ein beweg-tes Wasser das Bild eines übel gestalten Leibes nicht nur grösser, sondern auch noch ungestalter zurükwerffe.

Er sezte hinzu, daß er nun, was den Krieg beträfe, so wol in dieser als einigen vorigen Unterredungen genug

sag und nur allzuviel gehöret hätte. Es war aber ein andrer Punct, der ihm jetzt im Kopfe herumgieng. Ich hatte nemlich gesaget, daß einige von unserm Schafs Volke durch Rechtshändel wären ruiniert worden. Nun konnte er gar nicht verstehen, wie es möglich wäre, daß das Recht, welches die Wolfahrt eines jeden zur Absicht hätte, einem zum Verderben gereichen sollte. Daher er eine weitere Erklärung von mir verlangte, was ich durch Recht und die Verwalter desselben, so wie die Sache bey uns in Uebung wäre, verstünde; indem er dafür hielte, Natur und Vernunft zeigten einem vernünftigen Geschöpfe, dergleichen wir seyn wollten, in allen Fällen, was es zu thun oder zu lassen verbunden wäre.

Ich antwortete, daß die Rechtsgelehrtheit eine Wissenschaft wäre, womit ich mich eben nicht sonderlich abgegeben hätte, ausser daß ich auch in dem Fall gewesen, mich wegen einiger erlittenen Ungerechtigkeiten, wiewol ohne den gesuchten Erfolg, der Advocaten zu bedienen. Inzwischen wollte ich ihm so viel Nachricht davon geben, als ich könnte.

Es giebt, sagte ich demnach, eine gewisse Gesellschaft Leute unter uns, welche von ihrer frühen Jugend an in der Kunst auferzogen werden, vermittelst des Gebrauches sehr vieler Wörter zu beweisen, schwarz sey weiß, oder weiß sey schwarz; je nachdem sie dafür bezahlet werden. Alle übrigen Leute sind Sclaven von dieser Gesellschaft. Z. Ex. Mein Nachbar will gerne meine Kuh haben, so dinget er sich einen Advocaten, der beweisen soll, daß sie ihm zugehöre. Alsdenn muß ich mir zu Vertheidigung meines Rechtes auch einen nehmen, weil es wider alle Regeln des Rechtes streitet, daß man einem erlaube für sich selbst zu reden. In dem gesetzten Fall nun, habe ich, der

wahre

wahre Eigenthümer der Ruhe einen gedoppelten Nachtheil: Erstlich ist es mein Advocat beynahe, von der
Wiege an gewohnet, die Unwahrheit zu vertheidigen;
und befindet sich ganz ausser seinem Element, wenn
er der Gerechtigkeit das Wort sprechen soll; welches
für ihn etwas so unnatürliches ist, daß er dabey stets
auf eine sehr ungeschikte Weise, wo nicht gar mit Abneigung gegen dieselbe zu Werke geht.   Der andere
Nachtheil, welchen ich habe, ist dieser, daß mein Advocat grosse Behutsamkeit gebrauchen muß; oder er
wird von den Richtern ausgefilzt, und von seinen
Zunft-Brüdern verabscheuet, als einer der die Profession verstümpeln wollte.   Es bleiben mir daher nur
zwey Mittel übrig, meine Ruhe zu behalten.   Das erste
ist, daß ich den Advocaten meines Gegners durch
Versprechung einer doppelten Besoldung auf meine
Seite bringe, der denn seinen Clienten betriegen wird,
indem er behauptet, daß derselbe Recht habe.   Das
andere ist, daß mein eigener Advocat meiner Sache
allen möglichen Schein von Ungerechtigkeit gebe,
und so gar einräume, die Ruhe gehöre meinem Gegner zu; welches, wenn er es auf eine geschikte Weise
zu thun weiß, unfehlbar eine gute Empfehlung bey der
Gerichts-Banke für mich seyn wird.   Nun müssen sie
wissen, daß diese Richter bestellet sind, alle Zwiste über
Eigenthum, so wol als auch alle und jede Criminal-
Processe durch ihr Urtheil zu entscheiden, und daß sie
von den geschiktesten Advocaten gewählet werden, die
alt oder der Profession müde geworden; und weil sie
in ihrem ganzen Leben gegen Wahrheit und Billigkeit eine Abneigung gewonnen, jezt unter einer so fa-
talen Nothwendigkeit sich befinden, Betriegerey, Meineid und Unterdrükung zu begünstigen, daß ich ihrer
verschiedene gekannt, welche lieber eine starke Bestechung von der Partey, welche Recht hatte, ausschlu-

V. Theil.   Aa   gen;

gen, als daß sie die Facultät beschimpfen, und et,
was thun wollten, welches mit ihrer natürlichen Nei,
gung und ihrem Amt nicht übereinkäme.

Es ist eine Grund-Regel bey diesen Advocaten, daß
alles was einmal geschehen, rechtmässiger Weise wie,
derum könne gethan werden. Daher sie alles wider die
gemeinsten Regeln der Gerechtigkeit und Vernunft strei,
tende vorhin gefällte Urtheile sorgfältig aufschreiben.
Diese führen sie denn unter dem Namen der Exempel
als so viel Authoritäten an, die allerungerechtesten Mey,
nungen zu vertheidigen; und die Richter fehlen niemals,
sich nach demselben zu richten.

Bey Führung der Proceſſe hüten sie sich fleiſſig,
auf die Gründe der Sache selbst zu kommen; sondern
halten sich mit lautem Geschrey und vieler Heftigkeit
auf eine ekelhafte Weise nur bey allen denen Umständen
auf, welche gar nicht zur Sache dienen. Z. Er. und
wieder auf den vorhin gedachten Fall zu kommen, so
verlangen sie niemal zu wissen, was für Recht und
Anspruch mein Gegner auf meine Kuhe hat; sondern
nur ob sie roth oder schwarz sey, ob sie kurze oder lange
Hörner habe, ob die Matte, worauf sie geweidet, rund
oder vierekigt sey, was für Mängel sie haben, und
dergleichen mehr. Alsdenn ziehen sie Exempel von eh,
maligen Urtheils-Sprüchen zu Rath, schieben den
Handel von Zeit zu Zeit auf, und nach zehn, zwanzig
oder dreiſſig Jahren wird er endlich entschieden.

Ingleichem ist zu bemerken, daß diese Herren sich
einer Sprache bedienen, die ihnen ganz eigen ist, und
welche sonst kein anderer Mensch verstehen kann. In
dieser Sprache sind auch alle ihre Geseze geschrieben,
deren Vervielfältigung sie sich besonders angelegen seyn
laſſen; wodurch sie die Natur und das Wesen der
Wahrheit

Wahrheit und Falschheit, des Rechts und Unrechts
dergestalt in Verwirrung gesetzet haben, daß es wol 30.
Jahre brauchte zu entscheiden, ob mein Aker, den
meine Voreltern mir von sechs Gliedern her hinterlassen, mir oder einem Fremden, der 300. Meilen davon weg wohnet, zugehöre.

Was die Procesſe ſolcher Perſonen betrift, welche
angeklagt werden, daß ſie Staats-Verbrechen begangen, ſo iſt die Methode dabey viel kürzer und rühmli-
cher. In ſolchen Fällen erkundigt ſich nemlich der
Richter zuerſt der Geſinnung derer, die am Staats-
Ruder ſitzen; und alsdenn kann er mit Sicherheit und
Beybehaltung aller gehörigen Rechts-Formalitaten
den Beklagten hängen laſſen oder losſprechen, wie die
eingeholete Anweiſung ſolches erfodert.

Hier fiel mein Herr mir in die Rede, und ſagte: Es
wäre Schade, daß Geſchöpfe von ſo auſſerordentlichen
Gemüths-Gaben, wie dieſe Rechts-Gelehrten nach
der Beſchreibung, ſo ich ihm von denſelben gemachet,
nothwendig ſeyn müßten, nicht vielmehr gebraucht würden, andern in Wiſſenſchaft und Erkenntniß Unterricht
zu geben. Ich antwortete ihm aber, wie ich ihn ver-
ſichern könnte, daß ſie in allen andern Sachen auſſer
ihrer Profeſſion gemeiniglich die allerunwiſſendeſten und
dümmſten von unſerm Geſchlechte, die elendeſten Geſellſchafter, geſchworne Feinde von aller Erkenntniß
und Gelehrſamkeit, und eben ſo bereit wären, bey jeder andern Materie, worüber man in Geſellſchaften
ſich unterredet, die allgemeinen Regeln der menſchlichen Vernunft zu verkehren und zu verwirren, als ſie
ſolches bey ihrer Profeſſion thäten.

Das

Das sechste Capitel.

Verfolg der Beschreibung des Zustandes von England. Character eines vorderſten Staats-Miniſters an Europäiſchen Höfen.

Bey alle dieſem konnte mein Herr ſich gar nicht vorſtellen, was dieſe Rechts-Gelehrten für Bewegungs-Gründe haben könnten, ſich ſelbſt ſo zu verwirren, zu beunruhigen und zu ermüden ; und wie es möglich wäre, daß ſie ſo in ein Bündnis der Ungerechtigkeit zuſammenträten, nur um Geſchöpfe von ihrer eigenen Gattung zu beleidigen und zu unterdrüken ; auch konnte er nicht begreiffen, was das ſeyn ſollte, da ich ihm ſagte, ſie thäten ſolches, weil ſie dafür bezahlet würden. Ich gab mir deswegen groſſe Mühe, ihm den Gebrauch des Geldes, die Materie wovon es gemachet würde, und den verſchiedenen Wehrt der Metalle zu beſchreiben ; und ſagte ihm, daß wenn ein Yahoo einen groſſen Vorrath von dieſer koſtbaren Waar beſäſſe, ſo könnte er dafür die prächtigſten Kleider, die ſchönſten Häuſer, weitläuſtge Bezirke Landes, die delicateſten Speiſen und Getränke, die artigſten Weiber, und alles was er nur verlangte, ſich anſchaffen. Weil nun das Geld alle dieſe groſſen Würkungen allein thäte, ſo glaubten unſere Yahoos, daß ſie deſſelben, es ſey zum verthun oder zum aufſparen, je nachdem ſie von Natur zum Geiz oder zur Verſchwendung Neigung hätten, nie genug bekommen könnten. Die Reichen genöſſen die Früchte von der Arbeit der Armen ; und dieſer leztern gäbe es tauſend gegen einen der erſtern. Der gröſte Theil unſers Volkes brächte ſich armſelig durch, und müſſte täglich von Morgen bis auf

den

den Abend für einen schlechten Lohn arbeiten, damit
andere wenige im Ueberfluß leben können. Ich redte
hievon und von einigen andern Dingen weitläufig. Allein mein Herr suchte immer; denn er sezte zum voraus, daß alle und jede Thiere, und vornemlich die,
welche über die andern herrscheten, Anspruch an die
Früchte der Erde hätten. Er verlangte daher zu wissen, worinnen denn diese delicaten Speisen bestünden;
und wie es käme, daß einige von uns Mangel daran
litten. Ich zehlete ihm also eine ganze Menge derselben, so wie sie mir beyfielen, her, und beschrieb ihm
zugleich die verschiedenen Arten, sie zu zurichten; welches nicht geschehen könnte, ohne daß man in alle
Welt-Theile Schiffe außschickte, um Säfte zum Getränke so wol als Brühen zu machen, und hundert andere Bequemlichkeiten nach Hause zu bringen. Ich
versicherte ihn, daß man die ganze Erde wol drey mal
umfahren müßte, ehe eine von unsern weiblichen Yahoos, vornehmen Standes, ihr Frühstüke oder eine
Schaale solches darein zu thun, bekommen könnte.
Worauf er versezte, daß das wol ein recht elendes
Land seyn müßte, welches seine Einwohner nicht ernäh-
ren könnte; am allerwenigsten aber befremde ihn, daß
in so weitläufigen Strecken Landes, als ich ihm beschrieben hatte, kein frisch Wasser zu finden, und die Einwohner genöthigt seyn sollten, ihr Getränk über Meer
zu holen. Ich erwiederte, daß England (der liebe
Ort wo ich geboren wäre) wol drey mal so viel Nahrung hervorbrächte, als die Einwohner desselben verzeh-
ren könnten; und daß es die gleiche Bewandtniß in
Ansehung der Säfte hätte, welche aus Getreide oder
den Früchten gewisser Bäume zubereitet würden, und
ein vortrefliches Getränke gäben; und so verhielt es sich
auch mit allen andern Bequemlichkeiten des Lebens.
Um aber die Schweigerey und Unmäßigkeit der Män-

ner,

ner, und die Eitelkeit unserer Weiber zu nähren, so
schikten wir den meisten Theil unserer Nothwendigkeiten in fremde Länder, und brächten hingegen Dinge
zurüke, welche dieneten uns krank zu machen, oder
unsern Thorheiten und Lastern das Futter zu geben.
Woraus denn nothwendig folgte, daß sehr viele meiner
Landes-Leute genöthiget würden, ihren Unterhalt durch
Betteln, Rauben, Stehlen, Betriegen, Kuppeln,
falsch Schwören, Schmeicheln, Anstiften, Spielen,
Liegen, Fuchsschwänzen, Toben, Schreiben, Sterne-
guken, Giftmischen, Huren, Pasquilliren, und andere
dergleichen Beschäftigungen zu suchen. Und hier hatte
ich wiederum die gröste Mühe von der Welt, ihm jedes dieser Stüke verständlich zu machen.

Der Wein (sagte ich ferner) wird nicht deßwegen
in unser Land gebracht, als ob wir Mangel an Wasser
oder anderm Getränke hätten; sondern weil er uns
frölich machet, indem er den Kopf einnihmet, alle
traurigen Gedanken daraus vertreibet, unsere Einbildung
mit allerley wilden ausschweiffenden Bildern und Vorstellungen anfüllet, unsere Hofnungen stärket, und unsere
Furcht verjaget, die Vernunft auf einige Zeit ihres
Amts entsezet, und uns des Gebrauchs unserer Glieder
beraubet, bis wir endlich in einen tiefen Schlaf fallen:
obwol nicht zu läugnen ist, daß wir alsdenn jedes mal
krank und unmutbig erwachen, und daß der Gebrauch
dieses Getränkes uns tausend Beschwerden zuziehet,
welche das Leben verdrießlich machen und solches verkürzen.

Ueber das aber gewinnet das meiste Volk unter uns
seinen Unterhalt auch dadurch, daß es den Reichen,
und sich selbst unter einander, die übrigen Nothwendigkeiten und Bequemlichkeiten des Lebens anschaffet und
ver-

verfertigt. Z. Er. wenn ich in meinem Vaterlande bin und gehörig bekleidet seyn will, so trage ich die Arbeit wol von hundert Handwerkern an meinem Leibe; der Bau und das Geräthe meines Hauses erfodern noch einmal so viel, und es müssen ihrer wol tausend seyn, ehe meine Frau vom Kopfe bis zu den Füssen ausgeputzet ist.

Hierauf fieng ich an, ihm eine andere Art Leute zu beschreiben, die ihren Lebens-Unterhalt durch Besorgung der Kranken gewönnen, weil ich oben zu sagen Gelegenheit gehabt, daß viele meiner Matrosen an Krankheiten gestorben wären. Hier aber hatte ich wol die allergröste Mühe, ihm die Sache verständlich zu machen. Er konnte wol begreiffen, daß ein Houyhnhnm vor seinem Tode etliche wenige Tage lang schwach und matt würde, oder daß er sich etwann durch einen Zufall ein Glied verwundete; aber daß die Natur, welche alles so vollkommen machte als möglich, zugeben sollte, daß ein langer anhaltender Schmerz sich in unsern Leibern erzeugen sollte: Dieses hielt er für unmöglich; und verlangte deswegen zu wissen, welches die Ursache eines so ungläublichen Uebels wäre. Ich antwortete aber; wir bedienten uns tausenderley Dinge zur Nahrung, die ganz entgegen gesetzte Würkungen hätten; wir ässen, wenn uns nicht hungerte; und tränken, wenn uns nicht dürstete; wir soffen ganze Nächte hindurch starke Getränke, ohne dabey einen Bissen zu essen, welches uns träg machte, unsere Leiber entzündete, und die Dauung übereilte oder verhinterte; einige verhurte Yahoos, weiblichen Geschlechtes, bekämen garstige Krankheiten, womit sie diejenigen, so mit ihnen zu schaffen hätten, ansteckten; diese und andere Krankheiten mehr pflanzten sich vom Vater auf den Sohn fort, dergestalt daß viele schon allerley Uebel mit auf die

Aa 4 Welt

Welt brächten. Ich würde auch nicht fertig werden, wenn ich ihm ein Register von allen Krankheiten machen wollte, denen der menschliche Leib unterworfen ist; denn es wären deren für jeden Theil des Leibes überhaupt wol nicht weniger als fünf bis sechs hundert, und jeder Theil so wol äussere als innere hätte die seinigen insbesonder. Diesen Krankheiten nun zu steuren, gäbe es eine Art Leute unter uns, die von Jugend an in der Kunst sie zu heilen auferzogen würden, oder sich wenigstens derselben rühmeten. Und weil ich einige Wissenschaft und Erfahrung darinnen hätte, so wollte ich ihm aus Dankbarkeit das ganze Geheimniß von der Methode, wie sie zu Werke gehen, entdeken.

Ihr Haupt-Grundsaz (sagte ich demnach) ist dieser, daß alle Krankheiten von der Ueberfüllung entstehen; woraus sie den Schluß ziehen, man müsse dem Cörper durch starke Ausleerungen, es sey durch den natürlichen Gang oder durch den Mund, zu Hülfe kommen. Zu diesem Ende verfertigen sie von vielerley Kräutern, Mineralien, Gummi, Oel, Schalen, Salzen, Feuchtigkeiten, Kothe, Baumrinden, Schlangen, Kröten, Fröschen, Spinnen, Fleisch und Knochen von todten Menschen, Vögeln, Fischen und vierfüssigen Thieren eine dem Geruche und Geschmake so widrige ekelhafte und abscheuliche Composition, als immer möglich ist, welche der Magen sogleich wieder von sich giebet; und dieses heissen sie ein Vomitif; oder sie fügen zu dieser Vermischung noch einige andere giftige Spezereyen hinzu, welche wir entweder von oben oder von unten zu uns nehmen müssen, je nach der Laune worinnen der Arzt sich alsdenn befindet. Eine den Gedärmen so schädliche als ekelhafte Arzeney, die den Leib schlaf machet und alles von sich wegtreibet; und dieses nennen sie eine Purganz oder ein Clistier. Denn

da

Da die Natur (wie die Aerzte weißlich anmerken) die
obere Oefnung nur allein zu Einsteckung dichter und
dünner Materien, und hingegen die untere zu Aus-
werffung derselben bestimmet hat, eben diese Natur
aber bey allen Krankheiten aus ihrem Orte vertrieben
wird, so haben diese kunst-erfahrnen Männer sehr sinn-
reich gefunden, daß der Leib, um die Natur wieder an
ihren gehörigen Ort einzusezen, gerade auf eine entgegen gesezte Weise tractiert, und der Gebrauch der beyden Oeffnungen verwechselt werden muß, indem man
dichtes und dünnes von unten hineinzwänget, und hingegen die Ausleerung oben durch den Mund befödert.

Wir sind aber nebst den würklichen Krankheiten auch
noch viel andern blos eingebildeten unterworffen, wider welche die Aerzte Mittel erfunden, die sich ebenfalls nur auf die Einbildung gründen. Diese Krankheiten haben ihre verschiedenen besondern Namen, und
so auch die darwider dienstlichen Arzneyen. Von dergleichen Krankheiten werden unsere weiblichen Yahoos
immer geplaget.

Eine vortrefliche Eigenschaft dieser Zunft-Genossen ist
vornemlich, ihre Geschiklichkeit zu prognosticieren;
worinnen sie selten fehlen, indem sie bey würklichen
Krankheiten, wenn dieselben auf einen gewissen Grad
kommen, gemeiniglich den Tod prophezeyen, als welchen
sie immer, und hingegen die Heilung des Patienten nicht,
in ihrer Gewalt haben. Daher sie bey erfolgenden uner-
warteten Zeichen der Besserung, nachdem sie einmal
ihr Urtheil ausgesprochen, um nicht für Lügner gehalten zu werden, ihre Einsicht in das Zukünftige allemal
auf eine Weise darzuthun wissen, die ganz unwider-
sprechlich ist. Ingleichem sind sie im Stande, Ehe-
genossen, wovon eines des andern überdrüssig worden,

älteſten Söhnen, groſſen Staats - Miniſtern, ja wol
öfters Fürſten, beſonders vortreſliche Dienſte zu leiſten,

Ich hatte ſchon vorhin Gelegenheit, meinem Herrn
von der Regierung überhaupt, und von der Staats-
Verfaſſung in meinem Vaterlande, (dem billigen Ge-
genſtande der Bewunderung und Beneidung der ganzen
Welt,) inſonderheit zu reden. Da ich aber hier von
ungefehr das Wort Staats-Miniſter erwehnet hatte,
ſo befahl er mir einige Zeit hernach, ihn zu unterrichten, was für eine beſondere Art Kahoos ich durch
daſſelbe verſtünde.

Ich ſagte ihm alſo, daß ein vorderſter Staats-
Miniſter, dergleichen ich ihm beſchreiben wollte, ein
Geſchöpfe wäre, welches von Freude und Traurigkeit,
Liebe und Haß, Mitleiden und Zorn gar nichts wüßte;
zum wenigſten lieſſe er keine andern Paſſionen von ſich
merken, als eine heftige Begierde nach Gewalt, Reichthum und Ehre. Der Rede bediente er ſich zu allen
andern Abſichten, nur nicht die Gedanken ſeines Herzens zu entdeken. Wenn er eine Wahrheit vorbrächte,
ſo hätte er allemal die Abſicht dabey, daß man ſie
für eine Lügen halten, und wenn er eine Lügen ſagte,
daß man ſie für Wahrheit aufnehmen ſollte. Diejenigen, auf die er in ihrer Abweſenheit am meiſten
ſchmähete, könnten gewiß ſeyn, daß ſie bald würden
befödert werden ; und von dem Augenblike an, da er
euch in das Geſichte oder gegen andere lobet, könntet
ihr ſichere Rechnung machen, daß ihr verloren ſeyd.
Das allerſchlimmſte Zeichen wäre, wenn ihr ein Verſprechen von ihm erhieltet ; und vornemlich wenn er
ſolches mit einem Eide bekräftigte. In ſolchem Fall
möchte

möchte sich ein kluger Mensch nur davon machen, und alle seine Hofnungen verloren geben.

Es giebt aber (fuhr ich fort) dreyerley Wege, wodurch man zu dem Posten eines vordersten Staats Ministers gelangen kann. Der erste ist, daß einer seine Frau, oder Tochter oder Schwester klüglich zu überlassen oder zu verhandeln wisse. Der andere ist, daß man seinen Vorgänger in diesem Amt hintergehe, und ihm ein Bein unterschlage; und der dritte, daß man mit einem rasenden Eifer in öffentlichen Gesellschaften wider die Verderbnisse des Hofes loszieht. Doch wird ein kluger Fürst immer diejenigen vorziehen, welche sich dieser letzten Methode bedienen; weil solche Eiferer für den Willen ihres Herrn ordentlich die demüthigste Unterwerfung haben, so erhalten sie sich bey ihrem Ansehen, indem sie durch Versprechungen ec. die mehrern von dem Senate oder einer grossen Raths Versammlung auf ihre Seite bringen. Und endlich stellen sie sich durch eine Indemnitäts-Acte (deren Beschaffenheit ich ihm erklärte) wider alles Nachrechnen sicher, legen ihr Amt nieder, und gehen mit dem Raube, den sie der Nation abgenommen, beladen davon.

Der Pallast eines vordersten Ministers ist eine Schule, worinnen andere zu der gleichen Profession gezogen werden. Die Pagen, Laleyen und selbst der Thorwärter werden durch Nachahmung ihres Herrn zu Staats-Ministern in ihrem Kreise; und lernen in den drey vornemsten Ingredienzen dazu, dem Troze, der Wollust zu fliegen, und der Bestechung sich auszunehmen. Dem zufolge machen sie einen eigenen geringern Hof aus, und empfangen die Antwort von

Leuten

Leuten vom besten Range; bringen es auch vermittelst ihrer Geschiklichkeit und Unverschämtheit zuweilen so weit, daß sie durch verschiedene Stuffen aufsteigen, bis sie endlich würklich die Nachfolger ihrer Herren werden.

Im übrigen läßt sich ein vorderster Minister gemeiniglich durch eine alte H.. oder durch einen Kammerdiener regieren; welches die Canäle sind, wodurch alle Gnaden fliessen, und die (genau zu reden) die wahren Regenten des Reiches genennet werden müssen.

Als ich einst im Gespräche mit meinem Herrn des Adels in meinem Vaterlande Meldung that, beliebte er mir ein Compliment zu machen, welches ich wol auf keine Weise verdiente. Er sagte nemlich, wie er versichert glaubte, daß ich von einer edeln Familie entsprossen seyn müßte, weil ich an Gestalt, Farbe und Reinlichkeit alle Yahoos in seinem Lande so sehr überträfe, obschon ich ihnen an Stärke und Behendigkeit nachgäbe, welches er der unterschiedenen Lebens-Art zuschriebe, so sich zwischen mir und diesen bieländischen Thieren befände. Nebst diesem wäre ich nicht nur mit dem Vermögen zu reden, sondern auch mit einigen Anfängen von Vernunft begabet, und würde deswegen von allen seinen Bekannten für ein Wunder gehalten.

Zugleich machte er mich bemerken, daß unter den Houyhnhnms die Weissen, die Füchse und Lichtgrauen nicht vollkommen so wol gestaltet wären, wie die Castanienbraunen, Apfelgrauen und Rappen; und daß sie auch nicht mit so guten Gemüths-Gaben, noch so viel Fähigkeit dieselben anzubauen, geboren würden; daher sie beständig der andern Knechte blieben, ohne sich jemals gelüsten zu lassen, sich mit solchen, die nicht von ihrer Art sind, zu begatten, welches

es man bey ihnen für etwas ungeheures und unnatürliches halten würde.

Ich stattete ihm für die gute Meynung, so er von
mir zu hegen beliebte, den verbindlichsten Dank ab;
versicherte ihn aber zugleich, daß meine Abkunft von
der geringern Gattung wäre, indem meine Eltern gute
ehrliche Leute und kaum im Stande gewesen wären, mir
eine mittelmässige Auferziehung zu geben. Der Adel
bey uns wäre etwas ganz anders, als er davon einen
Begrif hätte. Unsere jungen Edelleute würden von
Kindsbeinen an im Müssiggang und Schwelgerey auferzogen. So bald sie ein gewisses Alter erreichet, ver-
zehrten sie ihre Kräfte, und zögen sich durch den Umgang mit liederlichen Weibs-Personen garstige Krankheiten zu. Nachdem sie das meiste von ihrem Vermögen durchgebracht, heyratheten sie einzig um des Geldes willen, und hasseten und verachteten ihre Weiber.
Aus dergleichen Heyrathen würden ungestalte und un-
gesunde Kinder geboren; daher es käme, daß eine solche Familie selten bis auf das vierte Glied fortdauerte,
wo nicht etwann die Mutter aus Begierde gesunde Kinder zu haben und die Familie fortzupflanzen, sich dazu
um einen muntern Vater unter ihren Nachbarn oder
Bedienten umsähe. Ein schwacher Cörper, ein abge-
zehrtes Wesen, und ein blasses Gesicht wären die wahren Kennzeichen von adelichem Geblüte; da hingegen
ein gesundes munteres Ansehen einem vornehmen Mann
so sehr zur Schande gereichte, daß jedermann den
Schluß machte, er hätte den Stallknecht oder Kutscher zum Vater gehabt. Die Unvollkommenheiten des
Gemüthes sagten bey unserm Adel der Beschaffenheit
des Cörpers genau zu; indem sie ein Mengsel von Ver-
drießlichkeit, Dummheit, Unwissenheit, Eigensinn,
Wollust und Hochmuth wären.

Ohne

Ohne die Einwilligung dieser erläuchten Gesellschaft.
könnte bey uns kein Gesetz gemachet, aufgehoben oder
verändert werden. Und sie wäre es, welcher das Recht
zukähnde, alle unsere Streitigkeiten ohne weitere Appellation zu entscheiden.

Das siebende Capitel.

Des Verfassers grosse Liebe für sein Vaterland.
Anmerkungen seines Herrn über die Staats-
Verfassung und Regierung Englandes, so wie
sie der Autor beschrieben; nebst einigen Verglei-
chungen und beygebrachten ähnlichen Fällen.
Betrachtungen des Houyhnhnm über die menschliche Natur.

Vielleicht mag der Leser sich wundern, wie ich mich
wol hätte entschliessen können, einer Art Geschöpfe,
die ohne dem schon, wegen meiner Aehnlichkeit mit
den Yahoos ihres Landes, nur allzuviel Neigung hatte,
eine schlimme Meinung von dem menschlichen Geschlechte zu hegen, eine so offenherzige Beschreibung
von Creaturen zu machen, zu denen ich selbst mitge-
hörte. Ich will es aber nur frey gestehen, daß die
vielen Tugenden dieser vortreflichen Houyhnhnms, im
Gegensaze gegen die Verderbnisse, so unter den Menschen herrschen, mir die Augen so weit aufgethan,
daß ich anfieng die Handlungen und Leidenschaften der
Menschen in einem ganz andern Licht zu betrachten,
und zu glauben, daß die Ehre meines Geschlechtes kein
Verschonen verdiente. Und hiernächst war es auch
würklich eine Unmöglichkeit, einer Person von so scharf-
sinnigem Verstande, wie mein Herr war, einen blauen
Dunst vor die Augen zu machen, indem er mich täglich einer Menge Fehler, welche ich an mir selbst hatte,
überzeugte, welche ich vorher nie gewahr worden, und
die man bey uns auch nur nicht unter die menschlichen
Schwach-

Schwachheiten zehlen würde. Zu geschweigen, daß das Exempel meines Herrn mir den äuffersten Abscheu für alles, was Lügen und Verstellung heisset, eingeflösset hatte; und die Wahrheit mir so liebenswürdig schien, daß ich mich entschloß, ihr alles aufzuopfern.

Doch um nichts zu verhalten, so muß ich sagen, daß ich auch noch einen andern weit stärkern Bewegungs-Grund hatte, so freymüthig zu seyn. Ich war kaum ein Jahr in diesem Lande gewesen, als ich schon eine solche Liebe und Hochachtung für dessen Einwohner he-gete, daß ich den festen Entschluß fassete, niemals wie-der zu den Menschen zurückzukehren, sondern meine übrigen Tage in Betrachtung und Ausübung aller und jeder Tugenden bey diesen unvergleichlichen Houyhnhms zu zubringen, wo ich weder Exempel noch Anreizung zum Laster haben könnte. Allein das Schicksal, meine beständige Feindin, hatte beschlossen, daß ich einer so grossen Glückseligkeit nicht sollte theilhaftig werden. In-dessen gereichet es mir jezt zu einem etwelchen Trost, wenn ich bedenke, daß ich bey demjenigen, so ich mei-nem Herrn erzehlet, die Fehler meiner Landes-Leute so sehr verringert, als sich vor einem so genauen Un-tersucher thun ließ, und jedem Puncte die bestmögli-che Wendung gegeben. Denn in der That, wo ist wol der Mensch auf der Welt, der seiner Zuneigung und Parteylichkeit für sein Vaterland nicht nachgiebet?

Ich habe den Inhalt der verschiedenen Gespräche erzehlet, so ich mit meinem Herrn die meiste Zeit über, als ich die Ehre gehabt in seinen Diensten zu stehen, gehalten; in der That aber um Kürze willen viel mehr weggelassen, als dasjenige ist, so ich hier niederge-schrieben.

Nachdem

Nachdem ich alle seine Fragen beantwortet; und seine
Neugierigkeit vollkommen vergnüget hatte, ließ er mich
einmal des Morgens frühe zu sich ruffen, befahl mir,
mich in einer gewissen Entfernung niederzusetzen, (eine
Ehre, die er mir vorher niemals erwiesen,) und sagte,
er hätte meine ganze Erzehlung, in so fern sie so wol
mich als mein Vaterland beträfe, in reife Erwegung
gezogen, und sähe uns als eine Art Thiere an, denen
(auf was Weise könnte er nicht sagen) etwas weniges
von Vernunft wäre zutheil worden, wovon wir aber
keinen andern Gebrauch macheten, als daß wir uns
dessen bedieneten, unsere natürliche Verderbnisse zu verstärken, und noch andere neue zu erwerben, womit die
Natur uns verschonet hätte. Wir beraubeten uns des
wenigen Geschikes, so sie uns verliehen, selber; wir hätten
unsere natürlichen Bedürfnisse um vieles vermehret, und
schienen unser ganzes Leben nur auf eigene eitele Erfindungen zu wenden, denenselben abzuhelfen. Was meine
Person insbesonder beträfe, so wäre klar, daß ich weder die Stärke noch die Geschwindigkeit eines ordentlichen Yahoo besässe; ich gienge mit keiner Sicherheit
auf meinen Hinterfüssen einher; ich hätte die Kunst erfunden, meine Klauen in einen Stand zu sezen, daß sie
mir weder zu meiner Vertheidigung, noch zu sonst etwas
dieneten; ingleichem das Haar von meinem Kinn
wegzunehmen, welches die Natur zu Verwahrung wider Hize und Kälte dahin gesezt hätte. Endlich könnte
ich auch nicht so hurtig lauffen, noch auf die Bäume
klettern, wie meine Brüder, (so nennete er sie) die
Yahoos in diesem Lande.

Unsere Geseze und die Anordnung einer Regierung
kämen offenbar nur daher, weil es uns an Vernunft
und folglich auch an Tugend sehr mangelte; indem
die Vernunft für sich allein genugsam wäre, eine

V. Theil.   Bb   Creatur

Creatur, so damit begabet ist, zu regieren. Daher wir eben nicht Ursache hätten, uns derselben anzumaſſen, wie solches aus meiner selbst eigenen Erzehlung, die ich Ihm von meinen Landes-Leuten gemachet, erhellete, obschon er gar deutlich wahrgenommen, daß ich zu ihrem Vortheile vieles zu verbergen gesucht, und öfters das Ding gesagt hätte, so nicht ist.

Was ihn in dieser Meynung noch mehr bestärkte, (fuhr er fort) wäre eines theils die groſſe Aehnlichkeit meines Leibes mit der Gestalt ihrer Yahoos, ausgenommen wo ich wesentliche Nachtheile hätte; in Ansehung nemlich der Stärke, Geschwindigkeit und Behendigkeit, der Kürze meiner Klauen und einiger andern Stüke, woran die Natur keine Schuld trüge; anders theils die ganz besondre Gleichheit unſrer beydseitigen Gemüths-Neigungen, welche er aus meiner Erzehlung von unſrer Lebens-Art, Sitten und Handlungen geschlossen hätte. Man sähe, (sagte er) daß die Yahoos einen weit stärkern Haß gegen einander, als gegen Thiere von irgend einer andern Gattung trügen; wovon man bisher gemeiniglich die Häßlichkeit ihrer Leibes-Gestalt, welche jeder an andern seines gleichen, nur an sich selbst nicht, wahrnehmen könnte, zur Ursache angegeben hätte. Daher er anfänglich es für ein Stük der Klugheit gehalten hätte, daß wir unsere Leiber bedekten, und durch dieses Mittel viel häßliches vor einander verbörgen, welches sonst in die Augen fallen und andern zum Ekel seyn würde. Jezt aber sähe er, daß er sich betrogen hätte, und daß die Unenigkeiten und Zwiste dieser Thiere in ihrem Lande, von eben der Ursache herrühreten, von welcher sie, wie ich solches beschrieben hätte, unter uns entstünden. Denn wenn man (führte er zum Exempel an) unter fünf Yahoos so viel Speise hinwirft, als für fünfzig genug

fug wäre, so werden sie, an statt friedlich zu essen,
einander bey den Ohren kriegen, und jeder alles für
sich allein haben wollen. Daher wenn sie auf dem
Felde gefüttert werden, allezeit ein Knecht von uns bey
ihnen stehen, und zu Hause jeder Yahoo eine gute Ecke
weit von dem andern angebunden werden muß. Stirbt
etwann eine Kuhe von Alter oder wegen Krankheit,
und ein Houyhnhnm kann sie nicht gleich zur Speise
für seine eigene Yahoos nach Hause bringen, so kommen die aus der Nachbarschaft Heerden-weise herbey,
sich derselben zu bemächtigen; und alsdenn entstehet
eben ein solches Gefecht unter ihnen, wie ihr von den
Yahoos euers Landes beschrieben habet, wobey sie einander mit ihren Klauen schreklich verwunden, doch
aber selten im Stande sind, einander gar umzubringen,
weil es ihnen an den mörderischen Instrumenten fehlet, welche ihr erfunden habet. Zuweilen siehet man
auch, daß die Yahoos von verschiedenen Gegenden
sich solche Schlachten liefern, ohne daß man eine Ursache davon anzugeben weiß. Die aus der Nachbarschaft lauern immer auf Gelegenheit, die aus der andern zu überfallen, noch ehe sie gerüstet sind. Finden
sie denn aber, daß ihnen ihr Anschlag mißlungen, so
kehren sie wieder nach Hause, und fangen da, in Er-
manglung fremder Feinde, unter sich selbst an, was
ihr einen Civil-Krieg nennet.

Auf gewissen Feldern hier zu Lande giebet es gewisse
glänzende Steine von allerley Farben, in welche die
Yahoos heftig verliebt sind; und weil diese Steine
zuweilen tief in der Erde steken, so krazen sie ganze
Tage lang mit ihren Pfoten, um sie heraus zu bekommen; tragen sie alsdenn weg und verbergen sie hauffen-
weise in ihren Hölen, sehen sich aber dabey immer sorgfältig um, aus Furcht daß andere von ihnen ihren
Schaz entdeken möchten. Die Ursache dieser unnatür-

Vb 3   lichen

lichen Liebe der Yahoos für diese Steine, und wozu
solche ihnen nüzen könnten, sagte mein Herr, hätte er
niemals erfahren können. Jezt aber glaubte er, daß
solches aus eben der Geizes-Quelle herrühren möchte,
welche ich der menschlichen Natur zugeschrieben hätte.
Um eine Probe zu machen, hätte er einst ingeheim einen Haufen solcher Steine von dem Orte, wo einer
von seinen Yahoos sie verscharret gehabt, weggeschaf-
fet; worauf das häßliche Thier, wie es seinen Schaz
vermisset, ein so lautes Geschrey angefangen, daß die
ganze übrige Heerde herbeygelauffen wäre, da es denn
gebeulet, die andern angefallen, gebissen, und sich dergestalt gegrämmet hatte, daß es weder essen, noch
schlafen, noch arbeiten wollen, bis er einem seiner
Knechte befohlen hätte, die Steine wieder heimlich an
ihre vorige Stelle zu bringen und zu verscharren; worauf der Yahoo, so bald er sie gefunden, wiederum
so lustig und munter geworden, als er zuvor war; dabey aber die Vorsicht gebraucht, sie besser zu verbergen, und von dieser Zeit an ihm beständig gute Arbeit
und Dienste gethan hätte.

Mein Herr versicherte mich ferner (wie ich auch selbst
zu beobachten Gelegenheit hatte) daß auf den Feldern,
wo diese glänzenden Steine in Ueberfluß zu finden wären, die meisten und grausamsten Schlachten vorfie-
len, und daß sie durch den Einfall der benachbarten
Yahoos veranlasset würden.

Er erzehlte mir, daß es eine sehr gewöhnliche Sache
wäre, wenn zween Yahoos auf dem Felde einen solchen Stein entdekten, und sich zerbalgeten, welcher
ihn haben sollte, daß ein dritter sich in den Zank men-
gete,

gete, und selbigen ihnen beyden wegnähme. Dieses
(behauptete mein Herr ganz ernstlich) hätte eine grosse
Gleichheit mit unsern Processen vor Gerichte; und ich
fand es für unsern Credit vortheilhafter, ihm eben nicht
zu widersprechen, angesehen die Entscheidung der Sache,
von welcher er redete, noch weit billiger herauskam,
als viele Urtheils-Sprüche unserer Richter, indem die
beyden Yahoos weiter nichts als den Stein verloren,
darum sie stritten; da hingegen unsere Gerichts-Höfe
einen solchen Handel nicht aus den Händen lassen würden, so lang die eine oder andere Partey sonst noch das
geringste übrig hätte.

Mein Herr verfolgte seinen Discurs, und sagte;
nichts machte die Yahoos verhaßter, als ihre Gierigkeit alles, was sie fänden, ohne Unterschied herunter-
zuschlüken, es möchten Kräuter, Wurzeln, Beeren,
stinkende Aaße, oder dergleichen alles unter einander
seyn; und es wäre ihnen eigen, daß sie dasjenige, so
sie anderswo rauben oder stehlen könnten, weit lieber
fräßen, als was sie zu Hause ohne Mühe vor der Nase
hätten; obschon solches ungleich bessere Nahrung wäre.
Wenn ihr Raub zureichete, so fräßen sie, daß sie bersten möchten; hernach kaueten sie eine gewisse Wurzel,
wodurch sie den überfülleten Magen auf einmal wieder
entlästigten.

Es gäbe auch noch eine andere Wurzel, die sehr
saftig, aber etwas selten und schwer zu finden wäre;
für welche die Yahoos sich heftig herumzerreten, und
selbige mit der grösten Begierde aussaugten. Diese
Wurzel thäte bey ihnen eben die Würkung, welche
der Wein bey uns. Sie machte, daß sie einander zu-

Bb 3

weilen umhalſeten, zuweilen ſich rauften. Sie heulten,
blökten, plapperten, taumelten, fielen, und ſchlieſen
alsdenn im Kothe ein.

Ich beobachtete auch, daß in der That die Yahoos
die einzigen Thiere dieſes Landes ſind, welche krank
werden; obwol ihre Krankheiten würklich weit weniger
an der Zahl ſind, als die Krankheiten der Pferde bey
uns; und gar nicht von einem übeln Tractament, womit man ihnen begegnete, ſondern allein von ihrer Unreinlichkeit und Gefräſſigkeit herrühren. Es findet ſich
auch in der Sprache der Houyhnhnms mehr nicht
als eine einzige allgemeine Benennung für dieſe Krankheiten, welche von dem Namen des Thieres geborget
wird, und Hnea-Yahoo, oder das Yahoo-Uebel
heiſſet; und die Arzney dagegen iſt eine Mixtur von
des Thieres eigenem Koth und Urin, welche man ihm
mit Gewalt einſchüttet. Ich habe öfters geſehen, daß
dieſe Arzeney die gewünſchte Würkung gethan; und
empfehle ſie daher zum allgemeinen Beſten meiner lieben Landes-Leute zuverſichtlich als ein vortrefliches Spe-
cificum wider alle Krankheiten, die von der Ueberfüllung entſtehen.

Was Wiſſenſchaften, Regierung, Künſte, Manufacturen und dergleichen betrift, ſo geſtand mein
Herr, daß er wenig oder gar keine Aehnlichkeit
zwiſchen uns und den Yahoos ſeines Landes finden könnte. Es war ihm aber auch nur um die
Beobachtung der Gleichheit unſrer Gemüths-Art zu
thun. So viel hätte er indeſſen von einigen nachfor-
ſchenden Houyhnhnms gehöret, daß ſie beobachtet,
wie die meiſten Heerden der Yahoos eine Art Anführer

rer unter sich hätten, (so wie in einem Parke bey uns
unter den Hirschen sich gemeiniglich einer befindet, der
vorausgeht und der vornehmste ist,) welcher ordentlich
der übelgestalteste und boshafteste vor allen übrigen
wäre. Dieser Anführer hätte gemeiniglich einen Liebling um sich, den er sich selbst so ähnlich wählete,
als er ihn finden könnte; dessen Amt wäre, seinem
Herrn die Füsse und den Hintern zu lecken, und
Yahoos von weiblichem Geschlechte in seine Höle
zu treiben; wofür er von Zeit zu Zeit ein Stük Esels-
Fleisch zur Belohnung bekäme. Dieser Favorit würde
von der ganzen Heerde gehasset, und hielte sich deswegen, um sicher zu bleiben, beständig zu der Person
seines Gebieters. Er bliebe gemeiniglich so lang bey
seinem Posten, bis ein schlimmrer gefunden würde; in
dem Augenblike aber, da er den Abschied bekäme,
versammelte sich unter der Anführung seines Nachfol-
gers die ganze Heerde desselbigen Districts, jung und
alt, männlichen und weiblichen Geschlechtes, um ihn
her, und besudelte ihn mit ihrem Unflate vom Kopfe bis zu
den Füssen. Wie weit sich inzwischen dieses auf unsere
Hofhaltungen, Favoriten und Staats-Minister
applicieren liesse, davon (sagte mein Herr) würde ich
selbst urtheilen können.

Ich durfte diesen schalkhaften Stich nicht beantworten, wodurch der menschliche Verstand noch unter das
Talent eines gemeinen Hundes herunter gesetzet ward,
der so ungeschikt nicht ist, daß er den Laut des besten
Jagdhundes unter einer Kuppel nicht sollte zu unterscheiden und zu befolgen wissen, ohne sich jemals zu
betriegen.

Bb 4 Die

Die Yahoos (erzehlete mein Herr ferner) hätten
gewiſſe merkwürdige Eigenſchaften an ſich, deren ich
in der Beſchreibung, ſo ich ihm von den Geſchöpfen
meiner Art gemachet, nicht oder nur obenhin gedacht
hätte. Dieſe Thiere (ſagte er) hätten gleich andern
ihre Weibſen gemein. Jedoch mit dem Unterſchiede,
daß das Weibgen das Männgen zuließe, wenn es
gleich trächtig wäre; und daß die Männgen ſich mit
den Weibgen eben ſo heftig zankten und herumſchlu-
gen, als ſie ſolches unter ſich ſelbſt thäten; welches
beydes ein ſo unerhört viehiſches Weſen anzeigte, daß
man dergleichen ſonſt noch an keinem andern Thiere
wahrgenommen hätte.

Eine andere Eigenſchaft der Yahoos, worüber er
ſich wunderte, war ihre heftige Neigung zur Unſläte-
rey; da man ſonſt ſähe, daß alle andere Thiere die
Reinlichkeit liebeten. Nun ließ ich die zwo erſtern Be-
ſchuldigungen deswegen unbeantwortet, weil ich zur
Vertheidigung der Geſchöpfe meiner Art nichts vorzubringen wußte, welches ich ſonſt herzlich gern würde
gethan haben; was aber die leztere betrift, ſo hätte
ich leicht zeigen können, daß hierinnen das menſchliche
Geſchlecht eben nichts beſonders habe, wenn nur ein
einziges Schwein (wie zum Unglük nicht war) in dieſem Lande vorhanden geweſen wäre; denn obſchon dieſes Thier nicht ſo übel riechen mag als ein Yahoo, ſo
kann es doch nach meinem Befinden auf eine
mehrere Reinlichkeit mit Recht nicht Anſpruch machen; und mein Herr würde davon ganz überzeuget
worden ſeyn, wenn er geſehen hätte, auf welche gar-
ſtige Weiſe dieſe Thiere freſſen, und wie ſie ſich im
Kothe herumwelzen und darinnen ſchlafen.

Mein

Mein Herr gedachte noch einer andern Eigenschaft, welche seine Bediente an verschiedenen Yahoos bemerket hätten, wovon er den Grund gar nicht zu errathen wußte. Manchmal (saate er) käme einen Yahoo die Laune an, daß er sich in eine Ecke entfernete, wo er sich niederlegte, heulete, seufzete, und alles, was ihm in den Weg käme, von sich schmieß; obschon er jung und fett wäre, und weder an Speise noch Trank einigen Mangel litte, die Bedienten auch nicht wissen könnten, wo es ihm immer fehlen möchte; wogegen das einzige Mittel, so sie gefunden hätten, dieses wäre, daß sie den Yahoo zu strenger Arbeit anhielten, welches denn allemal unfehlbar die Würkung thäte, daß er wieder zu sich selbst käme. Aus Parteylichkeit für das menschliche Geschlecht beobachtete ich hier ein tiefes Stillschweigen, konnte aber bey seiner Erzehlung den wahren und eigentlichen Saamen des milzsüchtigen Eigensinns, als der sich nur bey Faulen, Schwelgern und Reichen einsezet, gar deutlich erkennen; und ich wollte auch gut dafür stehen, daß solche, wenn man sie zwänge, eben dasselbe Arzney-Mittel zu gebrauchen, ebenfalls ganz gewiß würden curiert werden.

Mein Herr hatte ferner beobachtet, daß die Weibsen unter den Yahoos sich etwann hinter ein Gebüsch oder eine Sandbank versteketen, von daher, wenn junge Maunsen vorbeygiengen, sie sich sehen liessen, sich wieder verbörgen, und allerhand seltsame Stellungen und Gebehrdungen dabey macheten. Man hätte wahrgenommen, daß sie zu solcher Zeit den allerekelhaftesten Geruch von sich gäben; und wenn alsdenn ein Männgen auf sie zukäme, so schliche das Weibgen sich sachte davon, sähe dabey öfters zurüke, und flöhe endlich mit einer verstellten Furcht an einen bequemen Ort, wohin es wol wüßte, daß das Männgen ihm folgen würde.

Andere

Andere mal, wenn etwann ein fremdes Weibgen unter sie käme, so stelleten sich drey oder viere eben dieses Geschlechtes, um sie herum, gaffeten sie an, klapperten, grunzeten, beröchen sie über und über; und giengen alsdenn mit Gebehrdungen davon, welche Verachtung und Unwillen anzeigeten.

Vielleicht mag mein Herr bey seinen Speculationen, über das was er entweder selbst beobachtet oder von andern gehöret, wol ein bischen raffiniert haben. Inzwischen konnte ich doch dem Gedanken nicht ohne Erstaunen und äusserster Betrübnis bey mir selbst Plaz geben, daß das weibliche Geschlecht durch einen natürlichen Instinct zur Unzucht, Buhlschaft, Tadelsucht, und einem ärgerlichen Leben geneigt seyn sollte.

Ich erwartete alle Augenblike, mein Herr würde die Yahoos auch noch derjenigen unnatürlichen Begierden beschuldigen, welche bey beyderley Geschlechte unter uns so gemein sind. Allein es scheinet, daß die Natur nicht geschikt genug gewesen, dieselben zu lehren; und daß diese politere Ergözlichkeiten einzig die Frucht der Kunst und der Vernunft sind, welche wir in unserm Welt-Theile besizen.

Das

Das achte Capitel.

Der Verfasser erzehlet verschiedene besondere Umstände von den Yahoos. Vortrefliche Eigenschaften der Houyhnhms. Wie sie auferzogen und
zu was für Uebungen sie in ihrer Jugend gehalten werden. Ihre allgemeine Versammlung.

Weil ich natürlicher Weise die menschliche Natur
besser kennen mußte als mein Herr, so war mir auch
nicht schwer, den Character, welchen er von den Yahoos gab, auf mich selbst und meine Landes-Leute zu
zueignen. Ich glaubte anbey, daß ich noch mehrere
Entdekungen würde machen können, wenn ich selbst
Beobachtungen anstellete; und bat ihn deswegen, daß
er mir erlauben möchte, zuweilen unter diese Thiere in
der Nachbarschaft zu gehen, welches er willig geschehen
ließ; weil er wol versichert war, daß der Abscheu,
den ich gegen diese Bestien trug, nimmer zulassen würde,
daß ihr böses Exempel mich anstekete. Mein Herr gab
auch einem seiner Bedienten, welcher der oberwehnte
Fuchs, ein Thier von ungemeiner Stärke und vortreflichen Gemüths-Eigenschaften war, Befehl, mich zu
begleiten und gegen die Yahoos in Schuz zu nehmen,
ohne welches ich es nicht hätte wagen dörfen, mich
unter sie zu begeben; denn ich habe dem Leser bereits
gemeldet, wie beschwerlich mir diese verwünschten Thiere
bey meiner Ankunft in dieses Land gewesen; und seither feblete es etliche mal, da ich außgegangen war,
ohne den Degen an der Seite zu haben, nicht viel,
daß ich ihnen in die Klauen gefallen wäre. Ich glaube
auch würklich, daß ihre Einbildung ihnen vorgestellet,
ich gehörte mit zu ihrer Gattung; worinnen ich sie öfters

erklärte

beſtärkte, indem ich meine Ermel zurükzog, und ſie
meine nakten Arme und die bloſſe Bruſt ſehen ließ,
wenn mein Beſchützer bey mir war; da ſie denn ſo
nahe zu mir hinkamen, als ſie es wagen durften, und,
wie die Affen mir alles nachmacheten, dabey aber auch
ſtets Zeichen eines heftigen Haſſes gegen mich von
ſich gaben, ſo wie ein zamer Affe, der Hut und Rok
trägt, von den Wilden immer verfolget wird, wenn
er unter ſie geräth.

Die Yahoos ſind von ihrer erſten Jugend an ungemein hurtig und geſchwind. Nichts deſto weniger
gelang es mir, einmal ein Männgen von drey Jahren
zu fangen, welches ich mich bemühete, mit allen erſinnlichen Liebkoſungen, zahm und geſchmeidig zu machen.
Allein der kleine Teufel fieng mit ſolcher Heftigkeit zu
ſchreyen, zu krazen, und um ſich zu beiſſen an, daß
ich genöthiget ward, ihn wieder lauffen zu laſſen; und
es war würklich hohe Zeit dazu, denn auf ſein Geſchrey
kam ein ganzer Trupp alter herbeygelauffen, welche,
jedoch, da ſie ſahen, daß der junge entrunnen wäre,
und mein Beſchützer, der Fuchs, neben mir ſtand,
ſich nicht an uns wagen durften. Ich bemerkete, daß
das Fleiſch des jungen ſehr übel roch; und dieſer Geruch hatte etwas von einem Wieſel und einem Fuchs,
doch ſo, daß derſelbe noch weit unangenehmer war.
Einen andern Umſtand hätte ich beynahe vergeſſen,
(und vielleicht dürfte der Leſer es nicht übel genommen
haben, wenn er auch gänzlich weggeblieben wäre,) nemlich
daß dieſes verhaßte Ungeziefer, indem ich es in den
Händen hielt, ſeinen garſtigen Unflat, ſo in einer dünnen gelben Materie beſtand, ganz über meine Kleider
ausleerete; zum Glüke aber floß nächſt an dem Orte

ein

ein kleiner Bach, wo ich mich wieder wusch, so gut
ich nur immer konnte; wiewol ich meinem Herrn nicht
unter Augen kommen dürfte, bis ich an der Luft allen
übeln Geruch gänzlich daraus vertrieben hatte.

Aus dem, was ich an den Yahoos bemerken konnte,
zeigte sich, daß sie die allerungelehrigsten Thiere, und
zu nichts weiter geschikt sind, als Lasten zu tragen oder
zu ziehen. Gleichwol bin ich der Meynung, daß dieser
Mangel vornemlich von ihrem eigensinnigen, widerspen-
stigen Wesen herrühre. Denn sonst sind sie verschlagen, boshaft, betriegerisch und rachgierig. Sie sind
auch stark und verwegen; dabey aber feige, und folglich trozig, niederträchtig und grausam. Man hat
wahrgenommen, daß die Rothhaarigten beyderley
Geschlechtes, geiler und böser sind als die andern, denen
sie auch an Stärke und Hurtigkeit weit überlegen
sind.

Die Houyhnhnms halten sich so viel Yahoos,
als sie zu ihren Diensten etwann nöthig haben, in Hütten, nahe bey ihren Häusern. Die übrigen aber lassen
sie auf gewisse Felder lauffen, wo sie Wurzeln hervor-
scharren, allerley Kräuter fressen und Aasse von verrek-
ten Thieren suchen, oder zuweilen auch Wieseln und
Luhimuhs (eine Art wilder Ratten) suchen, welche sie
begierig einschlüken. Die Natur hat sie gelehret, sich
an der Seite von Anhöhen mit ihren Klauen Löcher
zu graben, wo sie sich einzeln hinlegen. Nur sind die
Hölen der Weibgen etwas geräumiger, und bequem, daß
sich noch etwann zwey oder drey junge mit darinnen aufhalten können.

Sie

Sie schwimmen von ihrer ersten Jugend an, wie die Froschen, und können sich lange unter Wasser halten, wo sie öfters Fische fangen, welche die Weibgen ihren Jungen beim tragen. Bey welcher Gelegenheit ich nicht Umgang nehmen kann, dem Leser eine seltsame Begegnis zu erzehlen.

Eines Tages, da ich mit meinem Beschützer, dem Fuchse, ausgegangen, und das Wetter sehr heiß war, bat ich ihn um Erlaubnis, mich in dem nächst vorbey-fliessenden Strome baden zu dürfen. Er war es zufrieden; worauf ich mich nakend auszog, und ganz sachte in das Wasser hineingieng. Nun mußte es sich zu-tragen, daß ein junges Weibgen von den Yahoos, so sich hinter einer Sandbanke verdekt gehalten, diesem al-lem zusah, und von einer gewissen Begierde (wie der Fuchs und ich muthmasseten) entflammet, herbeyrañte, und einen Saz, wol fünf Ruthen weit von Lande, zu mir in das Wasser hineinthat. Zeit Lebens war ich niemals so heftig erschroken. Der Fuchs weidete in einer etwelchen Entfernung, weil er sich meinetwegen nichts übels besorgte. Sie umarmte mich auf eine sehr nachdrükliche Weise. Ich schrie, so viel ich vermochte, und mein Beschützer kam in vollem Galop herbeygelauf-fen; worauf sie mich (wiewol mit dem äussersten Un-willen fahren ließ) und sich an das jenseitige Ufer flüch-tete, wo sie stand, und mich angaffete, und heulete, so lange ich beschäftigt war, meine Kleider wieder an-zuziehen.

Diese Begebenheit dienete hernach meinem Herrn und seiner Familie zur Kurzweil, mir aber zum empfind-lichsten Verdrusse. Denn ich konnte nun nicht mehr läugnen, daß ich nach allen und jeden Theilen und Zügen meines Leibes ein würklicher, wahrer Yahoo wäre;

S. Geſner. f.

wäre; indem diese Weibgen eine natürliche Neigung gegen mich, wie zu ihres gleichen, trügen. Auch waren
die Haare dieser Bestie nicht roth, (welches sonst einen etwas unregelmässigen Appetit gewisser massen
hätte entschuldigen mögen) sondern kohlschwarz; und
überhaupt sah sie nicht so gar scheußlich aus, wie die
übrigen von ihrer Gattung. Denn ich glaube, daß sie
nicht über eilf Jahre alt gewesen seyn mag.

Weil ich drey ganzer Jahre lang in diesem Lande
zugebracht, so vermuthe ich, der Leser werde erwarten, daß ich ihm, nach dem Beyspiele anderer Reise-
Beschreiber, auch Nachricht von den Sitten und Gewohnheiten der Einwohner desselben gebe; wie ich denn
in der That die Kenntniß derselben mir vornehmlich
habe angelegen seyn lassen.

Gleichwie diese edelmüthige Houyhnhnms von Natur mit einem Hang zu allen Tugenden überhaupt begabet sind, und gar keinen Begrif noch Vorstellung
von dem haben, was an einer vernünftigen Creatur
böse seyn könnte; also machen sie es sich zur Haupt-Regel,
daß sie die Vernunft anbauen, und sich gänzlich von ihr
regieren lassen. Auch ist die Vernunft bey ihnen niemals etwas zweifelhaftes wie bey uns; wo man bey
einer und eben derselben Frage auf beyde Seiten
scheinbare Gründe anführen kann; sondern man wird
durch ihre Klarheit den Augenblik überzeuget; gleich
solches auch nothwendig geschehen muß, wenn sie durch
Passionen und Interesse nicht vermischet, verdunkelt
oder entfärbet wird. Ich erinnere mich, daß ich die
gröste Mühe von der Welt hatte, meinem Herrn von
der Bedeutung des Worts Meynung, oder wie ein
oder andrer Punct streitig seyn könne, einen Begrif zu
machen, weil uns ja die Vernunft lehre, nur dem-
zumal

zumal etwas zu bejahen oder zu verneinen, wenn wir
von der Sache gewiß wären; ohne genugsame Erkenntniß
aber könnten wir keintwederes thun: Also daß Contro=
versien, Zänkereyen, Disputieren und Aussprüche über
falsche und zweifelhafte Säze bey den Houyhnhnms
ein unbekanntes Uebel sind. Jngleichem da ich ihm
unsere verschiedene Systeme in der natürlichen Phi=
losophie erklärte, fieng er zu lachen an, daß eine
Creatur, die Vernunft haben wollte, sich auf dieselbe
deswegen etwas einbildete, weil sie wüßte, was ande=
rer Leute Muthmassungen, und zwar in Sachen wä=
ren, deren Erkenntniß, wenn man auch eine völlige
Gewißheit davon hätte, von keinem Nuzen seyn könnte;
worinnen er gänzlich des Socrates Meynung war,
wie Plato solche beschreibt, welches ich auch als den
größten Lob=Spruch anführe, den ich diesem Fürsten
der Philosophen geben kann. Juzwischen habe ich seit=
her viel mal bey mir selbst gedacht, was für eine Ver=
wüstung dieser Lehr=Saz in den Bücher=Läden Euro=
pens anrichten, und wie so manchen Weg zum Tem=
pel des Ruhms zu gelangen, die Ausübung desselben
verschliessen würde.

Freundschaft und Wolwollen sind die zwo Haupt=
tugenden der Houyhnhnms; und zwar so schränken
sie solche nicht bloß auf gewisse besondere Gegenstände
ein, sondern erstreken dieselben auf ihr sämtliches Ge=
schlecht. Denn ein fremdes von der entlegensten Ge=
gend herkommendes Pferd wird bey ihnen eben so gut
gehalten als der nächste Nachbar, und glaubet, wo es
immer hinkömmt, zu Hause zu seyn. Ehrbarkeit und
Höflichkeit beobachten sie im höchsten Grade; von Ce=
remonien aber wissen sie gar nichts. Sie haben keine
Affen=Liebe für ihre Kinder; und die Sorge, so sie für
ihre Kinder tragen, ist einzig die Frucht der Vernunft.

Jch

Ich habe es selbst an meinem Herrn gesehen, daß er eben so viel Zuneigung gegen die Füllen seines Nachbars, als gegen seine eigenen trug. Sie behaupten, daß die Natur sein ganzes Geschlecht zu lieben lehre; und daß nur die Vernunft es sey, welche die Personen unterscheide, da nemlich, wo ein grösserer Grad von Tugend sich finde.

Wenn die Weiber der Houyhnhnms von jedem Geschlechte ein junges zur Welt gebracht, so begatten sie sich nicht mehr mit ihren Männern; sie müßten denn eines davon durch ungefehre Zufälle verlieren, welches sich selten zuträgt. Auf diesen Fall halten sie sich von neuem zusammen; oder wenn ein solcher Verlust einen Houyhnhnm betrift, dessen Weib nicht mehr im Stande ist, Kinder zu gebähren, so schenket ein anderes Paar ihm eines von den seinigen, und hält sich alsdenn wieder zusammen, bis die Mutter trächtig wird. Diese Vorsicht ist nöthig, damit das Land nicht mit allzuviel Einwohnern beschweret werde. Doch sind die Houyhnhnms von der niedrigern, zum Dienst auferzogenen Gattung, nicht so genau hieran gebunden, sondern es ist ihnen erlaubt, drey Junge von jedem Geschlechte zu zeugen, damit es den edlern Familien nicht an Gesinde gebrechen möge.

Bey ihren Heyrathen sehen sie sorgfältig zu, sich Gatten, von solchen Farben zu wählen, die keine unangenehme Mischung auf ihre Nachkommenschaft bringen. An dem Manne wird vornemlich auf Stärke, und an dem Weibe auf Schönheit gesehen; nicht in Absicht auf die Triebe der Liebe, sondern zu verhüten, daß die Gattung nicht aus der Art schlage. Denn wenn es sich zuträgt, daß das Weib an Stärke etwas voraus hat, so wählet man ihr einen Gatten, der desto schöner ist. Galanterien, Verliebungen, Geschenke, Vermächtnisse,

mächtniſſe, Leibgedinge ꝛc. ſind Sachen, wovon ſie weder Begriffe, noch auch Wörter in ihrer Sprache haben, ſie auszudrüken. Das junge Paar kömmt, und
thut ſich auß keiner andern Urſache zuſammen, als
weil ihre Eltern und Freunde es für gut befinden. Sie
ſehen ſolche Handlungen alltäglich, und glauben, daß
ein vernünftiges Geſchöpfe ſich deren nicht entſchlagen
könne. Die Verletzung aber eines ſolchen ehrlichen
Bündniſſes, oder irgend eine andere Art von Leichtfertigkeit, iſt bey ihnen etwas unerhörtes; und die beyden
Gatten hegen, ohne alle Eiferſucht, Verliebung, Streit
und Mißvergnügen, ihr ganzes Lebenlang die gleiche
Freundſchaft und Zuneigung gegen einander, welche ſie
für die übrigen Houyhnhnms alle insgemein tragen.

Bey Auferziehung ihrer Jugend von beyderley Geſchlechte haben ſie eine vortrefliche und unſerer Nachahmung höchſt würdige Methode. Sie geben nicht zu,
daß ihre Kinder vor Erreichung des achtzehnden Jahres ein Körngen Haber, ausgenommen an gewiſſen
beſtimmten Tagen genieſſen; und eben ſo laſſen ſie ihnen auch nur ſelten Milch zukommen. Im Sommer
äzen ſie Gras, des Morgens zwo Stunden lang und
Abends wiederum ſo viel; welches auch ihre Eltern
thun. Den Bedienten aber wird hierzu nur halb ſo
viel Zeit geſtattet, und ihr meiſtes Gras nach Hauſe
gebracht, wo ſie ſolches zu denen Stunden genieſſen,
welche zur Muſſe am bequemſten können ausgeſetzet werden.

Mäſſigkeit, Fleiß und Reinlichkeit ſind Sachen,
wozu die Jungen beyderley Geſchlechtes gleich angehalten werden. Und es kam meinem Herrn recht wider-
ſinnig vor, daß wir den Weibsen, auſſer was einige
Puncte von der Wirthſchaft beträfe, eine andere Art
Auferziehung gäben, als den Mannſen; wodurch (wie
er

er ganz richtig anmerkte) die Helfte von uns, zu nichts
als Kinder zu gebähren, taugen müßte; und daß wir
die Sorge für unsere Kinder solchen unnützen Geschöpfen
anvertrauten, (sagte er) wäre noch ein stärkeres Be-
weißthum von Unvernunft und thierischem Wesen.

Die Houyhnhnms hingegen auferziehen ihre Ab-
kömmlinge zur Stärke, Hurtigkeit und einer abge-
härteten Leibes-Beschaffenheit. Zu dem Ende lassen
sie selbige steile Hügel auf und ab, und über harte
steinigte Felder in die Wette rennen; und nachdem sie
ganz im Schweiße sind, müssen sie in einen Teich oder
Fluß hineinspringen, und sich da bis über die Ohren
untertauchen. Vier mal des Jahres kömmt die Jugend von einem Districte auf einem bestimmten Platz
zusammen, ihr Zunehmen im Rennen, Lauffen und andern
Uebungen, die von Stärke und Behendigkeit zeugen, sehen
zu lassen; da denn der Ueberwinder oder die Ueberwin-
derin zur Belohnung ein Lob-Lied erhält. Am Tage
dieses Festes treiben die Bedienten eine Menge Yahoos
mit Heu, Haber und Milch beladen, wovon hernach
die Houyhnhnms eine Mahlzeit halten, vor sich auf
dieses Feld hinaus. Sogleich aber werden jene Bestien,
damit sie der Versammlung nicht beschwerlich fallen,
auf gleiche Weise wieder nach Hause geschaft.

Alle vier Jahre im Frühling, wenn Tag und
Nacht gleich ist, wird auf einer, ungefehr zwanzig
Meilen von meines Herrn Hause gelegenen Ebene, eine
allgemeine, die ganze Nation vorstellende, Versammlung gehalten, welche fünf bis sechs Tage lang dauert.
Hier untersuchet man den Zustand und die Nothdurft
der verschiedenen Districte: Ob sie an Heu, Haber, Kühen und Yahoos Ueberfluß oder Mangel haben? Und
wenn es sich findet, (wie doch nur selten geschiehet,)

daß eine Gegend an diesen Thieren oder Erdgewächsen
Mangel leidet, so wird sie durch einmüthige Einstimmung, vermittelst eines allgemeinen Beytrages, mit
dieser Bedürfniß sogleich versorget. Ingleichem werden hier die Vorfälle in Ansehung der Kinder berichtiget. Z. Ex. wenn ein Houyhnhnm zween Söhne
hat, so tauschet er einen davon mit einem, der zwo
Töchter besitzt; und wenn etwann ein Kind durch einen ungefähren Zufall um das Leben kömmt, dessen
Mutter Alters halber keine mehr gebähren kann, so
wird hier ausgemachet, welche Familie in dem Districte diesen Abgang durch Zeugung eines andern wieder ersetzen soll.

Das

Das neunte Capitel.

Verhandlung einer wichtigen Streit-Frage bey
der allgemeinen Versammlung der Houyhnhms;
und wie solche entschieden worden. Gelehrsamkeit der Houyhnhms. Ihre Bau-Kunst. Manier, wie sie ihre Todten begraben. Unvoll-
kommenheit ihrer Sprache.

Eine solche grosse Raths-Versammlung ward inner
der Zeit meines Aufenthalts in diesem Lande, ungefehr
drey Monate vor meiner Abreise, gehalten, und mein
Herr als Deputierter unsers Districts dahin abgeschiket.
Dabey kam ihre alte Streitigkeit wieder auf das Tapet.
Die einzige in der That, so jemals in diesem Lande
vorgefallen, und wovon mein Herr nach seiner Zurükkunft mir umständliche Nachricht ertheilte.

Die Frage war nemlich: Ob man die Yahoos
nicht gänzlich von dem Erdboden vertilgen sollte? Einer von den Mitgliedern, welcher behauptete, ja,
man sollte es thun; führete für seine Meynung verschiedene, wichtige und starke Gründe an. Er sagte,
die Yahoos wären nicht allein die garstigsten, stinken-
desten und ungestaltesten, sondern auch die widerspen-
stigsten, ungelehrigsten, schlimmsten und bosartigsten
Thiere, so die Natur immer hervorgebracht hätte.
Sie säugten heimlich die Euter der Kühe der
Houyhnhms aus, tödeten und frässen ihre Kazen, zer-
träten ihnen das Gras und den Haber, wenn man
sie nicht beständig in Obacht nähme, und begiengen
tausend andere Ausschweifungen mehr. Dabey that er

Cc 3   einer

einer allgemeinen Tradition Erwehnung, welche ſagte,
daß nicht immer Yahoos in dieſem Lande geweſen,
ſondern einſt vor viel hundert Jahren ein Paar dieſer
Thiere zuerſt auf einem Berge erſchienen wäre; ob die
Hitze der Sonne ſie aus verfaultem Koth und Schleime
gezeuget, oder ob ſie aus dem Schaum des Meeres entſtanden, hätte man niemals wiſſen können. Dieſe
Yahoos hätten hernach Junge gezeuget; und ihr Geſchlecht wäre in kurzer Zeit ſo ſehr angewachſen, daß
ſie das Land überſchwemmet, und der ganzen Nation
zur Plage geworden. Die Houyhnhnms hätten, um
dieſes Uebels los zu werden, eine allgemeine Jagd an-
geſtellet, und nachdem ſie endlich die ganze Heerde ein-
geſchloſſen gehabt, hätten ſie die alten getödet, und
jeder zwey junge mit ſich nach Hauſe genommen, ſelbige
ſo zahm gemachet, als ſo wilde Thiere von Natur werden könnten, und ſie zum Ziehen und Tragen der Laſten gebraucht. Dieſe Tradition ſchiene viel Wahrheit
zu enthalten; und die Yahoos könnten unmöglich
Ylnhniamshy, oder Aborigines ſeyn, weil die
Houyhnhnms ſo wol als andere Thiere einen ſo heftigen Haß wider ſie trügen; welchen ſie zwar wegen
ihren ſchlimmen Eigenſchaften genugſam verdienten,
der aber, wenn ſie Aborigines wären, niemals auf einen ſo hohen Grad würde haben ſteigen können, oder
dafern je ſolches geſchehen wäre, ſo würden ſie gewiß
ſchon längſt vertilget worden ſeyn. Der Einfall, welchen die Houyhnhnms gehabt, die Yahoos zu ihren Dienſten zu gebrauchen, hätte gemachet, daß ſie
ſehr unvorſichtig vernachläſſiget, das Geſchlecht der
Eſel hiezu anzuziehen, welches recht ſchöne Thiere,
leichter zu bändigen, ohne allen übeln Geruch, und
reinlicher als die Yahoos, auch ſonſt zur Arbeit ſtark

genug,

genug, obschon nicht so gewandt und hurtig als diese
wåren; und gesezt, ihr Geschrey håtte eben nichts an-
genehmes, so wåre es doch immer dem gråßlichen Ge-
båule der Yahoos weit vorzuziehen.

Verschiedene andere redeten auf gleichen Fuß, als
endlich mein Herr der Versammlung ein Mittel vor-
schlug, auf welches zu fallen ich ihm Anlaß gegeben
hatte. Er stimmete der Tradition, wovon das Mit-
glied, so vor ihm geredet hatte, Erwehnung gethan,
bey; und sagte, daß die zween Yahoos, von denen
es hieße, sie wåren zu allererst in ihrem Lande gesehen
worden, über Meer dahin gekommen wåren; wie sie
an Land gestiegen, håtten ihre Mitgesellen sie verlassen,
worauf sie sich auf die Gebürge begeben, allwo ihr Geschlecht nach und nach aus der Art geschlagen, und
mit Verlauffe der Zeit viel wilder geworden, als die
andern in dem Lande wåren, woher diese zween zuerst
gekommen. Er behauptete solches, weil er gerade jezt
einen gewissen wunderseltsamen Yahoo (dieses war ich)
in seinem Hause hätte, von welchem die meisten aus
ihnen gehöret, und viele ihn selbst gesehen hätten. Hiernächst erzehlete er, auf was Art er mich gefunden hätte.
Ich wåre an meinem ganzen Leibe mit künstlich
zubereiteten Fellen und Haaren anderer Thiere bedeket;
redete eine eigene Sprache, und hätte auch die ihrige
vollkommen gelernet. Ich hätte ihm die Begegnisse,
welche mich hieher geführet, erzehlet. Wie er mich
einst ohne die Deken gesehen, hätte er gefunden, daß
ich nach allen Theilen meines Leibes ein vollkommener
Yahoo wåre; nur daß ich eine weissere Haut, weniger Haare, und kürzere Klauen hätte. Er sezte hinzu,
daß ich ihn überreden wollen, die Yahoos in meinem

und

und noch viel andern Ländern wären, allein die herrschenden, vernünftigen Geschöpfe, und hielten die
Houyhnhnms in der Dienstbarkeit. Er hätte an mir
alle Eigenschaften eines Yahoo entdeket, nur daß eine
etwelche Tinctur von Vernunft solchen das allzuwilde
Wesen benommen; obwol ich (was diese Vernunft
beträfe) gegen die Houyhnhnms so weit zurükbliebe,
als die Yahoos ihres Landes weniger, wären gegen
mich gerechnet. Unter andern Dingen hätte ich auch
einer Gewohnheit Meldung gethan, die darinnen be-
stühnde, daß wir die Houyhnhnms, wenn sie noch
jung wären, verschnitten, um sie zahm zu machen;
und daß diese Operation leicht und sicher wäre. Nun
hielte er es gar nicht für Schande, von unvernünftigen
Thieren Weisheit zu lernen, so wie die Ameise in der
Emsigkeit, und die Schwalbe (so übersetze ich das Wort
Lyhannh, wiewol es einen weit grössern Vogel bedeutet)
in der Baukunst zum Exempel dieneten. Man sollte sich
also dieser Erfindung bey den jüngern Yahoos dieses
Landes bedienen, welches solche denn nicht allein zah-
mer und geschmeidiger, sondern auch nach und nach
dem ganzen Geschlechte ein Ende machen würde, ohne
daß man gewaltsame Mittel hiezu gebrauchen dürfte.
Zugleich aber müßten die Houyhnhnms ermahnet
werden, sich die Vermehrung des Geschlechts der Esel
angelegen seyn zu lassen, als welche nicht nur in allen
Absichten die weit schäzbarern Thiere wären, sondern
auch noch besonders dieses voraus hätten, daß sie schon
von ihrem fünften Jahre an, Dienste thun könnten, da
hingegen die Yahoos nicht dazu taugten, bis sie ihr
zwölftes erreichet hätten.

Das war alles, was mir damals mein Herr von
demjenigen, was in der grossen Raths-Versammlung
vorgegangen, zu erzehlen für gut befand. Er verhielt
mir

mir aber einen Umstand , welcher mich selbst betraf, davon ich nicht lange hernach (wie der Leser an seinem Orte hören wird) die betrübte Würkung empfand; und dieses ist auch der Zeitpunct, von welchem an ich alles übrige Unglük in meinem Leben zu rechnen pflege.

Die Houyhnhnms haben keine Schriften; und folg- lich schränken sie ihre Wissenschaften auch nur auf die Tradition ein. Weil aber unter einem so einmüthigen Volk, welches von Natur zu Ausübung aller Tugen- den geneigt ist, von der Vernunft allein regieret wird, und von allen andern Nationen abgesondert lebet, sich wenig wichtiges zuträgt, so ist auch dasjenige, so die Hi- storie betrift, von einer Beschaffenheit, daß sie solches leicht, und ohne das Gedächtniß zu beschweren, behal- ten können. Ich habe bereits gemeldet, daß sie keinen Krankheiten unterworffen sind; daher sie auch keiner Aerzte bedörfen. Gleichwol kennen sie einige vortrefliche aus Kräutern bestehende Mittel, wodurch sie die Wun- den und Quetschungen, welche sie sich etwann an ih- ren Füssen von scharfen Steinen, worauf sie tretten, zufügen können, oder auch andere ungefehre Stösse und Verwundungen zu heilen wissen. Sie berechnen das Jahr nach dem Umlauf der Sonne und des Mondes; Unterabtheilungen aber in Wochen machen sie nicht. Die Bewegungen dieser beyden Gestirne sind ihnen bekannt genug. Sie verstehen auch die Ursachen ihrer Verfinsterungen; und dieses ist alles, was sie von der Sternkunde wissen.

In der Poesie muß man gestehen, daß sie alle an- dern Sterblichen übertreffen. Ihre Gleichnisse, und die Genauheit und Nettigkeit ihrer Beschreibungen sind in der That unnachahmbar. Ihre Verse sind voll die- ser Schönheiten von beyderley Art, und enthalten ge-

C c 5   meiniglich

meiniglich entweder einige erhabene Gedanken von
Freundschaft und Wolwollen, oder das Lob derer, so
im Wettlauffen und andern Leibes-Uebungen den Sieg
davon getragen.   Ihre, ob zwar ganz rohe und
schlechte Gebäude sind doch nicht unbequem, und sehr
wol angeleget, sie gegen schlimmes Wetter zu beschützen.
Sie haben eine Art Bäume, welche sehr gerade auf-
wachsen, und wenn sie vierzig Jahre alt sind, an der
Wurzel loß werden, und bey dem ersten Winde fallen.
Diese spitzen die Houybnhnms wie Pfäle mit einem
scharfen Steine zu, [denn von Eisen wissen sie nichts]
stecken sie aufrecht, etwann zehen Zoll weit von einander
in die Erde , und flechten den Zwischenraum mit
Haber-Stroh, oder zuweilen auch mit Hürden aus.
Das Dach wird auf gleiche Weise verfertigt, und eben
so auch die Thüren.

Die Houybnhnms bedienen sich der Höle des Fer-
sen-Gelenkes ihrer Vorderfüße, wie wir unserer Hände;
und zwar mit einer Geschicklichkeit, die grösser ist, als
ich mir anfänglich einbilden konnte.   Ich habe gesehen,
daß eine weisse Stute in unserm Hause eine Nadel, die
die ich ihr zu dem Ende gelieben, eingefädelt hat.   Sie
melken ihre Kübe, erndten ihren Haber ein, und thun
überhaupt alles, wozu wir die Hände gebrauchen, mit
diesem Gelenke.   Sie haben eine gewisse Art harter
Feuersteine, welche sie an andern Steinen schleifen, und
sich Instrumente daraus verfertigen, die sie statt der Aexte,
Keilen und Hämmer brauchen.   Von eben diesen Steinen sind auch die Werkzeuge gemachet, womit sie das
Heu und den Haber abschneiden, so auf ihren Feldern von
sich selber wächset.   Die Jahoos führen die Garben
auf Karren nach Hause, und das Gesind tritt sie in
gewissen bedekten Hütten, um die Körner herauszu-
bekommen, welche auf Böden aufgeschüttet werden.
                                                          Sie

Sie machen sich auch eine Art roher Gefäße von Holz und Erde, und trucknen diese leztern an der Sonne aus.

Wenn sie äussern Zufälligkeiten entgehen können, so sterben sie blos vor Alter, und werden an den einsamsten Orten begraben, so sie hiezu finden können. Ihre Anverwandten und Freunde bezeigen hiebey weder Freude noch Leid; und der sterbende Houyhnhnm selbst verläßt die Welt mit so wenig Widerwillen, als wenn er von einem Nachbar, dem er einen Besuch gemacht hätte, Abschied nähme und wieder nach Hause kehrete. Ich erinnere mich, daß mein Herr einmal einen seiner Freunde mit seiner Familie zu sich eingeladen hatte, um von einer wichtigen Sache mit ihnen zu sprechen; da denn die Frau und ihre beyden Kinder an dem bestimmten Tage, aber sehr spät, gekommen. Hierüber machte sie eine doppelte Entschuldigung: Die erste für ihren Mann, dem [wie sie sagte] bestimmet gewesen wäre, eben diesen Morgen zu Lhnuvyh; das Wort ist in ihrer Sprache sehr nachdrücklich, und schwer in das Englische zu übersezen. Es bedeutet so viel als zu seiner ersten Mutter wiederkehren. Die andere Entschuldigung betraf ihre späte Ankunft; weil nemlich ihr Mann selbigen Morgen nicht gar frühe gestorben wäre, so hätte sie Zeit gebraucht, sich mit ihren Bedienten zu berathen, wo sie ihn am füglichsten begraben könnten; und ich bemerkte, daß sie sich bey uns eben so munter bezeigte, als die übrige Gesellschaft. Sie starb ungefehr drey Monate hernach.

Die Houyhnhnms werden überhaupt siebenzig bis fünf und siebenzig Jahre alt, und erreichen nur selten das achtzigste. Etliche Wochen vor ihrem Ende werden sie allmählich schwach, doch ohne allen Schmerzen. Während dieser Zeit machen ihre Freunde ihnen öfters
- Besuche

Besuche, weil sie nicht mehr so bequem und mit dem gleichen Vergnügen ausgehen können, wie zuvor; jedoch erwiedern sie etwann zehen Tage vor ihrem Tode, in dessen Berechnung sie sich selten betriegen, die Besuche, welche ihnen von ihren nächsten Nachbarn sind gemachet worden; und lassen sich auf einer bequemen Art Schlitten von den Yahoos an die Oerter ziehen, wohin sie verlangen. Ein Fuhrwerk, dessen sie sich auch sonst, wenn sie alt oder verwundet sind, oder weite Reisen machen, bedienen. Bey diesen Gegenbesuchen nehmen sie feyerlichen Abschied von ihren Freunden, als ob sie in irgend eine entfernte Gegend reisen, und daselbst ihre übrige Lebens-Zeit zubringen wollten.

Ich weiß nicht, ob es der Mühe wehrt seyn mag zu bemerken, daß die Houyhnhnms keinen andern Ausdruk in ihrer Sprache haben etwas schlimmes anzudeuten, als das Wort Yahoo. So wenn sie z. Ex. die Thorheit eines Bedienten, den Fehler eines Kindes, einen Stein, der sie in den Fuß geschnitten, lang anhaltendes stürmliches Wetter, und dergleichen zu verstehen geben wollen, sezen sie zu dem Namen dieser Dinge allemal das Wort Yahoo hinzu, und nennen es: Hhnm Yahoo, Whnaholm Yahoo, Ynlhmndwihlma Yahoo, und ein übel gebautes Haus heissen sie Ynholmhnmrohnlnw Yahoo.

Ich könnte mit gröstem Vergnügen von den Sitten und Tugenden dieser vortreflichen Nation noch viel mehrers anführen. Weil ich mir aber vorgenommen habe, mit nächstem ein eigenes Buch, das nur allein von dieser Materie handeln soll, herauszugeben, so verweise ich den Leser darauf; und gehe fort, ihm noch die obengedachte traurige Veränderung zu erzehlen, welche sich in Ansehung meiner zugetragen.

Das

Das zehende Capitel.

Des Verfassers häusliche Umstände und glükseli=
ges Leben unter den Houyhnhnms. Wie sehr er
durch den Umgang mit ihnen in der Tugend
zugenommen. Ihre Unterredungen. Der Ver=
fasser wird von seinem Herrn berichtet, daß er
das Land verlassen müsse. Er wird ohnmäch=
tig über diese Nachricht, unterziehet sich aber;
kömt mit Hülfe eines Bedienten der Houyhnhnms
mit Verfertigung eines Kahnes zu Stande, und
wagt sich damit in die See.

Ich hatte mein kleines Hauswesen nach Herzens=Wunsch
angeordnet. Mein Herr hatte Befehl ertheilet, daß
man mir, etwann sechs Ruthen weit von dem Hause,
ein Zimmer nach ihrer Bau=Art machete. Die Wände
und Böden hatte ich mit Leimen bepflastert, und solche
mit Matten von Binsen, so ich selbst verfertiget, aus=
tapezieret. Ich nahm geschlagenen Hanf, der hier
wild wächßt, und machte mir davon eine Art Zwillich;
die Bethziechen, so ich davon verfertigte, stopfete ich mit
Federn von allerley Vögeln aus, die ich mit Schlingen von
Yahoos=Haaren gefangen hatte, und vortreflich zu
essen sind. Ich hatte mir auch mit meinem Messer
zween Stüle geschnitzet, nachdem der Fuchs, welcher
mir hiebey an die Hand gieng, die gröbere und müh=
samere Arbeit daran verrichtet hatte. Wie meine Klei=
der ganz abgerissen waren, machte ich mir selbst andere
von Kaninchen=Fellen, und von dem Felle eines gewissen
andern sehr schönen, ungefehr gleich grossen Thieres,
welches sie Nnohnoh heissen, und dessen Fell mit dem
weichesten Pflaumhaare bedeket ist. Von diesen verfertigte

ich

ich mir auch ziemlich ordentliche Strümpfe. Ich
machte mir Sohlen von Holze, welches ich von einem
gewissen Baume hiezu schnitt, und solche an das Ober-
leder anheftete; und wenn dieses abgenuzet war, so
schnitt ich mir dergleichen von Yahoos-Fellen, die
an der Sonne getröcknet waren. Ich fand öfters Ho-
nig in holen Bäumen, welchen ich mit Wasser ver-
mischete, oder zu meinem Brod aß. Niemand konnte
die Wahrheit dieser beyden Grundsäze; daß die Natur mit wenigem vergnügt, und die Noth eine
Mutter der Erfindung sey, besser bekräftigen, als
ich. Ich genoß einer vollkommenen Gesundheit, was
den Leib betraf, und der allerangenehmsten Ruhe und
Zufriedenheit des Gemüthes. Ich wußte nichts von
Verrath und Unbeständigkeit eines Freundes, noch von
Beleidigungen eines öffentlichen oder heimlichen Feindes.
Ich hatte nicht nöthig die Gnade eines grossen Herrn
oder seines Lieblings durch Schmeicheley und andere
niederträchtige Mittel zu suchen. Ich brauchte nicht,
mich wider Betrug oder Unterdrükung zu beschüzen.
Hier waren weder Aerzte, meine Gesundheit zu verderben, noch Rechtsgelehrte, mich an den Bettelstab zu
bringen. Keine heimlichen Angeber, die meine Worte
und Thaten ausspionierten, noch solche, die bestochen
wären, Anklagen wider mich zu formieren. Hier fanden sich keine losen Mäuler, keine Tadelköpfe, Verleum-
der, Beutelschneider, Strassenräuber, Diebe, Pro-
curatoren, Kuppler, Possenreisser, Spieler, Staatsleute, Wizlinge, Milzsüchtige, verdriessliche Schwäzer,
Disputierer, Ehebrecher, Mörder, Räuber, Philosophen; keine Häupter noch Anhänger von Parteyen;
keine solche, die durch Reden oder Exempel zum Laster
anreizeten; da waren keine Gefängnisse, Beile, Galgen, Pranger rc.; keine betriegerischen Krämer, noch
Handwerksleute; weder Stolz, noch Eitelkeit, noch

gezwun-

gezwungenes Wesen; keine Narren, Schläger, Trun-
kenbolde, öffentliche Huren, noch Blatern; keine herum-
schwermenden, unzüchtigen, verschwenderischen Eheweiber;
keine dumen, hochmüthigen Pedanten; keine überlästigen,
zänkischen, lermenden, schalen, einbildischen, fluchenden Ge-
sellschafter; keine Schurken, die sich vermittelst ihrer
Laster aus dem Koth empor geschwungen, noch Adeliche, welche ihre Tugend darein gestürzet hätte; keine
Lords, Geiger, Richter, noch Tanzmeister.

Ich hatte das Glük mit dabey zu seyn, wenn verschiedene andere Houyhnhnms, meinen Herrn zu besuchen, oder das Mittags-Mal mit ihm einzunehmen,
kamen. Bey welchen Anläsen er gütig zugab, daß ich
in dem Zimmer bleiben und ihren Gesprächen zuhorchen dürfte. So wol er, als seine Gesellschaft, hatten
die Freundlichkeit, sich öfters so weit herabzulassen,
daß sie Fragen an mich thaten, und meine Antworten anhöreten. Ich hatte nicht weniger die Ehre,
meinen Herrn etwann zu begleiten, wenn er andern
Besuche abstattete. Ich nahm mir niemals die Freyheit zu reden, als wenn ich eine Frage zu beantworten
hatte; und auch alsdenn that es mir leid, weil es allemal so viel Zeit-Verlust war, mich selbst durch Anhö-
rung ihrer erbaulichern Gespräche zu bessern. Mein grö-
stes Vergnügen war bloß, ein demüthiger Zuhörer von
Unterredungen zu seyn, wo lauter nützliche Dinge, und
zwar mit wenigen und nachdrüklichen Worten vorgebracht wurden; wo man (wie ich bereits gemeldet) die
gröste Sittsamkeit, ohne das geringste von Ceremonien,
beobachtete; wo niemand das Wort nahm, ohne selbst
vergnügt zu seyn, und andern Vergnügen zu machen;
wo man einander nicht in die Rede fiel, und wo weder verdrießliches Geschwäze, noch Heftigkeit, noch
Unterschied der Meynungen Raum fand. Die
Houyhnhnms

Houyhnhnms haben den Grundsatz, wenn eine Gesellschaft beysammen sey, so helfe ein etwelches kurzes Stillschweigen gar sehr, den Unterhalt zu ermuntern; und ich fand die Anmerkung begründet. Denn während dieser kurzen Zwischenzeit, da sie nichts redeten, fielen ihnen neue Gedanken ein, welche den Discurs sehr belebten. Ihre Gespräche handeln gemeiniglich von Freundschaft und Wolwollen, von Ordnung und Oeconomie; zuweilen von grossen in die Augen fallenden Würkungen der Natur, oder von alten Traditionen; von der Natur der Tugend; von den unveränderlichen Regeln der Vernunft; auch wol etwann von einigen Schlüssen, welche auf der nächstfolgenden grossen National-Versammlung abgefasset werden sollen, und von den mancherley Schönheiten und Vortreflichkeiten der Poesie. Ich mag auch ohne Praleren hinzusetzen, daß meine Gegenwart mehr als ein mal genugsame Materie zu ihren Gesprächen gegeben; weil mein Herr Gelegenheit davon nahm, seine Freunde so wol mit meiner eigenen Geschichte, als mit der Historie meines Vaterlandes bekannt zu machen; worüber sie denn alle beliebten sich aufzuhalten, und Anmerkungen zu machen, welche dem menschlichen Geschlechte nicht sehr zur Ehre gereichten, und die ich deswegen hier nicht wiederholen will. Nur so viel kann ich überhaupt nicht unbemerket lassen, daß mein Herr, zu meiner grösten Verwunderung, die Natur der Yahoos weit besser zu kennen schien, als ich selbst. Er durchgieng alle unsere Laster und Thorheiten, und entdekte ihrer viele, wovon ich ihm nichts gesagt hatte, blos dadurch, daß er sich vorstellete, was für Eigenschaften ein Yahoo von ihrem Lande äussern würde, wenn er etwas weniges von Vernunft besässe; und schloß nur gar zu begründet, was für eine verächtliche und elende Creatur solches seyn müßte.

Ich

Ich gestehe aufrichtig, daß ich die wenige Erkenntniß
von einigem Werthe, welche ich jetzt besitze, einzig den
Lehren meines Herrn, und seinen und seiner Freunde
Gesprächen zu danken habe, wovon ich lieber ein Zuhörer seyn, als vor der ansehnlichsten und weisesten
Versammlung in Europa das Wort führen wollte.
Ich bewunderte die Stärke, Schönheit und Hurtigkeit
der Einwohner dieses Landes; und so viel glänzende
Tugenden in so liebenswürdigen Creaturen erweckten in
mir die tiefeste Hochachtung. Anfangs fühlte ich in
der That die natürliche Ehrfurcht, welche die Yahoos
und alle andern Thiere gegen sie tragen, nicht. Sie
nahm mich aber nach und nach, und zwar viel eher
ein, als ich glaubte; und war mit einer respectvollen
Liebe und Dankbarkeit dergestalt vermischet, daß sie die
besondere Gütigkeit hatten, mich von den übrigen meiner Geschlechts-Verwandten zu unterscheiden.

Wenn ich an meine Familie, Freunde, Landes-
leute und an die Menschen überhaupt gedachte;
so betrachtete ich sie der Gestalt und den Gemüths-Neigungen nach, als würkliche Yahoos, nur
daß sie ein bißchen mehr civilisiert wären und reden
könnten; die Vernunft aber zu nichts anders an-
wendeten, als diejenigen Laster anzubauen und zu vervielfältigen, wovon ihre Brüder, die Yahoos in diesem Lande, nur so viel an sich hätten, als sie von Natur bekommen. Trug es sich etwann zu, daß ich in
einem Bache oder Brunnen mein Bild erblickte, so
kehrete ich das Gesicht mit Abscheu und Unwillen gegen
mich selbst weg, und der Anblick eines gemeinen Yahoo war mir erträglicher als mein eigener. Durch
den Umgang mit den Houyhnhnms, und das öftere
vergnügte Anschauen derselben, nahm ich mir unvermerkt
ihre Gebehrdungen und ihren Gang an, welches jetzt zur

V. Theil.   D d   Gewohn-

Gewohnheit bey mir geworden; und meine Freunde
sagen mir öfters unhöflich genug, ich trabe wie ein
Pferd einher; welches ich jedoch für ein sehr grosses Compliment aufnehme, wie ich denn auch nicht läugne, daß
ich im Reden öfters in den Ton und die Manier der
Houyhnhms verfalle, und höre, daß man mich deswegen zum besten hat, ohne daß mich solches im geringsten verdrießt.

Mitten in dieser Glükseligkeit, und zu einer Zeit,
da ich glaubte für mein Lebenlang eingesessen zu seyn,
ließ mein Herr mich einmal des Morgens etwas frü-
her, als sonst gewöhnlich, zu sich ruffen. Ich ward
an seiner Mine gewahr, daß er etwas verlegen wäre,
und nicht wüßte, wie er anfangen sollte, mir dasjenige
zu eröfnen, was er vorzubringen Willens war. Nach
einigem Stillschweigen sagte er endlich: Er wüßte nicht,
wie ich das, so er mir vorzutragen hätte, aufnehmen
würde; gleichwol wäre er genöthiget mir zu sagen, daß
bey der lezten National-Versammlung, da die Frage
wegen der Yahoos auf dem Tapet gewesen, die De-
putierten des Landes sich geärgert hätten, daß er in
seinem Hause einen Yahoo (welches ich war) hielt,
den er mehr wie einen Houyhnhm, als wie ein un-
vernünftiges Thier tractierte: Man wüßte, daß er sich
öfters mit mir unterhielte, gleich als ob er aus meiner
Gesellschaft einigen Nuzen schöpfen, oder einiges Vergnügen daran haben könnte. Dieses wäre den Regeln
der Vernunft und der Natur schnurstraks zuwieder,
und eine unter ihnen bisher ganz unerhörte Sache. Die
Versammlung hätte ihn daher ermahnet, daß er mich
entweder zu solchen Diensten als andere meines gleichen gebrauchen, oder mir befehlen sollte, an den Ort
wo ich hergekommen, wieder zurükzuschwimmen. Der
erstere von diesen Vorschlägen wäre von allen denen
Houyhnhms,

Houyhnhnms, so mich jemals, es sey bey ihm oder
bey sich gesehen hätten, gänzlich verworffen worden;
denn sie hätten angeführet, weil ich, nebst der diesen
Thieren angebornen Bosheit, auch einigen Ansaz von
der Vernunft besässe, so wäre zu besorgen, ich möchte
dieselben verleiten, sich mit mir auf das Gebürge zu
begeben, und sie von daraus bey Nacht truppenweise
auf die Viehherden der Houyhnhnms Anfälle thun
lassen, indem wir von Natur zu den Raubthieren ge-
höreten, und alle Arbeit hasseten.

Mein Herr sezte hinzu; daß die benachbarten
Houyhnhnms ihm täglich anlägen, er möchte die
Ermahnung der Versammlung ins Werk richten, welches er auch nicht länger aufschieben könnte. Er zweifelte
aber, daß es mir möglich seyn würde, mit Schwimmen ein
anderes Land zu erreichen, und wünschte daher, ich
möchte mir eine Art Fahrzeug verfertigen, so etwann
denjenigen, welche ich ihm beschrieben, gleich käme,
worauf ich auf der See fortkommen könnte; bey dessen Baue mir seine eigenen Bedienten, so wol als die
Bedienten seiner Nachbarn behülflich seyn sollten. Im
übrigen würde er für seine Person, mich gern Zeit Lebens in seinen Diensten behalten haben, weil er befunden, daß ich, so viel meine niedrigere Natur es
zugelassen, mich beflissen hätte, den Houyhnhnms
nachzuahmen, und dadurch verschiedener schlimmer Gewohnheiten und Neigungen los geworden wäre.

Ich muß hier den Leser berichten, daß ein Schluß
von der allgemeinen Versammlung in diesem Lande
durch das Wort Hnhloayn ausgedrüket wird, welches,
so gut ich es übersezen kann, eine Ermahnung bedeutet; denn die Houyhnhnms haben keinen Begrif
davon, daß man eine vernünftige Creatur zwingen,

D d 2 sondern

sondern nur, daß man ihr rathen und sie ermahnen könne; angesehen niemand der Vernunft ungehorsam seyn könne, der sich nicht zugleich des Rechtes, eine vernünftige Creatur zu seyn, begebe.

Ich hörete den Vortrag meines Herrn mit der äuserstem Betrübniß und Verzweiflung an; und weil ich die Bedrükung meines Herzens nicht ausstehen konnte, so fiel ich ohnmächtig zu seinen Füssen nieder. Als ich wieder zu mir selber kam, sagte er, er hätte geglaubt, ich wäre todt; (denn diese Nation ist dergleichen Schwachheiten der Natur nicht unterworffen.) Ich antwortete mit schwacher Stimme, daß der Tod nur ein allzugrosses Glük für mich würde gewesen seyn. Ich hätte zwar wider die von der Versammlung ergangene Ermahnung, noch auch gegen die Erinnerungen seiner Freunde nichts einzuwenden; gleichwol bedünkte mich nach meinem schwachen und verdorbenen Verstande, es möchte wol mit der Vernunft bestanden haben, wenn sie ein bißchen weniger streng gewesen wären. Ich könnte nicht eine Meile weit schwimmen; und vermuthlich wäre das nächste Land ihrer wol hundert von dem ihrigen entfernet. Zum Baue eines kleinen Schiffes, das mich auf der See tragen sollte, hätte ich sehr viele Materialien nöthig, welche sie in ihrem Lande ganz und gar nicht hätten; wiewol ich dessen ungeachtet, aus Gehorsam und Dankbarkeit gegen ihn, einen Versuch thun wollte, ein solches zu verfertigen, obschon ich es für unmöglich, und mich deswegen bereits zum Tode verdammet hielte. Die Erwartung eines unnatürlichen Todes wäre noch das geringste Unglük für mich. Wie könnte ich aber mit Gelassenheit daran gedenken, daß ich mein übriges Leben unter Yahoos zubringen, und aus Mangel guter Exempel, welche mich auf den Pfad der Tugend leite-
ten,

ten, und darauf behielten, wiederum in meine vorigen
Laster verfallen sollte? Weil ich indessen gar zu wol
wüßte, daß alle Entschliessungen der weisen Houyhnhnms
auf viel zu guten Gründen beruheten, als daß ein arm-
seliger Yahoo, wie ich, dieselben durch Gegengründe
könnte wanken machen; so sagte ich, nachdem ich ihm
für das gütige Anerbieten wegen des Beystandes seines
Gesindes demüthig gedanket, und um Vergünstigung
einer zu Verfertigung eines so schweren Werkes hinläng-
lichen Frist gebeten hatte; ich wollte trachten, mich
schlechten Wurm beym Leben zu erhalten; nicht sonder
Hofnung, daß wenn ich jemals wieder nach England
zurükkommen sollte, ich denen Creaturen von meiner
Art dadurch nüzlich seyn könnte, daß ich ihnen die vortreflichen Houyhnhnms anpriese, und ihre Tugenden
ihnen zum Muster vorstellete.

Mein Herr antwortete hierauf mit kurzen, aber sehr
gütigen Ausdrükungen; verwilligte mir zween Monate
Zeit zu Verfertigung meines Boots, und befahl dem
Fuchse, meinem Mitknechte, (denn so darf ich ihn
in dieser weiten Entfernung wol nennen,) meine Anweisungen zu befolgen; denn ich hatte meinem Herrn gesagt, daß mir seine Hülfe genugsam seyn würde; und
wußte anbey, daß er mich lieb hatte.

Das erste, so ich vornahm, war, daß ich in seiner
Gesellschaft nach der Gegend des Ufers gieng, wo mein
verrätherisches Schiffs-Volk mich an Land gesezet hatte.
Ich stieg auf eine Höhe, sah mich überall in der See
um, und vermeynte gegen Nord-Osten eine kleine
Insel zu erbliken. Ich nahm mein Fernglas hervor,
durch dessen Hülfe ich sie auch würklich, in einer Entfernung von ungefehr fünf Meilen, wie es mir vorkam,
deutlich unterscheiden könnte. Der Fuchs aber hielt

sie

sie nur für eine blaue Wolke; denn weil er von keinem
andern Lande etwas wußte als von dem seinigen, so
konnte er auch entfernte Gegenstände in der See nicht
so leicht unterscheiden, wie wir andere, die mit diesem
Elemente so wol bekannt sind.

Nachdem ich diese Insel entdeket hatte, sinnete ich
nicht weiter hinaus, sondern beschloß, daß sie (wo möglich) der erste Ort meiner Verbannung seyn sollte; und
überließ das übrige dem Schiksal.

Ich kam wieder nach Hause; und nachdem ich mich
mit dem Fuchse berathschlaget, giengen wir in einen
nicht weit gelegenen Busch-Wald, wo ich mit meinem
Messer, und er mit einem scharfen Flinten-Stein, der
nach ihrer Manier an einen hölzernen Stiel fest gemachet war, verschiedene eichene Ruthen, ungefehr von
der Dike eines Wanderstabes, und einige dikere Stüke
aushaueten.   Ich will den Leser mit einer um-
ständlichen Beschreibung meiner Arbeit bey diesem
Werke nicht aufhalten. Genug, wenn ich melde, daß
ich innerhalb sechs Wochen mit Beyhülfe des Fuchses,
der die gröbere und schwerere Arbeit verrichtet, eine
Art eines Indianischen Kahnes zu Stande gebracht;
der jedoch viel grösser war, und den ich mit Yahoos-
Fellen, welche mit Faden von Hanf, den ich selbst
verfertiget, wol zusammengenähet waren, gedekt habe.
Meine Segel waren ebenfalls von den Fellen solcher
Thiere gemacht, wozu ich die jüngsten nahm, so ich
bekommen konnte, indem die alten zu dik und zu zähe
waren. Ich versah mich auch mit vier Rudern. Mein
Proviant bestand aus einem guten Vorrathe von gekoch-
tem Kanninchen-Fleisch und gebratenen Vögeln, samt

zwey

zwey Gefäſſen, das eine voll Milch, und das andere voll Waſſer.

Ich machte in einem geräumigen Teiche, nahe an dem Hauſe meines Herrn, mit meinem Kahne einen Verſuch, und verbeſſerte hernach, was daran zu verbeſſern war. Ich ſtopfete alle Rizen ſleiſſig zu, und verſtrich ſie mit Fette von Yahoos, bis ich ſah, daß er wol verhielte, und tüchtig wäre, mich und mein Geräthe aufzunehmen. Nachdem der Kahn vollkommen fertig, und ſo gut im Stande war, als ich ihn machen konnte, ließ ich ihn unter Aufſicht des Fuchſes, und noch eines Bedienten, von Yahoos, auf einer Art Schlitten ganz ſachte an das Ufer der See hinführen.

Wie alles fertig und der Tag meiner Abreiſe erſchienen war, nahm ich von meinem Herrn, ſeiner Frau, und der ganzen Familie, mit thränenden Augen und äuſſerſt beklemmtem Herzen Abſchied. Mein Herr, getrieben aus Neubegier, und zum Theil (wenn ich es ſagen darf) aus Freundſchaft und Liebe zu mir, wollte mich in die See gehen ſehen, und hatte einige ſeiner benachbarten Freunde zur Geſellſchaft eingeladen. Ich mußte länger als eine Stunde warten, bis es Fluth ward; da ich denn bemerkte, daß der Wind ſehr günſtig gegen die Inſel hinbließ, wohin ich meinen Lauf richten wollte, und nahm von meinem Herrn nochmals beurlaubete. Als ich aber ſo eben im Begriffe war, mich vor ihm niederzuwerffen, um den Huff ſeines Fuſſes zu küſſen, that er mir die Ehre, ſelbigen ganz ſachte bis für meinen Mund aufzuheben. Ich weiß ſehr wol, wie vielfältig ich wegen Meldung dieſes leztern Umſtandes bin getadelt worden, indem meinen Feinden beliebet, es für ganz unwahrſcheinlich

zu

zu halten, daß ein so vortrefliches Geschöpfe sich erniedrigen sollte, einer gegen sie so geringen Creatur, als ich war, eine so besondere Gunst-Bezeugung zu erweisen. Gleich mir denn auch nicht unbekannt ist, wie gerne sich die Reise-Beschreiber insgemein rühmen, in fremden Ländern ganz ausserordentliche Ehre-Bezeugungen empfangen zu haben. Es würden aber diese Tadel-töpfe ihre Meynungen bald ändern, wenn sie das edelmüthige und höfliche Wesen der Houyhnhnms besser kenneten.

Endlich machte ich noch eine tiefe Reverenz gegen die übrigen Houyhnhnms, so meinen Herrn begleitet hatten; stieg in meinen Kahn, und stach in die See.

Das

Das eilfte Capitel.

Was für Gefahren der Verfasser ausgestanden. Er erreichet Neu-Holland; und hoffet, sich daselbst niederlassen zu können. Er wird von einem Einwohner durch einen Pfeil-Schuß verwundet. Man bemächtiget sich seiner, und bringt ihn mit Gewalt auf ein Portugiesisches Schiff. Des Capitains grosse Höflichkeit gegen ihn. Er kömmt in England an.

Ich unternahm diese hofnungslose Reise den 15. des Februar 171$\frac{4}{7}$. um 9. Uhr des Morgens. Der Wind war sehr günstig; gleichwol bediente ich mich anfangs nur meiner Ruder. Als ich aber bedachte, daß ich davon bald müde werden, und der Wind sich drehen möchte, spannte ich mein kleines Segel auf, und legte so innerhalb einer Stunde ungefehr anderthalb Meilen Weges zurüke. Mein Herr und seine Freunde blieben so lange am Ufer stehen, bis sie mich fast ganz aus dem Gesichte verloren; und ich hörete den Fuchs, welcher mich stets lieb gehabt, mir vielmal mit lauter Stimme nachschreyen: Hnny illa nyha majah Yahoo, Trage gut Sorge für dich, liebenswürdiger Yahoo!

Mein Vorhaben war, wo möglich, etwann eine unbewohnete, doch solche Insel zu entdeken, die mir, unter angewendeter Mühe und Arbeit, die Nothwendigkeiten des Lebens verschaffet hätte; welches ich für ein grösseres Glük wollte geachtet haben, als Premier-Minister an dem politesten Hofe in Europa zu seyn; so heftig war mein Abscheu, wieder in die Gesellschaft und

unter die Regierung der Yahoos zurükzukehren. Denn
ich würde, dachte ich, an einem so einsamen Ort, wie
ich mir wünschte, doch wenigstens meinen eigenen Gedanken nachhängen, und mit Vergnügen über die Tugenden dieser unvergleichlichen Houyhnhnms Betrachtungen anstellen können, ohne Gefahr zu lauffen, in
die Laster und Verderbnisse der Geschöpfe meiner Art
zurükzufallen.

Der Leser wird sich hoffentlich noch dessen erinnern,
was ich erzehlet habe, da meine Leute ein Complot wider mich gemachet, und mich in meine Cajute eingesperret hatten. Wie ich nemlich verschiedene Wochen
in diesem Gefängnisse zugebracht, ohne zu wissen wohin unsere Fahrt gerichtet wäre, und da ich hernach
auf dem Boote an Land gesezet ward, wie die Matrosen falsch oder mit Wahrheit geschworen, daß sie nicht
wüßten, in welcher Welt-Gegend wir uns befänden.
Gleichwol hielt ich damals dafür, daß wir etwann
zehn Grade südlich, von dem Vorgebürge der guten Hofnung, oder ungefehr 45. Grade südlicher
Breite seyn möchten, wie ich aus einigen allgemeinen
Reden, so sie sich verlauten lassen, schloß, und dabey
vorausseztе, sie liefen südostwerts, um, wie sie sich
vorgenommen hatten, Madagascar zu erreichen. Obschon nun solches nicht viel mehr als eine blosse Muthmassung war, so entschloß ich mich doch, meinen Lauf
nach Osten zu richten, in Hofnung die südwestliche
Küste von Neu-Holland, oder vielleicht irgend eine
solche Insel, wie ich verlangte, und die gegen Westen
von diesem Lande gelegen wäre, zu gewinnen. Der
Wind blies völlig von Westen; und Abends um sechs
Uhr hatte ich, wie ich rechnete, zum wenigsten achtzehn Meilen gegen Osten zurükgeleget, als ich eine
sehr kleine Insel in einer Entfernung von ungefehr einer

wr halben Meile erblikte, bey welcher ich bald anlangte.
Sie war nichts als ein Felsen mit einer Buchte, wel-
che von der Gewalt der stürmischen Wellen formiert und
ausgehölet war.   Ich fuhr mit meinem Kahn in diese
Buchte hinein; und als ich auf eine gewisse Höhe des
Felsen hinauf geklettert, konnte ich gegen Osten ganz
eigentlich Land sehen, welches sich von Süden nach
Norden erstrekte.   Ich brachte die Nacht in meinem
Kahne zu; des Morgens frühe aber verfolgte ich meine
Reise, und erreichte innerhalb 7. Stunden die süd-
östliche Spize von Ney-Holland.   Dieses bestärkte
mich in der Meynung, welche ich lange zuvor gehabt,
daß nemlich unsere Land- und See-Charten dieses
Land zum wenigsten drey Grade zu weit gegen Osten
sezen, welches ich auch einige Jahre hernach meinem
wehrten Freunde, dem Herrn Herman Moll, eröfnet, und ihm die Gründe davon anzeiget; obschon
er dessen ungeachtet lieber der Meynung andrer hat
folgen wollen.

Ich sah keine Einwohner an dem Orte, wo ich an-
ländete; und weil ich unbewaffnet war, so getraute
ich mir nicht, lief in das Land hinein zu gehen.   Ich
fand einige Muschelfische an dem Ufer, welche ich rohe
aß, weil ich aus Furcht, von den Einwohnern entdekt
zu werden, kein Feuer machen wollte. Ich behalf mich
drey Tage lang mit Austern und Muscheln, um meinen mitgebrachten Proviant zu sparen; und fand glüklicher Weise einen Bach von vortreflichem Wasser, welches mich nicht wenig erfrischete.

Am vierten Tage, als ich mich des Morgens frühe
etwas zu weit in das Land hinein gewaget hatte, ward
ich von einer Höhe, nicht über 100. Ruthen weit von
mir weg, 20. bis 30. Einwohner gewahr.   Sie waren ganz nakend, Männer, Weiber und Kinder; und
                                              hatten

hatten sich, wie ich aus dem aufsteigenden Rauche abnehmen konnte, um ein Feuer herum gelagert. Einer
davon erblikte mich, und sagte es sogleich den andern;
worauf ihrer fünfe auf mich zukamen, und ihre Weiber und Kinder beym Feuer zurükliessen. Ich lief, so
viel ich vermochte, dem Ufer zu, warf mich in meinen
Kahn, und stieß von Lande. Wie die Wilden sahen,
daß ich flöhe, rannten sie mir nach; und ehe ich noch
weit genug in die See kommen konnte, schoß einer
einen Pfeil nach mir, der mich innerhalb des linken
Knies tief verwundete; (wovon ich das Maal wol mit
mir ins Grab nehmen werde.) Ich befürchtete, der
Pfeil möchte vergiftet seyn, ruderte (es war windstill)
fort, bis sie mich nicht mehr erreichen konnten, saugte
alsdenn mit grosser Mühe die Wunde aus, und ver-
band sie, so gut ich konnte.

Nun wußte ich nicht was ich anfangen sollte. Denn
wieder umkehren, und an der vorigen Gegend anländen
durfte ich nicht. Hingegen war der Trieb des Schiffes gegen Norden, welches mich nöthigte zu rudern,
weil der Wind, obgleich nur sachte, gegen Nord-
Westen blies, und mir also widrig war. Indem
ich mich aber nach einem sichern Ort zu landen umsah, erblikte ich gegen Nord-Nord-Osten ein Segel,
welches alle Minuten sichtbarer ward. Ich stand bey
mir an, ob ich das Schiff erwarten sollte oder nicht.
Endlich überwältigte mein Abscheu vor dem Geschlechte
der Yahoos alle andern Betrachtungen. Ich machte
also eine Wendung mit meinem Kahne, segelte und ruderte zugleich gegen Süden, und fuhr wieder in die
nemliche Bucht hinein, woraus ich am Morgen gekommen war, des Vorsazes mich lieber den Wilden

zu überlaſſen, als wieder unter Europäiſche Yahoos
zu gerathen. Ich legte meinen Kahn ſo nahe an das
Ufer, als möglich; und ich ſelbſt verſtekte mich hinter
einen groſſen Stein, nicht weit von dem kleinen Bache,
der (wie ich bereits gemeldet) ſo vortreflichés Waſſer
hatte.

Das Schiff kam bis auf eine halbe Meile an die
Bucht, und ſandte ſein Boot mit Gefäſſen, (der
Ort ſcheinet bekannt geweſen zu ſeyn) friſch Waſſer
einzunehmen. Ich ward es aber nicht gewahr, bis
das Boot beynahe an Land war; und nun war es zu
ſpät, mich anders wohin zu verſteken. Die Matroſen, als ſie an Land ſtiegen, erblikten meinen Kahn,
durchſtöberten ihn aufs genaueſte, und ſchloſſen, daß
der Eigenthümer nicht weit entfernet ſeyn könnte. Ihrer viere gukten, wol bewaffnet, in alle Rizen und Höhlen, und fanden mich endlich hinter dem Steine,
flach auf dem Geſichte ligen. Sie ſtuzten eine Weile
for Verwunderung über meine ſeltſame Kleidung;
über den Rok von Fellen, die hölzernen Sohlen an
meinen Schuhen, und die belzernen Strümpfe; woraus ſie jedoch den Schluß macheten, ich müßte kein
Ingebohrner des Landes ſeyn, als welche alle nakend
giengen. Einer von den Matroſen hieß auf portugie-
ſiſch mich aufſtehen, und fragte, wer ich wäre? Ich
verſtand dieſe Sprache ſehr wol, richtete mich auf,
und ſagte, ich wäre ein armer, aus dem Lande der
Houyhnhnms vertriebener Yahoo, und bäte ſie ſehr,
daß ſie mich möchten gehen laſſen. Sie verwunderten
ſich, mich in ihrer Sprache antworten zu hören, und
erkannten an meiner Farbe und Geſichte, daß ich ein
Europäer ſeyn müßte; konnten aber nicht verſtehen
was

ich mit den Wörtern Yahoos und Houyhnhnms ſagen wollte; und ſiengen zugleich über den ſeltſamen
Ton meiner Sprache, der dem Wiehern eines Pferdes gleich kam, zu lachen an. Ich zitterte die ganze
Zeit über vor Furcht und Widerwillen.   Ich wiederholte meine Bitte, mich gehen zu laſſen, und fieng an
ſachte gegen meinen Kahn zu zuſchleichen; allein ſie
legeten bald Hand an mich, und wollten wiſſen, was
für ein Landsmann ich wäre? woher ich käme? u. ſ. f.
Ich ſagte, daß ich von Gebuhrt ein Engländer, und
vor ungefehr fünf Jahren aus meinem Vaterlande ab-
gereiſet ſey, zu einer Zeit da zwiſchen unſerm und ihrem Reiche Friede geweſen wäre; daher ich hoffen
wollte, ſie würden mich nicht als einen Feind tractieren, angeſehen ich an nichts übels gegen ſie dächte,
ſondern nur ein armer Yahoo wäre, der blos eine
einſame Gegend ſuchte, wo er den Reſt ſeines unglük-
ſeligen Lebens beſchlieſſen möchte.

Als ſie zu reden anfiengen, gläubte ich in meinem
Leben nichts unnatürlichers gehöret oder geſehen zu haben. Denn es kam mir ſolches ſo ungeheuer vor, als
wenn in England ein Hund oder eine Kuhe, oder im
Lande der Houyhnhnms ein Yahoo reden ſollte.
Hingegen waren dieſe ehrliche Portugieſen nicht weniger beſtürzet über meine ſeltſame Kleidung, und über
die wunderliche Art wie ich die Wörter ausſprach,
obſchon ſie ſolche ſehr wol verſtanden. Sie ſprachen
ganz freundlich mit mir, und ſagten, ſie wären verſichert, daß ihr Capitain mich ohne Entgelt mit nach
Liſabon nehmen würde, von wannen ich weiter nach
meinem Vaterlande kehren möchte. Ihrer zween wollten ſich zurük nach dem Schiffe begeben, um den Capitain

pitain zu berichten was sie gesehen hätten, und seine
Befehle abzuholen. Inzwischen sollte ich ihnen schwören, daß ich nicht auf die Flucht bedacht seyn wollte,
dafern ich nicht haben wollte, daß sie sich meiner Person mit Gewalt versicherten. Ich fand für gut, in
ihren Vorschlag einzuwilligen. Sie waren sehr begierig, meine Geschichte zu vernehmen; allein ich that ihnen nur schlecht Genügen; und sie muthmasseten alle
insgesamt, daß meine Unglücks-Fälle mir den Verstand
verrücket haben müßten. Innerhalb 2. Stunden kam
das Boot, so frisch Wasser an Bord gebracht hatte,
wieder zurück, mit Befehl von dem Capitain, mich
auf das Schiff zu bringen. Ich bat sie auf den Knien,
mich in Freyheit zu lassen; allein es war alles umsonst.
Die Matrosen banden mich mit Striken, hoben mich
so in das Boot hinein, von dannen ich auf das Schiff,
und von dar in des Capitains Cajute gebracht ward.

Der Capitain nennte sich Pedro de Mendez, und
war ein sehr höflicher und großmüthiger Mann. Er
bat mich, ich möchte ihm einige Nachricht von mir
geben, fragte was ich zu essen oder zu trinken verlangte, mit Versicherung daß ich es so gut haben sollte,
als er selbst. Kurz; er sagte mir so viel verbindliche
Dinge vor, daß ich mich wunderte, so viel Höflichkeit
bey einem Yahoo anzutreffen. Gleichwol ließ ich ihn
ohne Antwort, und blieb verdrüßlich. Beynahe hätte
der blosse Geruch von ihm und seinen Leuten gemacht,
daß ich in Ohnmacht gesunken wäre. Endlich bat ich,
daß man mir etwas zu essen aus meinem Kahne bringen möchte. Statt dessen aber ließ mir der Capitain ein
Hühngen und eine Flasche vortreflichen Wein vorsetzen;
und hernach befahl er, daß man mich in einer sehr
reinlichen

reinlichen Cajüte zu Bethe bringen sollte. Ich wollte
mich nicht auskleiden, sondern legte mich, so wie ich
war, auf das Bethe nieder; stahl mich aber nach einer
halben Stunde, da ich glaubte, daß die Matrosen zu
Mittag speiseten, wieder davon, und kam auf das
Verdek, Willens in die See zu springen, und lieber
zu trachten, mein Leben durch Schwimmen zu retten,
als unter Yahoos zu bleiben. Jedoch einer von den
Matrosen verhütete es noch, und gab dem Capitain
Nachricht von der Begegnis; worauf ich in meiner
Cajüte eingefesselt ward.

Nach dem Mittags-Male besuchte mich Don Pedro, und fragte, was mich zu einem so desperaten
Entschluß hätte bewegen können? versicherte mich,
daß er mir alle möglichen Gefälligkeiten erweisen wollte,
und sprach mir so freundlich und beweglich zu, daß
ich mich endlich so weit herunter ließ, ihm als einem
Geschöpfe zu begegnen, welches etwas weniges von
Vernunft besässe. Ich machte ihm eine kurze Beschreibung von meiner Reise; von der Meuterey meiner
Leute gegen mich; von dem Lande, worauf sie mich
ausgesetzet; und von meinem dreyjährigen Aufenthalt
daselbst. Allein er hielt alles für Träume und leere
Einbildungen, welches mich äußerst ärgerte. Denn ich
hatte das Vermögen zu liegen, welches den Yahoos
in allen denen Ländern, wo sie die herrschenden Geschöpfe sind, so sehr eigen ist; und folglich auch den
Verdacht, daß andere von ihrer Art liegen könnten,
gänzlich verloren. Ich fragte ihn, ob es in seinem
Lande Mode wäre, die Sache zu sagen, so nicht ist?
und versicherte ihn, daß ich beynahe nicht mehr wüßte,
was er durch Unwahrheit verstehen könnte; ja wenn
ich tausend Jahre in dem Lande der Houyhnhnms
zugebracht hätte, so würde ich auch von den geringsten
Bedienten daselbst niemals eine Lügen gehöret haben.

Inzwischen

Inzwischen obschon es mir gleichgültig wäre, er möchte meiner Erzehlung Glauben zustellen oder nicht, so wollte ich doch aus Dankbarkeit für alle das Gute, so er mir erwies, der Verderbniß seiner Natur so weit nachgeben, daß ich bereit wäre, ihm auf alle die Einwürfe, so er mir machen wollte, zu antworten, da er denn die Wahrheit leicht würde entdeken können.

Der Capitain, welcher ein verständiger Mann war, suchte auf vielerley Weise mich zu fangen, und etwan auf einer Lügen zu ertappen. Endlich da er sah, daß seine Bemühungen umsonst wären, so fieng er an von meiner Wahrhaftigkeit eine bessere Meynung zu fassen. Zugleich aber sagte er, daß weil ich der Wahrheit eine so unverbrüchliche Treue geschworen, so müßte ich ihm auf meine Ehre versprechen, daß ich nichts weiter gegen mein Leben unternehmen wollte; oder er würde fortfahren, mich als einen Gefangenen zu halten, bis wir nach Lisabon kämen. Ich versprach es; betheuerte aber zugleich, daß ich lieber alles erdulden, als zurük kehren wollte, unter Yahoos zu leben.

Es trug sich auf unsrer Reise nichts merkwürdiges zu. Aus Dankbarkeit gegen den Capitain, und auf sein ernstliches Bitten, sezte ich mich zuweilen zum Gespräche zu ihm hin, und bemühete mich, meine Antipathie gegen das menschliche Geschlecht zu verbergen, obschon sie dessen ungeachtet öfters ausbrach, wobey er denn that, als ob er es nicht in Acht nähme. Die meiste Zeit aber blieb ich allein in meiner Casüte, damit ich das Schiffs-Volk nicht sehen müßte. Der Capitain lag mir öfters an, meine wilde Kleidung abzulegen, und anerbot mir von der seinigen, die beste so er hatte. Hiezu konnte ich nicht bewogen werden, indem ich einen Abscheu trug, mich mit etwas zu bedeken, welches ein

V. Theil.   Ee   Yahoo

Yahoo auf seinem Leibe getragen.. Nur bat ich ihn, mir ein paar reine Hember zu leihen, welche, wie ich glaubte, da sie, seitdem er sie angehabt, gewaschen waren, mich nicht so sehr bestecken würden. Von diesen zog ich wechselweise alle Tage eines an, und wusch sie mir selber.

Den 5. Novembers 1715. langten wir zu Lisabon an. Als wir an Land stiegen, nöthigte mich der Capitain, seinen Reise-Mantel umzuhängen, damit der Pöbel mir nicht nachliefe. Ich ward in sein Haus geführet, und auf mein inständiges Bitten gab er mir das oberste Zimmer auf der hintern Seite des Hauses ein. Ich beschwur ihn, daß er keinem Menschen von dem, was ich ihm von den Houyhnhnms erzehlet, etwas sagen möchte, weil das geringste von einer solchen Historie nicht nur eine unzehlige Menge Volkes, mich zu sehen, herbeylocken, sondern wahrscheinlich mich auch der Gefahr aussezen würde, gefangen genommen, und von der Inquisition verbrannt zu werden. Der Capitain beredete mich, ein Kleid, das ganz neu gemachet würde, anzunehmen; ich wollte aber den Schneider durchaus das Maß nicht nehmen lassen; dessen ungeachtet war es mir ziemlich gerecht, weil Don Pedro beynahe von meiner Statur war. Er versah mich auch mit andern Nothwendigkeiten, die er alle neu machen ließ, und welche ich 24. Stunden lang an die Luft sezete, ehe ich mich ihrer bedienen wollte.

Der Capitain hatte keine Frau, und nicht über 3. Bediente, deren keinem erlaubet war, uns bey Tische aufzuwarten. Sein ganzes Betragen war so verbindlich, und er hatte nebst dem so guten menschlichen Verstand, daß mir seine Gesellschaft würklich anfieng erträglich zu werden. Er vermochte so viel über mich, daß ich es wagete, zum hintern Fenster hinauszusehen.

Nach

Nach und nach bracht er mich in ein anderes Zimmer,
wo ich auf die Gasse hinausgukete, sogleich aber erschroken den Kopf wieder zurükzog. Inner einer Woche beredete er mich, bis unter die Haus-Thüre zu
kommen. Ich fand, daß mein Entsezen nach und nach
abnahm. Mein Haß aber, und meine Verachtung gegen das menschliche Geschlecht, schienen sich zu vermehren. Endlich ward ich kühn genug, mit ihm
durch die Straßen zu gehen, doch so daß ich mir die
Nase fleißig mit Raute, oder zuweilen mit Tabaks-Blä-
tern zustopfete.

Nach zehn Tagen legete Don Pedro, dem ich einige
Nachricht von meinem Hauswesen gegeben hatte, mir
es auf meine Ehre und auf mein Gewissen, daß ich
vollends nach meinem Vaterlande zurükkehren, und
mein Leben bey meinem Weibe und Kindern zubringen sollte. Er sagte, es läge ein Engländisches
Schiff in dem Hafen gerade segelfertig, und daß er
mich mit aller Nothdurft versehen wollte. Ich will
dem Leser mit Anführung seiner Bewegungs-Gründe,
und meiner Antworten, nicht beschwerlich fallen. Er
sagte, es wäre ganz unmöglich, eine solche einsame
Insel, wie ich mir wünschte, zu finden; in meinem
Hause aber würde ich Herr seyn, und so einsam und
eingezogen leben können, als ich gerne wollte.

Ich ergab mich endlich, weil ich sah, daß ich nichts
besseres thun konnte; und reisete den 24. Novembers
mit einem Engländischen Kauffardey-Schiff von Lisabon ab; erkundigte mich aber niemals, wer der
Schiffs-Capitain wäre. Don Pedro begleitete mich
bis an das Schiff, und lehnte mir 20. Pfunde. Er
nahm sehr freundlich Abschied von mir, und fiel mir
dabey um den Hals, welches ich ertrug, so gut ich
konnte. Während dieser lezten Reise hatte ich weder

mit

mit dem Capitain, noch sonst jemandem von seinen Leuten, einigen Umgang. Ich gab eine etwelche Unpäßlichkeit vor, und blieb beständig in meiner Cajüte. Den 5. Decembers 1715. des Morgens, ungefehr um 9. Uhr, ankerten wir in den Dünen, und um 3. Uhr Nachmittags langte ich gesund und frisch in meinem Hause zu Redriff an.

Meine Frau und Kinder empfiengen mich mit grosser Erstaunung und Freude, weil sie mich ganz sicher für todt gehalten hatten. Hingegen muß ich aufrichtig bekennen, daß ihr Anblik lauter Haß, Ekel und Verachtung bey mir erregete; und zwar um desto mehr, als ich mir die nahe Verbindung vorstellete, in deren ich gegen sie stand. Denn ob ich mich schon, seit meiner unglüklichen Verbannung aus dem Lande der Houyhnhnms, gezwungen, den Anblik von Yahoos zu ertragen, und mit Don Pedro de Mendez umzugehen; so war doch mein Gedächtnis und meine Einbildungs-Kraft mit den vortreflichen Eigenschaften und der Vorstellung dieser erhabenen Houyhnhnms beständig angefüllet. Und wenn ich daran gedachte, daß ich durch die Heyrath mit einer von dem Geschlechte der Yahoo, ein Vater noch mehrerer geworden, so sezte mich solches in die äusserste Schame, Verwirrung und Abscheu.

So bald ich in das Haus eingetretten war, umarmete mich meine Frau und küssete mich. Weil ich aber von einem so verbaßten Thiere nun viele Jahre her nicht war berühret worden, so sank ich darüber in eine Ohnmacht, welche fast eine Stunde dauerte. Es sind nun, da ich dieses schreibe, fünf Jahre seit

Mit meiner letzten Zurükkunft nach England verflossen.
Das erste Jahr kounte ich die Gegenwart meiner Frau
und Kinder nicht außstehen; der bloße Geruch von ihnen war mir unerträglich. Noch weniger konnte ich
leiden, daß sie in dem gleichen Zimmer mit mir speiseten. Biß auf diese Stunde dürfen sie sich nicht unterstehen, mein Brod anzurühren, oder aus dem gleichen
Gefässe mit mir zu trinken; und ich habe mich noch
nicht überwinden können, ihnen zu erlauben, mich
bey der Hand zu nehmen. Das erste Geld, so ich
außgab, war für zween junge Hengste, welche ich in
einem saubern Stalle halte; und nächst ihnen ist der
Stall-Knecht mein größter Favorit; denn ich fühle, daß
der Geruch, welcher sich vom Stalle bey ihm ansetzet,
meine Lebens-Geister ermuntert. Meine Pferde verstehen mich ziemlich wol; und ich bringe des Tages
zum wenigsten vier Stunden bey ihnen zu. Von Sattel und Zaum wissen sie nichts. Sie tragen Liebe für
mich; und was sie selbst betrift, so leben sie in der
besten Freundschaft mit einander.

Ee 3   Das

Das zwölfte Capitel.

Des Verfassers Wahrhaftigkeit. Seine Absicht
bey Herausgebung dieses Werkes. Er tadelt die
Reise-Beschreiber, welche die Wahrheit beyseite
sezen; und vertheidiget sich gegen alle Zulagen
schlimmer Absichten bey seiner Schrift. Beantwortung eines Einwurffes. Methode, Colonien zu pflanzen. Lob seines Vaterlandes. Der
Anspruch Englands auf die Länder, so er beschrieben, wird gerechtfertigt. Schwierigkeit, sie zu
erobern. Der Verfasser nihmt Abschied von
dem Leser; erkläret sich, wie er sein übriges
Leben zubringen wolle; giebt einen Rath, und
beschliesset sein Werk.

Dieses, geneigter Leser, ist also eine getreue Nachricht von demjenigen, was mir auf meinen Reisen inner sechszehn Jahren und etwas mehr als sieben Monaten begegnet ist; wobey ich mich mehr der Wahrheit als der Zierlichkeit befliffen habe. Vielleicht hätte
ich dich eben so wol, als andere, durch Erzehlung allerhand seltsamer und unwahrscheinlicher Wunderdinge
in Erstannung sezen können. Ich wollte aber lieber
nur blosse Begebenheiten schlechtweg und in einem ganz
ungekünstelten Styl erzehlen, weil meine Haupt-Absicht
war, dich zu unterrichten, und nicht zu betriegen.

Es ist für uns andere, die wir in weit entfernte
Länder reisen, wohin weder Engländer, noch andere
Europäer öfters kommen, eben nicht schwer, Be-
schreibungen von allerhand wunderseltsamen See- und
Land-Thieren zu geben; indessen daß eines Reise-Be-
schreibers

Schreibers vornehmster Endzwek seyn sollte, die Leute
weiser und tugendhafter zu machen, und ihre Gemüther durch Vorstellung der schlimmen so wol als der
guten Exempel, so man aus fremden Ländern erzehlet,
zu verbessern. A

Ich möchte herzlich wünschen, daß alle gereiseten
Männer durch ein Gesez angehalten würden; ehe sie
ihre Beschreibung herausgäben, in Gegenwart des
Lord Groß-Canzlers einen förmlichen Eid zu schwören, daß alles, was sie druken lassen wollten, die lautere unverfälschte Wahrheit sey, best ihres Wissens.
Denn so würde das Publicum von solchen Scribenten nicht weiter betrogen werden, die dem unbehutsa-
men Leser die gröbsten Falschheiten aufdeften, damit
ihre Bücher desto stärkern Abgang finden. Ich habe
in meiner Jugend viele Reise-Beschreibungen mit dem
grösten Vergnügen gelesen; nachdem ich aber seither
die meisten Länder unsrer Erdkugel selbst durchreiset, und
aus eigener Erfahrung weiß, wie fabelhaft viele Erzehlungen sind, so hat mir solches einen nicht geringen
Ekel gegen diese Art von Büchern, und zugleich einen
heftigen Unwillen gegen alle diejenigen beygebracht, welche die Leichtgläubigkeit der Leute so unverschämt miß-
brauchen. Und dieses ist die Ursache, daß, da meine
Freunde geglaubt, es möchten meine geringen Bemühungen meinen Landes-Leuten nicht unangenehm seyn,
ich mir zum grossen Gesetze gemachet, daß ich der
Wahrheit aufs genaueste folgen wolle. Wie ich
denn in der That auch nimmer die geringste Versuchung haben kann, davon abzuweichen, so lange ich
die Lehren und das Exempel meines edelmüthigen Herrn,
und der übrigen vortreflichen Houyhnhnms, deren
demüthiger Zuhörer zu seyn ich so lange Zeit die Ehre
gehabt, im Gedächtnis behalten werde;

- - - Nec

- - - Nec si miserum fortuna Sinonem,
finxit, vanum etiam, mendacemque improba
finget.

Ich weiß sehr wol, wie klein die Ehre ist, welche
man sich durch Schriften erwerben kann, die keinen
sonderlichen Verstand noch Gelehrsamkeit, sondern nur
ein gutes Gedächtnis oder ein fleißiges Tage-Buch erfodern. Ich weiß auch, daß Reise-Beschreiber, gleich
den Verfassern der Wörter-Bücher, durch das Gewicht und die Menge derer so nach ihnen kommen,
und mithin obenaufliegen, immer niedergedrükt und in
die Vergessenheit versenket werden. Und es ist höchst-
wahrscheinlich, daß diejenigen, welche nach mir die
Länder besuchen werden, so ich jezt beschrieben, durch
Entdekung meiner Irrthümer (wo deren welche vorhanden) und durch Hinzufügung allerhand neuer Merkwürdigkeiten, die sie beobachten können, auch mich aus
dem Sattel heben, und meinen Plaz einnehmen werden; dergestalt daß die Welt gänzlich vergessen mag,
daß ich jemals ein Autor gewesen. Dieses nun würde
in der That kein geringer Verdruß für mich seyn, wenn
ich aus Begierde nach einem eiteln Nachruhm geschrieben hätte. Allein da ich blos das Allgemeine Beste
zum Zwek habe, so kann ich denselben nicht gänzlich verfehlen. Denn wer wird wol dasjenige, so ich
von den Tugenden dieser edeln Houyhnhnms gemeldet habe, lesen können, ohne sich seiner Laster zu schämen, wenn er sich als das in seinem Lande vernünftige und über andere Thiere herrschende Geschöpfe betrachtet? Ich will von denen andern entlegenen Ländern, wo Yahoos die Oberherrschaft besizen, nichts
sagen; worunter die von Brobdingnag am wenigsten
verderbet sind, und deren weise Grundsäze in der Staats-
kunst und Sittenlehre eben nicht wenig zu unserer Glükseligkeit

keit beytragen würden, wenn wir sie beobachten wollten. Doch ich will mich nicht weitläuftiger hierüber erklären, sondern dem verständigen Leser überlassen, seine eigenen Betrachtungen und Anwendungen zu machen.

Ich freue mich nicht wenig, wenn ich bedenke, daß diese meine Arbeit wol aller Tadelsucht entgehen muß. Denn was kann man einem Autor vorwerffen, der bloß Thatsachen von so sehr entlegenen Ländern erzehlet, mit welchen wir weder in Absicht auf die Handlung noch die Regierung nicht in der geringsten Verbindung stehen? Ich habe alle die Fehler, welche man Reise-Beschreibern zuweilen nur allzubegründet Schuld giebet, sorgfältig vermieden. Ich habe mit keiner Partey etwas zu schaffen, sondern schreibe ohne alle Passion, Vorurtheile und Haß, weder gegen einzele Personen noch gegen ganze Gesellschaften, sie seyn wer sie wollen. Mein Endzwek ist der edelste von der Welt: Ich will die Menschen unterrichten und bessern; über welche ich ohne Verletzung der Bescheidenheit mich wegen des langen Umganges mit denen vortreflichen Houyhnhnms wol einigen Vorzuges anmaßen darf. Ich schreibe nicht in der Absicht, Geld oder Ruhm zu erwerben. Ich erlaube mir nicht ein Wort, das nach einer Anzüglichkeit schmeken, oder den geringsten Anstoß auch selbst den allerempfindlichsten geben möchte; also daß ich mit Grunde mich selbst einen vollkommen untadelhaften Autor nennen kann, an welchem die Anmerkungen - Betrachtungen - und Glossen-Macher, ihre Talente zu spiegeln, nicht die geringste Gelegenheit finden werden.

Indessen gestehe ich, daß man mir im Vertrauen gesaget, meine Pflicht hätte erfodert, daß ich als ein Engländischer Unterthan, gleich nach meiner ersten

Zurük

Zurükkunft ins Vaterland einem Staats-Secretarius
ein Memorial übergäbe; weil alle Länder, die ein Unterthan entdeket, der Crone zugehöreten. Allein ich
zweifle, ob uns die Eroberung der Länder, von denen
ich handle, so leicht würde gefallen seyn, als dem
Ferdinand Cortez die Bezwingung der nakenden Ameri-
caner. Die Lilliputier sind meines Erachtens nicht
der Mühe werth, daß man eine Flotte und eine Armee ausrüste, um sie unter das Joch zu bringen. Und
in Ansehung der Riesen von Brobdingrag lasse ich
andere urtheilen, ob es klug und sicher gehandelt seyn
würde, wenn man dergleichen etwas wider sie unternehmen wollte. Ingleichem, ob einer Engländischen
Armee bey der fliegenden Insel ob ihren Köpfen eben
gar wol zu Muthe seyn könnte. Was die Houyhnhnms
betrifft, so sind dieselben in der That nicht so wol zum
Kriege gerüstet, angesehen sie in dieser Wissenschaft
ganz unerfahren sind, und besonders gegen unser Schieß-
gewehr sich schlecht würden schüzen können. Gleichwol
könnte ich, wenn ich seze, daß ich ein Staats-Minister
wäre, niemals rathen, daß man sie feindlich anfallen
sollte. Ihre Klugheit, Einigkeit, Unerschrokenheit und
ihre Liebe zum Vaterlande würde den Mangel der
Kriegs-Erfahrenheit überflüssig ersezen. Man stelle sich
nur vor, was das für ein klägliches Schauspiel werden
würde, wenn ihrer zwanzigtausend in eine Europäische
Armee einbrächen, Glieder und Reihen in Unordnung
sezeten, das Equipage über den Hauffen würffen, und
mit dem schreklichen Ausschlagen ihrer Hinterfüsse die
Gesichter der kriegenden Feinde zu Mummien zerquet-
scheten; denn sie würden gewiß dem Character zusagen,
welchen man dem Augustus beygeleget: Recalcitrat
undique tutus. Anstatt aber, diese großmütige Nation unter das Joch zu bringen, wollte ich vielmehr
wünschen, daß sie im Stande wären und Neigung
hätten,

hätten, eine hinlängliche Anzahl von ihnen nach Europa zu schifen, um uns in den ersten Grundsäzen der Ehre, Gerechtigkeit, Wahrheit, Mässigkeit, vaterländischer Gesinnung, Großmuth, Keuschheit, Freundschaft, Zuneigung und Treue zu unterrichten. Tugenden, wovon die Namen in unsern meisten Sprachen stets übrig geblieben, und in neuern so wol als alten Schriftstellern anzutreffen sind, wie ich im Stande bin, blos aus meiner eigenen wenigen Lectur darzuthun.

Ich hatte aber noch einen andern Grund, welcher meine Begierde, Ihrer Majestät Länder durch die Entdekungen, so ich gemachet, zu vermehren, um ein merkliches verringerte. Die Wahrheit zu sagen; ich hatte mir bey solchen Fällen wegen der Gerechtigkeit der Fürsten, die einem jeden das Seinige geben und lassen soll, einen kleinen Scrupel beyfallen lassen. Z. Ex. Eine Bande See-Räuber wird durch einen Sturm, wer weiß wohin, getrieben. Ein Schiffs-Junge entdekt endlich von dem Gipfel der Mastes Land. Sie länden an, um zu rauben und zu plündern. Sie finden ein gutes unschuldiges Volk, welches sie freundlich tractiert. Sie geben dem Lande einen neuen Namen; nehmen es für ihren König förmlich in Besiz; richten ein wurmstichiges Brett, oder einen Stein zum Denkmal auf; ermorden zwey oder drey Duzend von den Einwohnern; bringen einige zum Muster mit Gewalt auf das Schiff; segeln wieder nach Hause, und erhalten ihren Pardon. Hier nun fängt sich eine neue Herrschaft an, die man sub titulo juris divini erworben hat. Man sendet bey erster Gelegenheit Schiffe dahin; die Ingebohrnen des Landes werden ausgejaget oder vertilget; ihre Fürsten gefoltert, damit sie ihre Schäze entdeken; man ertheilt volle und ungehinderte Freyheit, alle Arten von Grausamkeit und Muthwillen zu verüben; das Land überfließt von dem Blute der Einwohner. Und

denn

denn heißt diese, zu einer so heiligen Expedition gebrauchte verfluchte Henkers-Bande heut zu Tage, eine
zu Bekehrung und Civilisierung einer abgöttischen und
wilden Nation abgeschikte Colonie.

Jedoch gestehe ich, daß diese Beschreibung gar nicht
auf die Engländische Nation passet; als welche in
Ansehung ihrer Weisheit, Sorgfalt und Billigkeit bey
Errichtung ihrer Colonien der ganzen Welt zum Exempel dienen kann.   Wer weiß nicht, welche freygebige
Stiftungen zu Beförderung der Religion und der Wissenschaften sie machet.   Sie wählet lauter fromme und
geschikte Prediger, das Christenthum in fremden
Ländern auszubreiten.   Sie läßt zu Bevölkerung derselben nur die ehrbarsten, sittsamsten Leute dahin abgeben. Bey Bestellung der Civil-Aemter ist sie besorgt,
solche in allen ihren Colonien den geschiktesten und un-
eigennützigsten Männern anzuvertrauen; und endlich
schikt sie die wachsamsten und tugendhaftesten Gouver-
neurs in diese Provinzen, welche nichts anders zum
Zweke haben, als die Beförderung der Glükseligkeit des
ihnen untergebenen Volkes, und die Ehre des Königs
ihres Herrn.

Weil aber die Nationen, so ich beschrieben, keine
Begierde äussern, erobert und unter das Joch gebracht, ermordet, und durch Colonien vertrieben zu
werden, und weder an Gold und Silber, noch an
Zuker und Tabak einen Ueberfluß haben; so glaubte ich
nach meiner wenigen Einsicht, daß sie auch keinesweges würdige Gegenstände unsers Eifers, unster Tapfer-
keit und unsers Fleisses wären, Reichthümer zu erwerben. Sollten aber diejenigen, welche diese Sache nä-

her.

her angebt, für gut befinden, einer andern Meynung zu
seyn, so bin ich auf gesetzmässiges Erfodern hin bereit, ge-
richtlich auszusagen, daß niemals ein andrer Europäer vor mir einen Fuß in diese Länder gesetzet habe;
dafern man nemlich den Einwohnern derselben Glauben beymessen darf.

Was aber die Formalität betrift, dieselben im Namen
meiner Königin in Besitz zu nehmen, so ist mir solches
niemals zu Sinn gekommen; und wenn ich auch daran
gedacht hätte, so würde ich doch vielleicht, in Betrachtung der Umstände, worinnen ich mich bey ihnen befunden, aus Klugheit und Sorgfalt für die Erhaltung
meines Lebens, diese Ceremonie bis auf eine bequemere
Gelegenheit versparet haben.

Nachdem ich also den einzigen Einwurf, der mir
als einem Reise-Beschreiber kann gemachet werden,
verhoffentlich sattsam beantwortet, so nehme ich hiemit
von allen meinen Lesern geziemenden Abschied, und
begebe mich wieder in meinen kleinen Garten zu Redriff, meinen Betrachtungen nachzuhängen, um die
vortreflichen Tugend-Lehren, welche die Houyhnhnms
mir beygebracht, in Ausübung zu bringen; die Yahoos von meiner Familie, so weit es ihre natürliche
Ungelehrigkeit verstatten wird, zu unterrichten; mich
fleissig in einem Spiegel zu beschauen, um mich zu
gewöhnen, den Anblick einer menschlichen Creatur nach
und nach ertragen zu können; das thierische Wesen
der Houyhnhnms in meinem Vaterlande zu beklagen;
sie aber gleichwol um meines Herrn, seiner Familie,
und der ganzen houyhnhnmischen Nation willen in Eh-
ren zu halten; als welcher die unsrigen die Ehre haben,

ben, der äussern Gestalt nach vollkommen ähnlich zu
seyn, obschon sie, was den Verstand betrift, aus der
Art geschlagen.

Lezt verwichene Woche erlaubte ich meiner Frau,
das erste mal wieder mit mir zu speisen; (sie mußte
sich aber an das entfernteste Ende einer langen Tafel
hinsezen,) und einige wenige Fragen, so ich an sie that,
jedoch mit möglichster Kürze zu beantworten.   Weil
mir aber der Geruch von einem Yahoo noch immer
sehr wiedrig ist, so halte ich mir beständig Rauten,
Lavander oder Tabaks-Bläter vor die Nase; und obschon es für einen Mann von meinen Jahren schwer
ist, alte Gewohnheiten abzulegen, so habe ich doch
nicht alle Hofnung verloren, es mit einiger Zeit dahin
zu bringen, daß ich einen Yahoo in Gesellschaft leiden
kann, ohne mich weiter vor seinen Klauen und Zäneu
zu fürchten.

Es würde mir weniger schwer fallen, mich mit dem
Geschlechte der Yahoos überhaupt auszusöhnen, wenn
sie blos mit denen Thorheiten und Lastern allein zufrieden seyn wollten, wozu die Natur sie aufgelegt hat.
Ich erzörne mich gar nicht, wenn ich einen Advocaten,
einen Beutelschneider, einen Obristen, einen Lord,
Narren, Spieler, Staatsmann, einen Kuppler, Arzt,
Zeugen, heimlichen Bestecher, Anwald, Verräther,
und dergleichen sehe; dieses geht alles nach dem gemeinen Lauf der Dinge.   Aber wenn ich einen Kerl sehe,
der bey einem Hauffen Leibes- und Seelen-Gebrechen
noch voller Stolz ist, so verliere ich alle Geduld; und ich
werde es wol nimmer begreiffen mögen, wie es möglich sey, daß so ein Geschöpfe und so ein Laster einander annehmen können.   Die weisen und tugendhaften
Houyhnhnms, welche alle die vortreflichen Eigenschaften besizen, womit eine vernünftige Creatur gezieret
seyn

kenn kann, haben kein Wort in ihrer Sprache, dieses Laster anzudeuten, als deren es überall an Ausdrüken fehlet, irgend etwas böses zu verstehen zu geben; diejenigen ausgenommen, wodurch sie die abscheulichen Eigenschaften ihrer Yahoos beschreiben, unter denen sie nicht geschikt genug sind, den Stolz zu bemerken, weil sie die menschliche Natur, wie sie sich in andern Ländern, wo diese Thiere die Oberherrschaft besizen, zu Tage leget, nicht vollkommen kennen. Ich aber, der mehrere Erfahrung hatte, konnte die Grundlage von diesem Laster, bey den wilden Yahoos gar deutlich wahrnehmen.

Die Houyhnhnms hingegen, welche sich allein von der Vernunft regieren lassen, bilden sich auf ihre guten Eigenschaften eben so wenig ein, als ich daraus machen kann, daß ich zween Arme oder Füsse habe; weswegen wol kein Mensch, der bey gesundem Verstande ist, stolz thun wird, obschon er ohne dieselben ein elender Krüppel seyn müßte. Ich habe mich etwas länger bey dieser Materie aufgehalten, weil ich gern alles thun wollte, was in meinem Vermögen steht, die Gesellschaft eines Engländischen Yahoo nicht unerträglich zu machen; und ersuche daher alle diejenigen, welche von diesem Laster nicht gänzlich frey sind, daß sie sich nicht unterstehen, mir vor die Augen zu kommen.

Ende des vierten und lezten Theils.

Les enfans font hautains, dedaigneux, cole-
rés, envieux, curieux, intereffés, timides,
intemperans, menteurs, diffimulés - - - -
ils ne veulent fouffrir de mal, & aiment à
en faire ; ILS SONT DEJA HOMMES
(Yahoos).

La Bruyère.

Poetische Stüke,

so durch die Reisen Herrn Lemuel Gullivers
sind veranlaset worden.

I.

An

Quinbus Flestrin,
den Mann Berg.

Eine Lilliputische Ode.

In Erstaunung
Ganz verloren,
Starrt mein Blik!
Unser Auge,
Kann es deine
Größ' erreichen?
Mein Gesang schwell'
Auf von Lobe,
Deiner würdig,
Würdig meiner!
Blaß', o Muse,
Nun dein Feuer
Ganz in mich!

Jene Barden
Alter Zeiten
Meynten ihn,
Wenn sie sangen:
Atlas stüzte
Mit seinem Kopf
Das Firmament.
Seht! Glaubet euern Augen,
Seh't ihn schreiten,
Thäler weit,
Ueber Wälder,
Ueber Fluten.
Er tritt, und der

V. Theil. Ff Berge

Berge Häupter
Aechzen, zittern.

Bebt, Armeen!
Er schlägt aus,
Und sein Fuß wirft
Ueber'n Hauffen,
Mann und Roß!
Plaz, ihr Truppen!
Seh't euch vor;
Links und rechts
Flieh't und eilet,
Daß nicht unter
Seinem Fusse
Geh' verloren,
Ein ganzes grosses Heer!

Seitwerts glitschend
Von der barten
Vor Verwundung
Sichern Haut,
Prellen muthlos

Pfeil und Wurfspieß
Schnell zurük.
Aus der Nase
Bläßt er Wolken.
Wenn er redet,
Krachen Donner.
Wenn er speiset,
Droht ein Hunger.
Trinkt er, schrumpft
Neptunus ein.

Nahe deinem
Hohen Ohre,
Mitten in der
Obern Luft;
Und auf deiner
Breiten Hand
Laß mich stehn.

So werd ich
Stolzer Dichter
Den Himel noch berühren!

II. Die

II.

Die Wehflage der Glumdalclitch, über den verlornen Grildrig.

Kaum hatte Glumdalclitch den ergözlichen Pfleg-
 Sohn vermisset,
So weinte, so winnmerte sie, und raufte die Haare:
 Kein Mädchen
In England hat jemals eingründigern Schmerz ge-
 fühlet, nachdem ihr
Das Eichhörngen plözlich entwischt, der Sperling zum
 Kesicht hinaus war.
Sie wikelt' ihr Zeichen-Blatt ein, und wand den Fa-
 den zusammen,
Und stekte die Nadel ins Bethe des Grildrig. Dann
 strekt sie die Händ' aus,
Und läßt mit Geprassel die Puppe fallen, so groß wie
 der Riese
In Guildhall. Jezt knallt ihr Geschrey wie Don-
 nerkläpfe; dann winselt
Sie wieder, wie eine sanft brüllende Kuh; indeß schien
 sie
Noch mitten im Schmerzen beständig voll Anmuth,
 mit fliegenden Loken;
Ihr Thränen-Bach glich dem hohen Teun eines Rei-
 chen vom Lande,
Wenn hoch von dem Schaub-Dach mit stätigem Träu-
 feln ein Regen herabstürzt.
Vergebens durchsuchte sie jegliche Rize des Hauses, und
 jede

Ff 2 Den

Den Mäusen aufgespaltene Lüke. O mußt ich (so
schrie sie)
Nur dafür mit täglicher Sorge den Essig in deine Er=
reichung
Hinsezen: Von seinem Sauern das Krüglein dir fül=
len, bis Würme
Aus Pfeffer=Wasser zum Fischen dein glüklichster Köder
erwuchsen:
Wo rund um den Angel der silberne Aal im Bache,
samt allen
Kleinfügigen Thiergen des Baches sich wand. Gewiß
in den Weyher
Versank mein Grillgen! O Jammer! Er ist mir er=
trunken! Jezt zog sie
Das Essig=Krüglein heraus! Doch da war kein Grill
drig zu finden.

Vergeblich ist, o mein Grillgen, dein Muth! ver=
geblich dein Pralen!
Doch kleine Geschöpfe, das seh ich, sind immer zum
Wagen die ersten.
Mit Zittern hab ich gesehn, wie du der Pfote der
Kaze
Getraut, und dich zu den Kindern gesezt (*) ... zu
spielen!
Auch nicht die gemarmelten Steine gescheuht, wenn sie
sprungweise flogen,
Zwar ihnen nur marmrichte Steine, doch Euch wie
rollende Felsen! —
Wofür doch mußt ich dich auch dem muthwilligen
Jungen vertrauen?
Wer konnte die Wahrheit wol je von meinem Wagen
vernehmen?
Gewiß

(*) To play at Taw.

Gewiß hat, voll Tüke des Hofs, der Münze liebende
Junge
Den lebenden Spielzeug verkauft an eine großherrische
Tochter!
Wo nicht in grausamem Spiel ihm die Glieder, eins
nach dem andern,
So wie die Kinder die Flügel den Fliegen, vom Leibe
zerissen.
Von Orte zu Orte will ich durch Brobdingrags Ge-
genden streifen,
Und bring ich dich nicht nach Hause zurük, so komm
ich nie wieder.
Allein wer hat ein Gesicht, den Pfad des Winds zu be-
merken,
Wie könnte denn ich von dir den zaubrischen Fußsteig
entdeken?
Verliefst du dich etwann allein im grünen Gebüsche,
von einem
Bemoosten Steine verirrt? Oder ligst, vom schlüpfri-
gen Runde
Des Erdschwamms darnieder getaumelt, vielleicht ver-
stümmelt am Boden?
Verschloß dich die Rose vielleicht im Busen voll Lieb-
lichkeit; oder
Versankst du ins flaumigte Haar des Pfersichs hinunter,
und rub'st dort?
Wenn deine Glieder in Königs-Cronen verbreitet sind,
oder
Im sammtenen Haupt der güldenen Schlüssel-Blume,
so zeige,
O Flora, mir du unter deinen süssen Gewächsen die
Blume,
Worinn mein Grilldrig jezt schläft, in seiner geruch-
reichen Laube.

Jf 3   Doch

Doch ach! ich fürchte, du schwärmest mit kleinem
    Sinne von hinnen,
Den kleinen Weibergen nach, und kleinen Verliebun-
    gen, deinen
Pygmäen-Kindern, und deiner Braut mit dem dünne-
    sten Leibchen:
Dem Säugling-mässigen Spielzeug, womit dein Hause-
    geschmükt ist,
Caminen und Fenstern und Thüren, und jenen geräu-
    migen Zimmern
Ganz gleich an Höhe und Länge, den Zellen im Stoke
    der Bienen!
Hast du jm diese dich nun hinweg vom Ufer gewa-
    get,
Daß jezt dein Schiff eine Bonen-Hüls' ist, ein Stroh-
    halm dein Ruder?
Wird etwa wol eher dein Schachtel-Häuschen von
    Wällen des Meeres
Gepreßt; und soll ich dich nimmer samt deiner Behau-
    sung wegtragen!
Und soll ich dich dann auf meine Hand nun nimmer-
    mehr stellen!
Noch seh'n, wie du über die Linien springst, und den
    Weg meiner Flach-Hand
Zurüke lenst. Eine Spann an Statur, doch aufge-
    legt jede
Gebehrd' und Verrichtung des würklichen Menschen
    possierlich zu machen!
So seh' ich denn nimmermehr, dich den Schlüssel von
    meiner Sak-Uhr umdrehen,
Gleichwie die Anker bemüht in der Puppe die Seefah-
    rer lichten.
Wie warst du's so artig gewohnt, mit behutsamen
    Tritten zu tretten,

         Die

Die Thee-Tasse grad auf der Scheitel, als ob sie ein
Beken mit Milch sey!
Wie artig die Made zu jagen, die deinen Käs dir hin-
wegtrug,
Und laut sich rollende hungrige Milben zum Spaß zu
vertreiben!

Sie sprach's. Allein die gebrochnen Accente verhiel-
ten die Stimme,
Die sanft erklang, wie das weiche Getös aus der
Mündung des Sprach-Rohrs.
Sie schluchzt einen Sturm hinunter, und wischte die
fliessenden Augen
Die zwo'n breitrundenden Sonnen in neblichter Him-
mels-Luft glichen.

Verschwende nur deinen Gramm nicht so übel. Ge-
beut diesen Thränen,
Sich lieber auf unsere Stokfisch' in neuer Welt zu
verweynen!
Dann wird die Flut von dem Salzwasser sie vor Fäu-
lung bewahren,
Und so wird Europa von deiner Betrübnis aus Tisch-
platten kosten.

III. Maria

III.

Maria Gulliver

an

Capitain Lemuel Gulliver.

Sey mir willkommen, o dreymal willkommen ins
     Vaterland wieder!
Wie! du berührest mich nicht! Einer Ehfrau Umar-
     mung vermeidst du!
Hab ich um so einen Dank dein verdrüßliches Wegseyn
     ertragen,
Und so viel Nächte um deine Zurückkunft durchwacht,
     und durchwünschet?

Keinen andern Mann nahm ich in langen fünf Jah-
     ren.
Welche Redrifferin hätte so lang ihr Gelübde gehal-
     ten?
Unbestand läßt sich aus eurer Nase und Augen erra-
     then;
Jene verhaltet ihr fest, und wendet die Blik' auf die
     Seite.
Im Gesetze heißt's klar: Du sollst deinem Ehweib
     anhangen.
Einmal hengst mir du an; ich könnt' an dir lebens-
     lang hangen.
Hör und laß dich erweichen: Vernihm das Geächz dei-
     ner Kinder!
Gegen sie sey wenigstens gütig; Sie sind doch dein ei-
     gen.

         Sey

Sey so kühn und zähle sie alle; die ehrliche Anzahl
Noch zu finden versichert, die du zurüke gelassen.
Siehe, wie sie dir pätscheln mit ihren artigen Täzgen.
Warum stuzest du? Haben sie Klaven? Oder sind sie
           denn Schlangen?
Unser beydseitiges Fleisch und Blut, dein christlicher
           Samen!
Gegen diese sey wenigstens gütig; sie sind doch dein eigen.

Biddel konnte dir gleich ins entlegenste Indien
           streifen;
So ist auch Capitain Pennel sein halbes Leben abwe-
           send,
Kömmt nach Haus, und ist desto freundlicher gegen sein
           Ehweib:
Gleichwol ist Pennels Frau schwärzlich mit deiner
           Gattin verglichen;
Und die Frau Biddel, da bin ich sicher, ist vierzigen
           nahe. -
Mich nicht berühren! Reinlich doch bin ich; das läug-
           net kein Nachbar.
War etwa Flimnaps Dame in Lilliput süsser? Ich
           habe
Doch kein rothes Haar, das widrige Dünste ver-
           haucht.
Wenigstens wird dein Weib auch reinlicher seyn, als
           dein Junge.
Warum ligt dann der besudelte Stall-Bube so dir
           am Herzen;
Und was sollen auch jene Besuche beym Fuchse bedeu-
           ten?
Sag, durch welche Verzaubrung verleitet, oder durch
           welchen
Dämon, giebst du noch Littern den Vorzug vorm ebli-
           chen Weibe?

Einige

Einige sehn euch für toll an; und mancher glaubt
euch besessen.
Bedlam, sagt man, und sauberes Stroh wird am
besten euch taugen.
Leider! vergebliche Mittel, dergleichen Wahnsinn zu
stillen;
Denn dieß Stroh, dieß Stroh verstärkte gewiß nur
die Krankheit.

Ach! mein Bethe, die Scene von unsern vormaligen
Freuden,
(Zwey anmuthige Mädchen, zwey liebliche Bübchen
sind Zeugen,)
Drük ich allein. Da ruf ich in Träumen oft meinen
Geliebten.
Meine Hand strek ich aus. Doch da ist kein Gülliver
nahe.
Ich erwach, ich steh auf. Und, ganz vom Froste durch-
schauert
Such ich im Haus überall. Mein Gülliver bleibet
verloren!
Alsdann renn ich mit wildem Geschrey hinaus auf die
Gasse,
Alle Nachbaren stehn verstört an die offenen Fenster:
Wo ist mein Gülliver hin? Ach sagt mir ihr Leute,
wo schläft er?
Und die Nachbarn antworten: Im Stall beym Fuchs,
dein geliebtesten Rosse.

Früh am Morgen beschleunig' ich mich, den Markt
zu besuchen;
Voller Gedanken, genau mich nach deinem Geschmak zu
versehen.

Fette

Fette Spargeln erwähl ich, und einen noch seltenen
Vogel,
(Eingedenk noch, wie diese das lieblichste Essen euch
waren)
Dieser kostet drey Schilling, und sieben Groschen die
Spargeln;
Beydes seht ihr nicht an, und fodert haberne Grüze.

Andre bringen Geräth und Kostbarkeiten nach Hause,
Hübsche Sachen, die artigen Kinder und Frauen zu
kleiden.
Aber mein einziges Fremde-Geschenk war ein horn-
gleicher Becher,
Der nur blos aus dem Hüner-Aug einer Lady geschnizt
war.
Doch nicht dieß ist's, was mich bekümmert; sondern
zu sehn
Wie der Knecht und der röthliche Fuchs mir vor-
gesezt werden.

Wenn ihr diese für kurze Zeit zu verlassen geruhet,
Und (in gehörigem Abstand, ein süsses Gespräch zu
gestatten;
Denn ergözt's mich zu hören, was du für Müh über-
standen,
Frölliche Widererinnrung baut würklich auf Wehmuth
Vergnügen.
Noch erbebet bey jeder Gefahr die Brust deiner Gat-
tin,
Und die aufgaffenden Kinder schreyn schrekhaft, den
Rest zu vernehmen.
Wie erzitterte ich, da gebunden von tausenden, ich
dich

In

In die Länge gestrekt sah, auf Lilliputischem Boden.

Als ersteigende Heer' auf dich klimmten von jedweder
Seite,

Fühlt ich auf meinem Herzen noch jeden Tritt, den sie
sezten.

Aber da, als dein Bach die schrekliche Feuers-Brunst
löschte,

Und vor Entsezen das Volk, der König, die Königin
starr sahn,

O da stand mein Gemahl mir in offner Aussicht vor
Augen;

Und was ihre Lohe erlöschte, entzündte die Meine.

Jene Brillen, verordnet dir deine Augen zu retten,

Waren von mir ein Geschenk; dieß Waffen gab dir die
Liebe,

Wie ward ich bey Bolgolams Schluß darnieder geschlagen.

Denn da er schrieb, du seyest des Todes, verdammt'
er auch mich mit.

Als man um ein Sechs-Pfenning-Stük dich umher in
dem Lande

Jedermann seh'n ließ, wie gerne hätt' ich tausend
Pfunde gegeben!

Himmel! wie stieg mir mein Herz, als der Riesen-
mässige Säugling

Deinen Kopf in den Mund hinein kriegte, empor bis
zum Meinen.

Wenn ich dich izo noch ins Mark-Bein gezwänget
seh, oder

Von der Meer-Aaze vollgestoppt auf dem Giebel des
Hauses,

So

So erneut sich mein Schmerz durch die jammervollen
Ideen,
Bis ich deine Gefahren der Reihe nach alle beweint
hab.
Aber als du dem Mädchen auf seiner Brust-Warze
rittest,
Ey! das war alles, was je ein muthwilliges Mädchen
gethan hat!
Endlich auch Glumdalclitch! • , • • Mit dir beklag
ich ihr Unglük,
Möge das Schiksal das holde Kind vor Ungnade schü=
zen!
Möge nur diese Nachläßigkeit ihr der König verzeihen;
Diesen einzigen Fehler, durch den ich mein Leben er=
halten!
War denn kein anderes Mittel, ihn wieder in Freyheit
zu sezen?
Weh uns, ich fürchte mein Leben sey dir zum Tode
geworden!

Theurster! o lehre mich neue Worte, mein Feuer
zu zeigen!
Lehre mich, um dich werben, bey deinem geliebtesten
Namen:
Ob es am meisten dein Herz belustige, Grildrig zu
heissen,
Wie du auf Brobdingnags erstaunlichen Küsten ge=
nennt warst.
Als du, auf des Monarchen weitschichtige Flachhand
gestellet,
In die Höhlen des Ohrs ihm Staats-Intriguen hin=
ein riefst.
                                                Oder

Oder ob Quinbus Fleſtrin für dich einnehmendern
　　　　　　　Reiz hat,
Da du gleich einem Berg hernieder auf Könige blik-
　　　　　　　teſt.
Ob herzoglicher Narbac, des Cilliputiſchen Reichs
　　　　　　　Pair,
Oder der niedrige Titel Glumglum dir ſchmeichelt
　　　　　　　im Ohre?
Ja, gefiel es dem gütigen Jovi, ſo meine Organe
Zu verändern, daß ich durch die Naſe harmoniſch das
　　　　　　　Houyhnhnm
Sänge, ſo nennt ich dich Houyhnhnm, mit dieſem
　　　　　　　ſo ſchallendem Namen;
Deine Kinder auch ſollten dir bald durch die Naſen ihn
　　　　　　　zwängen:
Alſo fänd ich meinen geliebten natürlichen Gatten
Ausgeſchmüket mit jeglicher Tugend und Gab eines
　　　　　　　Pferdes.